KB067158

수능국어
어휘력
사전

5판 3쇄 2024년 1월 2일

지은이 김은영
펴낸이 유인생
편집인 우정아·김명진
마케팅 박성하·심혜영
디자인 NAMIJIN DESIGN
일러스트 임성만
펴낸곳 (주) 쏠티북스
주소 (04037) 서울시 마포구 양화로 7길 20 (서교동, 남경빌딩 2층)
대표전화 070-8615-7800
팩스 02-322-7732
홈페이지 www.saltybooks.com
이메일 saltybooks@naver.com
출판등록 제313-2009-140호

ISBN 979-11-88005-96-3

국어 개념어·용어·어휘 총망라!

수능국어 어휘력 사전

| 김은영 지음 |

쏠티북스

(상상만으로도 치가 떨리겠지만 ㅠ.ㅠ) 지금 국어 시험을 보고 있다고 상상해 볼까요? 시험지에는 한 남자가 헤어진 연인과의 일을 회상하면서 그녀에게 잘해 주지 못한 것을 후회하는 내용의 소설 지문이 제시되어 있습니다. 문제는…… 이 글의 서술상의 특징을 묻는 것이네요. 이 문제의 답은 다음 중 무엇일까요?

① 1인칭 서술자가 주관적 심리 상태를 서술하고 있다.
② 작품 밖의 서술자가 작중 상황에 개입하고 있다.

주인공인 '나'가 자신의 이야기를 하고 있다는 것은 쉽게 알 수 있습니다. 그리고 이것을 알고 있다면 이 문제는 맞혔다고 보아야 마땅합니다. 문제에서 묻는 내용을 알고 있으니까요! 하지만 현실은 그렇게 단순하지 않습니다. 선택지 어디에도 그런 쉽고도 솔직한 표현은 보이지 않습니다. 이 문제의 정답을 맞히려면 '서술자', '1인칭 서술자', '작품 밖의 서술자', '작중 상황', '서술자의 개입' 등이 무엇을 의미하는지 알아야 합니다. 지문만 이해한다고, 문제의 의도만 파악한다고(슬프게도 이것마저 완벽하게 되는 경우는 거의 없습니다……) 모든 문제를 맞힐 수 있는 것은 아닙니다. ➜ 참고로 답은 ①입니다^^

이번에는 화법 문제를 볼까요? 두 친구가 대화를 합니다. A는 가슴을 치면서 자신의 억울함을 호소하고, B는 연신 고개를 끄덕이며 친구의 이야기를 듣습니다. 이들이 사용한 것은

'준언어적 표현'일까요, '비언어적 표현'일까요?

역시 가슴을 쳤고, 고개를 끄덕였다는 것을 아는 것만으로는 부족합니다. 음흉한(!) 출제자들은 결코 이런 정직한 선택지를 제시하지 않습니다. 교과서에서 배운 개념을 활용한, 뭔가 '있어 보이는' 표현…… 그들의 사악한(!) 마음은 이런 표현을 좋아합니다. 따라서 이 문제를 풀려면, 대화 상황에서 그런 행동을 활용하는 것을 무엇이라고 하는지 알아야 합니다. → 이런 행동을 '비언어적 표현'이라고 합니다.

단순한 어휘는 또 어떤가요? 경쟁하던 두 회사가 서로 협력해야 하는 상황에 처했습니다. 문제는 이 상황을 한자성어로 표현하라고 요구합니다.

'사면초가(四面楚歌)'일까요, '동상이몽(同床異夢)'일까요, '오월동주(吳越同舟)'일까요?

지문에 제시된 상황을 제대로 파악했다 하더라도 이 한자성어들의 의미를 모른다면 이 문제는 틀릴 수밖에 없습니다. 한마디로 속수무책(束手無策)인 것이죠.
→ 두 회사는 '오월동주'의 상황에 처했다고 표현할 수 있습니다.

이처럼 국어는 '말'을 많이, 잘 알아야 좋은 성적을 거둘 수 있습니다. 국어 시험을 보면서 지문의 내용이 무엇인지 몰라서, 혹은 문제(발문)가 무엇을 묻는지 몰라서, 선택지가 무슨 말을 하는지 몰라서 문제 풀이에 실패했다면, 그것이 바로 이 '말의 부족' 때문인 것입니다. 하지만 이 '말'이라는 것도 실상 따져 보면 하나의 의미로만 쓰이는 것은 아닙니다.

- 개념
- 지식
- 용어
- 어휘

이런 말들을 하나로 뭉뚱그려서 '말'이라고 표현하고 있습니다. 그러므로 국어 시험을 잘 보려면 이런 개념, 지식, 용어, 어휘를 모두 잘 알아야 합니다. 그런데 잘 생각해 보면 이런 것들은 태어나서 지금까지 생활 속에서 자연스럽게 익혀 온 것들입니다. 물론 학교에서도 초, 중, 고등학교를 거치면서 계속 배우고 있기도 하고요. 그렇습니다. 우리가 알았건 몰랐건 이런 '말'들은 생활 속에서, 혹은 학교 교육에서 꾸준히 배워 온 것들입니다.

그런데도 우리는 이런 말들이 사용된 문제를 왜 자꾸 틀리는 걸까요? 왜 그토록 낯설고, 어렵고, 당황스럽다고 느끼는 걸까요? 잊어버렸거나, 소홀히 했거나, 주목하지 않았기 때문입니다. 쉽게 말해서 이미 배운 것인데도 기억하지 못하고, 연결 짓지 못하고, 사용하지 못하는 것이죠. 배웠는데도 배웠는지 모르고, 대충은 알지만 깊이는 이해하지 못하는 황당한 상황인 것입니다.

이 책은 여러분을 그런 황당한 상황과 그로 인한 말 못할(!) 고민으로부터 해방시키기 위해 기획되었습니다. 국어를 공부하면서 접하게 되는 개념, 지식, 용어, 어휘를 모두 모아 놓는 것, 다시 말하면 국어 시험에 등장하는 개념, 지식, 용어, 어휘를 모두 정리해 놓는 것이 이 책의 취지입니다. 20년 가까운 긴 시간(여러분이 살아온 시간이 곧 국어를 공부해 온 시간입니다!) 동안 조금씩, 드문드문 배운 나머지 잊어버리거나 지나쳐 버린 국어 공부의 핵심을 한 번에 정리할 수 있도록 한 것입니다.

하지만 그 작업이 결코 만만치는 않았습니다. 구슬만 잔뜩 모아 놓는다고 목걸이가 되지는 않습니다. 자~~~알 꿰어야죠. 어떻게 꿸까? 어떻게 꿰어야 쓸모가 있을까? 굉장히 오랫동안 고민했고 그 결과 다음과 같은 몇 가지 세심한 장치들을 마련하게 되었습니다.

❶ 필수 지식어, 개념어를 모두 모았습니다.

여러 학년, 여러 교과서, 여러 시험 들에 흩어져 있는 내용들을 모아 한꺼번에 볼 수 있도록 했습니다.

❷ 자주 쓰이는 용어나 표현, 자주 출제되는 어휘도 정리했습니다.

실제 시험에서 자주 출제되거나 다루어지는 어구나 표현도 관련 개념과 연관 지어 정리했습니다. 또한 자주 출제되는 속담이나 한자성어 등도 주제별로 분류하여 쉽게 익힐 수 있도록 하였습니다.

❸ 체계를 잡아 정리했습니다.

중요 내용을 테마로 묶어 분류했고 연관되는 테마는 함께 이해할 수 있도록 배치했습니다. 또한 상위 테마에서 하위 테마로 자연스럽게 이어지도록 구성했습니다.

❹ 이해하기 쉽게 설명했습니다.

어렵게 느껴지는 말은 한자어인 경우가 많습니다. 그런데 사실 한자어는 그 단어를 구성하는 한자의 뜻만 알아도 쉽게 이해할 수 있고 오랫동안 기억할 수도 있습니다. 따라서 어려운 한자어는 한자 풀이를 통해 쉽게 이해할 수 있도록 했습니다. 또한 다양한 예와 삽화를 통해 이해를 도왔습니다.

❺ 사전처럼 엮었습니다.

처음부터 끝까지 뚝심 있게(?!) 읽어도 좋지만(사실은 그러지 말기를 바랍니다. 너무 부담스러워서 지레 포기하게 되잖아요!), 필요할 때, 궁금할 때 쉽게, 간단히 찾아보고 이해할 수 있도록 사전식으로 구성했습니다. 시를 공부하다가 '음보'라는 말을 접했는데 무슨 뜻인지 모르겠다……, 그럴 경우에 '음보'를 찾아보라는 뜻입니다.

❻ 실전성을 강화했습니다.

수능은 물론 성취도 평가, 평가원 모의고사, 교과서 등을 모두 분석하여 실제 용례를 다양하게 수록했습니다.

국어 문제를 풀면서 독해를 못해서, 시 해석을 못해서 틀린 것은 안쓰럽긴 하지만 창피한 일은 아닙니다. 하지만 지문에 사용된 어휘가 무슨 뜻인지 몰라서, 문제가 무엇을 묻는지 몰라서, 선택지가 무슨 말을 하는지 몰라서 틀렸다면 억울하더라도 분명 부끄러워해야 합니다.
이런 부끄러움의 구렁텅이에서 탈출하려면 여러분 모두 떨쳐 일어나야 합니다!

우리는 어쩌면 너무나 대충, 드문드문 공부해 왔는지도 모릅니다. 더 늦기 전에 용기를 내야 합니다. 공부에서 제일 중요한 것은 어쩌면 용기인지도 모르겠습니다. 모르는 것을 인정할 줄 아는 용기, 지금이라도 도전할 수 있는 용기……

여러분의 용기와 도전 의식에 박수를 보냅니다.

이 책이 그런 여러분의 도전, 그리고 성공과 함께하기를 바랍니다.

감사합니다.

CONTENTS

INDEX

01 문학

문학(文學)이 뭘까요? 문학을 한마디로 정의하는 것은 쉽지 않습니다. 이렇게 어려운 개념을 이해하려고 할 때는 다른 것과의 차이를 알아보는 것이 도움이 되기도 합니다. 문학과 다른 예술 갈래의 차이점을 통해 문학을 이해하는 것이죠. 문학과 다른 예술 갈래의 가장 큰 차이점은, 문학이 '언어'로 표현되는 예술이라는 것입니다. 이에 비해 음악은 '소리'로 표현되는 예술이고, 미술은 색이나 형태 같은 '시각적인 요소'로 표현되는 예술이지요. 그렇습니다. 문학은 인간의 삶과 가치를 '언어'로 표현하는 예술입니다.

1. 문학의 갈래

문학(작품)을 특정한 기준에 따라 나누어 묶은 것. 흔히 장르(genre)라고도 합니다. 나누는 기준이 무엇이냐에 따라 여러 가지 형태로 나눌 수 있는데, 가장 대표적인 것이 언어의 형태에 따라 나누는 것입니다.

운문　韻 운운 文 글월문

운율이 있는 언어로 표현된 문학. 쉽게 말해서 시(또는 노래)라고 불릴 수 있는 모든 것이 여기에 속합니다. 향가, 고려 가요 같은 고전 시가와 현대시가 대표적이죠.

산문　散 흩어질산 文 글월문

운율에 얽매이지 않는 자유로운 문장으로 표현된 문학. 시 이외의 모든 문학 작품은 산문이라고 생각하면 쉽습니다. 설화, 수필, 소설 등이 여기에 속합니다.

운문 / 산문

운율 있는 ← | → 운율 없는
언어로 표현됨 | 언어로 표현됨

언어의 형태(운율의 유무)에 따라 나눈 문학의 갈래

표현 양식을 기준으로 문학을 나눌 수도 있습니다. 이때는 보통 서정, 서사, 극으로 나누는데, 여기에 교술 갈래를 덧붙여 네 가지로 나누기도 합니다.

서정   抒 풀서 情 뜻정

개인의 주관적인 정서를 풀어내는 문학. 주관적이고 감각적이며, 음악적인 언어로 표현됩니다. '대부분의'('모두'는 아닙니다. 주의하세요!) 운문이 여기에 속합니다. 고대 가요나 향가, 고려 가요, 시조, 현대시 등이 대표적이죠.

서사   敍 펼서 事 일사

일련의 사건을 객관적으로 서술해서 전달하는 문학. 인물과 사건이 있고, 객관적인 세계와 자아의 갈등이 서술자에 의해 전달됩니다. 한마디로 이야기가 있는 문학 갈래라고 보면 되겠습니다. 대표적인 것이 소설이고, 설화나 서사시도 여기에 속합니다.

- 우리나라 전기소설(傳奇小說)은 중국의 전기(傳奇)와 우리의 설화 등 다양한 서사 갈래의 영향을 받아 성립했다. 중국의 전기는 기이한 사건을 다채로운 문체로 엮은 서사 양식이다.(17 9월 모평)
- 이러한 자아와 세계의 대립과 갈등으로 전개되는 것이 서사의 본질이다.(12 수능)

극   劇 연극극

인간의 행위와 사건의 전개를 직접 눈앞에서 연출해서 보여 주는 문학. 서술자의 개입이 없고 현재 시제로 표현됩니다. 여기서 잠깐! 앞에서 설명한 서사의 가장 큰 특징은 무엇이었죠? 서술자라는 사람이 중간에 끼어서 독자인 우리에게 이야기를 전달한다는 것입니다. 그래서 서사 갈래의 글을 읽으면 누군가가 옆에서 이야기를 해 주는 것 같은 느낌을 받게 되죠. 그런데 누군가의 이야기를 들으면 어떻게 되던가요? '안 그래야지.' 하면서도 말하는 사람의 생각에 영향을 받지 않던가요? 어떤 친구가 못됐다고 누가(=서술자) 이야기하면 전에는 그렇게 생각하지 않았는데 갑자기 그런 것 같은 느낌이 들기도 합니다. 인간이니까요. 서술자가 끼어드는 서사에서도 그럴 가능성이 높습니다.(이것이 서사 갈래의 단점이라는 소리는 아닙니다. 그저 그런 특징이 있다는 뜻입니다.) 하지만 극에서는 누군가의 이야기를 듣는 것이 아니라 이야기 그 자체를 그냥 보게 됩니다. 이것이 서사와 극의 가장 큰 차이점입니다. 극의 대표적인 갈래는 희곡과 시나리오이고, 전통 문학 중 가면극이나 인형극도 여기에 포함됩니다.

- 서술자 없이 인물의 대사를 통해 장면을 보여 주고 있다.(16 고2 성취도)

교술 　教 가르칠교 　述 말할술

개인의 정서를 객관적인 세계의 소재를 통해 전달하는 문학. 현실 속의 사물과 경험, 생각을 기록해서 전달하기 때문에 교훈성과 기록성이 강합니다. 수필이 대표적이고, 기행문, 비평문, 고전 문학 중의 악장, 가사, 경기체가 등이 여기에 속합니다.

조금 어려운 말로 표현하면 서정은 '세계의 자아화'이고, 교술은 '자아의 세계화' 라고 설명하기도 합니다. 어렵죠……. 그냥 '서정은 세상 속의 일을 주관적인 정서로 표현하는 것이고, 교술은 주관적인 정서를 객관적인 것으로 풀어내는 것이기 때문에 이렇게도 표현하는구나.'라고 생각하면 쉬울 것 같습니다. 수능에 이와 관련된 표현이 출제된 적이 있으니까, 참고로 알아 둡시다.

- 서정적 자아는 세계를 내면화한다. 이런 작용으로 서정시에서 자아는 상상적으로 세계와 하나가 된다.(08 수능)
- 개인적 경험을 통해 교훈을 전달하고 있다.(16 고2 성취도)

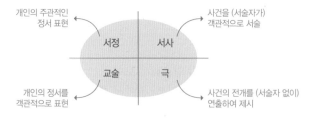

표현 양식에 따라 나눈 문학의 갈래

2. 미

문학(작품)을 통해 얻을 수 있는 것 중의 하나가 아름다움(미)입니다.(물론 이외에 교훈이나 지식을 얻기도 하죠.) 우리가 문학 작품에서 얻을 수 있는 아름다움에는 다음과 같은 것들이 있습니다. 그런데 이 아름다움들은 실제 작품에서 각각 별개로 나타나는 것이 아니라 어우러져 나타나는 경우가 대부분입니다.

숭고미   崇 높을숭 高 높을고 美 아름다울미

높고 성스러우며 위대한 느낌을 주는 아름다움. 구질구질한(?) 현실의 삶을 이상적인 생각을 통해 정신적으로 고양시킬 때 느껴지는 미의식입니다. 좀 유식한 말로는 '있어야 할 것(이상)'에 의해 '있는 것(현실)'을 융합시키면서 나타나는 미의식이라고 합니다. 어렵죠? 예를 통해 이해해 봅시다.

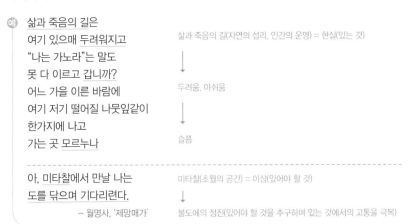

> 예 삶과 죽음의 길은
>   여기 있으매 두려워지고
>   "나는 가노라"는 말도
>   못 다 이르고 갑니까?
>   어느 가을 이른 바람에
>   여기 저기 떨어질 나뭇잎같이
>   한가지에 나고
>   가는 곳 모르누나
>
>   아, 미타찰에서 만날 나는
>   도를 닦으며 기다리련다.
>   – 월명사, '제망매가'

삶과 죽음의 길(자연의 섭리, 인간의 운명) = 현실(있는 것)
↓
두려움. 아쉬움
↓
슬픔

미타찰(초월의 공간) = 이상(있어야 할 것)
↓
불도에의 정진(있어야 할 것을 추구하며 있는 것에서의 고통을 극복)

월명사라는 승려가 죽은 누이를 위하여 재를 올리며 불렀다는 향가입니다. 앞부분에서는 누이의 죽음과 그로 인한 슬픔이라는 지극히 인간적인 현실(있는 것)을 노래하고 있습니다. 이 시가 여기서 끝났으면 그냥 좀 슬프고 말았겠죠……. 그런데 뒷부분에서는 이러한 현실적 고통과 슬픔을 미타찰에서 만난다는 이상(있어야 할 것)으로 융합시키면서 극복하고 있습니다. 현실에 빠져서 바라보면 누이의 죽음은 정말 너무나 슬프고 안타까운 일인데, 그 감정에서 멈추지 않고 뭔가 높고 숭고한 생각을 가짐으로써 현실의 고통을 정신적으로 극복하고 있는 것이죠. 어쩐지 성스럽고 위대하며 아름다운 느낌이 들지 않나요? 이것이 바로 숭고미입니다.

우아미 優 뛰어날우 雅 맑을아 美 아름다울미

고상하고 기품이 있는 느낌을 주는 아름다움. 다른 사람이 보기에는 보잘것없는 현실일 수도 있는데 그 속에서 아름다움과 행복을 찾고 그것을 이상적인 삶으로 인식할 때 느껴지는 미의식입니다. 역시 유식한 말로는 '있는 것(현실)'에 의해 '있어야 할 것(이상)'이 융합된 상태에서 나타나는 미의식이라고 합니다. 예를 통해 이해해 봅시다.

> 예 십 년을 경영經營하여 초려삼간草廬三間 지어 내니
>   계획하여   세 칸짜리 초가집=작은 초가집
>
> 나 한 간 달 한 간에 청풍淸風 한 간 맡겨 두고
>   맑은 바람
>
> 강산江山은 들일 데 없으니 둘러 두고 보리라.   – 송순
>
> 솔직히 가난한 삶입니다. 냉정하게 말해서 초라하고 구질구질한 현실인 거죠. 그런데 화자는 어떤가요? 그 삶에 만족하고 그것을 이상적인 것으로 노래하고 있습니다. 오죽하면 초가삼간 세 칸을 자기(화자) 한 간, 달 한 간, 청풍 한 간, 이렇게 한 칸씩 나눠 가진다고 했겠습니까? 근사하죠? 이뿐입니까? 종장을 보면 집이 좁아 강산은 들일 데가 없으니까 병풍처럼 둘러 두고 보겠다고 합니다. 한마디로 가~~~관입니다. 보통 사람의 생각에서 나올 수 있는 말인가요? 초야에 묻힌 가난한 현실(=있는 것)을 자연과 하나가 되는 경지(이상=있어야 할 것)로 인식하고 있기 때문에 가능한 것입니다. 고상하고 기품 있지 않나요? 이것이 바로 우아미입니다. 안빈낙도(安편안할안 貧가난할빈 樂즐길낙 道도리도 : 가난한 처지에 만족하고 도를 즐긴다.)의 경지를 노래한 대부분의 고전 시가는 바로 이 우아미를 구현한 것입니다.

비장미 悲 슬플비 壯 굳셀장 美 아름다울미

슬프면서도 숭고한 느낌이 드는 아름다움. 소망하는 것이 현실적으로 좌절되었을 때 느껴지는 아름다움입니다. 유식한 말로는 '있어야 할 것(이상)'이 '있는 것(현실)'의 벽에 부딪혀 좌절되면서 느껴지는 미의식이라고 합니다.

> 예 앞서 '숭고미'를 설명하면서 예로 들었던 '제망매가'가 생각나십니까? '미타찰'을 떠올리기 전까지 화자의 모습은 어떠했나요? 누이와 함께하고 싶은 소망(있어야 할 것)이 죽음이라는 현실(있는 것)에 의해 좌절된 슬픔을 노래하고 있었습니다. 바로 비장미를 보여 주고 있었던 것입니다. (앞에서, 한 작품에서도 여러 가지 아름다움이 느껴질 수 있다고 말했었는데, '제망매가'가 이 점을 보여 주는 대표적인 작품입니다. 비장미와 숭고미가 함께 느껴지니까요.)
> 이처럼 누군가를 그리워하는 작품에서는 대개 비장미가 느껴집니다. 대상에 대한 사랑(있어야 할 것)이 이별이나 죽음과 같은 현실(있는 것)에 부딪혀 좌절되니까요. 슬프지만 아름답다…… 이게 바로 비장미입니다. 참고로 우리 현대시 중에는 이런 비장미를 보여 주는 작품이 아주 많습니다.

골계미   滑 익살스러울골 稽 헤아릴계 美 아름다울미

익살을 부리는 가운데 느껴지는 아름다움. 기존의 권위나 이치를 존중하지 않고 추락시킬 때 발생하는 미의식으로, 그 추락시키는 방법이 우스꽝스럽게 만드는 것이기 때문에 웃음을 유발하고 골계미를 느끼게 합니다. 말하자면 현실과 맞지 않는(부정적, 시대착오적) 권위나 질서에 대해 변화하는 현실이 보내는 비웃음 같은 것이죠. 유식한 말로는 있어야 할 것(기존의 질서)이 있는 것(변화된 현실)을 압박하는 세계에서, 여기에 저항하고 그 이상을 파괴하는 과정에서 나타나는 미의식입니다.

> 예   말뚝이 : (가운데쯤 나와서) 쉬이. (음악과 춤 멈춘다.) 양반 나오신다아! 양반이라고 하니까 노론老論, 소론少論, 호조戶曹, 병조兵曹, 옥당玉堂을 다 지내고 삼정승三政丞, 육판서六判書를 다 지낸 퇴로 재상退老宰相으로 계신 양반인 줄 아지 마시오, 개잘량이라는 '양' 자에 개다리 소반이라는 '반' 자 쓰는 양반이 나오신단 말이오.
> 양반들 : 야아, 이놈, 뭐야아!
> 말뚝이 : 아, 이 양반들, 어찌 듣는지 모르갔소. 노론, 소론, 호조, 병조, 옥당을 다 지내고 삼정승, 육판서 다 지내고 퇴로 재상으로 계신 이 생원네 3형제분이 나오신다고 그리 하였소.
> 양반들 : (합창) 이 생원이라네. (굿거리 장단으로 모두 춤을 춘다.)
>   – '봉산 탈춤'

> '봉산 탈춤'에 등장하는 말뚝이는 유교 사회에서 양반에게 복종해야 하는 하인입니다. 그것이 기존의 질서(있어야 할 것)이니까요. 하지만 당대는 이미 신분 질서가 흔들리던 조선 후기입니다. 현실(= 있는 것)은 달랐다는 것이죠. 그래서 말뚝이는 양반을 조롱하면서 그 질서를 우스꽝스러운 것으로 만들어 버립니다. 말뚝이의 대사나 행동을 보면 골계미가 느껴집니다.

- (나)에서는 (마)에 비해 상황이 희극적으로 연출되어 골계미가 살아나고 있다.(07 수능)
- 채만식은 「자작안내」(청색지, 1939년)에서 "부정면을 통해 사실은 내가 말하고 싶었던 문학적 의도인 긍정면을 보여 준 것"이며, 일제 강점의 현실에서 "붓을 댈 수 없는 현실의 추(醜)한 모습을 통해 문학적 미(美)를 구현한 것"이라고 밝혔다.(12 고2 성취도)

> **참고**
>
> - **카타르시스(catharsis)** : 비극을 봄으로써 마음에 쌓여 있던 우울함, 불안감, 긴장감 등이 해소되고 마음이 정화(淨깨끗할정 化될화 : 깨끗하게 됨)되는 일을 가리킨다. 아리스토텔레스가 〈시학詩學〉에서 비극이 관객에게 미치는 중요 작용의 하나로 든 것인데, 요즘에는 딱히 비극만이 아니라 감정이 정화되는 여러 상황에 두루 쓰이는 말이 되었다.
> - **심미(審살필심 美아름다울미)적 반응** : 작품이 지닌 아름다움을 살펴 찾는 반응. 문학 작품의 구조나 표현 방법 등에 대한 미적인 측면에서의 반응을 말한다. 즉 문학 작품 속에서 숭고미, 골계미, 비장미, 우아미 등을 찾고 반응하는 것이다.
>   - 화자가 목표에 도달하기 위해 거쳐야 하는 심미적 반응들은 '발견과 각성'으로 나타난다. (10 고2 성취도)

3. 작품 감상

문학 작품은 그 자체로 나름의 질서를 지닌 '세계'라고 할 수 있습니다. 하지만 그런 문학 작품이라 할지라도 어느 날 갑자기 하늘에서 뚝 떨어지는 것은 아닙니다. 문학 작품이 작품 외부의 것들과 아무런 관련도 맺지 않고 존재할 수는 없다는 말입니다. 실제로 문학 작품은 생산자인 작가, 수용자인 독자, 그리고 그 작품이 반영하고 있는 대상 세계 없이는 존재할 수 없습니다.

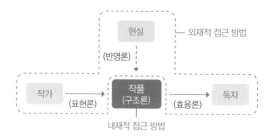

그러므로 문학 작품은 그와 관련된 인간 및 인간 활동의 맥락을 고려하여 살펴보아야 합니다.

- 예술 작품의 수용은 예술가와 작품, 예술가와 수용자, 작품과 사회, 작품과 수용자 사이의 관계와 작품 자체에 대한 종합적 이해를 통해 이루어진다.(13 6월 모평)

맥락(context) 脈 줄기맥 絡 얽을락

주어진 대상(text , 곧 문학 작품) 이외에 그 대상과 함께 제시된 모든 정보, 즉 문학 작품 및 그 외부에 존재하면서 작품의 의미와 효과에 영향을 미치는 모든 것을 가리키는 말입니다. 문학 작품과 관련을 맺는 맥락, 따라서 우리가 문학 작품을 수용할 때 고려해야 할 맥락은 다음과 같습니다.

사회 · 문화적 맥락	같은 사회나 문화 속에 살고 있는 사람들에게 보편적으로 내재(內안내 在있을재)되어 있는 정신 자세나 태도가 문학 작품에 반영되어 있음.
역사(시대, 문학사)적 맥락	작품은 특정한 시대의 역사적 환경 속에서 형성됨.
작가의 맥락	'누가, 어떤 상황에서, 왜' 썼는가 하는 문제가 작품의 해석에 영향을 줌.
독자의 맥락	'누가, 그 사람의 어떤 시기에, 왜' 읽는가 하는 문제가 작품의 해석에 영향을 줌.
내재적 구성 요소의 맥락	문학에서 내용, 형식, 표현은 서로 긴밀히 연결되어 하나의 작품을 구성함.

- 〈자료〉의 ⓐ~ⓔ의 맥락에서 윗글을 감상한 것으로 적절하지 않은 것은?(14 고2 성취도)
- 자유로운 의사소통이 제한되는 사회에서 개인은 자신의 의사를 온전히 표현할 수 없어서 자유가 억압되고, 그 사회 또한 경직된다. 이런 맥락에서 (가)와 (나)를 해석할 수 있다.(21 9월 모평)

문학 작품은 문학 작품 및 그것을 둘러싼 외적 요소들 중 어디에 초점을 맞추느냐에 따라 사뭇 다르게 감상될 수 있습니다.

외재적 접근 방법   外 바깥외 在 있을재

'외재'는 '어떤 사물이나 범위의 밖에 있다.'라는 뜻입니다. 그러므로 작품에 대해 외재적으로 접근한다는 것은 작품 바깥에 있는 것을 기준으로 작품을 감상한다는 뜻이 됩니다. 앞의 그림에서 보듯이 문학 작품 바깥에 있는 것은 작가와 독자와 현실입니다. 따라서 외재적 접근 방법은 작가나 독자, 현실과 같은 작품 외적인 요소를 기준으로 문학 작품을 평가하는 것이 됩니다. 외재적 접근 방법에는 '표현론, 효용론, 반영론'이 있습니다.

표현론   表 겉표 現 나타날현 論 논할론

작품을 작가의 체험, 사상, 감정 등을 표현한 것으로 봅니다. 따라서, 표현론에서는 작가의 성장 환경, 학력, 교우 관계, 취미, 성격, 종교, 사상 등을 고려하여 작품을 감상합니다.

효용론   效 본받을효 用 쓸용 論 논할론

문학 작품이 독자에게 미치는 효용을 중시하는 관점입니다. 작품과 독자의 관계를 중시하기 때문에 작품을 읽고 나서 독자가 얻는 교훈이나 감동은 무엇이고, 그것을 유발한 요소는 무엇인지를 살피며 감상하게 됩니다. 이때 독자는 '능동적 참여자'로서, 문학 작품의 의미를 결정하는 존재가 됩니다.

반영론   反 돌이킬반 映 비칠영 論 논할론

문학 작품을 현실의 반영이라고 보는 관점입니다. 반영론적 관점에서 문학 작품을 감상할 때는 작품의 내용을 현실과의 관계 속에서 해석하게 됩니다.

내재적 접근 방법 　內 안내 在 있을재

작품을 그 자체만으로 분석, 비평, 감상하는 방법입니다. 작품을 독립된, 자족적 세계로 보기 때문에 작품을 이해하는 데 필요한 자료는 오직 작품밖에 없다고 생각합니다. 그래서 작가나 독자, 시대 상황이 아닌, 작품의 언어적 구조에 집중합니다. 운율이나 심상, 시어 간의 의미 관계, 표현 방법, 형식 등 작품의 내적인 요소에 집중하면서 작품을 감상하는 것이죠. 작품을 '절대(絕끊을절 對대할대)'로 보기 때문에 '절대주의적 관점'이라고도 하고, 작품의 구조만을 살피기 때문에 '구조론적 관점'이라고도 합니다.

> 예　강江나루 건너서
> 　밀밭 길을
>
> 　구름에 달 가듯이
> 　가는 나그네
>
> 　길은 외줄기
> 　남도南道 삼백 리
>
> 　술 익는 마을마다
> 　타는 저녁 놀
>
> 　구름에 달 가듯이
> 　가는 나그네
>
> 　　　　　　　　　　　　　　　　　　　　　　　　　　　－ 박목월, '나그네'

- ① "이 시는 일제 강점기에 쓴 작품이래. 그런데 농촌이 수탈된 마당에 술 익는 마을이 어디 있었 겠어?" – 작품과 현실의 관계에 주목(반영론)
  ② "당시 시인은 아마 생활이 어려웠을 거야. 나그네처럼 먼 길을 힘들게 걷다 보니 노을이 지고, 술도 한 잔 하고 싶고…… 그 허무한 마음을 표현한 것 아닐까?"
  　– 작품과 작가의 관계에 주목(표현론)
  ③ "술과 노을이라……. 그거 이미지가 썩 잘 어울리는데. 밀밭 길이 주는 느낌과도 통하면서."
  　– 작품의 내적 구조에 주목(구조론=내재적 접근 방법)
  ④ "그런 걸 상상이라 하는 거야. 그나저나 나도 이 시의 나그네처럼 여행이나 떠났으면 좋겠다."
  　– 작품과 독자의 관계에 주목(효용론)

작품을 감상할 때는 하나의 관점만이
아니라 여러 관점을 동시에 적용합니다.
이로써 보다 풍부한 감상이 가능해지죠.

'수사법(修 꾸밀수 辭 말씀사 法 방법법)'이라는 말이 있습니다. 글자 그대로 말을 꾸미는 방법인데, 문학 작품에서뿐만 아니라 인간의 언어 활동 전반에서 두루 쓰입니다. 이렇게 별도의 명칭까지 있을 정도라면 말을 꾸미는 것이 상당히 중요한 일인 모양인데, 도대체 왜 말을 꾸밀까요? 간단하게 말하면 보다 효과적으로, 보다 미적으로 표현하기 위해서 말을 꾸미는 것입니다. '아름답다'고 말하는 것보다 '꽃처럼 아름답다'고 꾸며서 말하는 것이 의도를 표현하는 데 더 효과적이기 때문에 말을 꾸미는 것이고, 수사법이라는 말까지 생겨서 그 방법을 고민하게 된 것이지요.

특히 언어 예술인 문학에서는 말을 꾸미는 방법(수사법), 즉 표현 방법을 매우 중요하게 생각합니다. 따라서 수사법을 잘 이해하면 작품 감상은 물론 창작에도 많은 도움을 받을 수 있습니다. 수사법은 꾸미는 방식이나 목적에 따라 크게 비유법, 강조법, 변화법 등으로 나눌 수 있습니다.

1. 비유 比 견줄비 喩 깨우칠유

견주어 설명함. 어떤 현상이나 사물을 직접 설명하지 않고 다른 비슷한 현상이나 사물에 빗대어서 설명하는 방법입니다. 왜 빗대어서 설명할까요? 직접 말하는 것보다 더 선명하게, 더 생동감 있게 표현할 수 있기 때문이죠. 그렇다고 아무 때나 비유를 사용할 수 있는 것은 아닙니다. 비유가 성립하려면 원관념과 보조 관념 사이에 유사성이 있어야 합니다.

- ⓛ은 청명한 날이 으리으리한 관을 쓴다는 비유를 활용하여 햇빛이 쏟아지는 순간의 아름다운 모습을 표현하고 있다.(20 9월 모평)
- ⓐ은 물의 결핍감을, ⓛ은 불의 충족감을 비유한다.(17 6월 모평)

- **원관념** 元 으뜸원

비유에서 표현하고자 하는 실제 내용

- **보조 관념** 補 도울보 助 도울조

원관념에 비유되는 것. 비유에서 원관념의 뜻이나 분위기가 잘 드러나도록 도와주는 관념

> **예** 내 마음은 호수요.
>   원관념   보조 관념
>   – 김동명, '내 마음은'
>
> '내 마음'을 '호수'에 비유하고 있습니다. 원관념인 '내 마음'의 잔잔함과 평온함 등을 표현하기 위해 그와 유사성을 지닌 '호수'를 보조 관념으로 연결하여 비유하고 있습니다. 이렇게 하니까 '내 마음은 잔잔하고 평온하다.'라고 굳이 말하지 않더라도 '내 마음'의 그러한 이미지가 더 아름답게 전달되는군요.

직유법 直 바로직 喻 깨우칠유

직접 비유하는 방법. 비슷한 성질이나 모양을 가진 두 사물을 '~같이', '~처럼', '~듯이', '~양'과 같은 말로 연결하여 직접 비유합니다.

> **예** 그립고 아쉬움에 가슴 조이던
>   머언 먼 젊음의 뒤안길에서
>   인제는 돌아와 거울 앞에 선
>   내 누님같이 생긴 꽃이여.
>   보조 관념   원관념
>   – 서정주, '국화 옆에서'

'꽃'을 '내 누님'에 직접 비유하고 있습니다. '～같이'라는 표현이 원관념과 보조 관념을 연결하고 있네요. '꽃'의 아름다움이 삶의 원숙한 경지에 이른 누님의 아름다움과 유사했나 봅니다.

- 직유법을 사용하여 대상과의 친밀감을 나타내고 있다.(15 6월 모평)
- (나)와 달리 (가)에서는 직유의 방식을 통해 대상의 이미지가 선명하게 드러나고 있다.(16 수능)

은유법   隱 숨을은 喩 깨우칠유

숨겨서 비유하는 방법. 직유법과는 달리 원관념과 보조 관념을 직접 연결하지 않으면서 원관념을 설명하거나 묘사하는 방법입니다. 원관념과 비유되는 보조 관념을 같은 것으로 보기 때문에 'A(원관념)는 B(보조 관념)다'의 형태로 나타납니다. 위에서 예로 든 '내 마음은 호수요.'가 은유법이 사용된 대표적인 예입니다.

- 〈민옹전〉은 은유, 해학, 풍자 등에 능한 '민 영감'을 등장시켜 작자의 현실 비판 의식을 드러낸 작품으로 평가할 수 있다.(14 고2 성취도)

중의법   重 곁들일중 義 뜻의

두 가지 이상의 뜻을 곁들여 표현하는 방법. 하나의 보조 관념으로 두 가지 이상의 원관념을 표현하는 방법입니다.

예 청산리 벽계수碧溪水야 수이 감을 자랑 마라.
일도 창해一到蒼海하면 돌아오기 어려우니
명월明月이 만공산萬空山하니 쉬어간들 어떠하리.   - 황진이

초장의 보조 관념인 '벽계수'는 푸른 시냇물(원관념 1)을 의미하는 동시에 사람 벽계수(원관념 2)를 의미합니다. 또 종장의 '명월'은 밝은 달(원관념 1)을 의미하는 동시에 황진이 자신(원관념 2)을 의미합니다. 화자는 푸른 시냇물더러 "한 번 바다로 나가면 돌아오기 어려우니 쉬어 가는 것이 어떠냐?"라고 노래하는 동시에 벽계수에게 "좋은 시절은 한 번 지나가면 돌아오지 않으니 함께 즐겨 봄이 어떻겠냐?"며 자신의 마음을 은근히 전하고 있습니다.

대유법   代 대신할대 喩 깨우칠유

대신 표현하는 방법. 원관념과 연관이 있는 보조 관념이 원관념을 대신 나타내는 표현법입니다. 어떤 대상의 특징이나 부분으로 그 대상을 나타내는 것이 일반적인데, 부분을 활용했느냐, 특징을 활용했느냐에 따라 다시 제유법과 환유법으로 나누기도 합니다. 간단히 살펴보죠.

구분	방법	예
제유법 提이끌제 喻깨우칠유	사물의 한 부분으로 그 사물의 전체를 나타냄	인간은 빵만으로 살 수 없다. '인간은 (동물처럼) 먹는 것만으로는 살 수 없다.'라는 뜻입니다. 인간이 지닌 고차적인 욕구나 인간됨의 조건을 표현하는 말이죠. 여기서 '빵'은 음식의 일부분이지만 음식 전체를 나타내고 있습니다.
환유법 換바꿀환 喻깨우칠유	어떤 사물을, 그것의 속성이나 특성과 밀접한 관계가 있는 다른 낱말을 빌려서 표현함	펜은 칼보다 강하다. '글(문화)의 힘이 무력보다 강하다.'라는 뜻입니다. 여기서 '펜'은 문화의 특징과 연관되고, '칼'은 무력의 특징과 연결되면서 각각 '문화의 힘'과 '무력'을 대신 표현하고 있습니다.

풍유법 諷 풍자할풍 喻 깨우칠유

본뜻은 숨기고 비유하는 말만으로 숨겨진 뜻을 암시하는 방법. 속담이나 격언 등이 많이 사용되는데, 교훈성, 풍자성이 강합니다.

예 다 된 밥에 재 뿌린다더니.

> 거의 다 된 일을 망쳐 버렸을 때 이 속담을 쓰면 그 의미가 훨씬 잘 전달되겠죠?

활유법 活 살활 喻 깨우칠유

살아 있는 것처럼 표현하는 방법. 무생물을 생물인 것처럼, 감정이 없는 것을 감정이 있는 것처럼 표현합니다.

예 모든 산맥들이 / 바다를 연모해 휘달릴 때도
차마 이곳을 범하던 못하였으리라.   ─ 이육사, '광야'

> 무생물인 산맥이 달린다고 표현하고 있습니다. 산맥을 살아 있는 생물에 비겨 표현하니까 그 모습이 매우 역동적으로 느껴지지 않나요?

의인법 擬 비길의 人 사람인

사람에 비겨 표현하는 방법. 사람이 아닌 것을 마치 사람처럼 느끼거나 행동하는 것으로 표현하는 방법으로, 넓게는 활유법에 포함됩니다.

예 내 머리는 너를 잊은 지 오래
내 발길은 너를 잊은 지 너무도 너무도 오래
오직 한 가닥 있어

타는 가슴 속 목마름의 기억이
네 이름을 남 몰래 쓴다 민주주의여.

– 김지하, '타는 목마름으로'

'민주주의'를 '너'라는 사람으로 그리고 있습니다. 민주주의를 의인화한 것입니다.

- 의인법을 사용하여 현실에 대한 비판적 관점을 나타내고 있다(15 6월 모평)
- 시적 대상에 생명력을 부여하여 의지를 지닌 존재로 나타내고 있다.(18 수능)
- (가)와 (나)는 인격화된 사물을 청자로 하여 화자의 소망을 전달하고 있다.(21 6월 모평)

의성법   擬 비길 의 聲 소리 성

사람이나 사물의 소리를 그대로 묘사하여 표현하는 방법. 읽는 사람에게 실감을
주어 인상을 강하게 합니다.

> **예** 갈대숲을 이룩하는 흰 새떼들이
> 자기들끼리 끼룩거리면서
> 자기들끼리 낄낄대면서
>
> – 황지우, '새들도 세상을 뜨는구나'

이룩하는 새들의 소리를 '끼룩', '낄낄' 등 비웃는 소리처럼 묘사함으로써 화자의 처지나 현실에 대
한 부정적인 인상을 강하게 심어 주고 있습니다.

- 의성어를 활용하여 경쾌한 분위기를 자아내고 있다.(14 수능)
- 의성어와 의태어를 사용하여 생동감을 높이고 있다.(15 9월 모평)

의태법   擬 비길 의 態 모습 태

사물의 모양이나 태도를 그대로 모방하여 표현하는 방법. 역시 신선하고 강한 인
상을 줍니다.

> **예** 이 마을 전설이 주저리주저리 열리고
>
> – 이육사, '청포도'

'청포도'가 열린 모양을 '주저리주저리'로 표현하고 있습니다. 청포도가 많이 열린 모양을 떠올릴 수
있는데요, 그 포도를 '전설'이라고 근사하게 말하고 있기도 하네요.

- 의성어와 의태어를 구사하여 화자의 상황을 제시하고 있다.(19 9월 모평)
- 의태어를 나열하여, 임의 부재로 인한 외로움을 시각적 이미지로 제시하고 있다.(15 수능)
- 의태어를 활용하여 대상의 움직이는 모습을 생생하게 보여 주고 있다.(16 수능)

2. 강조 强 강할강 調 고를조

강하고 두드러지게 함. 표현하려는 내용을 강하게, 뚜렷하게 나타내는 방법입니다. 왜 강조할까요? 어떤 부분을 강조하면 그 내용이 다른 부분들과 구별되어 독자에게 선명한 인상을 남길 수 있기 때문입니다. 작가가 선명한 인상을 남기기 위해 노력한 부분이라면 당연히 글의 주제와도 관련이 깊겠죠?

반복법 反 돌아올반 復 회복할복

말을 되풀이하는 방법. 같거나 비슷한 표현을 반복해서 뜻을 강조하게 됩니다. 그런데 시에서는 반복을 통해 의미만 강조하는 것이 아니라 운율감도 얻고, 전체 구도에 안정감을 부여하기도 하므로 특히 유의해야 합니다.

예1 살어리 살어리랏다 청산에 살어리랏다.
멀위랑 다래랑 먹고 청산에 살어리랏다.

— '청산별곡'

> '살어리랏다'를 반복하면서 청산에 살고자 하는 소망('살어리랏다'를 '살고 싶구나'로 해석할 경우) 혹은 청산에 살 수밖에 없다는 한탄('살어리랏다'를 '살리라'로 해석할 경우)을 강조하고 있습니다.

예2 나 보기가 역겨워 / 가실 때에는
말없이 고이 보내드리우리다.

영변에 약산 / 진달래꽃,
아름 따다 가실 길에 뿌리오리다.

가시는 걸음 걸음 / 놓인 그 꽃을
사뿐히 즈려 밟고 가시옵소서.

나 보기가 역겨워 / 가실 때에는
죽어도 아니 눈물 흘리우리다.

— 김소월, '진달래꽃'

> 이른바 수미 상관(p.104 참고)이라는 방식으로 반복법이 사용되었습니다. '머리(수(首))'에 해당하는 1연과 '꼬리(미(尾))'에 해당하는 4연에서 비슷한 내용이 반복되니까 의미도 강조되고 시 전체의 구도도 안정감을 얻고 있습니다.

- (가)와 (나)는 모두 동일한 시어의 반복을 통해 리듬감을 드러내고 있다. (12 고2 성취도)
- 유사한 시구를 반복함으로써 화자의 의지를 강조하고 있다. (18 수능)
- 동일한 구절을 반복하여, 시적 상황에 대한 화자의 부정적 정서가 심화되는 과정을 드러낸다. (21 9월 모평)
- (가)는 구조가 유사한 문장을 반복적으로 제시하여 시상에 통일성을 부여하고 있다. (13 6월 모평)

열거법 列 벌일열 擧 들거

낱낱을 죽 벌여 놓는 방법. 표현하려는 내용과 연관된 단어나 구절을 나열하여 원래의 내용을 강조하게 됩니다.

예 별 하나에 추억과
별 하나에 사랑과
별 하나에 쓸쓸함과
별 하나에 동경과
별 하나에 시와
별 하나에 어머니, 어머니

— 윤동주, '별 헤는 밤'

'추억, 사랑, 쓸쓸함, 동경, 시, 어머니' 등 별이 뜬 밤에 떠오르는 상념들을 나열하여 별 헤는 밤의 쓸쓸함과 아름다움을 강조하고 있습니다.

- 시간적 표현을 열거하여, 시대에 대한 화자의 인식 변화를 드러낸다.(21 9월 모평)
- 인물의 행동을 시간의 흐름에 따라 열거하여 상황을 구체적으로 보여 주고 있다.(19 수능)
- 열거의 방식으로 인물의 외양을 해학적으로 표현하고 있다.(15 6월 모평)

과장법 誇 자랑할과 張 베풀장

사실보다 부풀려서 나타내는 방법. 표현하려는 내용을 실제보다 더 높이거나 줄여서 나타냄으로써 의미를 강조합니다.

예 모란이 지고 말면 그뿐, 내 한 해는 다 가고 말아,
삼백예순 날 하냥 섭섭해 우옵내다.

— 김영랑, '모란이 피기까지는'

모란이 진다고 해서 한 해가 다 가 버릴 리야 있겠습니까? 또 모란이 진다고 삼백예순 날을 운다는 것도 가당키나 한 이야기인가요? 그럼에도 불구하고 화자는 이렇게 과장하여 표현함으로써 모란이 진 아쉬움이 크다는 것을 강조하고 있는 것입니다.

- (가)는 상황의 가정에서, (나)는 행동의 묘사에서 과장이 드러난다.(15 9월 모평)
- (가)의 '천만리(千萬里) 머나먼 길에 고운 님 여의옵고'는 과장된 표현을 통해 '님'과 이별한 상황을 강조하고 있다.(14 수능)

점층법 漸 점점점 層 층층

점점 강도를 높이는 방법. 문장의 뜻을 점차로 강하게, 크게, 높게 함으로써 마침내 절정에 이르도록 하는 방법입니다.

예 신록은 먼저 나의 눈을 씻고, 나의 머리를 씻고, 나의 가슴을 씻고, 다음에 나의 마음의 모든 구석구석을 하나하나 씻어낸다.

— 이양하, '신록 예찬'

신록이 씻어 주는 것, 다시 말하면 신록으로 인해 정화(淨化)되는 것이 '나의 눈 → 나의 머리 → 나의 가슴 → 나의 마음의 모든 구석구석'으로 점점 깊어지고 있고, 그 영향력도 강력해지고 있습니다. 감정을 정화시켜 주는 신록의 혜택을 점층법을 써서 강조한 것이죠.

- 반복과 점층적 표현으로 대상의 역동적 측면을 드러내고 있다.(15 9월 모평)
- 유사한 시구를 점층적으로 변주하여 리듬감을 형성하고 있다.(16 6월 모평)
- (나)와 (다)는 특정 어구를 점층적으로 나열하여 긴박감을 조성하고 있다.(17 6월 모평)

점강법 漸 점점점 降 내릴강

점점 강도를 낮추는 방법. 크고 높고 강한 것에서부터 점차 작고 낮고 약한 것으로 끌어내려 표현함으로써 강조의 효과를 얻는 것으로, 점층법과 반대되는 방법입니다.

예) 자연이 우리에게 내리는 혜택에는 제한이 없다. 그러나 그중에도 그 혜택을 풍성히 아낌없이 내리는 시절은 봄과 여름이요, 그중에도 그 혜택을 가장 아름답게 나타내는 것은 봄, 봄 가운데도 만산에 녹엽이 싹트는 이때일 것이다.   – 이양하, '신록 예찬'

자연이 혜택을 풍성하게 내리는 시기를 '봄과 여름 → 봄 → 만산에 녹엽이 싹트는 이때'로 점점 좁혀 가고 있습니다.

비교법 比 견줄비 較 견줄교

견주어 나타내는 방법. 공통점을 갖고 있는 두 가지 이상의 사물이나 내용을 견주어서 그중 어느 한쪽이 그 공통점의 양이나 질에서 우월함을 강조합니다.

예) 강낭콩꽃보다도 더 푸른 그 물결 위에
양귀비꽃보다도 더 붉은 그 마음 흘러라.   – 변영로, '논개'

'푸르다'는 공통점을 갖고 있는 '강낭콩꽃'과 '그 물결'을 비교하여, '강낭콩꽃'보다 더 푸른 '그 마음'의 푸름을 강조하였고, '붉다'는 공통점을 갖고 있는 '양귀비꽃'과 '그 마음'을 비교하여 '양귀비꽃'보다 더 붉은 '그 마음'의 붉음을 강조하였습니다.

대조법 對 마주할대 照 비출조

맞세워 나타내는 방법. 서로 반대되는 대상이나 내용을 맞세워 주제를 강조하거나 인상을 선명하게 하는 방법입니다. 단어나 구절에서뿐만 아니라, 한 작품 전체에서도 쓰일 수 있습니다.

예 보름의 둥근달은 모든 영화와 숭배를 받는 여왕 같은 달이지마는, 그믐달은 애인을 잃고
쫓겨남을 당한 공주와 같은 달이다.
　　　　　　　　　　　　　　　　　　　　　　　　　　　　　　　　　– 나도향, '그믐달'

'보름달'과 '그믐달'을 맞세워 각각의 대상에서 느껴지는 인상을 선명하게 강조하고 있습니다.

- 어둠과 밝음의 대조를 통해 긍정적 미래의 도래를 암시하고 있다.(15 6월 모평)
- [A]와 〈보기〉는 모두 젊음과 늙음을 대조적으로 제시하여 주제를 표출하고 있다.(16 9월 모평)
- 각 연에서는 일정하게 순환하는 자연의 이치와, 그러한 이치를 삶에 구현하지 못하는 인간을 대비하
  고 있군.(16 9월 모평)

엄밀하게 말하면 '대비(對比)'는 반대되는 것을 맞세우는 '대조'보다는 공통점을 지닌 것들의 우열을
가리는 '비교'에 가깝습니다. 하지만 실제 시험에서는 오히려 대조의 의미로 더 많이 사용되고 있으
므로 문맥에 따라 잘 가려서 이해해야 합니다.

억양법　抑 누를억　揚 날릴양

누른 다음 치켜 주거나, 치켜세운 후 눌러 버리는 방법. 내용 전개에 기복을 두어
강조의 효과를 얻는 방법인데요, 뒷부분의 내용이 강조되게 되죠.

예1 그는 얼굴은 곱지만, 마음씨가 고약하다.

예2 그는 좀 모자라지만, 사람은 착하다.

예1)은 치켜세운 후 눌러 버리는 방법으로 뒷부분의 내용, 즉 '마음씨가 고약함'을 강조하고 있습니
다. 반면 예2)는 눌렀다가 치켜 주는 방법으로 뒷부분의 내용, 즉 '착한 품성'을 강조하고 있습니다.

연쇄법　連 잇닿을연　鎖 쇠사슬쇄

쇠사슬처럼 앞말의 꼬리에 그 다음 말의 머리를 연결하는 방법. 앞 구절의 끝을
다시 다음 구절의 첫째 말로 삼아서 연쇄적으로 내용을 이어 가게 됩니다.

예 원숭이 엉덩이는 빨개. 빨가면 사과. 사과는 맛있어. 맛있으면 바나나. 바나나는 길어. 길면
기차. 기차는 빨라. 빠르면 비행기

- (가)에서는 '무쇠로 성을 쌓고 성 안에 담 쌓고' 등에서 구절들이 연쇄적으로 이어진 것을 알 수 있다.
  (16 6월 모평)
- (가)와 달리 (나)에서는 연쇄와 반복을 통해 리듬감이 나타나고 있다.(16 수능)

영탄법　詠 읊을영　嘆 탄식할탄

슬픔, 놀라움 등의 감정을 강조하여 나타내는 방법. 감탄사나 감탄 조사, 감탄형
어미 등을 활용하여 표현하는 것이 보통입니다.

예1 산산히 부서진 이름이여! / 허공중에 헤어진 이름이여!
불러도 주인 없는 이름이여! / 부르다가 내가 죽을 이름이여!
— 김소월, '초혼'

예2 님은 갔습니다. 아아, 사랑하는 나의 님은 갔습니다.
— 한용운, '님의 침묵'

- 영탄적 표현을 통해 대상의 속성을 예찬하고 있다.(18 6월 모평)

현재법   現 나타날현 在 있을재

현재처럼 나타내는 방법. 과거나 미래의 사실, 또는 눈앞에 없는 사실을 마치 눈
앞에 있는 것처럼 나타내는 것으로, 현장감과 현실감을 높여 줍니다.

예 매운 계절季節의 채찍에 갈겨
마침내 북방北方으로 휩쓸려 오다.

하늘도 그만 지쳐 끝난 고원高原
서릿발 칼날진 그 위에 서다.
— 이육사, '절정'

- 현재형 진술을 통해 대상의 역동적 성격을 보여 주고 있다.(18 9월 모평)

미화법   美 아름다울미 化 될화

아름답게 나타내는 방법. 일반적이거나 오히려 추한 대상을 아름답고 좋게 표현
하는 방법입니다.

예 백의의 천사 (← 간호사), 집 없는 천사 (← 거지)

3. 변화   變 변할변 化 될화

단조롭지 않게 변화를 줌. 말이나 문장이 단순하고 무의미해지는 것을 피하기 위
해서 어구나 서술을 변화 있게 사용하는 방법입니다.

도치법   倒 거꾸로될도 置 둘치

차례나 위치를 바꾸는 방법. 정상적인 어순 등을 뒤바꿈으로써 내용을 두드러지
게 나타냅니다.

예 아! 누구인가?
이렇게 슬프고도 애달픈 마음을
맨 처음 공중에 달 줄을 안 그는.
— 유치환, '깃발'

> 정상적인 어순에 따른다면 '이렇게 슬프고도 애달픈 마음을 맨 처음 공중에 달 줄을 안 그는 누구인가?'라고 해야 하겠지만, 이렇게 표현하면 좀 밋밋하고 재미도 없지 않나요? 그래서 시인은 도치법을 사용했습니다. 도치법을 사용하니까 훨씬 신선하고 의미도 강해졌네요.

- (가)와 (나)는 도치된 표현을 활용하여 화자가 처한 부정적 현실에 대한 극복 의지를 강조하고 있다. (21 6월 모평)

설의법   設 베풀설 疑 의심할의

물음의 형식으로 나타내는 방법. 의문문의 형식으로 표현되지만 진짜 궁금해서 물어보는 것은 아닙니다. 누구나 쉽게 판단할 수 있는 사실을 굳이 의문의 형식으로 표현함으로써 독자가 스스로 생각해 보고 판단하게 하여 그 의미를 강조하는 방법입니다.

예 지금은 남의 땅
빼앗긴 들에도 봄은 오는가?
— 이상화, '빼앗긴 들에도 봄은 오는가'

> '빼앗긴 들에도 봄은 오는가?'라고 묻고 있지만 진짜 궁금해서, 혹은 몰라서 묻는 것은 아닙니다. 오히려 화자가 말하고자 하는 것은 '빼앗긴 들에는 봄이 오지 않는다.'라는 사실입니다. 빼앗긴 조국에 대한 절망감을 표현한 것인데요, 이것을 그냥 '빼앗긴 들에는 봄이 오지 않는다.'라고 말하는 대신 물음의 형식으로 표현하니까 독자의 입장에서는 다시 한번 생각해 보게 되고 그 의미를 더 크게 받아들이게 됩니다.

- (가)는 의태어를 통해 생동감을 부여하고, (나)는 설의법을 통해 의미를 강조하고 있다. (11 고2 성취도)
- 설의적 표현을 사용하여 주제를 부각하고 있다. (17 고2 성취도)
- (나)와 달리 (가)에서는 설의적인 표현을 통해 안타까움의 정서가 강조되고 있다. (16 수능)

인용법   引 끌인 用 쓸용

남의 말이나 글을 따오는 방법. 남의 말이나 글을 그대로 따오는 '직접 인용(따옴표 등으로 확실히 표시함)'과 요약·정리해서 따오는 '간접 인용(따옴표 등이 없이 문장 속에 포함됨)'이 있습니다. 인용은 글의 내용을 풍부하게 하고, 핵심 내용을 뒷받침하는 데 유용합니다.

예 "인간은 생각하는 갈대다."라는 말이 있다. — 직접 인용
인간은 생각하는 갈대라고 한다. — 간접 인용

- 자신의 처지와 비슷한 인물의 고사를 인용하고 있다. (14 고2 성취도)

대구법   對 마주할대 句 구절구

구절을 짝지어 나타내는 방법. 비슷한 어조나 가락을 지닌 어구를 짝지어서 표현의 묘미를 살리는 방법입니다. 대조법이 의미상 반대인 내용을 맞세우는 것인 반면, 대구법은 의미보다는 비슷한 가락을 맞세웠느냐에 주목하는 것입니다. 그러므로 형식상으로는 대구법이면서, 내용상으로는 대조법이 쓰이는 것도 충분히 가능합니다.

> 예   바람보다 늦게 누워도
> 바람보다 먼저 일어나고
> 바람보다 늦게 울어도
> 바람보다 먼저 웃는다.
>
> – 김수영, '풀'
>
> '~보다 늦게 ~도 / ~보다 먼저 ~한다'라는 구절을 짝지어서 표현했습니다.

- (가), (나)는 모두 대구적 표현을 통해 의미를 강화한다.(13 고2 성취도)
- 대구 형식을 활용하여 화자의 출생을 앞둔 집안의 분위기를 드러내고 있다.(19 수능)
- 대구적 표현을 사용하여 새로운 계책을 마련한 기쁨을 드러내고 있다.(17 수능)

생략법   省 덜생 略 간략할략

줄이거나 빼는 방법. 독자에게 여운이나 암시를 주기 위해서, 문장의 구절을 간결하게 줄이거나 빼 버리는 방법입니다. 구구절절이 말하지 않아도 뜻이 오히려 간결해져서 함축과 여운을 지니게 됩니다.

> 예   그립다
> 말을 할까
> 하니 그리워
>
> 그냥 갈까
> 그래도
> 다시 더 한 번……
>
> – 김소월, '가는 길'
>
> 마지막 행 '다시 더 한 번……' 뒤에 이어질 내용이 생략됨으로써 여운이 느껴집니다.

문답법   問 물을문 答 대답답

스스로 묻고 대답하는 방법. 그냥 서술해도 될 내용이지만 문답 형식으로 전개하게 되면 새로운 느낌을 주어서 집중하게 할 수 있습니다.

예 아희야, 무릉武陵이 어디오. 나는 옌가 하노라. — 조식

아이에게 무릉도원이 어디냐고 묻습니다. 진짜 궁금해서, 또는 아이의 답을 듣고 싶어서 묻는 걸까요? 십중팔구는 아이가 화자 근처에 있지도 않을 것입니다. 그냥 묻는 척하는 거지요. '나는 여기가 무릉도원이라고 본다.'라는 자신의 생각을 드러내기 위해서 묻는 형식을 취한 것뿐입니다. 이렇게 묻고 답하는 형식을 취하면 독자는 대답의 내용에 더 주목하게 됩니다. 당연히 '나는 여기가 무릉도원이라고 생각한다.'라고 평범하게 말하는 것보다 훨씬 재미있는 표현이 됩니다.

• 묻고 답하는 방식을 빌려 여성의 고단한 삶을 표현하고 있어.(16 6월 모평)
• (가)에서는 대상과의 문답을 통해 시상을 심화하고 있다.(17 9월 모평)

돈호법   頓 조아릴돈 呼 부를호

이름을 부르는 방법. 사람이나 사물의 이름을 불러 독자의 주의를 환기시키는 방법입니다.

예 벗이여,
그대의 말을 고개 숙이고 듣는 것이
그대는 마음에 들지 않겠지.
마음에 들지 않아라.
— 김수영, '사령'

반어법   反 돌이킬반 語 말씀어

반대로 말하는 방법. 겉으로 표현된 의미와 속에 숨어 있는 참 의미가 서로 반대되게 나타내는 방법으로, 참 의미가 부각되는 효과를 얻을 수 있습니다. '아이러니(irony)'라고도 합니다.

예 먼 후일 당신이 찾으시면 / 그 때에 내 말이 "잊었노라"

당신이 속으로 나무라면 / "무척 그리다가 잊었노라"

그래도 당신이 나무라면 / "믿기지 않아서 잊었노라"

오늘도 어제도 아니 잊고 / 먼 후일 그 때에 "잊었노라"
— 김소월, '먼 후일'

시적 화자는 자꾸 잊었다고 말합니다. 진짜일까요? 천만에요! 오히려 잊었다고 말함으로써 절대 잊

을 수 없다는 진심을 토로하고 있는 것입니다. 이렇게 반대로 말하니까 그냥 잊을 수 없다고 말하는 것보다 더 절절하게 느껴집니다.

- 반어적 표현을 반복하여 상대방을 희화화하고 있다.(15 9월 모평)
- 반어적 표현을 통해 화자의 비판적 인식을 드러내고 있다.(19 고2 성취도)
- 반어적 표현을 활용하여 대상의 이중성을 부각하고 있다.(18 9월 모평)

역설법   逆 거스를역 說 말씀설

말이 안 되게 말하는 방법. 얼핏 보기에는 이치에 어긋나는 것처럼 보이지만 그 속에 진실을 담고 있는 표현법입니다. 따라서 표면적인 모순 속에 숨어 있는 진실을 찾는 것이 중요합니다. '패러독스(paradox)'라고도 합니다.

예1 우리들의 사랑을 위하여서는
이별이 있어야 하네.   – 서정주, '견우의 노래'

사랑을 위해 이별을 해야 한다니 말이 되나요? 하지만 이 말 속에 감추어진 진실은, 시련(이별)을 통해 사랑이 더욱 단단해지고 성숙해진다는 것이라고 할 수 있습니다.

예2 밤에 홀로 유리를 닦는 것은
외로운 황홀한 심사이어니   – 정지용, '유리창'

'외로운'과 '황홀한'이 도대체 어울리기나 하는 것인가요? 하지만 아이를 잃은 슬픔을 노래한 이 시에서는, 죽은 아이가 있는 공간인 창밖의 밤하늘을 보기 위해 창을 닦는 행위의 의미를 이렇게 표현하고 있습니다. 아이가 없으니 외롭지만 창을 닦음으로써 다시 아이의 환영을 볼 수 있으니 황홀한 것입니다. 언뜻 보기에는 말도 안 되는 것 같은 '외롭고 황홀하다'는 표현이 이렇게 적절할 수 있을까 싶네요.

- 역설적 표현을 통해 시적 의미를 강조하고 있다.(12 9월 모평)
- 이상향에 대한 의식을 역설적 표현을 통해 진술하고 있다.(18 6월 모평)
- 역설적 표현을 사용하여 모순적인 상황에 대한 반성적 자세를 보여 주고 있다.(16 6월 모평)

1. 상징 象 모양상 徵 부를징

모양으로 나타냄. 추상적인 의미를 구체적인 사물로 나타내는 방법으로, 흔히 비유와 혼동되기도 합니다. 하지만 비유가 원관념과 보조 관념 사이의 유사성에 기초하는 것과는 달리, 상징은 원관념을 드러내지 않은 채 감각화된 보조 관념만으로 의미를 표현합니다. 비유에서는 원관념이 명확하게 드러나지만 상징에서는 원관념이 암시적이고 모호합니다. 그래서 상징에서 활용되는 보조 관념(구체적 사물)은 그 자체의 의미를 지니는 동시에 추상적이고 다양한 원관념을 함축하게 됩니다. 상징의 종류로는 관습적 상징, 개인적 상징, 원형적 상징 등이 있습니다.

- (가)에서 '묵화'는 '황혼'이 상징하는 현실적 상황에, (나)에서 '북창'은 '저승의 밤'이 의미하는 절망적 상황에 대응된다.(22 수능)
- (가)의 '징그러운 바람'은 미래에 닥칠지 모를 모진 상황을, (다)의 '미친 바람'은 삶에서 지켜야 할 소중한 존재를 상징하고 있다.(19 6월 모평)
- 윗글은 [자료 2]처럼 '아내'의 죽음을 종교적 상징으로 승화하고 있는 관점을 이어간 작품이군.(15 수능)
- [A]의 '벌'은 겨울–나무의, [B]의 '싹'은 봄–나무의 고통을 상징한다.(15 9월 모평)

관습적 상징 慣 익숙할관 習 익힐습

오랜 세월을 두고 한 문화권에서 사회적 관습에 의해 인정되고 보편화된 상징. 누구나 그것이 무엇을 상징하는지 알고, 또 자신들이 아는 그 의미로 으레 사용하는 상징입니다. 모두 다 아니까 의미 전달은 쉽고 명확하겠죠? 하지만 참신성은 떨어질 수 있습니다.

예 사군자(매화, 난초, 국화, 대나무)

> 동양 문화권에서 사군자는 지조, 절개 높은 선비, 고고한 기상 등을 상징합니다. 동양 문화권에 속하는 사람들에게 사군자는 관습적 상징인 것이죠. 하지만 서양 사람들에게는 다르겠죠?

개인적 상징

한 작가가 자신의 작품에서만 독특하게 사용하여 함축성을 높이는 상징. '창조적 상징'이라고도 합니다.

예 그립고 아쉬움에 가슴 조이던
머언 먼 젊음의 뒤안길에서
인제는 돌아와 거울 앞에 선
내 누님같이 생긴 꽃이여

― 서정주, '국화 옆에서'

관습적 상징일 때와는 달리 이 시에서 '국화'는 원숙한 삶의 아름다움을 상징합니다.

원형적 상징 原 근원원 形 모양형

먼 옛날부터 인류가 삶의 경험 속에서 공통적 의미로 인식해 온 근원적 성격을 띠는 상징. '신화적 상징'이라고도 합니다.

예 • 불 : 수직적, 상승의 에너지, 공격적인 남성, 인간의 생명, 육체의 파괴와 소멸, 정화와 재생
  • 물 : 수평적, 하강, 모성 혹은 여성, 죽음, 정화와 재생, 순환, 시간의 흐름

2. 그 외에 자주 활용되는 표현법

우의 寓 맡길우 意 뜻의

뜻을 사물에 맡겨 나타내는 방법. 추상적인 개념이나 사상을 사람이나 동물과 같은 구체적인 형상으로 바꾸어 암시하는 표현법입니다. 은유법과 유사한 표현 기교라고 할 수 있는데, 은유법이 하나의 단어나 문장 같은 작은 단위에서 구사되는 것인 반면, 우의는 이야기 전체가 하나의 총체적인 은유법으로 관철된다는 차이점이 있습니다. '알레고리(allegory)'라고도 합니다.

예 • 이솝 우화의 '여우' : '교활'이라는 추상적 관념을 우의적으로 형상화함

  • '토끼전' : 토끼, 자라 등의 의인화된 동물과, 용궁이라는 공간을 통해 어리석고 욕심 많은 지배 계층과 그에 대항하는 민중의 모습을 우의적으로 형상화함

• 우의적 소재를 활용하여 사건 해결의 실마리를 제공하고 있다. (13 9월 모평)
• 도요새의 말이라는 우화적 장치를 통해 인간 세계에 대한 비판적 관점을 드러내고 있다. (15 9월 모평)

희화화 戲 희롱할희 畵 그림화 化 될화

우스꽝스럽게 그리는 방법. 어떤 인물의 외모나 행동, 성격 등을 의도적으로 과장하여 우스꽝스럽게 묘사하는 것입니다. 고전 문학에서 많이 발견할 수 있는데, 이 희화화의 결과로 해학과 풍자(이어지는 내용 참조)의 효과를 얻게 됩니다.

> 예 조조가 목을 막 늘여 좌우 산천을 살펴보려 할 제, 의외에 말 굽통 머리에서 메추리 표루루루 하고 날아 나니 조조 깜짝 놀라,
> "아이고 정욱아, 내 목 떨어졌다. 목 있나 봐라."
> "눈치 밝소. 조그마한 메추리를 보고 놀랄진대 큰 장끼를 보았으면 기절할 뻔하였소그려."
> 조조 속없이,
> "야 그게 메추리냐? 그놈 비록 자그마한 놈이지만 냄비에다 물 붓고 갖은 양념 하여 보글보글 볶아 놓으면 술안주 몇 점 참 맛있느니라만."
> "입맛은 이 통에라도 안 변하였소그려."
> – '적벽가'

> 조조가 도망치는 장면을 그린 '적벽가'의 한 대목입니다. 아무리 도망치고 있다고는 하지만 그래도 조조가 아니던가요? 그런데도 이 대목에서는 메추리 소리에 놀라 목이 떨어졌나 염려하는 겁쟁이, 도망 중에도 식탐을 잊지 않는 식탐 대마왕으로 그려지고 있습니다. 이런 희화화를 통해 해학적 효과를 얻을 수 있습니다.

- 인물들 간의 대화를 통해 특정 인물의 생각과 행동을 희화화하고 있다.(15 수능)
- ⓒ는 부정적인 상황을 희화화함으로써 당면한 현실을 풍자하는 표현이다.(18 9월 모평)

풍자 諷 알릴풍 刺 찌를자

예리하게 찔러 비판하는 방법. 정치적 현실이나 세태, 인간 생활의 결함이나 불합리, 허위 등을 꼬집어 웃음을 자아내며 공격하는 방법입니다. 부조리의 고발, 모순의 비판, 오류의 수정 등을 목적으로 대상을 조롱, 멸시, 농락하면서 적극적으로 공격합니다.

> 예 두터비 파리를 물고 두엄 위에 치달아 앉아
> 건넌 산 바라보니 백송골이 떠 있거늘 가슴이 끔찍하여 풀떡 뛰어 내닫다가 두엄 아래 자빠지거고
> 모쳐라 날랜 낼식망정 에헐질 뻔하괘라.

> 파리를 문 두꺼비가 자기보다 강한 백송골을 보고 놀라서 벌이는 우스꽝스러운 행동이 그려지고 있습니다. 여기서 파리는 힘 없는 백성, 두꺼비는 그들을 직접 괴롭히는 양반이나 지방 관리, 백송골은 힘 있는 중앙 관리나 외세를 의미한다고 볼 수 있습니다. 이 시조에서는 두꺼비의 행동을 희화화하여 공격함으로써 백성을 괴롭히는 양반들의 허장성세를 풍자하고 있는 것입니다.

- 현실 순응적인 인물의 삶을 풍자적 어법을 통해 형상화하고 있다.(11 고2 성취도)

- 청자를 명시적으로 설정하여 풍자적으로 비판하고 있다.(18 수능)
- 풍자적 어조를 통해 세태를 우회적으로 비판하고 있다.(19 9월 모평)

해학 諧 화합할해 謔 희롱할학

감싸 안으면서 희롱하는 방법. 풍자와 마찬가지로 독자들의 웃음을 자아내지만 공격성이나 비판성을 지니지는 않습니다. 오히려 독자들에게 넉넉한 마음을 불러일으킨다고 볼 수 있죠. 대상을 넓고 깊게 통찰하면서 동정적으로 감싸 주기 때문입니다.

> **예** 집안에 먹을 것이 있든지 없든지 소반이 네 발로 하늘께 축수하고, 솥이 목을 매어 달렸고 조리가 턱걸이를 하고, 밥을 지어 먹으려면 책력을 보아 갑자일이면 한 때씩 먹고, 새앙쥐가 쌀알을 얻으려고 밤낮 보름을 다니다가 다리에 가래톳이 나서 파종破腫하고 앓는 소리, 동리 사람이 잠을 못 자니
>
> — '흥부전'

흥부의 가난을 우스꽝스럽게 그리고 있습니다. 솥이 목을 매달고, 조리가 턱걸이를 하며, 쌀을 훔쳐 먹으려던 쥐가 가래톳이 났다니 얼마나 우스꽝스러운가요? 그렇지만 이런 표현이 흥부를 공격하고 있는 것은 아닙니다. 비록 처절한 가난이긴 하지만 한발 물러나 넓은 시각에서 바라보면서 좀 재미있게 묘사한 것일 뿐입니다. 공격할 의도가 없는 표현이므로 풍자가 아니라 해학인 것이죠.

- '나'의 병에 대해 '민 영감'이 치하한 말에서 상황과 어울리지 않는 말장난을 통한 해학성을 엿볼 수 있군.(14 고2 성취도)
- 열거의 방식으로 인물의 외양을 해학적으로 표현하고 있다.(15 6월 모평)
- 사설시조에서의 해학성은 독자가 화자와 거리를 두되 관용의 시선을 보내는 데서 발생한다. (15 9월 모평)

언어유희 言 말씀언 語 말씀어 遊 놀유 戱 희롱할희

말을 부려 써서 즐기는 놀이. 소리나 의미의 유사성을 이용해서 재미있게 표현하는 것으로, 때로는 대상을 우스꽝스럽게 만들어서 대상의 권위를 떨어뜨리는 효과를 거두기도 합니다. 판소리 등 평민 문학에서 자주 발견됩니다.

> **예1** 매아미 맵다 울고 쓰르라미 쓰다 우네.
> 산채를 맵다는가 박주를 쓰다는가.
> 우리는 초야에 묻혔으니 맵고 쓴 줄 몰라라.
>
> — 이정신

소리의 유사성을 이용한 언어유희입니다. '매미'와 '맵다', '쓰르라미'와 '쓰다'의 첫 음절이 각각 유사함을 이용하였습니다. '매미'와 '쓰르라미'에서 '맵다'와 '쓰다'라는 말을 이끌어 낸 후 이것을 '맵고 쓴 세상사'와 연결짓고 있습니다. 그런 다음 종장에서 자신은 초야에 묻혀 맵고 쓴 세상사와 거리를 두고 있음을 노래하고 있습니다.

예2 너의 서방인지 남방인지 걸인 하나 내려왔다.

— '춘향전'

남편을 낮잡아 이르는 말인 '서방(書房)'과 서쪽 방향을 이르는 말인 '서방(西方)'의 음이 같음을 이용하고 있습니다. 서방(書房)을 서방(西方)으로 바꾸고 여기에 역시 방향을 나타내는 남방(南方)을 덧붙여 딸의 남편(이몽룡)을 못마땅해하는 월매의 마음을 해학적으로 드러내고 있습니다.

• 언어유희를 통해 대상의 속성을 희화화하고 있다. (20 4월 고3 학평)

불가능한 상황 설정

불가능한 상황을 설정하여 화자의 의지나 심정을 강조하는 방법입니다. 주로 고전 시가 등에서 발견되는 표현법이죠.

예 사각사각 가는 모래 벼랑에
사각사각 가는 모래 벼랑에
구운 밤 닷 되를 심습니다.
그 밤이 움이 돋아 싹이 나야만
그 밤이 움이 돋아 싹이 나야만
유덕하신 님 여의고 싶습니다.

— '정석가'

고려 가요 '정석가'의 일부분입니다. 임과 헤어지지 않겠다는 의지를, 불가능한 상황(모래 벼랑에 구운 밤을 심는다? 더구나 그 밤이 움이 돋고 싹이 난다? 불가능한 상황이죠!)이 실현되면 임과 이별하겠다는 식으로 표현한 것입니다. 결국 실현될 수 없는 상황을 전제함으로써 절대 헤어지지 않겠다는 의지를 드러낸 것입니다.

주객전도 主 주인주 客 손님객 顚 엎드러질전 倒 넘어질도

주체와 객체가 서로 뒤바뀜. 일상적으로 주인과 손님의 입장이 뒤바뀜, 사물의 중요도나 우선순위 따위가 뒤바뀜 등을 의미하지만, 문학 작품에서는 작품 속 주체의 행동이나 정서를 객체의 행동이나 정서로 뒤바꾸어 표현하는 방법을 의미합니다.

예1 공명도 날 꺼리고 부귀도 날 꺼리니 — 정극인, '상춘곡'

> 부귀공명이 나를 꺼리는 것이 아니라 내가 부귀공명을 꺼리는 것이겠죠? 작품 속 주체인 '나'의 심정을 객체인 '공명'과 '부귀'의 심정으로 뒤바꾸어 표현한 것입니다.

예2 산이 날 에워싸고
씨나 뿌리며 살아라 한다.
밭이나 갈며 살아라 한다. — 박목월, '산이 날 에워싸고'

> 산이 그렇게 말했을 리 있나요? 결국 작품 속 주체인 '나'의 생각을 객체인 '산'의 말로 뒤바꾸어 표현한 것입니다.

• (가)는 주체와 객체가 전도된 표현을 통해 화자의 인생관을 분명히 하고 있다.(08 9월 모평)

패러디(parody)

특정 작품이나 작가의 스타일을 흉내 내어 표현하는 방법. 유명 작품의 자구(字句)를 변형하여 새로운 의미를 창조하거나, 익살 또는 풍자의 효과를 거두는 방식입니다.

예 사람들 사이에 섬이 있다.
그 섬에 가고 싶다. — 정현종, '섬'

- -

사람들 사이에
사이가 있었다. 그
사이에 있고 싶었다.
양편에서 돌이 날아왔다. — 박덕규, '사이'

> 박덕규의 '사이'는 정현종의 '섬'을 패러디한 작품입니다. '섬'에서는 사람들 사이에 있는 섬을 통해 인간의 욕망이나 존재론적 고뇌 등을 함축적으로 표현하고 있습니다. 반면 '사이'에서는 사람들 사이에 있는 사이를 통해 흑백 논리에 의해 재단되는 시대 상황을 비판하고 있습니다. 결국 '사이'는 '섬'의 스타일을 패러디해서 '섬'과는 다른 새로운 의미를 창조한 것입니다.

감정 이입 感 느낄감 情 뜻정 移 옮길이 入 들입

자기가 갖고 있는 감정을 자신 이외의 사람이나 사물에 불어넣어서 마치 그 대상이 그렇게 느끼고 생각하는 것처럼 표현하는 방법입니다. 자신의 감정을 색다르게 표현하는 방법의 하나로 볼 수 있죠.

예 귓도리 져 귓도리 어엿부다 져 귓도리
어인 귓도리 지는 달 새는 밤의 긴 소리 쟈른 소리 절절이 슬픈 소리 저 혼자 우러녜어 사창紗窓 여읜 잠을 살뜨리도 깨오는고야.
두어라 제 비록 미물微物이나 무인동방無人洞房에 내 뜻 알 이는 저뿐인가 하노라.

> 외롭고 슬픈 것은 독수공방하는 화자일 것입니다. 그런데 화자는 그런 자신의 감정을 귀뚜라미에게 불어넣고 있습니다. 사실 귀뚜라미는 자연의 섭리에 따라 그냥 소리를 낸 것일 뿐이죠. 그런데 화자는 그 귀뚜라미가 슬프고 외로워서 우는 것으로 표현했습니다. 자신의 감정을 대상에 이입하여 표현한 것이죠.

- 대상에 감정을 이입하여 화자의 애상감을 심화하고 있다.(14 9월 모평)
- (라)에서는 대상에 감정을 이입하여 심리적 변화를 우회적으로 표출하고 있다.(17 9월 모평)

주술 呪 빌주 術 재주술

목적을 이루기 위해 비는(주문을 외우는) 방법. '주술'은 불행이나 재해 같은 인간의 일상적인 문제를 초월적 존재에게 호소하여 해결하려 하는 것입니다. 인간이 자신들의 문제를 해결하기 위해 자연계의 여러 힘을 직접 통제하는 기술이라고도 할 수 있습니다. 그런데 고대인들은 노래(=문학)에도 주술적 기능이 있다고 생각했습니다. 노래를 통해 대상에 영향력을 미치고 원하는 바를 이룰 수 있다고 믿었던 것이죠. 그래서 고대의 문학을 보면 인간의 소망을 구체적이고도 직접적인 방식을 빌려, 주문을 외듯이 나타내는 주술적인 표현을 많이 발견할 수 있습니다.

예 거북아 거북아
머리를 내어라
내놓지 않으면
구워서 먹으리.

– '구지가'

> 하늘에 왕을 보내 줄 것을 요구하며 부른 노래(고대 가요)라고 합니다. 머리(왕)를 내놓지 않으면 구워 먹겠다고 거북이를 위협하고 있습니다. 이 노래를 부르자 하늘에서 왕을 보냈다고 하네요. 목적 달성! 이처럼 '구지가'는 하늘에 인간의 소원을 들어줄 것을 직접 요구하고 있다는 점에서 주술성을 지녔다고 볼 수 있습니다.

- (나)의 설움은 자연물의 주술적 속성을 통해 구체적으로 표출된다.(10 수능)
- 원시 시대의 인간은 주술적 언어를 통해 자연과 교감하였다.(06 수능)

관습적 표현 慣 익숙할관 習 익힐습

습관처럼 쓰이는 표현. '관용(慣익숙할관 用쓸용)적 표현', '상투(常항상상 套씌울투)적 표현'과
도 비슷한 말입니다. 흔히 속담이나 한자성어 같은 관용어구, 고사(故事), 관습적
인 상징의 활용 등으로 나타납니다. 개성을 생명으로 하는 문학 작품에서 누구나
쓰는 습관적인 표현을 사용한다는 것은 바람직하지 않을 수도 있지만, 오히려 누
구나 그 의미를 아는 표현이라는 점에서 효과를 얻을 수도 있습니다. 구구절절이
설명하지 않아도 되기 때문에 간결하고 명쾌하게 의미를 전달할 수 있고, 쉽게
보편성을 획득할 수도 있으며, 풍자의 효과도 얻을 수 있는 것입니다.

- 고전시가에서는 고사(古事) 속에 등장하는 '인물'이나 '소재'를 활용한 표현이 자주 등장하는데, 이러
  한 표현들은 고사와 시적 상황의 유사성을 바탕으로 한 연상의 과정을 통해 이루어지는 경우가 많
  아요.(16 3월 고3 학평)
- 관습적인 표현을 활용한 것은 개인적 정서를 보편적인 것으로 느끼게 하는 데 효과적이었겠어.(09 수능)
- 고사를 활용하여 상대에게 화자의 의견을 전달하고 있다.(16 수능)

다양한 표현 방법은 의도를
보다 효과적이면서도
세련되게 드러내는 것을 돕습니다.

04 시

1. 시의 특징

시를 한마디로 정의하라고 하면 흔히 '개인의 사상과 정서를 운율이 있는 언어로 압축하여 형상화한 문학'이라고 말합니다. 이게 도대체 무슨 소릴까요? 말은 짧지만 결코 쉽지 않은 내용입니다. 사실 시의 경계를 명확히 정하는 것은 쉽지 않습니다. 일단은 다음과 같은 키워드가 구현되었다면 시의 영역에 속한다고 생각할 수 있습니다.

- **운율** 韻律 → p.64 '운율' 단원 참고

시에서 느껴지는 말의 가락으로, 소리의 반복을 통해 얻게 되는 음악적 느낌을 말합니다.

> • [C]에는 유사한 문장 구조의 반복으로 운율감이 드러나고 있다.(18 고2 성취도)

- **형상화** 形 모양형 象 모양상 化 될화

형체가 분명하지 않은 것을 구체적이고 명확한 모양으로 나타내는 것을 말합니다. 시는 명확한 형체가 없는 인간의 사상이나 정서를 언어를 이용해서 구체적으로 그려 냅니다. 이것을 '형상화'라고 합니다.

> • 화자의 정서를 함축적 언어로 형상화하고 있다.(16 고2 성취도)
> • ㉠은 물의 생동하는 힘을, ㉡은 불이 소멸하는 상황을 형상화한다.(17 6월 모평)
> • 봄날의 보리밭 풍경을 제시하여 화자가 떠올리는 고향의 모습을 형상화하고 있다.(22 수능)

• **심상 心象** → p.69 '심상' 단원 참고

구체적인 감각과 관련된 표현을 통해 마음속에 떠오르는 모습이나 느낌을 말합니다. 흔히 시각적 · 청각적 · 후각적 · 미각적 · 촉각적 · 공감각적 심상과 같은 감각적 심상을 가리키는데, 좀 더 확장되어 분위기나 느낌 등의 의미를 나타내기도 합니다.

- 감각적 심상을 활용하여 화자의 정서를 드러내고 있다.(13 수능)

2. 시의 갈래

(1) 내용에 따라

서정시 抒풀서 情뜻정

정서를 표현한 시. 개인의 정서를 주관적으로 표현한 시입니다. 주관적이고 내적인 표현이라는 점에서 객관적이고 외적인 표현인 서사시와 구별됩니다. 우리가 흔히 접하는 대부분의 현대시가 서정시에 속합니다.

- 서정적 자아는 세계를 내면화한다. 이런 작용으로 서정시에서 자아는 상상적으로 세계와 하나가 된다.(08 수능)

서사시 敍펼서 事일사

일을 서술한 시. 영웅의 모험이나 집단의 생활을 객관적으로 서술한 시입니다. 신화, 전설, 국가나 민족의 역사, 인류의 운명 등을 순서를 좇아 시의 형식으로 서술한 것으로, 길이가 길고 배경 이야기를 갖고 있는 것이 특징입니다. 한국 문학에서는 본격적인 서사시를 찾기가 쉽지 않은데, 고려 시대 이규보의 '동명왕' 등이 대표적이고, 현대에 와서는 김동환의 '국경의 밤', 신동엽의 '금강' 등에서 서사시의 특성을 확인할 수 있습니다.

예
> "아하, 무사히 건넜을까,
> 이 한밤에 남편은
> 두만강을 탈없이 건넜을까?
>
> 저리 국경 강안江岸을 경비하는
> 외투 쓴 검은 순사가

왔다 —— 갔다 ——
오르명 내리명 분주히 하는데
발각도 안 되고 무사히 건넜을까?"

소금실이 밀수출 마차를 띄워 놓고
밤새 가며 속태우는 젊은 아낙네,
물레 젓던 손도 맥이 풀려서
'파!' 하고 붙는 어유魚油 등잔만 바라본다.
북국北國의 겨울 밤은 차차 깊어 가는데.

- 김동환, '국경의 밤' 제1부 제1장

극시   劇연극극

희곡 형식으로 된 시. 전편이 운문체의 대사로 이루어진 시입니다. 좁은 의미로
는 극의 형식을 취하거나 극적 수법을 사용한 시를 가리킵니다. 서사시와 마찬가
지로 한국 문학에서는 매우 드문 형식입니다.

(2) 형식에 따라

정형시   定 정할정 型 모형형

일정한 형식과 규칙에 맞추어 지은 시. 한국 문학의 경우 시조가 대표적입니다.
정형시는 특정한 음을 일정한 위치에서 요구하거나 음절의 수에 규칙을 두는 등
개별 갈래별로 여러 가지 제한 사항을 둘 수 있습니다. 이것을 외형율 또는 외재
율(p.64 '운율' 단원 참고)이라고 하는데, 우리 고전 문학의 경우는 대부분 음절 수
에 제한을 두었습니다. 현대시에서는 현대 시조를 제외하고는 거의 발견할 수 없
는 형식의 시입니다.

> 오백 년(3) 도읍지를(4) 필마로(3) 돌아드니(4)
> 산천은(3) 의구하되(4) 인걸은(3) 간 데 없다.(4)
> 어즈버(3) 태평연월이(5) 꿈이런가(4) 하노라.(3)
>
> - 길재
>
> 고려의 유신 길재가 지은 시조(고시조)인데요, 3음절, 4음절씩 음절 수의 규칙에 따라 지어진 정형
> 시입니다.

자유시　自 스스로자　由 말미암을유

자유로운 형식으로 이루어진 시. 정해진 형식이나 운율에 구애받지 않는 것으로, 정형시와 상대적인 입장의 시입니다. 그러나 자유로운 형식이라는 말은 전통적인 규범에 따르지 않는다는 의미일 뿐, 개별 작품은 모두 나름의 질서와 운율을 지니고 있습니다. 이것을 내재율(p.64 '운율' 단원 참고)이라고 하는데, 현대시의 대부분이 이 내재율을 지닌 자유시입니다.

- 시와 음악의 분리를 비판하는 것으로 보아 자유시보다 정형시를 선호하는군.(12 9월 모평)

산문시　散 흩을산　文 글월문

산문 형식으로 된 시. 형식상 거의 산문인 시로, 시행을 나누지 않고 리듬의 단위를 문장 또는 문단에 둔 시입니다. 넓게 보면 자유시에 속한다고도 볼 수 있는데, 자유시와 가장 큰 차이점은 행 구분이 없이 줄글로 씌어졌다는 것입니다. 서정적인 내용을 형상화하고 있다는 점이 일반 산문과의 차이점입니다.

예 　벌레 먹은 두리기둥 빛 낡은 단청丹靑 풍경 소리 날아간 추녀 끝에는 산새도 비둘기도 둥주리를 마구 쳤다. 큰 나라 섬기다 거미줄 친 옥좌玉座 위엔 여의주如意珠 희롱하는 쌍룡雙龍 대신에 두 마리 봉황새를 틀어 올렸다. 어느 땐들 봉황이 울었으랴만 푸르른 하늘 밑 추석秋石을 밟고 가는 나의 그림자. 패옥佩玉 소리도 없었다. 품석品石 옆에서 정일품正一品 종구품從九品 어느 줄에도 나의 몸 둘 곳은 바이 없었다. 눈물이 속된 줄을 모를 양이면 봉황새야 구천九天에 호곡呼哭하리라. 　　　　　　　　　　　　　　　　　　　- 조지훈, '봉황수'

연이나 행의 구분이 없이 전체가 6개의 문장으로 이루어진 산문시입니다. 화자는 몰락한 왕조의 퇴락한 궁궐을 소재로 해서 나라를 잃은 비애를 노래하고 있죠. 마지막 문장을 보면 봉황새에 그러한 자신의 감정을 이입하고 있는데요. 이 부분은 '봉황의 근심(봉황수(鳳凰愁))'이라는 작품의 제목과도 연결되고 있습니다.

(3) 태도와 경향에 따라

주정시　主 주인주　情 뜻정

인간의 감정이나 정서를 다루는 개인적·주관적 성격의 시. 좁은 의미의 서정시를 이르는 말입니다.

주지시 主주인주 知알지

감정보다는 이성이나 지성을 중시하는 입장에서 쓴 시. 김광균의 시들이 대표적입니다.

> 예 낙엽은 폴란드 망명 정부의 지폐
> 포화砲火에 이지러진
> 도룬 시의 가을 하늘을 생각케 한다.
> 길은 한 줄기 구겨진 넥타이처럼 풀어져
> 일광日光의 폭포 속으로 사라지고
> 조그만 담배 연기를 내뿜으며
> 새로 두 시의 급행 열차가 들을 달린다.
> 포플라 나무의 근골筋骨 사이로
> 공장의 지붕은 흰 이빨을 드러내인 채
> 한 가닥 구부러진 철책鐵柵이 바람에 나부끼고
> 그 위에 셀로판지로 만든 구름이 하나.   가을날의 황량한 풍경
> ーーーーーーーーーーーーーーーーーーーーーーーーーーーーーー
> 자욱한 풀벌레 소리 발길로 차며   고독감과 상실감
> 호올로 황량荒凉한 생각 버릴 곳 없어
> 허공에 띄우는 돌팔매 하나.
> 기울어진 풍경의 장막帳幕 저쪽에
> 고독한 반원半圓을 긋고 잠기어 간다.   – 김광균, '추일 서정'

쓸쓸하고 황량한 가을날의 풍경을 노래한 김광균의 대표작입니다. 그런데 주지시는 감정보다는 이성이나 지성을 중시한다고 했는데 이 시는 좀 감상적으로 보이지 않나요? 그렇습니다. 특히 이 시의 뒷부분에서는 고독감과 상실감이 강하게 나타나고 있어서 매우 애상적으로 느껴집니다. 서구의 주지시와는 좀 다르죠. 그래서 이런 부분이 한계로 지적되기도 합니다.

주의시 主주인주 意뜻의

의지적인 내용을 표현한 시. 순수하게 의지만 되뇌여서는 시가 되기 어렵기 때문에 대개 지성이나 감정을 동반하게 됩니다. 유치환의 '생명의 서' 등을 주의시로 분류하기도 합니다.

> 예 나의 지식이 독한 회의를 구하지 못하고
> 내 또한 삶의 애증을 다 짐지지 못하여
> 병든 나무처럼 생명이 부대낄 때
> 저 머나먼 아라비아의 사막으로 나는 가자
> 거기는 한번 뜬 백일白日이 불사신같이 작열하고

일체가 모래 속에 사멸한 영겁의 허적(虛寂)에

오직 알라의 신만이

밤마다 고민하고 방황하는 열사(熱沙)의 끝

　

그 열렬한 고독 가운데

옷자락을 나부끼고 호올로 서면

운명처럼 반드시 '나'와 대면케 될지니

하여 '나'란 나의 생명이란

그 원시의 본연한 자태를 다시 배우지 못하거든

차라리 나는 어느 사구(沙丘)에 회한 없는 백골을 쪼이리라

– 유치환, '생명의 서'

> 사막이라는 극한 상황을 제시하여, 존재의 본질적 삶에 대한 치열한 의지를 직설적으로 표현한 주의시입니다. 1연에서 화자는 '생명이 병든 나무처럼 부대끼는' 상황에서 극한적 공간인 '아라비아의 사막'으로 가겠다고 말합니다. 왜 가려는 것일까요? 극한적 상황에 스스로를 던짐으로써 병든 나무와 같은 현재의 상황을 극복하려는 것입니다. 2연을 보면 그 극한적 상황 속에서의 고통스러운 수련을 확인할 수 있습니다. 3연에서는 그런 수련을 거친 '나'의 모습이 그려집니다. '원시의 본연한 자태'가 그것이죠. 병든 나무 같은 생명이 원시의 본연한 자태를 배워 본질적 삶으로 거듭나게 되는 것이죠. 강인한 남성적 어조가 느껴지는 의지적인 성격의 작품입니다.

(4) 목적에 따라

순수시　純 순수할 순　粹 순수할 수

순수하게 개인적인 시. 개인의 정서를 예술적으로 형상화하는 것이 시의 본분이라는 관점 아래 시어의 아름다움과 예술성의 함양에 총력을 기울이는 시입니다. 시의 이념성이나 사회적 효용성 등에 대해서는 무관심하거나 거부하는 경향이 강합니다.

목적시　目 눈 목　的 과녁 적

목적의식을 담은 시. 정치·사회의 문제에 관심을 갖고 비판적인 의식으로 그 변혁을 촉구하는 내용을 담은 시입니다. 1960년대 이후 한국 현대시에 나타난 이런 경향의 작품들을 '참여(參 참여할 참　與 더불어 여)시'라고 부르기도 합니다. 김수영, 신동엽, 김지하 등의 작품이 대표적입니다.

> 예　껍데기는 가라.
> 　　4월도 알맹이만 남고
> 　　껍데기는 가라.

껍데기는 가라.
동학년 곰나루의, 그 아우성만 살고
껍데기는 가라.

그리하여, 다시
껍데기는 가라.
이곳에선, 두 가슴과 그곳까지 내논
아사달 아사녀가
중립의 초례청 앞에 서서
부끄럼 빛내며
맞절할지니

껍데기는 가라.
한라에서 백두까지
향그러운 흙가슴만 남고
그, 모오든 쇠붙이는 가라.

― 신동엽, '껍데기는 가라'

혹시 이 시에 '껍데기는 가라'라는 말이 몇 번이나 나오는지 세어 보셨나요? 자그마치 여섯 번이나 반복되고 있습니다. 같은 의미인 '쇠붙이는 가라'까지 합하면 일곱 번이고요. 이 정도면 거의 구호 수준입니다. '껍데기'에 대한 강력한 거부(=알맹이에 대한 강력한 옹호)가 느껴지지 않나요? 그렇습니다. 이 시는 전체적으로 '껍데기'와 '알맹이'의 이분법적인 대립을 통해 순수에 대한 옹호를 직접적으로 드러내고 있습니다. 그런데 그 '알맹이'와 '껍데기'에 해당하는 것이 무엇일까요? 작품에 그대로 표현되어 있으니 별로 어렵지 않습니다. 4·19 혁명(1연), 동학 혁명(2연)이 알맹이, 독재와 분단이 껍데기이죠. 이 시는 4·19 혁명이나 동학 혁명의 정신(알맹이)이 사라지고 독재와 분단 등(껍데기)이 판을 치는 현실에 대해 '껍데기는 가라'라고 외치고 있는 것입니다. 개인적인 정서보다는 정치적, 사회적, 역사적 목적의식을 담아내고 있는 목적시인 것이죠.

시의 특성들을 정리해 놓으면 화자가 드러내고자 하는 정서를 보다 쉽게 파악할 수 있답니다.

05 시어

'시어(詩시시 語말씀어)'는 시에 쓰인 말 전체를 가리키는 포괄적인 개념입니다. 하지만 형식적 단위로는 시에 쓰인 낱개의 어휘를 가리키는 말이기도 합니다. 좀 더 큰 단위로는 다음과 같은 것들이 있습니다.

• 시구 詩시시 句구절구

시의 구절. 한 토막의 의미 덩어리로, 보통 몇 개의 시어들로 구성된 어구나 문장을 가리킵니다.

- 동일한 시구를 반복하여 두 연을 유기적으로 결합하고 있다.(14 6월 모평)

• 행 行줄행 / 시행 詩行

시의 한 줄

- 모든 연을 2행으로 구성하여 형태적 통일성을 추구하고 있다.(15 수능)

• 연 聯이을연

시에서 몇 행을 한 단위로 묶어서 이르는 말. 보통 통일된 하나의 생각을 단위로 연을 구분하고, 연과 연 사이는 한 행을 띄웁니다.

<blockquote>
예) 시어
돌담에 속삭이는 햇발같이 ····· 행
시구
풀 아래 웃음 짓는 샘물같이 ····· 행   연
내 마음 고요히 고운 봄길 위에
오늘 하루 하늘을 우러르고 싶다
</blockquote>

새악시 볼에 떠오르는 부끄럼같이
시의 가슴에 살포시 젖는 물결같이
보드레한 에메랄드 얇게 흐르는
실비단 하늘을 바라보고 싶다

– 김영랑, '돌담에 속삭이는 햇발'

- ⓐ는 시상 전개의 단서로서 마지막 연과 대응되어 작품의 주제를 강조한다.(16 9월 모평)

시에 쓰인 말이라고 해서 사실 겉보기에 특별한 것은 없습니다. 우리가 일상생활에서 쓰는 말과 똑같으니까요. 하지만 그 언어가 시어로 선택되어 시 속에 들어가는 순간, 마치 마술처럼 여러 가지 변화를 겪게 됩니다. 이런 시어의 특성을 다음과 같은 개념으로 설명하곤 합니다.

함축성　含 머금을함 蓄 모을축

말이나 글이 많은 뜻을 담고 있는 성질. 예를 들어 '바다'라는 말은 일상적으로는 '지구 위에서 육지를 제외한 부분으로, 짠물이 고여 하나로 이어진 넓고 큰 부분'을 가리키지만, 문학 작품 속에 들어가면 그 시의 맥락에 따라 '동경'이나 '도전', '위험', '장해' 등의 다양한 의미를 지니게 됩니다. 이런 특성을 일컬어 '내포적 의미'를 갖는다고도 합니다.

- (가)의 '무성한 잡초'는 인간과 문명의 불화에 따른 상심을, (나)의 '화초'는 인간과 자연의 조화에 대한 바람을 함축하고 있군.(15 6월 모평)
- ㉠은 비의 부정적 의미를, ㉡은 소리의 긍정적 의미를 함축한다.(17 6월 모평)

• 내포적 의미　內 안내 包 감쌀포

안에 품은 의미. 어떤 뜻을 속에 품고 있다는 점에 초점을 맞춘 말입니다.

> 예　아무도 그에게 수심水深을 일러 준 일이 없기에
> 흰 나비는 도무지 바다가 무섭지 않다.
>
> 청靑 무밭인가 해서 내려갔다가는
> 어린 날개가 물결에 절어서
> 공주公主처럼 지쳐서 돌아온다.
>
> 삼월三月달 바다가 꽃이 피지 않아서 서글픈
> 나비 허리에 새파란 초생달이 시리다.
>
> – 김기림, '바다와 나비'

바다에 대해 잘 모르는 어수룩한 나비가 바다의 모습이 자기가 잘 아는 청무밭과 비슷하다고 만만하게 보고 내려갔다가 식겁하고 돌아왔다는 내용인데요, 여기서 바다는 우리가 여름에 놀러 가곤 하는 바로 그 바다일까요? 원래는 그 '바다'였겠지만, 연약하고 순진한 존재(나비)의 동경과 좌절을 그린 이 시의 맥락 속으로 들어오는 순간, 다음과 같은 함축적·내포적 의미를 띠게 되었네요.
바다 : 새로운 세계, 미지의 세계, 냉정한 현실, 근대 문명, 비생명성

• 〈제2장〉에서는 유사한 자연의 이치가 내포된 두 사례를 나란히 배열하고 있다.(16 수능)

주관성   主 주인주 觀 볼관

자기의 생각이나 정서에 따르는 성질. 시어는 객관적으로 사용되는 의미를 넘어서서 시인에 의해 주관적으로 사용되고 독자에 의해 다시 주관적으로 해석됩니다.

위에서 예로 든 '바다와 나비'에서 '나비'는 어떤 존재일까요? 꽃들 사이를 하늘하늘 날아다니는 나비를 시인은 '새로움을 동경하는 존재, 가냘프고 연약한 존재, 세상 물정에 어두운 존재, 꿈을 좇다가 좌절하는 존재, 현실 경험이 부족한 낭만적인 존재, 생명체, 연약한 지식인' 등으로 그리고 있습니다. 그야말로 '자기 마음대로'인 것이죠. 여러분도 이렇게 느끼나요? 만약 아니라면 여러분도 '여러분 마음대로' 생각해 보세요. 시어는 주관적으로 해석되는 것이니까요. 단, 시험에서는 여러분의 주관성을 잠시 포기하는 것이 좋습니다. 근거 없는 '내 멋대로'의 해석은 오답을 고르는 지름길일 수 있으니까요.

다의성   多 많을다 義 뜻의

한 단어가 두 개 이상의 의미를 가지는 성질. 하나의 시어가 하나의 의미만을 함축하는 것이 아니라 여러 가지 의미로 해석되는 것을 말하는데, '모호성' 또는 '애매성'이라고도 합니다. 시어의 '다의성'은 하나의 시어를 다양하게 해석하고 상

상할 수 있게 한다는 점에서 시의 의미를 풍부하게 하는 데 기여합니다.

● **애매성**   曖 희미할애   昧 어두울매

희미해서 분명하지 않은 성질. 시구 등의 의미가 단일하지 않고 복합적인 성질을 지니고 있음을 이르는 말입니다.

> 예   님은 갔습니다. 아아, 사랑하는 나의 님은 갔습니다.
> 푸른 산빛을 깨치고 단풍나무 숲을 향하여 난 작은 길을 걸어서 차마 떨치고 갔습니다.
> 황금의 꽃같이 굳고 빛나던 옛 맹세는 차디찬 티끌이 되어서 한숨의 미풍에 날아갔습니다.
> 날카로운 첫키스의 추억은 나의 운명의 지침을 돌려 놓고 뒷걸음쳐서 사라졌습니다.
> – 한용운, '님의 침묵'

> 이 작품에서 '님'은 '조국, 사랑하는 여인, 절대자' 등 다양한 의미로 해석될 수 있습니다.

시적 허용   許 허락할허   容 받아들일용

문법적으로는 틀린 것일지라도 시적인 효과를 위해서 허용하는 표현을 의미합니다. 이런 시적 허용을 통해 시어의 표현이나 의미가 더 깊어지고 풍성해집니다.

> 예   그립고 아쉬움에 가슴 조이던   – 서정주, '국화 옆에서'

> 문법적으로 보자면 '그리움과 아쉬움에 가슴 조이던'이나 '그립고 아쉬워서 가슴 조이던'으로 표현해야 맞습니다. 하지만 시 속에 쓰인 표현이기 때문에 이런 비문(非文)이 허용된 것이죠.

> • '하얗다'를 '하이얗다'라고 표현한 것은 언어 규범에 어긋나지만 정감의 깊이가 더해지는 효과가 있어.(06 수능)

사이비 진술   似 닮을사   而 말이을이   非 아닐비

'사이비'는 '겉으로는 비슷하지만 속은 완전히 다름'을 의미하는 말입니다. 문학에서 '사이비 진술'은 과학적 진실이나 상식에는 어긋나지만 시적 진실을 표현하는 진술 방식을 의미합니다. 다시 말하면, 사실의 세계에서는 거짓이지만, 시의 세계에서는 진실성을 내포하고 있는 표현이죠.

> 예   오늘 밤에도 별이 바람에 스치운다.   – 윤동주, '서시'

> 과학적으로 보자면 별과 바람은 결코 스칠 수 없습니다. 바람은 대기권 안의 현상이고 별은 그 밖의 사물이니까요. 하지만 이 작품은 시입니다. 시에서는 이런 표현이 전혀 문제가 되지 않으며, 오히려 시적 화자의 고뇌를 효과적으로 표현한 것으로 칭송받을 수도 있습니다.

06 운율

'운율(韻운 律음률율)'은 '시에서 느껴지는 말의 가락', 곧 시의 음악성을 가리키는 말입니다. 한자어인 '운율'은 '운'과 '율'이 합쳐진 말인데요, 원래 '운(韻)'은 시행이나 연의 일정한 위치에 특정 음운이 규칙적으로 반복되는 것을, '율(律)'은 음의 강약이나 길이, 높낮이 등이 주기적으로 반복되는 것을 의미합니다. 결국 소리의 반복을 통해 얻게 되는 음악적 느낌이 운율이라고 할 수 있습니다.

반복을 통해 운율이 생기면 어떤 효과가 있을까요? 일단 운율이 있으면 흥을 돋우거나 안정감을 주게 되어 미적 쾌감을 얻을 수 있습니다. 또 반복되는 부분이 강조되기 때문에 인상을 강하게 하거나 독특한 분위기 혹은 어조를 형성할 수도 있습니다.

운율은 크게 다음과 같이 나눌 수 있습니다.

1. 운율의 종류

외형률 外 바깥외 形 모양형

시의 바깥에 뚜렷이 드러나는 운율. 음의 높낮이나 길이, 글자 수, 음보(音步 : 이어지는 '음보율' 참고) 등의 규칙적인 반복에 의하여 생기는 운율로, 정형시에서 나타납니다. 세부 갈래별로 각각 정해진 규칙이 있고 작품들이 그 규칙에 따름으로써 구현됩니다. 음수율, 음보율, 음위율, 음성률 등으로 나뉘는데, 우리나라 시에서 주로 나타나는 것은 음수율과 음보율입니다.

- 3음보로 율격의 정형성을 보이고 있다.(15 고2 성취도)

• 음수율 音 소리음 數 셈수

글자(음절) 수가 규칙적으로 반복되어 생기는 운율. 우리 고전 시가에는 세 글자와 네 글자 또는 네 글자와 네 글자가 일정하게 배열된 3·4조, 4·4조가 많이 나타납니다.

> **예** 오백 년(3) 도읍지를(4) 필마로(3) 돌아드니(4)
> 산천은(3) 의구하되(4) 인걸은(3) 간 데 없다.(4)
> 어즈버(3) 태평연월이(5) 꿈이런가(4) 하노라.(3)
> — 길재
>
> 앞에서 정형시를 설명하면서 예로 들었던 작품입니다. 세 글자, 네 글자가 일정하게 배열되었죠?
> 3·4조의 음수율을 지니고 있습니다.

• 음보율   音 소리음 步 걸음보

음보의 규칙적인 반복으로 이루어지는 운율. 음보는 한 호흡으로 느껴지는 운율의 단위로, 의미상의 덩어리로 보면 됩니다. 시조는 4음보, 민요는 3음보가 많이 나타납니다.

> **예** 나 보기가 ∨ 역겨워 ∨ 가실 때에는
> 말없이 ∨ 고이 보내 ∨ 드리오리다.
> — 김소월, '진달래꽃'
> ⌞___7___⌟   ⌞__5__⌟
>
> 세 개의 덩어리가 반복되는 3음보율을 지닌 작품입니다. 음수율로는 일곱 글자와 다섯 글자의 구조가 반복되는 7·5조입니다.

- • (가)와 (나)는 모두 음보율을 사용하여 운율감을 드러내고 있다.(20 10월 고3 학평)
- • (다)와 〈보기〉는 동일한 음보율을 사용하여 리듬감을 살리고 있군.(14 수능)

• 음위율   音 소리음 位 자리위

일정한 위치에서 같은(비슷한) 음을 반복함으로써 얻어지는 운율을 말하는데, 우리나라 시에서는 '잘' 나타나지 않습니다.

두운 (頭머리두 韻운운)	구나 행의 '첫머리'에 같은 음을 규칙적으로 반복
요운 (腰허리요 韻운운)	구나 행의 '허리(중간)'에 같은 음을 규칙적으로 반복
각운 (脚다리각 韻운운)	구나 행의 '끝'에 같은 음을 규칙적으로 반복

- • 유사한 음운이 일정한 자리에 규칙적으로 배치되고 있다.(15 고2 성취도)

• **음성률**   音 소리음 聲 소리성

음의 강약, 높낮이, 길이 등이 규칙적으로 반복되어 형성되는 운율. 우리나라 시에는 나타나지 않습니다.

내재율   內 안내 在 있을재

시 속에 깃들어 있는 운율. 정형시처럼 겉으로 드러나는 운율은 아니지만, 시를 읽는 동안에 독자의 마음속에서 개성적이고 주관적인 운율로 느껴지게 됩니다. 작품의 주제와 밀접한 관련을 맺으며 형성되는 주관적인 운율로서, 시 속에 흐르는 시인 특유의 맥박과 호흡이라고 할 수 있습니다. 자유시의 운율이 여기에 해당합니다.

2. 운율을 만드는 것들

동일한 음운의 반복

일정한 모음이나 자음을 반복함으로써 운율을 만들어 내는 방법입니다.

> 예   **서러운 서른 살**
>
> 'ㅅ' 음의 반복을 통해 운율을 만들고 있습니다. 'ㅅ'을 자꾸 반복하니까 정말 서럽게 느껴지지 않나요?

- (나)에서 '울 엄매야 울 엄매'는 울림소리의 반복으로 리듬을 창출하고 화자의 정서를 표출한 것이다. (19 9월 모평)

시어나 시구의 반복

동일하거나 비슷한 시어나 시구를 반복하여 운율을 형성하는 방법입니다.

> 예   **높은 듯 낮은 듯 끊어지는 듯 잇는 듯**
> **숨거니 뵈거니 가거니 머물거니**   – 송순, '면앙정가'
>
> 면앙정 주변의 경치를 묘사한 부분입니다. '~ㄴ 듯, ~거니'라는 표현을 반복하여 리듬감을 느끼게 하고 있습니다.

- (가)의 '어이 못 오던다 무슨 일로 못 오던다'와 (다)의 '성님 성님 사촌 성님'을 보면 단어와 구절을 반복하여 리듬감을 형성하고 있음을 알 수 있다. (16 6월 모평)
- [A]와 〈보기〉 모두 시어의 반복을 통해 리듬감을 살리고 있다. (14 6월 모평)

일정한 글자 수와 음보의 반복

앞서 설명한 음수율과 음보율이 이 방법에 속합니다.

- (가)와 (나)는 모두 4음보의 율격에 맞춰 노래하고 있다.(11 고2 성취도)
- 글자의 개수이건 음의 보폭이건 동일 요소의 반복은 시에 질서를 부여하고 리듬을 형성한다.(19 9월 모평)

통사 구조의 반복 統 거느릴통 辭 말씀사

동일하거나 비슷한 문장의 구성을 반복적으로 사용하여 운율을 얻는 방식입니다. '통사(統辭)'는 '말을 거느리는 것'이므로 '문장'으로 이해하면 됩니다.

예1 가시리(a) 가시리잇고(a) 버리고(b) 가시리잇고(a)   – '가시리'

> 흔히 aaba형이라고 불리는 방식입니다. 동일한 구조를 반복하는 중에 세 번째에서만 변형을 주는 방법입니다.

예2 가을에는
기도하게 하소서……
낙엽들이 지는 때를 기다려 내게 주신
겸허한 모국어로 나를 채우소서

가을에는
사랑하게 하소서……
오직 한 사람을 택하게 하소서
가장 아름다운 열매를 위하여 이 비옥한
시간을 가꾸게 하소서

가을에는
호올로 있게 하소서……
나의 영혼,
굽이치는 바다와
백합의 골짜기를 지나,
마른 나뭇가지 위에 다다른 까마귀같이.   – 김현승, '가을의 기도'

> 매 연을 동일한 통사 구조의 문장으로 시작함으로써 운율을 형성하고 안정감과 강조의 효과도 얻고 있습니다.

- 통사 구조가 유사한 구절을 대응시켜 운율을 형성하고 있다.(14 4월 고3 학평)
- 유사한 구조의 시구끼리 짝을 지어 운율감을 형성하고 있다.(15 10월 고3 학평)
- '고잣는 듯', '박차는 듯'과 같이 상태나 동작을 보여 주는 유사한 통사 구조의 나열을 통해 봉우리의 다채로운 면모를 표현하였다.(21 6월 모평)

음성 상징어의 사용　音聲象徵語

음성 상징어는 어떤 특정한 뜻이나 인상을 상징적인 음성으로 나타낸 것으로, 보통 소리를 흉내 내는 소리[의성어(擬聲語)]나 모양을 흉내 내는 소리[의태어(擬態語)]를 이용하게 됩니다.

> 예　산아. 우뚝 솟은 푸른 산아. 철철철 흐르듯 짙푸른 산아. 〈중략〉 흐르는 골짜기 스며드는 물 소리에, 내사 줄줄줄 가슴이 울어라. 〈중략〉 달 가고, 밤 가고, 눈물도 가고, 티어 올 밝은 하늘 빛난 아침 이르면, 향기로운 이슬 밭 푸른 언덕을, 총총총 달려도 와 줄 볼이 고운 나의 사람.
>
> 　　　　　　　　　　　　　　　　　　　　　　　　　　　　　　　　　　　　　－ 박두진, '청산도'

- 음성 상징어의 사용으로 생동감을 부각하고 있다.(20 9월 모평)
- 의성어와 의태어를 구사하여 화자의 상황을 구체화하고 있다.(13 6월 모평)

07 심상(이미지)

'심상(心마음심 象모양상)'은 '마음속에 그려진 모양'을 의미하는 말로, '이미지(image)'라고도 합니다. 구체적인 감각과 관련된 표현을 통해 마음속에 떠오르는 모습이나 느낌을 가리킵니다. 심상은 감각적인 인상을 효과적으로 재현할 뿐만 아니라, 딱 꼬집어 말하기 어려운 정서를 구체적인 형상으로 그려 내기 때문에 내용을 보다 생생하게 하고 의미도 더 함축적이게 만듭니다. 심상은 묘사(描그릴묘 寫베낄사 : 있는 그대로의 모습을 그림을 그린 듯이 자세히 보여 주는 방법 → p.192 '진술 방식'·단원 참고)나 비유, 상징 등의 방법을 통해 제시됩니다.

- 다양한 이미지를 통해 자연의 모습을 감각적으로 드러내고 있다.(18 수능)
- '한 줌 뼛가루'의 이미지와 '하얗게 얼음으로 엎드려 있는' 강의 이미지를 연관시켜, 아버지의 모습을 감각적으로 표현하고 있군.(18 6월 모평)
- 강물이 얼어붙는 삭막한 겨울의 이미지로 일제 강점기의 가혹한 현실 상황을 드러내고 있다.(22 수능)
- (가)는 '낙엽'을 '망명정부의 지폐'에 연결하여 낙엽의 이미지에서 연상되는 무상감을 드러내고 있군. (20 6월 모평)

1. 심상의 종류

시각적 심상 視볼시 覺깨달을각

보는 감각, 즉 시각적인 감각 현상을 바탕으로 형성되는 심상. 색채, 모양, 명암 등으로 표현됩니다.

- 의태어를 나열하여, 임의 부재로 인한 외로움을 시각적 이미지로 제시하고 있다.(15 수능)
- (가)에서 저녁이 오는 시간을 그와 연관된 사물인 '호롱불'이 켜진다는 것으로 나타냄으로써, 산골 마을의 저녁 풍경을 시각적 이미지로 보여 주는군.(22 수능)

색채어 色빛색 彩채색채 語말씀어

색깔을 지칭하는 말. '파랗다, 파랗고, 파란, 파랑' 등과 같이 색깔을 나타내는 어휘입니다. 이런 어휘들이 시에 사용되면 독자들은 마음속에서 그런 색상을 시각적으로 떠올리게 되므로 색채어는 시각적 심상을 불러일으키게 됩니다. 색채어 또는 색을 연상시키는 사물들(예 : 불 → 붉은색)을 대비해서 시각적 심상을 선명하게 하는 방법이 바로 '색채 대비'입니다.

예 강물이 **푸르니** 새가 더욱 **희게** 보이고,
산이 **푸르니** 꽃빛이 **불타는** 것 같구나.　　　　　　　　 – 두보, '절구'

> 1구에서는 '강물'과 '새'의 색채 대비, 2구에서는 '산'과 '꽃'의 색채 대비를 통해 자연의 아름다움을 형상화하고 있습니다. 색채는 시각과 관련된 것이므로 시각적 심상을 활용한 표현인데요, 그냥 자연이 아름답다고 말하는 것보다 훨씬 깊고 생생한 느낌을 줍니다.

- 색채어를 활용하여 시적 대상의 아름다움을 감각적으로 형상화하고 있다.(18 6월 모평)
- 전원생활의 풍족함을 여문 '붉근 게'와 살진 '눍은 돍'과 같이 색채 이미지에 담아 드러냈군.(20 수능)
- 색감을 드러내는 시어를 활용하여 대상을 선명한 이미지로 제시하고 있다.(16 6월 모평)

회화적 이미지　繪그림회　畵그림화

'회화'란 선이나 색채로 어떤 형상을 표현하는 그림을 가리키는 말입니다. 따라서 '회화적'이라는 말은 '그림 같은'이라고 표현할 수 있습니다. '그림 같다', 즉 '그림을 보는 것 같다'고 했으니까 이것은 시각적 심상이 아주 잘 표현되어서 시를 읽으면서 마치 한 폭의 그림을 보는 것 같은 느낌을 받게 되는 경우를 표현한 말로 볼 수 있습니다.

- 그는 상실감과 소외감 등의 정서에 회화적 이미지를 결합하여 현대 문명에 대한 태도를 보여 주었다. (15 6월 모평)
- (가), (나) 모두 주로 시각적 이미지를 활용하여 풍경을 묘사함으로써 회화성을 잘 살리고 있군.(15 6월 모평)
- 흑백의 대비를 통해 회화적 이미지를 강화하고 있다.(15 9월 모평)

청각적 심상　聽들을청

듣는 감각, 즉 청각적인 감각 현상을 바탕으로 형성되는 심상. 구체적인 소리로 표현되므로 의성어를 활용할 때가 많습니다.

예 **둥기둥** 줄이 울면 초가 삼간 달이 뜨고　　　　　　　　 – 정완영, '조국'

> 가야금 소리를 '둥기둥'이라고 청각적 심상을 사용하여 표현했습니다.

- ⊙은 청각적 심상을 활용하여 산뜻한 가을 아침에 대한 화자의 인상을 표현하고 있다(20 9월 모평)
- '바람비 뿌린 소리'와 '두어 소리'의 청각적 이미지를 활용하여 임에게 알리고 싶은 화자의 심정을 나타내고 있다.(19 6월 모평)
- 청각적 이미지를 사용하여 대상이 지닌 슬픔을 표현하고 있다.(17 수능)

후각적 심상　嗅 맡을후

냄새를 맡는 감각, 즉 후각적인 감각 현상을 바탕으로 형성되는 심상입니다.

> **예** 어마씨 그리운 솜씨에 향그러운 꽃지짐
> 　　　　　　　　　　　　　　　　　　　　　　　　－ 김상옥, '사향'
>
> 고향에 대한 그리움이 꽃지짐의 '향그러운' 냄새를 통해 후각적으로 형상화되고 있습니다.

미각적 심상　味 맛미

맛을 보는 감각, 즉 미각적인 감각 현상을 바탕으로 형성되는 심상입니다.

> **예** 어린 시절에 불던 풀피리 소리 아니 나고
> 메마른 입술이 <u>쓰디쓰다.</u>
> 　　　　　　　　　　　　　　　　　　　　　　　　－ 정지용, '고향'
>
> 과거의 고향과 다른(혹은 다르게 느껴지는) 고향에서 느끼는 쓸쓸함과 비애를 '쓰디쓴' 맛의 심상을
> 통해 형상화하고 있습니다.

촉각적 심상　觸 닿을촉

피부를 통해 느껴지는 감각, 즉 촉각적인 감각 현상을 바탕으로 형성되는 심상입니다.

> **예** 나는 한 마리 어린 짐승
> 젊은 아버지의 서느런 옷자락에
> 열로 상기한 볼을 말없이 부비는 것이었다.
> 　　　　　　　　　　　　　　　　　　　　　　　　－ 김종길, '성탄제'
>
> 병든 아들을 위해 눈 속을 헤치고 약을 구해 온 아버지의 사랑을, 열로 뜨거워진 볼을 시원하게 스
> 치는 '서느런 옷자락'이라는 촉각적 심상을 통해 형상화하고 있습니다.

공감각적 심상　共 한가지공　感 느낄감

한 종류의 감각을 다른 종류의 감각으로 옮겨서, 즉 전이(轉移)시켜서 표현하는
것을 말합니다.

> **예1** 날카로운 고탑古塔같이 언덕 위에 솟아 있는
> 퇴색한 성교당聖敎堂의 지붕 위에선
> 분수처럼 흩어지는 푸른 종소리
> 　　　　　　　　　　　　　　　　　　　　　　　　－ 김광균, '외인촌'
>
> 청각인 종소리가 '분수처럼 흩어지는 푸른' 것으로 시각화되었습니다.

예2 즐거운 지상地上의 잔치에
금숲으로 타는 태양의 즐거운 울림

– 박남수, '아침 이미지'

> 시각인 태양의 이글거림이 '울림'으로 청각화되었습니다.

- 공감각적 심상을 통해 관념적인 대상을 묘사하고 있다.(14 9월 모평)
- ⓓ은 시적 화자의 심정을 공감각적 이미지로 형상화하고 있다.(11 고2 성취도)
- ㉠은 청각을 촉각으로, ㉡은 촉각을 시각으로 전이시키고 있다.(15 수능)

2. 심상의 활용

심상이라는 말은 좀 더 확장된 의미로 사용되어 분위기나 느낌 등의 의미를 나타
내는 경우도 많습니다. 이런 의미로 사용되는 대표적인 예들을 살펴봅시다.

- 소박한 자연의 이미지를 병치하여 자연의 지속성과 인간과 자연의 조화에 대한 바람을 드러냈다.(15 6월 모평)

역동적 심상   力 힘력 動 움직일동

힘차고 활발하게 움직이는 듯한 느낌을 표현한 것입니다. 생동감이 느껴지겠죠?

예 바람은 넘실 천 이랑 만 이랑
이랑 이랑 햇빛이 갈라지고
보리도 허리통이 부끄럽게 드러났다.

– 김영랑, '오월'

> 바람에 넘실거리는 보리밭의 모습을 역동적 이미지로 표현하고 있습니다.

- ⓔ은 역동적인 이미지를 활용하여 바람이 부는 강변의 풍경을 감각적으로 표현하고 있다.(20 9월 모평)
- 제4연에서는 비유적 표현을 활용하여 사물에 동적인 이미지를 부여하고 있다.(15 수능)

원형적 심상 原 근원원 形 모양형 → p.46 '원형적 상징' 참고

원형적 상징에 해당하는 표현을 통해 마음속에 떠오르는 느낌을 의미합니다.

> 예 우리가 물이 되어 만난다면
> 가문 어느 집에선들 좋아하지 않으랴.
> 우리가 키 큰 나무와 함께 서서
> 우르르 우르르 비 오는 소리로 흐른다면. 〈중략〉
>
> 그러나 지금 우리는
> 불로 만나려 한다.
> 벌써 숯이 된 뼈 하나가
> 세상에 불타는 것들을 쓰다듬고 있나니.
>   – 강은교, '우리가 물이 되어'

이 작품에서는 '물'과 '불'의 원형적 심상에 의해 시상이 전개되고 있습니다. 1연에서 화자가 소망하는 '물'은 '화합, 생성, 정화' 등을 상징하고, 3연에서 화자가 우려하는 '불'은 '파괴, 소멸' 등을 상징합니다.

- 〈보기〉는 원형적 심상을 설명하는 상징 사전의 내용을 정리한 것이다. 이를 적용하여 ⓐ~ⓔ의 의미를 해석한 것으로 적절하지 않은 것은?(03 수능)

상승 / 하강의 이미지 上 위상 昇 오를승, 下 아래하 降 내릴강

아래에서 위로 오르거나(상승), 위에서 아래로 내리는(하강) 느낌을 불러일으키는 것으로, 상하의 방향과 관련된 어휘들에 의해 구현됩니다.

> 예1 푸른 보리밭 사이로 하늘을 쏘는 노고지리가 있거든 아직도 날아오르는 나의 꿈이라고 생각하라.
>   – 함형수, '해바라기의 비명'

> 예2 관이 내렸다.
> 깊은 가슴 안에 밧줄로 달아 내리듯
> 주여, / 용납하소서.
> 머리맡에 성경을 얹어 주고
> 나는 옷자락에 흙을 받아
> 좌르르 하직下直했다.
>   – 박목월, '하관'

두 작품 모두 죽음과 관련된 시입니다. 하지만 1)은 '하늘을 쏘는', '날아오르는' 등의 상승 이미지를 지닌 시어를 사용하여 오히려 삶에 대한 의지를 강하게 담아내고 있습니다. 반면, 2)는 '내렸다', '내리듯', '하직했다(흙이 아래로 떨어졌다＋하직 인사를 했다)' 등의 하강 이미지를 지닌 시어를 사용하여 죽음으로 인한 슬픔을 그리고 있습니다.

- 하강적 이미지를 환기하여 애상적 분위기를 나타내고 있다.(17 고2 성취도)
- 상승과 하강의 이미지를 대비하여 목전에 닥친 위기감을 강조하고 있다.(19 수능)
- '임자 업시 구닐'던 '이 몸'이 '학'이 되어 솟아오르게 함으로써 상승의 이미지를 구현하고 있다.(19 6월 모평)

수직/수평의 이미지 垂 드리울수 直 곧을직, 水 물수 平 평평할평

똑바로 선 듯한(수직) 느낌, 또는 평평한(수직) 느낌을 불러일으키는 시어들에 의해 구현되는 이미지입니다.

> 예 푸른 하늘에 닿을 듯이
> 세월에 불타고 우뚝 남아 서서
> 차라리 봄도 꽃피진 말아라.
> — 이육사, '교목'

'교목'은 줄기가 곧고 높이 자라는 나무입니다. 화자는 그러한 교목의 수직적 이미지를 활용하여 혹독한 현실에 굴하지 않는 자신의 의지를 드러내고 있습니다.

- [B]의 초장은 수직과 수평 이미지를 통해 공간을 묘사하고 있다.(13 9월 모평)

생성/소멸의 이미지 生 날생 成 이룰성, 消 사라질소 滅 꺼질멸

새로 생겨나거나(생성) 사라져 없어지는(소멸) 느낌을 불러일으키는 시어들에 의해 구현되는 이미지입니다.

> 예 늘 그대 뒤를 따르던
> 길 문득 사라지고
> 길 아닌 것들도 사라지고
> 여기저기서 어린 날
> 우리와 놀아주던 돌들이
> 얼굴을 가리고 박혀 있다.
> — 황동규, '조그만 사랑 노래'

사랑의 상실로 인한 아픔을 '사라지고', '가리고' 등의 소멸의 이미지를 지닌 시어들을 통해 구체화하고 있습니다.

- (나)의 〈제2수〉에는 생성의 이미지가, (다)에는 소멸의 이미지가 나타나 있다.(16 6월 모평)

계절적 이미지

계절감을 느끼게 하는 것으로, 특정 계절과 관련된 소재나 표현을 통해 구현됩니다.

> 예 이화우梨花雨 흩뿌릴 제 울며 잡고 이별한 임
> 추풍낙엽秋風落葉에 저도 날 생각는가
> 천 리千里에 외로운 꿈만 오락가락 하노매   – 계랑

'이화우(梨花雨)'는 '배꽃이 비처럼 내리는 것'을 표현한 말인데요, 배꽃이 떨어지는 때는 봄이므로 초장은 봄의 이미지를 불러일으킵니다. 한편, '추풍낙엽(秋風落葉)'은 '가을바람에 떨어지는 낙엽'이므로 중장은 가을의 이미지를 불러일으킵니다.

- (가)는 '함박눈'으로 연상되는 겨울의 이미지를 통해 '북쪽' 국경 지역의 고향을, (나)는 '햇빛'을 받은 '깨꽃'에서 그려지는 여름의 이미지를 통해 생명력 넘치는 고향을 보여 준다.(21 수능)
- 계절감을 드러내는 표현을 사용하여 시간의 경과를 보여 주고 있다.(17 수능)

'소재(素본디소 材재료재)'는 '바탕이 되는 재료'를 가리키는 말로, 시인이 작품에서 말하고자 하는 바를 나타내기 위해 선택하는 재료, 곧 글감을 뜻합니다. 시의 소재가 될 수 있는 것은 무한합니다. 자연도 소재가 될 수 있고 일상생활에서 흔히 보는 사물이나 사건도 소재가 될 수 있습니다. 하지만 시인이 아무것이나 작품의 소재로 선택하지는 않겠죠? 당연히 자기 작품에서 유용하게 쓰일 수 있는 재료를 엄선해서 시 속으로 가져와 아주 주도면밀하게 이용할 것입니다. 시인은 자신이 선택한 소재에 심리를 투영(投影)하기도 하고 감정을 의탁(依託)하기도 합니다. 즉 소재를 다양하게 이용하여 자신의 사상이나 정서를 형상화(形象化)하는 것이죠.

• **투영≒투사**　投 던질투 影 그림자영, 投 던질투 射 쏠사

어떤 상황이나 사태에 대한 해석, 표현 등에 심리 상태나 성격이 반영되는 일을 말합니다.

> 에　이 몸이 녹아져도 옥황상제 처분이요
> 이 몸이 죽어져도 옥황상제 처분이라
> 녹아지고 죽어져서 혼백(魂魄)조차 흩어지고 〈중략〉
> 윤회 만겁(輪廻萬劫)하여 금강산 학(鶴)이 되어
> 일만이천 봉에 마음껏 솟아올라
> 가을 달 밝은 밤에 두어 소리 슬피 울어
> 임의 귀에 들리기도 옥황상제 처분일세
>
> — 조위, '만분가'

임을 향한 화자의 변치 않는 마음을 '금강산 학'에 투영하여 표현하고 있습니다. 금강산 학으로 태어나 임의 곁에 머물고 싶다고(임의 귀에 들리고 싶다고) 표현하고 있네요.

• '이 밤을 어디메서 쉬리라던고'는 화자가 '한 송이 구름'에 방랑자로서의 자신의 심정을 투영하고 있음을 보여 준다.(14 수능)
• 시에서 화자는 자신의 정서를 자연물에 투영하여 표현하기도 한다.(15 고2 성취도)

- '혈망봉'을 '천만겁'이 지나도록 굽히지 않는 존재로 본 것은, 작가가 지향하는 이상적 인간상을 자연에 투사한 것이군.(21 6월 모평)

• 의탁   依 의지할의 託 부탁할탁

어떤 것에 몸이나 마음을 의지하여 맡김. 소재에 화자의 정서를 맡겨 마치 소재가 그렇게 느끼는 것처럼 표현할 때, 정서를 '의탁'했다고 말합니다.

> 예 흰 구름 뿌연 연하煙霞 푸른 이는 산람山嵐이라
> 흰 구름과 뿌연 안개와 노을, 푸른 것은 산 아지랑이라.
>
> 천암千巖 만학萬壑을 제 집으로 삼아 두고 나명성 들명성 아양도 떠는구나
> 수많은 바위와 골짜기를 제 집으로 삼아 두고, 나면서 들면서 아양도 떠는구나.
> – 송순, '면앙정가'

구름과 안개, 노을, 아지랑이가 마치 흥에 겨워 아양을 떠는 것처럼 표현했습니다. 하지만 사실은 봄 경치의 아름다움에 취한 화자의 정서가 흥겨운 것이죠. 화자는 자신의 정서를 소재에 의탁해서 표현한 것입니다.

- (가)와 달리 (나)는 자연물에 의탁하여 정서를 드러낸다.(13 고2 성취도)
- '춘향'은 '도련님' 곁에 머물고 싶은 마음을 자연물에 의탁하여 드러내고 있다.(18 9월 모평)

• 환기   喚 부를환 起 일어날기

주의나 여론, 생각 따위를 불러일으킴. 시에서는 특정 소재를 이용하여 화자의 정서, 태도, 처지 등을 드러내는 경우에 사용하는 말입니다.

> 예 돌아가자 돌아가자 해 지거든 돌아가자
> 계변溪邊에 손발 씻고 호미 메고 돌아올 제
> 어디서 우배초적(소를 타고 가면서 부는 피리 소리)이 함께 가자 재촉하는고
> – 위백규, '농가(農歌)'

전원(田園)에서 노동하며 살아가는 건강한 삶의 모습을 형상화한 작품입니다. 여기서 '호미'라는 소재는 그러한 노동의 현실을 드러내는 역할을 합니다.

- '글썽이고 반짝이던'은 달빛이 비친 '옹기'의 표면과 '울 엄매'의 눈물을 함께 환기하는군.(19 9월 모평)
- '거울'은 손때가 툇마루에 쌓여 있는 오랜 세월의 흔적을 환기한다.(16 6월 모평)
- ㉠은 화자가 경험한 시련을, ㉡은 화자가 간직한 추억을 환기한다.(18 9월 모평)

• 형상화   形象化   → p.53 참고

1. 소재와 관련된 말

대상 對 대할대 象 모양상

어떤 일의 상대 또는 목표나 목적이 되는 것. 소재 중에서 단순한 사물이 아니라 화자의 상대 또는 목표나 목적이 되는 것을 '대상'이라고 표현하기도 합니다.

> **예** 그리고 한 사나이가 있습니다.
> 어쩐지 그 사나이가 미워져 돌아갑니다.
>
> 돌아가다 생각하니 그 사나이가 가엾어집니다.
> 도로 가 들여다보니 사나이는 그대로 있습니다.
> — 윤동주, '자화상'

여기서 '사나이'는 1차적으로는 우물에 비친 자신의 모습입니다. 하지만 화자는 그 '사나이'를 하나의 대상으로 간주하면서 자신을 성찰하고 있습니다. 이 시에서는 '미워져 돌아가지만 다시 가엾게 느껴지는' 사나이를 통해 대상을 딱하게 여기는 화자의 마음이 그려지고 있습니다.

- '산'을 근원적 고향으로 인식함으로써 그리움의 대상으로 바라보는군.(22 수능)
- ㉠은 대상에 대한 화자의 만족을, ㉡은 대상에 대한 화자의 아쉬움을 드러내고 있다.(19 수능)
- (가), (나)의 화자는 특정한 대상에 대한 인식을 통해 자신을 성찰하고 대상에 공감한다. (17 9월 모평)
- 반복적 호명을 통해 중심 대상으로 초점을 모으고 있다.(18 9월 모평)

자연/자연물

시에서는 자연이나 자연물이 소재로 등장하는 경우가 매우 많습니다.

- 자연물을 활용하여 화자의 심정을 드러내고 있다.(15 9월 모평)
- 자연물과 화자 자신을 동일시하고 있다.(18 고2 성취도)
- (가)와 (나)는 모두 자연물이 지닌 덕성을 부각하여 인간적 삶에 대한 긍지를 드러내고 있다.(18 6월 모평)

그런데 이 자연이나 자연물은 인간의 삶에서 지니는 특별한 가치 때문에 일반적인 소재의 의미를 넘어서서 다음과 같은 특별한 의미 혹은 기능을 갖는 경우가 많습니다.

• 향유의 대상 享 누릴향 有 가질유

누리어 가지는 대상. 인간 중심적 시각에서 자연을 바라보는 것으로, 이때 자연은 인간의 삶을 여유롭고 아름답게 만드는 것으로 그려집니다.

> **예** 모래가 깨끗한 맑은 물에 술잔을 씻어 술을 부어 들고, 맑은 시냇물을 굽어보니, 떠오르는 것이 복숭아꽃이로구나. 무릉도원이 가깝구나. 저 들이 그것인가?
> — 정극인, '상춘곡'

아름다운 자연 속에서 술을 마시며 풍류를 즐기는 모습이 그려져 있습니다. 즉 자연을 즐기며 삶의 여유를 느끼고 있는 것이지요.

- [A]의 '연하(煙霞)'와 '풍월(風月)'은 향유 대상으로서의 자연물로 보이고, [D]의 '청산(靑山)'과 '유수(流水)'는 깨달음을 주는 자연물로 보여.(05 수능)
- 시냇물에 떠내려오는 도화를 보며 이상향을 연상하는 데에서 화자의 고조되는 감흥이 드러나는군. (20 9월 모평)

• 친화 / 합일의 대상   親 친할친 和 될화, 合 합할합 — 하나일

서로 어울려 친하게 된 대상(친화), 또는 하나가 되어 구별이 되지 않는 대상(합일). 둘 다 화자가 자연에 동화되는 경지를 의미하는데, 군이 따지자면 '합일'이 '친화'보다 동화의 정도가 좀 더 강하다고 할 수 있겠죠. 자연물을 이런 대상으로 바라보는 화자는 자연 속에서 사는 삶에 대한 만족감과 즐거움을 노래하게 됩니다.

> 예 말 없는 청산靑山이요, 태 없는 유수流水로다.
> 값 없는 청풍淸風이요, 임자 없는 명월明月이라.
> 이 중에 병 없는 이 몸이 분별分別 없이 늙으리라.   — 성훈

'청산, 유수, 청풍, 명월' 속에서 늙겠다면서, 자연 속에 사는 삶에 대한 만족감을 노래하고 있습니다. 이 작품에서 자연은 친화 및 합일의 대상인 것이죠.

- 토속어를 통해 화자의 자연 친화적인 태도를 보여 주고 있다.(15 9월 모평)
- (나)의 '키 큰 나무와 함께 서서'는 화자가 현실에서 벗어나 자연과 하나가 되고 싶은 마음을 표현한 것이겠군.(17 6월 모평)
- 자연의 감상에 대한 『송애기』의 기록을 참고할 때, 바위를 덮은 '눈'에서 자연과 합일을 이루려는 인간의 의지를 엿볼 수 있겠군.(20 9월 모평)

• 깨달음을 주는 대상

자연물의 속성에서 인간적인 미덕을 유추해 낸 후 그로부터 삶의 교훈을 이끌어 내는 경우입니다. 객관적인 자연물이 직접 교훈을 줄 리야 없지만 인간이 자연의 모습에서 인간의 삶과 연관된 깨달음을 얻어 내는 것이죠.

> 예 청산靑山은 어찌하여 만고萬古에 푸르르며
> 유수流水는 어찌하여 주야晝夜에 그치지 아니하는가
> 우리도 그치지 말아 만고상청萬古常靑 하리라.   — 이황, '도산십이곡'

'청산'의 '늘 푸름'과 '유수'의 '그치지 않음'에서 '한결같은 자세'에 대한 깨달음을 얻고 있습니다.

- [A]와 [B]에서는 자연의 모습을 관조하고 있고, 〈보기〉에서는 자연을 통해 자신을 반성하고 있다. (15 수능)

• 인간과 대비되는 대상

자연의 모습이 인간의 삶과 대비되는 것으로 그려지는 경우입니다. 인간의 삶이 부정적으로, 자연의 모습이 긍정적으로 그려지는 것이 보통인데, 이때 자연(자연물)은 화자의 정서를 강조하는 역할을 하게 됩니다.

> (예) 훨훨 나는 저 꾀꼬리
> 암수 서로 정다운데
> 외로워라 이 내 몸은
> 뉘와 함께 돌아갈꼬.
> — 유리왕, '황조가'

> 이별, 갈등, 외로움 등이 있는 인간의 삶과는 달리 자연물인 꾀꼬리의 모습은 자연의 순리에 따라 편안합니다. 화자는 자신의 처지와 대비되는 자연물을 보며 외로움과 비애를 더 강하게 느끼게 됩니다.

- 각 연에서는 일정하게 순환하는 자연의 이치와, 그러한 이치를 삶에 구현하지 못하는 인간을 대비하고 있군.(16 9월 모평)
- 인간과 자연을 대비하여 주제 의식을 부각하고 있다.(14 6월 모평)

객관적 상관물   客 손객 觀 볼관 的   相 서로상 關 관계할관 物 물건물

화자 밖에 존재하는 객관적 대상(소재)으로서 화자의 정서나 사상(생각)을 표현하는 데 활용되는 사물이나 정황, 사건 등을 말합니다. 흔히 감정 이입과 혼동되지만 감정 이입은 객관적 상관물을 활용하는 방법 중의 하나일 뿐입니다. 화자는 객관적 상관물과 자신을 대비하여 자신의 정서를 심화시키기도 하고('황조가'에서처럼 '인간과 대비되는 자연물'의 경우. 이 경우에는 해당 자연물이 객관적 상관물이 됩니다), 객관적 상관물을 통해 자신의 정서를 환기(喚 부를환 起 일어날기 : 불러일으킴)하기도 하며, 자신의 감정을 객관적 상관물에 불어넣어 마치 객관적 상관물이 느끼는 것처럼 표현하기도 합니다.

• 감정 이입   感 느낄감 情 뜻정 移 옮길이 入 들입 → p.51 '감정 이입' 참고

감정을 옮겨 넣음. 객관적 상관물에 화자의 감정을 옮겨 넣어, 대상과 화자가 같은 처지에서 같은 감정이나 정서를 느끼고 있는 것처럼 표현하는 방법입니다.

> (예) 천만 리千萬里 머나먼 길에 고운 님 여희옵고
> 내 마음 둘 듸 없어 냇가의 안자이다.

저 물도 내 안 같도다 우러 밤길 녜놋다 – 왕방연

작자가 단종을 압송하고 돌아오는 길에 느낀 비통한 심정을 노래한 시조인데요. 자신의 비통한 심정을 냇물에 이입하여 표현하고 있습니다. 냇물도 자기처럼 울며 간다고 표현한 것이지요. 여기서 '냇물'은 화자가 자신의 감정을 이입한 객관적 상관물입니다.

2. 소재의 역할

정서의 표상/매개물 表 겉표 象 모양상, 媒 중매매 介 낄개 物 물건물

특정 소재가 화자의 정서나 생각을 상징적으로 나타내거나(표상), 화자와 대상을 이어 주는 사물(매개물)로 작용하는 경우입니다.

예
> 묏버들 가려 꺾어 보내노라 님에게.
> 주무시는 창밖에 심어 두고 보소서.
> 밤비에 새 잎이 나거든 나인가도 여기소서. – 홍랑

이 시조에서 '묏버들'은 화자가 임에게 보내는 것으로서, 임에 대한 사랑을 상징하는 표상이자 임에게 화자의 사랑을 전하는 매개물입니다.

- 고향은 공동체의 인정과 가족애가 살아 있는 따뜻한 공간으로 표상된다.(15 수능)
- '만장송'과 '매화'라는 소재를 활용하여 임을 향한 화자의 마음을 표상하고 있다.(19 6월 모평)
- (가)의 '창'은 화자와 '하늘'을 잇는 매개체로서 이상 세계의 완전함을, (나)의 '영창'은 화자의 내면과 외부 세계를 잇는 매개체로서 화자의 만족감을 상징하는군.(18 9월 모평)
- '눈'을 긍정적으로 파악할 경우 '눈'은 '젊은 시인'의 내면을 자극하고 정화하는 매개체로 순결과 정직 등을 의미한다.(17 고2 성취도)

회상/연상의 고리 回 돌이킬회 想 생각상, 聯 이을연 想 생각상

특정 소재가 회상이나 연상의 계기로 작용하는 경우입니다. 화자는 이 소재로부터 시상을 발전시키게 됩니다.

예
> 이윽고 눈 속을
> 아버지가 약을 가지고 돌아오시었다.
>
> 아, 아버지가 눈을 헤치고 따 오신
> 그 붉은 산수유 열매-.
>
> 나는 한 마리 어린 짐승
> 젊은 아버지의 서느런 옷자락에
> 열로 상기한 볼을 말없이 부비는 것이었다.

이따금 뒷문을 눈이 치고 있었다.
그날 밤이 어쩌면 성탄제의 밤이었을지도 모른다.

어느새 나도
그때의 아버지만큼 나이를 먹었다.

옛것이란 거의 찾아볼 길 없는
성탄제 가까운 도시에는
이제 반가운 그 옛날의 것이 내리는데,

– 김종길, '성탄제'

'그 옛날의 것(=눈)'이 내리는 것이 계기가 되어 화자는 과거를 회상하게 됩니다. 화자가 회상하는
과거에는 지금처럼 눈이 내리는 어느 날이 있었습니다. 그날 화자는 몹시 아팠고, 그런 그를 위해
아버지가 휘몰아치는 눈을 헤치고 약을 구해 왔습니다. 그래서 화자의 기억 속의 '눈'은 아버지의
사랑과 연결됩니다. 하지만 역시 같은 눈이 내리는 지금은 예전의 따뜻함과 사랑이 없습니다. 화자
는 현재의 '눈'을 고리로 삼아 과거를 회상하지만 현재와 과거의 차이를 절감하고 있습니다.

- ⓒ은 ⓐ과 달리 특정한 대상을 회상하는 계기가 되고 있다.(19 10월 고3 학평)
- ⓒ에는 자연현상에서 연상된 그리움의 대상이, ⓧ에는 배의 움직임에 따른 청아한 풍경이 나타난다.
  (20 수능)

성찰/각성의 계기   省 살필성 察 살필찰, 覺 깨달을각 醒 깰성

특정 소재가 화자에게 반성의 계기가 되거나 깨달음을 주는 존재로 나타나는
경우입니다. 시 속에서 이런 소재가 나타나면 흔히 시상이 전환됩니다.

예   아픔에 하늘이 무너졌다.
깨진 하늘이 아물 때에도
가슴에 뼈가 서지 못해서
푸른빛은 장마에
넘쳐 흐르는 흐린 강물 위에 떠서 황야에 갔다.

나는 무너지는 둑에 혼자 섰다.
기슭에는 채송화가 무더기로 피어서
생生의 감각感覺을 흔들어 주었다.

– 김광섭, '생의 감각'

삶의 희망을 잃고 절망에 빠져 있던 화자가 '채송화'를 통해 생의 감각을 일깨우고 있습니다. 여기
서 '채송화'는 각성의 계기가 되는 소재입니다.

- '성긴 빗방울'이 '후두기는' 소리가 '저녁 어스름'과 어우러져, 화자의 성찰이 이루어지는 배경이 감
  각적으로 제시된다.(14 수능)
- [D]와 [E]는 자아 성찰을 위한 내면의 공간이 나타난다.(10 6월 모평)
- 화자가 수행하는 자기 성찰의 매개물(09 9월 모평)
- 올바른 삶의 자세에 관해 가르침을 주는 존재로 보는 것이다.(06 고1 성취도)

방해자/장애물/부정적 존재 妨 방해할방 害 해할해, 障 막을장 碍 거리낄애, 否 아닐부 定 정할정

화자의 바람을 방해하는 사물이나 상황으로, 화자의 갈등과 고뇌를 유발, 또는 심화시키는 소재입니다.

> **예** 우리들의 사랑을 위하여서는
> 이별이, 이별이 있어야 하네.
>
> 높았다, 낮았다, 출렁이는 물살과
> 물살 몰아 갔다 오는 바람만이 있어야 하네.
>
> 오, 우리들의 그리움을 위하여서는
> 푸른 은핫물이 있어야 하네.
> — 서정주, '견우의 노래'

> 우리들은 만날 수 없습니다. 우리의 사랑을 방해하는 '물살, 바람, 은핫물'이 우리들 사이에 있기 때문입니다. 이 시에서 '물살, 바람, 은핫물'은 우리들의 사랑을 방해하는 장애물로 등장합니다.

- ⓐ은 임과의 만남을 가로막는 존재를 나타내는 '은하'라는 시어를 통해 임과의 만남이 이루어지지 않음으로 인한 슬픔을 표현하고 있다.(15 수능)
- ㉡ : 화자와 대상 사이를 가로막는 방해물(15 9월 모평)
- [A]의 '긴 밤'에 담긴 부정적 상황은 '이 아침' 이후 [B]의 '맑은 바람'을 동반하는 새로운 상황으로 변화하고 있다.(21 6월 모평)

지향점/추구하는 대상 指 가리킬지 向 향할향, 追 좇을추 求 구할구

화자가 소망하는 대상으로, 작품의 주제와도 깊이 연관됩니다.

> **예** 나는 온몸에 풋내를 띠고,
> 푸른 웃음 푸른 설움이 어우러진 사이로
> 다리를 절며 하루를 걷는다. 아마도 봄 신령이 지폈나 보다. //
> 그러나 지금은 — 들을 빼앗겨 봄조차 빼앗기겠네.
> — 이상화, '빼앗긴 들에도 봄은 오는가'

> 식민지 조국의 들에 봄이 왔습니다. 그러나 화자는 들을 빼앗겼기 때문에 봄도 빼앗기겠다고 말합니다. 여기서 '들'은 '국토'를 의미합니다. 그렇다면 '봄'은 '광복' 혹은 '싱그러운 생명이 넘치는 자주적인 삶'을 의미하겠죠? 이 시에서 '봄'은 화자가 추구하는 삶의 모습이라고 할 수 있습니다.

- (가)에서 '높고 아름다운 하늘'은, 화자가 자신의 삶에서 추구하고자 하는 세계로 볼 수 있군.(15 4월 고3 학평)

대비되는 존재 → p.80 '자연물 – 인간과 대비되는 대상' 참고

화자나 화자가 속하는 부류와 대비되는 소재로, 앞서 설명한 '인간과 대비되는 자연물' 등이 대표적인 예입니다.

- ㉠은 화자의 처지와 대비되는 소재로, ㉡은 화자의 처지와 동일시되는 소재로 제시되고 있다.(18 수능)

09 시적 화자

'시적(詩的) 화자(話**말씀화** 者**사람자**)'는 '시 속에서 이야기하는 사람'을 가리키는 말로, '서정적(抒情的) 자아(自我)', '시적(詩的) 자아(自我)'라고도 합니다. 흔히 시인과 혼동하는 경우가 많은데, 시적 화자는 시인과는 다릅니다.

시를 쓰는 사람은 물론 시인이죠. 시인은 자신의 사상과 감정을 독자에게 말하려고 시를 씁니다. 하지만 시인은 그 독자를 바로 눈앞에 두고 직접 말하지는 못합니다. 오직 시를 통해서만 말하게 되죠. 이처럼 시인이 직접 말할 수 없기 때문에 시 속에서 자기를 대신해서 말해 줄 사람을 만들게 됩니다. 말하자면 화자는, '시 속에 있는 시인의 아바타'라고나 할까요? 그래서 그 사람. 즉 시적 화자는 시인과 거의 같아 보일 수도 있지만 명확히 다른 존재이고 때로는 시인과 완전히 다른 인물로 창조되기도 합니다.

> 예 향단아 그넷줄을 밀어라.
> 머언 바다로
> 배를 내어 밀듯이,
> 향단아.
>
> – 서정주, '추천사'

> 이 시를 지은 사람은 서정주 시인이지만 이 시 속에서 말하고 있는 사람. 즉 시적 화자는 '춘향'입니다.

이런 시적 화자는 작품 속에서 '나'로 직접 등장하기도 하고 그렇지 않기도 합니다. 시적 화자가 작품의 표면에 명확히 드러나지 않는다 하더라도 시적 화자가 없는 것은 아닙니다. 한편, 시적 화자도 사람(!)인 이상 여성일 수도, 남성일 수도, 때로는 어린아이일 수도 있습니다. 화자의 성별이나 나이대가 중요한 이유는 그에 따라 시의 내용이나 표현이 달라질 수 있기 때문입니다. 우리 시에는 남성 작가가 여성을 화자를 내세우는 경우가 많은데, 그것은 여성 화자가 섬세한 감정을 표현하기에 더 적합하기 때문입니다. 이처럼 시를 제대로 이해하려면 시적 화자를 파악하는 것이 매우 중요합니다. 시도 결국은 '누가(시적 화자), 어떤 상황에서, 무엇(태도나 정서)을 했는가'를 이야기하는 것이기 때문입니다.

- 화자를 작품의 표면에 나타내어 주제에 대한 공감을 이끌어 내고 있다.(15 6월 모평)
- (가)에서는 자신의 마음을 몰라주는 임에 대한 화자의 원망을 느낄 수 있어.(18 고2 성취도)
- 남성 작가가 자신의 분신으로 여성 화자를 내세우는 방식은 우리 시가의 한 전통이다.(13 6월 모평)
- 어린 화자의 목소리를 활용하여 동화적인 분위기를 조성하고 있다.(16 6월 모평)

시의 소통 구조 疏 트일소 通 통할통

시를 소통, 즉 '커뮤니케이션(communication)'의 일종으로 보고 그 구조를 분석한 것입니다. 발신자인 시인이 작품을 매개(媒중매매 介낄개)로 수신자인 독자와 커뮤니케이션한다고 보는 것이죠. 물론 이 과정에는 외부의 현실이 영향을 미칩니다.

여기서 유의해야 할 것은 작품이 그 자체로 완결된 세계를 이루기 때문에 그 안에 다시 화자(시적 화자)와 청자(聽들을청 者사람자)를 갖게 된다는 것입니다. 시는 대부분 혼잣말의 형식을 띠기 때문에 특정한 청자를 찾아내기 어려운 경우가 많지만, 앞에서 예로 든 '추천사'처럼 '향단'이라는 특정 인물이 청자로 명확하게 설정된 경우도 있습니다.

- 4연에서는 '그대'라는 가상의 청자를 설정한 후, 연약하고 수동적인 '열매'에 대한 연민의 감정을 전달하고 있다.(13 고2 성취도)
- (가)와 (나)는 청자를 명시적으로 드러내어 화자의 바람을 표출하고 있다.(17 6월 모평)

시적 현실/시적 상황 狀 형상상 況 상황황

시 속에 그려진 현실의 모습이나 상황. 시 속의 상황은 시적 화자가 인식하는 모습으로서의 현실이라고 볼 수 있습니다. 객관적인 외부 현실의 영향을 받기는 하지만 그것과 일치하지 않거나 때로는 무관하기도 합니다. '임과 이별한 상황', '자유가 억압당하는 상황' 등과 같이 시적 화자에 의해 주관적으로 선택되고 해석된 현실이라고 볼 수 있습니다. 우리 현대시에 나타나는 시적 상황은 부정적인 경우가 많습니다. 하지만 모든 작품이 현실을 부정적으로 인식하고 있는 것은 아니므로 주의해야 합니다.

- (가)는 설의적 표현으로 현실에 대한 화자의 안타까움을 드러내고 있다.(19 6월 모평)
- 〈제7수〉의 '달 밝은 밤'과 〈제8수〉의 '봄비'에는 부정적 현실이 개선되리라는 화자의 전망과 기대가 담겨 있다.(18 수능)
- 청각의 시각화를 통해 음산한 시적 상황을 조성하고 있다.(19 수능)
- '옛날처럼 나는'에서 현재의 순간에 과거의 경험들이 공존해 있는 시적 상황을 설정하고 있다.(18 6월 모평)

• 부재 不 아닐부 在 있을재

함께 있지 않은 상황. 시 중에는 함께 하지 못하는 대상으로 인한 정서를 표현한 작품이 상당히 많습니다. 이별, 죽음 등으로 인한 그리움이나 안타까움 등을 노래한 작품이 바로 그것이죠. 그런데 이런 상황을 좀 어려운 말로 '대상의 부재'라고 표현합니다. 대상이 죽었든, 헤어졌든 '현재 이곳에' 화자와 함께 있지는 않기 때문입니다.

- (가)와 (다) 모두 자신이 있는 공간에서 그 공간에 부재하는 대상을 떠올리는 상황이 나타나 있다.(21 수능)
- '늘 그런 추억으로 마음이 아프'다는 것으로 미루어 볼 때, '아버지, 아버지……'에서 아버지의 부재에 대한 시적 화자의 애틋함을 여운으로 남기고 있음을 알 수 있군.(18 6월 모평)
- (나)의 '만산 나월'은 ⓑ와 연관된 시어로, '님'이 부재한 상황을 절감하게 하는 소재이다.(17 9월 모평)

시적 화자의 정서 情 뜻정 緒 실마리서

시적 상황으로 말미암아 시적 화자의 마음에 일어나는 감정. 이 정서가 바탕이 되어 화자의 현실 대응 태도가 결정된다고 볼 수 있습니다.

- [A]는 대상을 나열함으로써 화자의 정서가 촉발된 상황을 제시하고 있다.(17 수능)
- (가)는 '돌팔매'가 땅으로 떨어지는 이미지를 '고독한 반원'으로 표현하여 외로움의 정서를 부각하고 있군.(20 6월 모평)

정서와 관련하여 자주 만나게 되는 표현에는 다음과 같은 것들이 있습니다.

• 정서를 심화 深 깊을심 化 될화

정서를 깊어지게 함. 이런 표현을 만나면 해당 내용으로 인해 화자의 감정이 더 깊어졌는지 확인하면 됩니다.

> 예) 서리 하늘 달 밝은데 은하수 빛나
> 이국땅 머무는 나그네 귀향 생각 깊도다
> 긴긴 밤 홀로 앉아 시름 이기지 못하는데
> 홀연 들리나니 이웃 아낙 다듬이 소리
> 바람결 따라서 끊일 듯 이어지며
> 별들이 기울도록 잠시도 멎지 않네
> 고국을 떠난 후로 저 소리 못 듣더니
> 먼 이역 땅에서 그 소리 다시 듣네
>
> – 양태사, '야청도의성'

'귀향 생각'이 깊어 시름을 이기지 못하는 나그네의 귀에 '다듬이 소리'가 들립니다. 고국에서 듣던 것과 같은 소리네요. 먼 이역 땅에서 그 소리 다시 들으니 안 그래도 고향이 그립던 화자의 그리움은 더 커집니다. '다듬이 소리'로 인해 화자의 정서가 심화된 것이죠.

- 동일한 구절을 반복하여, 시적 상황에 대한 화자의 부정적 정서가 심화되는 과정을 드러낸다.(21 9월 모평)
- ㉠은 화자의 울분을 심화하는 소재로, ㉡은 화자의 울분을 완화하는 소재로 활용되고 있다.(18 수능)

정서를 고조　高 높을고 調 고를조

정서가 무르익거나 높아짐. 정서의 정도가 커진다는 측면에서 '심화'와 유사한 의미로 사용됩니다.

- '남의 나라'에서 맞이하는 '대보름 명절'이라는 시간적 배경은 타관에서 느끼는 화자의 소외감을 더욱 고조시키고 있어.(18 7월 고3 학평)
- (가)와 (나)는 선경후정의 방식으로 화자의 애상적 정서를 고조하고 있다.(13 수능)

정서를 환기　喚 부를환　起 일어날기

정서를 불러일으킴. 어떤 대상이나 상황이 화자의 정서를 불러일으켰을 때 사용하는 말입니다.

> 예
> 우리는 머리맡에 엎디어
> 있는 대로의 울음을 다아 울었고
> 아버지의 침상 없는 최후의 밤은
> 풀벌레 소리 가득 차 있었다
>
> — 이용악, '풀벌레 소리 가득 차 있었다'
>
> 일제 강점기에 고향을 떠나 이곳저곳을 떠돌다 객지에서 맞이한 아버지의 죽음에 대한 슬픔을 노래한 작품입니다. 화자가 느끼는 비애의 정서는, 아버지의 최후의 밤을 가득 채운 '풀벌레 소리'에 의해 효과적으로 환기되고 있습니다.

- 과거에 대한 회상을 통해 그리움의 정서를 환기하고 있다.(13 9월 모평)
- (나)에서는 밝은 달빛을 받는 '이화'에서 환기된 화자의 정서가 '자규'를 통해 심화되고 있다.(15 6월 모평)

시적 화자의 태도　態 모습태　度 법도도

시적 상황이나 현실을 대하는 시적 화자의 모습. 시적 화자가 자신이 처한 상황에 대해 대응하는 방식으로, 작품의 주제와 밀접히 관련됩니다.

- 자연물에 대한 화자의 태도 변화를 통해, 일상적 현실이 희망적으로 바뀌었음을 보여 주고 있다.(18 수능)
- 반어적 표현을 사용하여 부정적 현실에 대응하는 화자의 태도를 드러내고 있다.(17 3월 고3 학평)

자주 나타나는 시적 화자의 태도를 유사한 것들끼리 묶어 정리하면 다음과 같습니다.

• **관조 / 성찰**   觀 볼관 照 비칠조, 省 살필성 察 살필찰

외부의 현실에 관심을 갖고 적극적으로 대응하기보다는 개인의 내면이나 개인적 삶의 모습에 관심을 기울이는 태도로, 대체로 담담한 어조로 진행됩니다. 굳이 나누자면, '관조'가 개인적 삶과 관련된 것들을 고요한 마음으로 관찰하거나 비추어 보는 태도라면, '성찰'은 자신의 내면을 들여다보고 살피는 태도라는 점에서 약간의 차이가 있습니다.

> 예) 산모퉁이를 돌아 논가 외딴 우물을 홀로 찾아가선 가만히 들여다봅니다.
> 우물 속에는 달이 밝고 구름이 흐르고 하늘이 펼치고 파아란 바람이 불고 가을이 있습니다.
> 그리고 한 사나이가 있습니다.   – 윤동주, '자화상'

> 화자가 '외딴 우물'을 홀로 찾아가 그 안을 가만히 들여다보는 것은 자신을 성찰하는 행위입니다. 그러므로 우물 안에 있는 '한 사나이'는 화자가 대면하게 되는 자신의 참 모습으로 볼 수 있고, 화자는 그 모습을 들여다보며 자신의 삶을 성찰합니다.

- • (가), (나)의 화자는 특정한 대상에 대한 인식을 통해 자신을 성찰하고 대상에 공감한다. (17 9월 모평)
- • 부정적 현실에 대해 거리를 두어 관조하는 태도를 취하고 있다. (16 6월 모평)

• **회의 / 비판 / 냉소**   懷 품을회 疑 의심할의, 批 비평할비 判 판단할판, 冷 찰냉 笑 웃을소

시적 상황을 부정적으로 인식했을 때 나타나는 대응 방식들로, 시적 상황의 부정적 모습을 부각하는 데 초점을 맞춘 태도들입니다. 미세하게 나누자면, '회의'는 시적 상황의 옳고 그름에 대해 의심을 품는 태도, '비판'은 의심에서 더 나아가 그 옳고 그름을 따지는 태도, '냉소'는 문제가 된 시적 상황이 옳지 않다고 판단하고 그에 대해 비웃는 태도입니다.

> 예) 이제 너는 차를 몰고 달려가는구나.
> 철따라 달라지는 가로수를 보지 못하고
> 길가의 과일 장수나 생선 장수를 보지 못하고
> 아픈 애기를 업고 뛰어가는 여인을 보지 못하고
> 교통 순경과 신호등을 살피면서
> 앞만 보고 달려가는구나.   – 김광규, '젊은 손수 운전자에게'

> 편리함과 속도감에 길들여져 자연(가로수)에 대한 사랑도, 가난한 이웃(과일 장수나 생선 장수)이나 곤경에 처한 이웃(여인)에 대한 관심과 동정심도 잃어 가는 현대인의 삶을 비판적인 태도로 노래하고 있습니다.

- • (나)에는 희망을 찾을 수 없는 절망적 현실에 대한 냉소적인 태도가 드러나 있다. (18 수능)
- • (가)와 (나)에는 이상과 현실의 괴리에서 비롯된 삶에 대한 회의적 태도가 드러나 있다. (18 수능)

• 비관/절망/체념 悲 슬플비 觀 볼관, 絕 끊을절 望 바랄망, 諦 살필체 念 생각념

역시 시적 상황을 부정적으로 인식했을 때 나타나는 대응 방식들입니다. 시적 상황을 부정적으로 보기는 하지만 그 상황을 변화시킬 수 없다고 인식했을 때 나타나는 태도들입니다. '비관'은 자기 힘으로는 어찌할 수 없는 부정적인 상황을 마냥 슬프게 바라보는 태도, '절망'은 여기서 더 나아가 그 부정적 상황의 변화에 대한 모든 희망을 끊어 버리는 태도, '체념'은 더 이상 어찌할 수 없다고 아주 단념해 버리는 태도입니다.

> 예   산이 저문다.
> 노을이 잠긴다.
> 저녁 밥상에 애기가 없다.
> 애기 앉던 방석에 한 쌍의 은수저
> 은수저 끝에 눈물이 고인다.
>   – 김광균, '은수저'

> 아기를 잃은 슬픔을 노래한 시입니다. 화자는 밥상에 놓인 은수저를 보고 그 은수저의 주인이었던 아기의 부재(=죽음)를 떠올리며 슬픔에 잠기고 있습니다. 죽음은 인간의 힘으로는 어찌할 수 없는 상황이죠. 그래서 화자는 사랑하는 아기의 죽음이라는 시적 상황 앞에서 슬퍼하며 절망하는 태도를 보일 수밖에 없습니다.

• 반어적 어조를 활용하여 현실에 대한 비관적 태도를 드러내고 있다.(18 수능)
• 화자의 가난한 삶이 [A]의 '이다지도 괴로운고'에서는 탄식의 대상이지만 [B]의 '서러워해 무엇하리'에 이르러서는 체념적 수용의 대상으로 변모되어 있군.(16 9월 모평)

• 자조/한탄/회한 自 스스로자 嘲 비웃을조, 恨 한한 歎 탄식할탄, 悔 뉘우칠회 恨 품을한

부정적인 시적 상황에 적극적으로 대응하지 않는(혹은 못하는) 자신에 대해 비판하고 반성하는 태도들입니다. '자조'는 부정적인 상황에서도 무기력하기만 한 자신을 비웃는 태도, '한탄'은 한숨을 쉬며 탄식하는 태도, '회한'은 뉘우치며 한탄하는 태도를 의미합니다.

> 예   왜 나는 조그만 일에만 분노하는가.
> 저 왕궁 대신에 왕궁의 음탕 대신에
> 오십 원짜리 갈비가 기름덩어리만 나왔다고 분개하고
> 옹졸하게 분개하고 설렁탕집 돼지 같은 주인년한테 욕을 하고
> 옹졸하게 욕을 하고
>   – 김수영, '어느 날 고궁을 나오면서'

화자는 어느 날 고궁을 나오면서 부정한 권력이나 부조리가 만연한 사회에 대해서는 적극적으로 저항하거나 비판하지 못하면서 일상의 사소한 일에만 화를 내는 자신을 발견하고, 그러한 자신의 비겁함과 소시민성을 비웃는(자조하는) 태도를 보이고 있습니다.

- 자조적 표현을 통해 삶의 모습을 드러내고 있다.(14 수능)
- (나)에는 인간의 유한한 삶에 대해 한탄하는 태도가 드러나 있다.(18 수능)
- ⓒ은 이별을 감내하면서도 지나간 사랑에 연연해하고 있는 화자의 회한을 드러내고 있다.(14 수능)

참여/대결 參 참여할참 與 더불어, 對 대할대 決 결단할결

부정적인 상황에 적극적으로 대응하는 태도들입니다. 주로 일제 강점이나 독재 정권과 같은 부정적 사회 현실이 시적 상황에 반영되었을 때 나타나는 태도들입니다. 화자는 부정적 상황에 적극적으로 뛰어들며(참여) 그 상황과 맞서 싸워(대결) 자신의 신념을 관철하려고 합니다. 그렇기 때문에 의지적이고 남성적인 어조가 나타나는 경우가 많습니다.

⑩ 나는 독毒을 차고 선선히 가리라.
   막음 날 내 외로운 혼魂 건지기 위하여.
   　　　　　　　　　　　　　　　　　　　　　　　　　　　　 – 김영랑, '독을 차고'

일제 강점이라는 부정적 현실에 맞서 치열하게 살아가려는 태도를 '독(毒)'이라는 단어를 통해 강하게 드러내고 있는 작품입니다.

- 역사적 상황을 직시함으로써 부정적 현실을 극복하려는 참여 의식을 표방하고 있다.(19 6월 모평)
- (나), (다)에는 부정적인 세계에 대한 화자의 대결의 의지가 나타나 있다.(08 수능)

• **낙관 / 희망** 樂 즐길낙 觀 볼관, 希 바랄희 望 바랄망

새로운 세계, 바람직한 세계에 대한 바람을 드러내는 태도들입니다. 현실보다는 이상 세계나 미래 세계에 관심을 갖고 그런 세계를 밝고 희망적인 것으로 보면서 (낙관), 기대를 갖고 바라는(희망) 태도입니다.

> (예) 해야, 고운 해야. 해야 솟아라. 꿈이 아니라도 너를 만나면, 꽃도 새도 짐승도 한자리에 앉아, 워어이 워어이 모두 불러 한자리에 앉아, 앳되고 고운 날을 누려 보리라.
>
> – 박두진, '해'

> '꽃'과 '새'와 '짐승', 곧 모든 것이 화합하는 미래를 희망하는 태도를 드러내고 있습니다. 이 시에서 화자가 소망하는 미래의 모습은 '앳되고 고운 날'로 구체화되어 있습니다.

- 윗글과 〈보기〉는 모두 불우한 처지에서 점진적으로 벗어날 수 있으리라는 낙관적 태도를 보여 주고 있다.(15 6월 모평)
- 자연물에 대한 화자의 태도 변화를 통해, 일상적 현실이 희망적으로 바뀌었음을 보여 주고 있다.(18 수능)

• **동경 / 예찬** 憧 그리워할동 憬 깨달을경, 禮 예절예 讚 기릴찬

현실적 대상보다는 이상적 대상에 관심을 갖고 그것을 그리워하거나 찬양함으로써 마음의 안정과 위안을 얻는 태도입니다. 대상과 화자가 분리된 상태에서 대상에 대해 애정을 드러내는 태도로, 주된 대상은 이상 세계나 절대자입니다. 이상적 대상을 간절히 그리워하여 그것만 생각하는 태도를 보인다면 '동경', 그 대상을 우러러 찬양하는 태도를 보인다면 '예찬'이라고 할 수 있습니다.

> (예) 바람도 없는 공중에 수직의 파문波紋을 내이며, 고요히 떨어지는 오동잎은 누구의 발자취입니까.
> 지리한 장마 끝에 서풍에 몰려가는 무서운 검은 구름의 터진 틈으로, 언뜻언뜻 보이는 푸른 하늘은 누구의 얼굴입니까.
> 꽃도 없는 깊은 나무에 푸른 이끼를 거쳐서 옛 탑 위의 고요한 하늘을 스치는 알 수 없는 향기는 누구의 입김입니까? 〈중략〉
> 타고 남은 재가 다시 기름이 됩니다. 그칠 줄을 모르고 타는 나의 가슴은 누구의 밤을 지키는 약한 등불입니까.
>
> – 한용운, '알 수 없어요'

> 자연의 신비로움 뒤에 숨어 있는, 절대적 존재인 '임(누구)'에 대한 화자의 근원적 그리움을 간절한 물음과 예찬의 어조로 노래하고 있습니다. 경어체가 화자의 이러한 태도를 더욱 부각시키고 있습니다.

- (가), (나)는 모두 시적 공간의 탈속성을 내세워 이상향에 대한 화자의 동경을 드러낸다.(14 9월 모평)
- 자연이 인간에게 미친 긍정적인 영향을 강조함으로써 사물에 대한 예찬적 태도를 드러내고 있다.(19 6월 모평)

• **귀의/친화/합일** 歸돌아갈귀 依의지할의, 親친할친 和될화, 合합할합 — 하나일

역시 현실적 대상보다는 이상적 대상에 관심을 갖고 그 대상을 통해 마음의 안정과 위안을 얻는 태도입니다. 하지만 '동경'이나 '예찬'이 대상과 분리된 상태에서 보이는 태도라면, '귀의'나 '친화', '합일'은 대상과 하나가 되는 경지라는 점에서 다르죠. 대상에게로 가서 그것에 몸을 의지하는 태도를 보인다면 '귀의', 그 대상과 사이좋게 잘 어울려 지내는 태도를 보인다면 '친화', 여기서 더 나아가 대상과 완전히 하나가 되는 태도를 보인다면 '합일'이라고 볼 수 있습니다. '귀의'나 '합일'은 자연이나 절대자, '친화'는 자연에 대해 주로 보이는 태도이죠.

> 📖 남으로 창을 내겠소.
> 밭이 한참갈이
> 괭이로 파고
> 호미론 김을 매지요.
>
> 구름이 꼬인다 갈 리 있소.
> 새 노래는 공으로 들으랴오.
> 강냉이가 익걸랑
> 함께 와 자셔도 좋소.
>
> 왜 사냐건 / 웃지요.
>
> — 김상용, '남으로 창을 내겠소'

> 소박한 전원 생활을 자연 친화적인 태도로 노래한 작품입니다. 화자는 자연 속에서, 자연과 더불어 사는 자신의 삶에 대해 만족감을 드러내고 있습니다.

- (가)와 달리 (나)에서는 자연에 귀의하고 싶은 화자의 소망을 느낄 수 있군.(16 고2 성취도)
- ⊙은 화자의 관조적인 태도를, ⓒ은 화자의 자연 친화적 태도를 유도한다.(17 10월 고3 학평)
- ⊙, ⓒ은 모두 자연과의 조화와 합일을 이루는 계기가 되고 있는 소재이다.(15 10월 고3 학평)

어조 語말씀어 調가락조

말의 가락. 시적 화자를 통해 드러나는 목소리의 특징이라고 볼 수 있습니다. 어조에는 대상에 대한 시적 화자의 태도가 반영되기 때문에 작품의 의미와도 긴밀히 연관됩니다.

- 감탄과 반성의 어조를 교차하여 복잡한 감정을 나타내고 있다.(14 6월 모평)

어조는 어떤 어휘를 선택하여 사용하고, 어떤 문장 형식으로 말하느냐에 따라 달라집니다. 특히 어미 선택이 중요하죠.

• 그리고 나한테 주어진 길을 / 걸어가야겠다. 　　　　　　　　　　　– 윤동주, '서시'
　　　　　　　　　　　　　　　　　　의지

• 차라리 나는 어느 사구砂됴에 회한 없는 백골을 쪼이리라. 　　　　　– 유치환, '일월'
　　　　　　　　　　　　　　　　　　　　　　　의지

• 가을에는 기도하게 하소서. 　　　　　　　　　　　　　– 김현승, '가을의 기도'
　　　　　　　　　　기원

• 아아, 너는 산새처럼 날아갔구나. 　　　　　　　　　　　　– 정지용, '유리창'
　　　　　　　　　　　　영탄

시적 화자의 태도에 따라 나눈 어조

• 남성적 / 여성적 어조

남성적 어조는 의지적이고 강한 느낌을 주고, 여성적 어조는 섬세하고 부드러운 느낌을 줍니다. 남성적 어조는 시적 화자가 의지적인 남자일 때, 여성적 어조는 시적 화자가 섬세하고 전통적인 여성(남녀평등의 관점에서 보면 좀 마땅치 않은 표현입니다만, 보통 이렇게 사용하니 그대로 쓸 수밖에요……. '순종적이고 다소곳한 여성' 정도의 의미로 보면 좋을 것 같습니다.)일 때 주로 나타납니다.

• 남성적 어조 : 다시 천고千古의 뒤에
　　　　　　　　백마 타고 오는 초인超人이 있어
　　　　　　　　이 광야에서 목놓아 부르게 하리라. 　　　　　– 이육사, '광야'

• 여성적 어조 : 나 보기가 역겨워
　　　　　　　　가실 때에는
　　　　　　　　말없이 고이 보내 드리오리다. 　　　　　　– 김소월, '진달래꽃'

• 섬세하고 부드러운 어조로 애상적 분위기를 고조시킨다.(09 수능)

• 의지적 / 단호한 / 단정적 어조 → 위의 예 이육사, '광야' 참고

의지나 결의를 드러낼 때 많이 나타나는 어조들로, 의지를 나타내는 선어말 어미 '-겠-, -리-' 등이 사용되는 경우가 많고 명령형 어미를 통해 구현되기도 합니다.

• 명령적 어조를 활용하여 화자의 강한 의지를 표출한다.(13 수능)
• (가)의 '흐느고야'와 (나)의 '흐노라'는 모두 화자의 의지를 단정적인 종결형으로 나타낸 것이다.(21 수능)
• 영탄적 표현으로 화자의 단호한 의지를 표출하고 있다.(15 6월 모평)

- **예찬적/기원적/경건한 어조**

  시적 대상에 대한 예찬, 찬양, 기원의 뜻을 담은 어조로, 하십시오체의 정중한 경어체 표현이 사용되는 것이 보통입니다. 시적 대상이 우러러볼 만한 인물이거나 절대자이니까 당연히 정중한 높임말을 쓰게 되는 거죠. 시적 대상에 대한 기원을 표현할 때는 부탁이나 기원을 나타내는 어미 '-(읍/옵)소서'가 사용되기도 합니다.

  > 예) 님이여, 당신은 백 번이나 단련한 금결입니다.
  > 뽕나무 뿌리가 산호가 되도록 천국의 사랑을 받읍소서.
  >   − 한용운, '찬송'

- **성찰적/관조적/사색적/명상적 어조**

  시적 대상을 차분하고 담담한 마음으로 바라보고, 마음에 비춰진 대로 과장 없이 진솔하게 노래했을 때 느껴지는 어조입니다.

  > 예) 담머리 넘어드는 달빛은 은은하고
  > 한두 개 소리 없이 나려지는 오동꽃을
  > 가라다 발을 멈추고 다시 돌아보노라.
  >   − 이병기, '오동꽃'

  - '내가 시와는 반역된 생활을 하고 있다'에서는 화자의 진솔한 성찰의 어조가 느껴지는군.(17 수능)

- **냉소적/비판적 어조** → p.88의 '시적 화자의 태도 −회의, 비판, 냉소' 중 예) 김광규, '젊은 손수 운전자에게' 참고

  사회 현실에 대한 비판, 저항, 고발 등의 내용을 다소 냉정한 어투로 읊는 경우에 나타납니다.

  - [A]는 영탄적 어조, [B]는 냉소적 어조가 나타나 있다.(16 10월 고3 학평)

- **풍자적/해학적 어조** → p.47~48의 '풍자'와 '해학' 참고

  대상을 공격하면서 희롱할 때 풍자적 어조가 나타나고, 대상을 너그럽게 감싸 안으면서 웃음을 자아낼 때 해학적 어조가 나타납니다.

  > 예) 창 내고자 창을 내고자 이 내 가슴에 창을 내고자
  > 고모장지 세살장지 들장지 열장지 암돌쩌귀 수돌쩌귀 배목걸쇠 크나큰 장도리로 뚝딱 박아 이 내 가슴에 창 내고자
  > 이따금 하 답답할 제면 여닫어 볼까 하노라.

세상살이의 답답함을 가슴에 창을 내어 여닫음으로써 해소하겠다는 기발한 착상이 돋보이는 시조입니다. 창을 내는 데 필요한 사물의 장황한 열거와, 창을 내는 행위의 기발함으로 웃음을 자아냅니다. 웃음을 유발하고 있기는 하지만 공격적이지는 않죠? 해학적인 태도로 볼 수 있습니다.

• (가)는 풍자의 기법을 활용하여 대상을 조롱하고 있다.(13 9월 모평)

• **애상적 어조**   哀 슬플애 / 傷 다칠상

슬퍼하거나 가슴 아파하는 태도가 담긴 어조입니다.

> 촛불을 꺼야 하리.
> 꽃이 지는데
>
> 꽃 지는 그림자
> 뜰에 어리어
>
> 하이얀 미닫이가
> 우련 붉어라.
>
> 묻혀서 사는 이의
> 고운 마음을
>
> 아는 이 있을까
> 저어하노니
>
> 꽃이 지는 아침은
> 울고 싶어라.
>
> — 조지훈, '낙화'

지는 꽃을 바라보며 그 아름다움이 사라지는 서글픔을 차분한 목소리로 노래하고 있습니다. 절제된 슬픔이 느껴지는 애상적 어조라고 할 수 있겠죠.

• 애상적 어조를 통해 비극적 분위기를 드러내고 있다.(14 6월 모평)

말투에 따라 나눈 어조

• 예스러운 어조

옛것과 같은 맛이나 멋이 나는 어조로, 예스러운 어휘나 어미를 사용했을 때 두 드러집니다.

> 예 곱아라 고아라 진정 아름다운지고.
> 파르란 구슬빛 바탕에
> 자줏빛 회장을 받친 회장저고리
> 회장저고리 하얀 동정이 환하니 밝도소이다.
>
> — 조지훈, '고풍 의상'

• 전통적인 소재와 예스러운 말투로 고전적 분위기를 조성하고 있다.(18 6월 모평)

• 격정적 어조 激 격할 격 情 뜻 정

강렬한 감정을 그대로 드러내는 어조로, 강하고 열정적인 목소리가 특징입니다. 반복이나 과장, 영탄 등의 표현과 빠른 호흡을 활용하여 자신의 감정을 직접적으로 표출합니다.

> 예 그날이 오면, 그날이 오면은
> 삼각산이 일어나 더덩실 춤이라도 추고
> 한강 물이 뒤집혀 용솟음칠 그날이
> 이 목숨이 끊기기 전에 와 주기만 할 양이면
> 나는 밤하늘에 날으는 까마귀와 같이
> 종로의 인경을 머리로 들이받아 울리오리다.
>
> — 심훈, '그날이 오면'

• (가)와 (나) 모두 격정적 어조를 통해 분위기를 드러낸다.(15 9월 모평)

• 담담한 어조 淡 맑을 담

기쁨이나 슬픔, 분노 등의 감정을 겉으로 드러내지 않고 차분하고 평온하게 노래 하는 경우입니다. 그렇기 때문에 있는 그대로의 상황을 객관적으로 묘사하거나 서술하는 듯한 느낌이 들기도 합니다. 앞에서 예로 든 '오동꽃'(p.94 '성찰적/관조 적/사색적/명상적 어조' 참고)이 담담한 어조를 가장 잘 보여 주는 예가 되겠습니다. 관조적·명상적 태도가 담담한 말투로 표현된 작품인 것이죠.

• 담담한 어조로 대상과의 합일을 지향하고 있다.(08 9월 모평)

- **친근한 어조**

친근한 사람에게 말하는 듯한 목소리로, 대화체, 구어적 표현 등이 특징입니다.

> (예) 어머님,
> 제 예닐곱 살 적 겨울은
> 목조 적산 가옥 이층 다다미방의
> 벌거숭이 유리창 깨질 듯 울어 대던 외풍 탓으로
> 한없이 추웠지요. 밤마다 나는 벌벌 떨면서
> 아버지 가랭이 사이로 시린 발을 밀어 넣고
> 그 가슴팍에 벌레처럼 파고들어 얼굴을 묻은 채
> 겨우 잠이 들곤 했었지요.
> — 이수익, '결빙의 아버지'

- 구체적 청자를 설정하여 대상에 대한 친근감을 드러내고 있다.(15 7월 고3 학평)
- 대화의 형식을 통해 대상과의 친밀감을 나타내고 있다.(14 9월 모평)

말하는 방식에 따라 나눈 어조

- **직설적 / 우회적 어조** 直 곧을직 說 말씀설, 迂 에돌우 廻 돌회

어떤 말을 있는 그대로 바로 말하면 '직설적' 어조, 반대로 곧바로 말하지 않고 돌려서 말하면 '우회적' 어조라고 할 수 있습니다.

- 직설적인 표현을 통해 '영결종천 이별'에 대한 화자의 괴로운 심정을 드러내고 있다.(17 10월 고3 학평)
- 정치적 포부를 펼칠 만큼 높은 지위에 이르지 못한 데 대한 불만을 우회적으로 드러내고 있다. (15 수능)

- **고백적 / 독백적 어조** 告 고할고 白 아뢸백, 獨 홀로독 白 아뢸백

시적 화자의 내면을 말하는 방식으로, '고백적' 어조는 화자가 자신의 내면을 '사실대로 숨김없이' 말할 때 드러나고, '독백적' 어조는 특별히 청자를 의식하지 않은 채 '혼자서 중얼거리는' 느낌으로 말할 때 드러납니다.

> (예) 스물세 해 동안 나를 키운 건 팔할八割이 바람이다.
> 세상은 가도가도 부끄럽기만 하더라.
> 어떤 이는 내 눈에서 죄인罪人을 읽고 가고
> 어떤 이는 내 입에서 천치天痴를 읽고 가나
> 나는 아무것도 뉘우치진 않을란다.
> — 서정주, '자화상'

> 방황과 시련, 고통으로 가득했던 자신의 삶의 역정과 그에 대한 자세('뉘우치지는 않겠다')를 고백적인 어조로 표현하고 있습니다.

- 이리저리 떠돌며 고향에 가지 못하는 장꾼들의 설움을 독백조로 토로하고 있다.(15 수능)
- (다)는 화자가 혼잣말을 하는 방식으로, 〈보기〉는 화자가 청자에게 말을 건네는 방식으로 자신의 내면을 드러내고 있군.(14 수능)
- (가)의 '님이신가'와 (나)의 '님이신가'는 모두 임을 만나고 싶은 간절함을 독백적 어조로 드러낸 것이다.(21 수능)
- ⊙은 ⓒ과 달리, 자신의 처지를 자문자답 형식으로 말함으로써 자신의 생각을 일반화하고 있다.(21 9월 모평)

- ● **대화체, 회화조** 會 모일회 話 말씀화 調 가락조

작품이 대화 형식으로 구성된 경우입니다. 대화 형식이기 때문에 일상적 대화에서 나타나는 구어체가 사용되기도 합니다.

> 예 당신이 가신 뒤로 나는 당신을 잊을 수가 없습니다.
> 까닭은 당신을 위하느니보다 나를 위함이 많습니다.
>
> 나는 갈고 심을 땅이 없음으로 추수가 없습니다.
> 저녁거리가 없어서 조나 감자를 꾸러 이웃집에 갔더니. / 주인은 "거지는 인격이 없다. 인격이 없는 사람은 생명이 없다. 너를 도와 주는 것은 죄악이다."고 말하였습니다.
> 그 말을 듣고 돌아 나올 때에, 쏟아지는 눈물 속에서 당신을 보았습니다.
>
> – 한용운, '당신을 보았습니다'

- 특정 대상과 대화하는 방식으로 주제를 부각하고 있다.(19 9월 모평)
- 말을 건네는 방식을 통해 대상과의 친밀감을 높이고 있다.(15 9월 모평)
- (나)의 '전호여 쥬렴'과 (다)의 '건너 주게'를 보면 작품 내에 청자를 설정하여 말을 건네는 형식이 활용된 것을 알 수 있다.(16 6월 모평)

- ● **설의적 / 영탄적 어조** 設 베풀설 疑 의심할의, 詠 읊을영 嘆 탄식할탄

물음의 형식(설의적 어조)이나 감탄의 형식(영탄적 어조)을 활용하여 화자의 정서나 의미를 전달하는 경우에 나타납니다. 설의적 어조는 이미 답이 정해져 있는 내용(화자의 생각)을 묻는 형식을 활용해 오히려 강조할 때, 영탄적 어조는 감탄사나 감탄 조사 등을 이용해서 기쁨, 슬픔, 놀라움과 같은 감정을 강하게 나타낼 때 활용됩니다.

> 예 가난하다고 해서 사랑을 모르겠는가.   – 신경림, '가난한 사랑 노래'
>
> 가난하다고 하더라도 사랑을 안다는 의미를 오히려 강조하기 위해 물음의 형식을 활용해서 설의적 어조로 표현하고 있습니다.

- (가)의 '므슨 일고'와 (나)의 '므스 일고'는 모두 뜻밖의 대상과 마주하게 된 반가움을 영탄적 어조로 표현한 것이다.(21 수능)
- 영탄적 표현을 통해 대상에 대한 경외감을 표출하고 있다.(15 6월 모평)
- (나)는 (가)에 비해 설의적 표현이 두드러지게 드러난다.(15 9월 모평)
- (나)와 달리 (가)는 의문형 어미를 통해 화자의 심리를 드러낸다.(12 고2 성취도)

10   시상 전개

1. 시상 詩 시시 想 생각상

문학에 관한 대부분의 개념이 그렇듯이 '시상' 역시 약간은 폭넓은 의미로 사용됩니다.

"멋진 시상이 떠오르다."
시를 짓는 실마리가 되는 생각

"시상을 가다듬다."
시의 내용이나 표현 전반에 대한 생각

"시상을 전개하다."
시에 나타나는 생각이나 감정

이처럼 어떤 말과 어울려 썼는가에 따라 '시상'이라는 말의 의미는 약간씩 달라집니다. 하지만 너무 엄밀하게 구분해서 알려고 할 필요는 없고, 그냥 '시'의 내용 혹은 표현과 관련된 '생각' 정도로만 정리해 두어도 무리는 없을 것 같습니다. 시상과 관련하여 실제 시험 속에서 자주 만나게 되는 말들은 다음과 같습니다.

• **시상을 유발/촉발** 誘 꾈유 發 일어날발, 觸 닿을촉 發 꾈발

시상을 불러일으킴. 시인의 사상이나 감정을 자극해서 시를 짓게 만든 실마리(소재 등)와 관련된 표현입니다.

   • (가)에서는 사람이, (나)에서는 자연물이 시상을 유발한다.(09 6월 모평)

- [A]는 대상에 대한 태도가 드러나며 시상이 촉발되는 부분으로, 그중 '너무도 여러 겹의 마음'은 화자가 대상에 대해 거리감을 가지게 되는 이유를 나타낸다. (15 6월 모평)

• 시상을 구체화/상세화 具 갖출구 體 몸체, 詳 자세할상 細 가늘세

시상을 구체적인 것으로 표현함. 시상을 시 속에서 표현하는 것이므로 주로 수사법과 관련됩니다.

- (가)와 달리 (나)는 청각적 심상을 활용하여 시상을 구체화하고 있다. (20 4월 고3 학평)

• 시상이 전환 轉 구를전 換 바꿀환

시상의 방향이 바뀜. 부정적이던 정서나 태도가 긍정적으로 전환되는 것 등과 같이, 분위기나 정서가 바뀔 때 사용되는 표현입니다.

예 사랑도 사람의 일이라, 만날 때에 미리 떠날 것을 염려하고 경계하지 아니한 것은 아니지만, 이별은 뜻밖의 일이 되고, 놀란 가슴은 새로운 슬픔에 터집니다.
그러나 이별을 쓸데없는 눈물의 원천을 만들고 마는 것은 스스로 사랑을 깨치는 것인 줄 아는 까닭에, 걷잡을 수 없는 슬픔의 힘을 옮겨서 새 희망의 정수박이에 들어부었습니다.
– 한용운, '임의 침묵'

임의 부재로 인한 슬픔과 절망이 '그러나'를 기점으로 임과의 만남에 대한 희망으로 바뀌고 있습니다. 절망에서 희망으로 시상이 전환되고 있는 것이지요. '그러나'는 그러한 전환을 알려 주는 일종의 표지라고 볼 수 있습니다.

- (가), (나)에서는 모두 과거와 현재의 대비를 통해 시상의 전환이 이루어지고 있다. (16 수능)
- 〈제3수〉에서의 현재에 대한 긍정이 〈제4수〉에서의 역사에 대한 부정으로 바뀌며 시상이 전환된다.
(21 9월 모평)

• 시상이 집약 集 모을집 約 맺을약

시상이 모임. 시상이 모인다는 것은 그 부분이 주제와 밀접히 관련된다는 뜻입니다. 그러므로 시상이 집약되는 것으로 지목된 시어나 시구는 주제 파악의 차원에서 특히 유의해야 합니다.

- (가)와 (나)에는 모두 시상을 집약하는 소재가 나타나 있다. (11 6월 모평)
- (가)와 (다) 모두 영탄의 어조로 시상을 집약하고 있다. (10 9월 모평)
- 제6수에서는 화자의 인식을 점층적으로 드러내어 주제 의식을 집약한다. (15 6월 모평)

• 시상을 마무리

시를 끝맺는 방식에 초점을 맞춘 표현입니다.

> 예 공명功名도 날 꺼리고 부귀富貴도 날 꺼리니 청풍명월淸風明月 외에 어떤 벗이 있사올꼬. 단
> 표누항簞瓢陋巷에 헛된 생각 아니 하네. 아모타 백년행락百年行樂이 이만한들 어찌하리.
>
> – 정극인, '상춘곡'
>
> 설의적 표현으로 시상을 마무리하고 있습니다.

- 도치의 방식으로 시상을 마무리하여 주제 의식을 드러낸다.(13 수능)
- (나)는 (가)와 달리, 시각적 심상을 활용하여 시상을 종결함으로써 주제 의식을 강조하고 있다.(18 10월 고3 학평)
- 명사로 시상을 마무리하여 시적 여운을 남기고 있다.(17 고2 성취도)

2. 시상 전개　展펼전 開열개

시상을 펴 나가는 것. 시인이 시 속에서 자신의 생각이나 감정을 짜 나가는 방식을 의미합니다. 그런데 시인쯤 되면 당연히 자신의 생각을 그냥 막 던지지는 않을 것입니다. 가장 효과적으로 전달할 수 있는 방식을 찾아 전개해 나가겠죠. 그러므로 어떤 시의 시상 전개 방식을 이해한다는 것은, 그 작품을 감상하는 지름길, 즉 시인의 생각이나 감정과 만나는 제대로 된 길을 찾은 것과 같습니다.

사실 시상은 시인의 마음에 달린 것이니까 그 전개 방식도 시인의 마음만큼이나 다양할 것 같습니다. 하지만 시도 '말하기'입니다. 기본적으로 사람 사이의 소통을 전제로 한다는 뜻입니다. 그렇다면 인간의 의식이나 정서에 효과적으로 작용하는 '검증된' 전개 방식을 아무래도 자주 활용하게 될 것입니다. 따라서 몇 가지 흔히 활용되는 시상 전개 방식을 알아 두면 일반적인 시 감상도 쉬워지고 시험에서도 매우 유용하게 활용할 수 있을 것입니다.

순행적 흐름　順따를순 行갈행

순서에 따름. 시간의 흐름에 따라 시상을 전개하는 방식인데, 쉽게 풀어서 '시간의 흐름(시간적 순서)에 따른 전개'라고 표현하기도 합니다. '과거 → 현재', '아침 → 저녁', '봄 → 여름 → 가을 → 겨울' 등과 같은 순서에 따라 시상이 전개됩니다.

예 큰낙산 골짜기가 온통 / 연록색으로 부풀어 올랐을 때
그러니까 신록이 우거졌을 때
그곳을 지나가면서 나는 / 미처 몰랐었다

뒷절로 가는 길이 온통 / 주황색 단풍으로 물들고 나뭇잎들
무더기로 바람에 떨어지던 때 / 그러니까 낙엽이 지던 때도
그곳을 거닐면서 나는 / 느끼지 못했었다

– 김광규, '나뭇잎 하나'

> 여름
> ↓
> 가을

> '여름에도 몰랐고, 가을에도 몰랐다'고 말하고 있습니다. '여름 → 가을'로 시간의 순행적 흐름에 따라 시상을 전개하고 있습니다.

- 계절의 흐름에 따라 낭만적인 봄에서 비극적인 겨울로 시상을 전개하여 악화되어 가는 일제 강점기의 현실을 묘사했다.(22 수능)
- (나)의 '한양성 내에 잠간 들러', '적막 공규에 던져진 듯 홀로 안져'에서 시간의 순차적 흐름에 따라 시상이 전개된 것을 알 수 있다.(16 6월 모평)
- [C]는 멸치가 본래의 속성을 잃어 가는 과정을 순차적으로 보여 주고 있다.(13 9월 모평)
- 사시가(四時歌)는 사계절의 추이에 맞추어 시상을 전개하는 시가를 일컫는다.(16 9월 모평)

역순행적 흐름   逆 거스를역 順 따를순 行 갈행

순서를 거슬러 따름. 시간의 순서를 뒤집어서 시상을 전개하는 방식입니다. 현재 다음에 과거 회상이 이어지는 경우가 대표적입니다.

예 여승은 합장하고 절을 했다.
가지취의 내음새가 났다.
쓸쓸한 낯이 옛날같이 늙었다.
나는 불경佛經처럼 서러워졌다.

평안도의 어느 산 깊은 금점판
나는 파리한 여인에게서 옥수수를 샀다.
여인은 나어린 딸아이를 때리며 가을밤같이 차게 울었다.

– 백석, '여승'

> 현재
> ↓
> 과거

> 여승과의 현재 만남에서 그녀와의 첫 만남을 떠올린 다음, 그녀의 과거 삶의 궤적을 그리는 순서로 전개된 이 시는, 시간의 순서를 거슬러 역순행적으로 구성되어 있습니다.

공간의 이동

공간의 이동을 통해 시상을 전개하는 방식입니다. '안에서 밖으로', '산에서 바다로' 등으로 시상을 전개할 수 있습니다.

(예) 징이 울린다 막이 내렸다.
오동나무에 전등이 매어 달린 가설무대
구경꾼이 돌아가고 난 텅 빈 운동장
우리는 분이 얼룩진 얼굴로
학교 앞 소줏집에 몰려 술을 마신다.
답답하고 고달프게 사는 것이 원통하다.

　　　　　　　　　　　　　　　　　　　　　　　－ 신경림, '농무'

'농무'가 끝난 후의 상황과 인물들의 심리를 공간의 이동(텅 빈 운동장 → 학교 앞 소줏집)을 통해 표현하고 있습니다.

- 공간의 이동을 통해 시상을 전개하고 있다.(15 9월 모평)
- (가)는 시간의 흐름에 따라, (나)는 공간의 이동에 따라 시상이 전개되고 있다.(11 고2 성취도)

시선의 이동　視 볼시 線 줄선

눈이 가는 길의 이동에 따름. 화자의 눈이 머무는 길을 따라 '아래 → 위', '먼 곳 (원경) → 가까운 곳(근경)' 등과 같이 이동하면서 시상이 전개되는 것입니다.

(예) 꽃가루와 같이 부드러운 고양이의 털에
고운 봄의 향기가 어리우도다.

금방울과 같이 호동그란 고양이의 눈에
미친 봄의 불길이 흐르도다.

　　　　　　　　　　　　　　　　　　　　　　　－ 이장희, '봄은 고양이로다'

고양이의 '털 → 눈'으로 이어지는 화자의 시선의 이동에 따라 '봄의 향기 → 봄의 불길'을 차례로 연상하면서 봄의 모습과 인상을 표현하고 있습니다.

- ⓔ은 산을 향한 시선에서 들판을 향한 시선으로의 이동이 드러나 있군.(12 고2 성취도)
- (가)는 시간의 흐름에 따라, (나)는 시선의 이동에 따라 시상을 전개하고 있다.(19 6월 모평)
- (가)에서는 근경에서 원경으로, (다)에서는 원경에서 근경으로 시선이 이동하고 있다.(16 6월 모평)

기승전결　起承轉結

한시(漢詩)의 전개 방식에서 나온 것입니다. '시상의 제시[起 일어날기] → 시상의 반복·심화[承 이을승] → 시적 전환[轉 구를전] → 중심 생각·정서의 제시[結 맺을결]' 로 이루어져서 완결성과 안정감을 주는 전개 방식입니다.

(예) 강물이 파라니 새가 더욱 희고　→ (기) 시상의 제시
산이 푸르니 꽃이 불타는 듯하다.　→ (승) 시상의 반복·심화
올 봄도 보니까 또 지나가는데　→ (전) 시적 전환
어느 날이 돌아갈 해인가.　→ (결) 중심 생각·정서의 제시

　　　　　　　　　　　　　　　　　　　　　　　－ 두보, '절구'

수미 상관 首 머리수 尾 꼬리미 相 서로상 關 관계할관

머리(처음)와 꼬리(끝)가 서로 관련됨. 시의 처음과 끝을 유사하거나 동일한 시구로 구성하는 방법입니다. 균형미와 안정감을 주고 강조의 효과도 얻을 수 있기 때문에 자주 활용됩니다.

> **예** 눈이 오는가 북쪽엔
> 함박눈 쏟아져 내리는가
>
> 험한 벼랑을 굽이굽이 돌아간
> 백무선 철길 위에
> 느릿느릿 밤새워 달리는
> 화물차의 검은 지붕에
>
> 연달린 산과 산 사이
> 너를 남기고 온
> 작은 마을에도 복된 눈 내리는가
>
> 잉크병 얼어드는 이러한 밤에
> 어쩌자고 잠을 깨어
> 그리운 곳 차마 그리운 곳
>
> 눈이 오는가 북쪽엔
> 함박눈 쏟아져 내리는가
>
> — 이용악, '그리움'

북쪽에 두고 온 고향과 가족에 대한 그리움을, 1연과 5연에서 동일한 문장을 반복함으로써 강조하고 있습니다.

- 수미 상관의 구조를 통해 주제를 강조하고 있다.(15 9월 모평)
- 처음과 끝을 동일한 내용으로 상응시켜 시상 전개에 안정감을 부여하고 있다.(14 6월 모평)

선경 후정 先 먼저선 景 경치경 後 뒤후 情 뜻정

'먼저 경치를 묘사하고 나중에 뜻을 표현한다'는 뜻으로, 한시의 전형적인 전개 방식입니다. 앞에서는 풍경을 그리듯이 보여 주고 뒤에서는 시적 화자의 정서를 표현합니다. 앞서 '기승전결'에서 예로 든 '절구'도 앞부분(기 · 승)에서는 경치를, 뒷부분(전 · 결)에서는 인간의 정서를 표현하고 있습니다.

- (가)와 (나)는 선경 후정의 방식으로 화자의 애상적 정서를 고조하고 있다.(13 수능)
- 계절이 다루어진 연은 자연의 모습이 먼저 묘사되고 화자의 반응이 이어지는 방식으로 구성되는군. (16 9월 모평)
- (다)에서는 선경 후정의 전개 방식을 통해 화자의 내면을 드러내고 있다.(17 9월 모평)

연상 작용   聯 연이을연 想 생각상

생각을 연이음. 생각의 꼬리를 좇아 시상을 전개하는 방식입니다. 하나의 관념이 다른 관념을 불러일으키고 그 관념이 다시 또 다른 관념을 불러일으키는 길을 따라 시상을 전개하는 것이죠.

> 예)   피아노에 앉은
> 여자의 두 손에서는
> 끊임없이
> 열 마리씩
> 스무 마리씩
> 신선한 물고기가
> 튀는 빛의 꼬리를 물고
> 쏟아진다.
>
> 나는 바다로 가서
> 가장 신나게 시퍼런
> 파도의 칼날 하나를
> 집어 들었다.
>
> – 전봉건, '피아노'

피아노 선율이 주는 감동을 감각적 이미지로 표현한 시입니다. 화자는 '연주자의 손(피아노 선율) → 신선한 물고기 → 바다 → 파도'의 순으로 연상을 이어 가면서 시상을 전개하고 있습니다.

점층적 기법   漸 점점점 層 층층 → p.37의 '점층법' 참고

점점 단계를 높여 감. 의미나 단어의 형태, 진행 과정 등을 점점 더 넓고 깊고 크게 변화시키면서 시상을 전개하는 방식입니다.

> 예)   눈은 살아 있다
> 떨어진 눈은 살아 있다
> 마당 위에 떨어진 눈은 살아 있다.   – 김수영, '눈'

'눈', '떨어진 눈', '마당 위에 떨어진 눈'으로 점차적으로 구체화되면서 시상이 전개되고 있습니다.

대비   對 마주할대 比 견줄비 → p.80 자연/자연물 – '인간과 대비되는 대상' 참고

둘 이상의 대상을 견줌. 심상이나 의미의 대비를 통해 주제를 부각하면서 시상을 전개하는 방식입니다.

예 훨훨 나는 저 꾀꼬리
　　암수 서로 정다운데
　　외로워라 이 내 몸은
　　뉘와 함께 돌아갈꼬.

– 유리왕, '황조가'

자연의 섭리에 따라 짝지어 노니는 '꾀꼬리'와 외로운 '내 몸'(화자)의 처지를 대비하여 시상을 전개하고 있습니다.

- (나)에서는 과거와 현재를 대비하여 화자의 삶의 태도를 암시하고 있다.(17 9월 모평)
- 인간과 자연을 대비하여 주제 의식을 부각하고 있다.(14 6월 모평)

전환　轉구를전 換바꿀환 → p.100의 '시상이 전환' 참고

방향을 바꿈. 앞부분의 내용이나 분위기를 뒷부분에서 바꾸는 전개 방식입니다. 시적 화자의 깨달음이나 반성이 나타날 때 흔히 사용되는 전개 방식인데요, 전환이 나타날 때는 뒷부분의 정서나 태도가 주제와 직접 연관됩니다.

예 매운 계절의 채찍에 갈겨
　　마침내 북방으로 휩쓸려 오다.

　　하늘도 그만 지쳐 끝난 고원高原
　　서릿발 칼날진 그 위에 서다.

　　어데다 무릎을 꿇어야 하나
　　한 발 재겨 디딜 곳조차 없다.

　　이러매 눈 감아 생각해 볼밖에
　　겨울은 강철로 된 무지갠가 보다.

– 이육사, '절정'

발 디딜 곳조차 없는 절박한 상황에 처한 시적 화자의 인식이 마지막 연에 이르러 전환되고 있습니다. 혹독한 현실을 '무지개'로 인식하고 있죠.

시상 전개 방법은 일반적인 내용
전개 방법이나 수사법과
만나는 지점이 있습니다.

○ 11 | 분위기

'분위기(雰눈날릴분 圍에워쌀위 氣기운기)'는 마치 온 세상 가득히 눈이 날리는 것처럼 작품 전반을 채우거나 에워싼 기운을 의미합니다. 작품의 바탕에 깔려 있는 성향이나 느낌 등을 폭넓게 가리키는 것으로, 시어의 선택은 물론 화자의 태도나 어조, 수사법 등 작품을 구성하는 모든 요소들이 결합되어 만들어집니다.

- 시간과 관련된 표지를 제시하여 시적 분위기를 조성하고 있다.(19 수능)
- 어린 화자의 목소리를 활용하여 동화적인 분위기를 조성하고 있다.(16 6월 모평)
- 경어체를 사용하여 웅장한 분위기를 자아내고 있다.(15 6월 모평)

분위기는 흔히 시적 정조나 정서, 정감, 느낌 등의 말로 표현되기도 합니다. 굳이 구별해서 이해할 필요까지는 없는 말들입니다. 간단히 살펴봅시다.

• 정조 　情뜻정 操 잡을조

진리, 아름다움, 선행, 신성한 것 등을 대했을 때 일어나는 고차원적이고 복잡한 감정

• 정서 　情뜻정 緖 실마리서

사람의 마음에 일어나는 여러 가지 감정. 또는 감정을 불러일으키는 기분이나 분위기

• 정감 　情뜻정 感 느낄감

정조와 감흥을 불러일으키는 느낌

- 토속적인 방언을 사용하여 향토적 정감을 환기하고 있다.(08 6월 모평)

• 느낌

  • 봉우리를 '동명'을 박차고 '북극'을 받치는 듯한 모습에 빗대어 대상의 웅장한 느낌을 표현하였다.(21 6월 모평)

분위기와 관련하여 자주 언급되는 말들은 다음과 같습니다.

향토적 분위기 鄕 시골향 土 흙토

고향이나 시골의 정취가 담긴 것. 보통 향토적인 소재나 어조를 통해 형성됩니다.

예 넓은 벌 동쪽 끝으로
옛이야기 지줄대는 실개천이 휘돌아 나가고,
얼룩백이 황소가
해설피 금빛 게으른 울음을 우는 곳,

── 그 곳이 차마 꿈엔들 잊힐 리야.
— 정지용, '향수'

> 고향 마을의 평화롭고 한가로운 정경을 아름답게 묘사하여 향토적 분위기를 조성하고 있습니다.

  • 토속적인 소재를 사용하여 향토적 정취를 드러내고 있다.(14 4월 고3 학평)

목가적 분위기 牧 기를목 歌 노래가

'목가(牧歌)'는 전원시의 하나로, 전원의 한가로운 목자(牧者 : 마소를 먹이는 사람)나 농부의 생활을 주제로 한 서정적이고 소박한 시가입니다. 그러니까 '목가적 분위기'란 '전원적이고 고요하고 평화로운 느낌'을 자아내는 것으로 볼 수 있습니다. 이런 작품에서 '전원'은 생활의 공간이라기보다는 이상적 공간으로 그려지는 것이 보통입니다.

예 어머니, / 당신은 그 먼 나라를 알으십니까?

깊은 삼림대를 끼고 돌면
고요한 호수에 흰 물새 날고,
좁은 들길에 들장미 열매 붉어.

멀리 노루 새끼 마음 놓고 뛰어다니는
아무도 살지 않는 그 먼 나라를 알으십니까?
— 신석정, '그 먼 나라를 알으십니까'

> 이 시에서 화자가 꿈꾸는 '먼 나라'는 전원적이고 한가로움이 충만해 있는 공간입니다. 화자는 그 공간의 모습을 다양하게 묘사(밑줄 친 부분)함으로써 목가적 분위기를 조성하고 있습니다.

  • 목가적 분위기를 대화적 구성을 통해 보여 주고 있어.(08 9월 모평)

애상적 분위기 哀 슬플애 傷 다칠상 → p.95 '애상적 어조' 참고

가슴 아파하고 슬퍼하는 분위기. 애상적 어조가 특징적입니다.

(예)
> 잔디 / 잔디 / 금잔디
> 심심 산천에 붙는 불은 / 가신 님 무덤 가에 금잔디
> 봄이 왔네, 봄빛이 왔네. / 버드나무 끝에도 실가지에
> 봄빛이 왔네, 봄날이 왔네. / 심심 산천에도 금잔디에.
> 　　　　　　　　　　　　　　　　　　　　　　　　　 – 김소월, '금잔디'

> 임은 죽어서 돌아올 수 없는데, 그 임의 무덤가에 다시 봄이 돌아와 금잔디가 돋습니다. 불 붙듯이 돋아나 생명력과 생동감을 과시하는 금잔디를 바라보는 화자의 마음은 어떨까요? 한스럽고 슬플 것입니다. 봄의 생동감과 대비되는 애상적 분위기가 지배하는 작품인 것이죠.

- (가)에서는 청각적 심상을 통해 애상적인 분위기를 드러낸다.(16 7월 고3 학평)
- 계절적 배경을 통해 애상적 분위기를 환기하고 있다.(14 6월 모평)

정적 분위기 靜 고요할정

정지 상태에 있는 듯 조용한 느낌이 드는 경우입니다. 관조적·명상적인 태도가 담긴 작품 등에서 흔히 느껴지는 분위기입니다.

(예)
> 담머리 넘어드는 달빛은 은은하고,
> 한두 개 소리 없이 나려지는 오동꽃을
> 가랴다 발을 멈추고 다시 돌아보노라.
> 　　　　　　　　　　　　　　　　　　　　　　　　　 – 이병기, '오동꽃'

> 달밤의 정취와 오동꽃이 지는 모습을 마치 한 폭의 수묵화처럼 그려서 정적인 분위기를 느끼게 합니다.

- (나)는 (가)와 달리 시상이 전개되면서 역동적인 분위기가 정적인 분위기로 바뀐다.(14 수능)

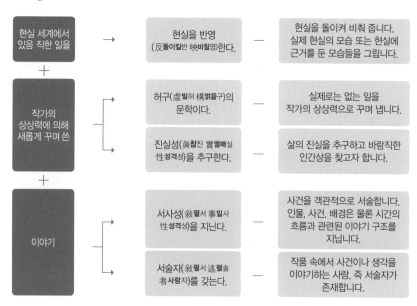

12 소설

소설(小說)은 흔히 '현실 세계에서 있음 직한 일을 작가의 상상력에 의해 새롭게 꾸며 쓴 이야기'라고 정의되곤 합니다. 이 말을 통해 우리가 소설이라고 일컫는 문학 갈래의 몇 가지 특징을 정리해 보면 다음과 같습니다.

1. 소설의 특징

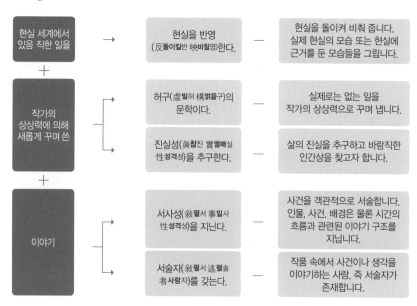

현실 세계에서 있음 직한 일을 → 현실을 반영(反돌이킬반 映비칠영)한다. — 현실을 돌이켜 비춰 줍니다. 실제 현실의 모습 또는 현실에 근거를 둔 모습들을 그립니다.

작가의 상상력에 의해 새롭게 꾸며 쓴 → 허구(虛빌허 構얽을구)의 문학이다. — 실제로는 없는 일을 작가의 상상력으로 꾸며 냅니다.
진실성(眞참진 實열매실 性성격성)을 추구한다. — 삶의 진실을 추구하고 바람직한 인간상을 찾고자 합니다.

이야기 → 서사성(敍펼서 事일사 性성격성)을 지닌다. — 사건을 객관적으로 서술합니다. 인물, 사건, 배경은 물론 시간의 흐름과 관련된 이야기 구조를 지닙니다.
서술자(敍펼서 述펼술 者사람자)를 갖는다. — 작품 속에서 사건이나 생각을 이야기하는 사람, 즉 서술자가 존재합니다.

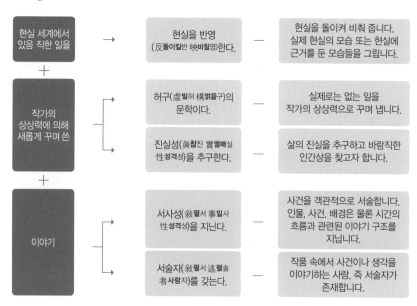

2. 소설의 갈래

(1) 분량(길이)에 따라

장편 소설   掌 손바닥장 篇 책편

손바닥처럼 짧은 소설. 제일 짧은 소설로, 보통 '콩트'라고도 합니다. 200자 원고지 30매 내외를 기준으로 삼는데, 짧은 분량 안에서 내용을 표현해야 하기 때문에 간단한 사건을 함축성 있게 다룹니다. 작가의 재치나 해학 등이 중요 요소가 됩니다.

단편 소설   短 짧을단 篇 책편

짧은 소설. 원고지 100매 내외를 기준으로 하는데, 이 분량 안에서 인생의 어느 한 면을 중점적으로 그림으로써 인생 전체의 모습을 짐작하게 합니다. 인생에 대한 예리한 통찰력이 돋보이는 작품들이 많습니다. 단일한 사건을 통해 단일한 주제를 구체화하기 때문에 구성이 단순하여 통일된 인상을 줍니다.

중편 소설   中 가운데중 篇 책편

단편과 장편의 중간적인 특징을 지닌 소설. 200자 원고지 500매 내외 분량의 소설로, 단편보다는 넓고 장편보다는 좁은 시공간을 무대로 쓰여집니다.

장편 소설   長 길장 篇 책편

긴 소설. 다양한 시공간 속에서 나타나는 여러 인물들의 다양한 관계와 갈등, 사건 등을 통해 인생의 모습을 총체적으로 그려 냅니다. 원고지 1,000매 이상의 분량으로 이루어지며, 주제, 구성, 문체가 복합적이고 복잡한 양상을 띱니다.

대하 소설   大 큰대 河 물하

큰 강물처럼 거대한 소설. 큰 강물이 도도히 흐르듯, 많은 인물이 등장하고 많은 사건이 전개되는 소설입니다. 원고지 몇 매 이상의 분량이어야 한다고 단정할 수도 없습니다. 한 집안이나 사회의 변천 과정을 그리는 작품들이 많습니다.

예) 조정래의 '태백산맥', 홍명희의 '임꺽정', 박경리의 '토지'

(2) 시대에 따라

고전 소설 古 옛고 典 법전 → 자세한 내용은 p.177 '고전 소설' 참고

옛 소설. 개화기 이전에 쓰여진 소설로, 주제(예 : 권선징악)나 구성(예 : 행복한 결말), 문체(예 : 문어체) 등에서 근대적인 특징을 갖추지 못한 소설입니다.

> 📌 김만중의 '구운몽', 허균의 '홍길동전'

• **권선징악** 勸 권할권 善 착할선 懲 징계할징 惡 악할악

착한 일을 권장하고 악한 일을 징계함. 고전 소설의 일반적인 주제입니다.

> • 작품의 결말 부분에서 선인(善人)이던 '사씨'는 행복한 여생을 보내는 것으로 나타나는데, 작가는 이를 통해 '권선징악(勸善懲惡)'적 주제를 구현하고자 했던 것으로 보인다.(17 고2 성취도)

• **문어체** 文 글월문 語 말씀어 體 몸체

일상적인 대화체가 아닌, 글에서 쓰는 문체. 고전 소설에 쓰인 문체는 일상생활에서 사용하는 말(구어체)과는 다릅니다.

신소설 新 새신

개화기에 나타난 새로운 소설. 개화기 이후부터 이광수의 '무정'(1917)이 쓰여지기 전까지의 소설을 말합니다. 이전의 소설인 고전 소설과는 여러 면에서 다른 모습을 보여 주기 때문에 '신(新)'소설이라고 했습니다. 문체 면에서는 문어체가 아닌 언문일치에 가까운 모습을 하고 있으며, 주제 면에서는 '자유 연애, 신교육, 미신 타파' 등의 계몽적인 내용을 담고 있습니다.

> 📌 이인직의 '혈의 누', 안국선의 '금수회의록'

• **언문일치** 言 말씀언 文 글월문 ― 한일 致 이를치

실제로 쓰는 말과 그 말을 적은 글이 일치함. 완전한 언문일치는 현대 소설에서 이루어집니다.

현대 소설

보통 이광수의 '무정' 이후부터 나타난 소설을 말합니다. 완전한 언문일치의 문체로 바뀌었으며, 현대성을 띤 다양한 주제가 다루어졌습니다. 구성 면에서도 자연적인 시간 순서 구성을 탈피하여 다양한 구성 기법을 도입하였습니다.

(3) 초점에 따라

심리 소설

마음의 작용과 의식의 상태를 그리는 소설. 서술자의 내면 심리를 자유로운 연상에 따라 표현해 냅니다.

> 예 이상의 '날개'

사회 소설

사회(社會) 문제를 직접 취급하거나, 사회적 관심이 강한 소설. 사회의 모순이나 어두운 면을 다루는 경우가 많습니다.

> 예 최인훈의 '광장'

역사 소설

역사(歷史)적인 사건이나 인물을 소재로 한 소설. 역사 소설은 과거 시대의 충실한 재현 그 자체가 목적이라기보다는 과거를 통해 현재의 삶을 비추어 보는 데에 더 큰 목적이 있습니다. 따라서 과거를 그리면서도 작가의 상상력을 도입하여 허구적으로 재구성합니다.

> 예 김동인의 '운현궁의 봄', 황석영의 '장길산', 홍명희의 '임꺽정'

성격 소설

인물의 성격(性格)에 대한 탐구를 주된 관심사로 삼는 소설입니다.

> 예 전광용의 '꺼삐딴 리'

(4) 문예 사조에 따라

낭만주의 소설

인간의 꿈이나 미지의 세계에 대한 모험을 추구하는 소설. 낭만주의(浪漫主義)는 반이성적이며, 개인적인 경험을 거리낌 없이 표현하는 예술가의 창조적인 재능을 중시하는 것이 특징인데, 낭만주의 소설은 이러한 낭만주의의 정신을 바탕으로 쓰여진 소설입니다. 우리 현대 소설에서는 거의 발견되지 않습니다.

사실주의 소설

당대 현실의 사실적(寫實的) 묘사를 위주로 하는 소설. 흔히 낭만주의와 상반되는 사조로서의 사실주의는 있는 그대로의 현실, 즉 우리가 처해 있는 현실을 정확히 재현하려는 태도를 지닙니다.

> 예 현진건의 '운수 좋은 날', 염상섭의 '삼대'

자연주의 소설

사물에 대한 관찰과 묘사가 극도로 자세하게 이루어지는 소설. 자연주의(自然主義) 소설은 과학적 객관성을 바탕으로 해부적 기법과 세밀한 묘사를 보여 줍니다.

> 예 염상섭의 '표본실의 청개구리'

실존주의 소설

인간의 실존과 그 조건을 탐색하는 소설. 인간과 세계의 근본적인 불확실성과 불합리성에 대한 존재론적 자각을 바탕으로 한 소설로, 실존주의(實存主義) 철학의 영향 아래 성장한 것입니다. 우리나라에서 실존주의 소설은 6 · 25 전쟁 이후에 본격적으로 등장합니다. 전쟁이라는 극한 상황의 체험과, 가치관의 상실로 이어지는 전후의 황폐한 현실 속에서 실존적 불안 의식으로 고통스러워하던 작가들이 실존주의 소설에서 새로운 출구를 모색했기 때문입니다.

> 예 장용학의 '요한 시집', 오상원의 '유예'

(5) 그 외 자주 언급되는 소설의 갈래

번안 소설 飜 번역할번 案 생각안

외국 작품의 내용이나 줄거리는 그대로 두고 풍속이나 지명, 인명 등은 우리나라에 맞게 고쳐서 번역한 소설을 말합니다.

> 예) 이해조의 '철세계', 구연학의 '설중매'

계몽 소설 啓 열계 蒙 어두울몽

모르는 것을 깨우쳐 주기 위한 소설. 계몽주의 사상을 바탕으로 하거나 그것의 전파를 위해 쓰여진 소설인데, 우리나라의 계몽 소설은 미신 타파, 자유 결혼, 과학적 학문의 존중 등을 주로 다루고 있습니다.

> 예) 이광수의 '무정'

농촌 소설

농촌(農村)을 배경으로 한 소설로, 도시 소설의 상대적인 개념입니다. 농촌을 배경으로 하지만 농민들의 현실적인 삶을 다루지 않는다는 점에서 농민 소설과 구분되기도 합니다. 정리하면, 농촌 소설은 전원적이고 향토적인 공간으로서의 농촌을 배경으로 하거나, 단순히 농민을 주인공으로 하는 소설을 말합니다.

> 예) 김유정의 '봄봄', '동백꽃'

농민 소설

농민(農民)의 삶을 다룬 소설. 농촌 소설과는 달리 농민의 현실적인 삶에 대한 주제 의식이 보다 선명하게 드러납니다. 당대의 농촌이 안고 있는 구조적 모순이나 농민 의식의 성장 등을 다루죠.

> 예) 이무영의 '제1과 제1장', 김정한의 '사하촌'

빈궁 소설 貧 가난할빈 窮 궁할궁

가난을 그린 소설. 궁핍한 삶의 경제적 현실에 초점을 맞춘 소설입니다. 우리 소설사에서는 1920년대 일제 강점하의 현실을 다룬 작품들과, 1970년대 이후 산업 사회 속에서의 노동자와 빈민의 문제를 다룬 작품들에서 발견할 수 있습니다.

> 예) 최서해의 '탈출기', 조세희의 '난쟁이가 쏘아 올린 작은 공'

신경향파 소설

1920년대에 등장한 사회주의 경향의 소설. 신경향파 소설은 소재를 궁핍에서 찾는다는 점, 지주 대 소작인 또는 공장주 대 노동자의 대립을 중점적으로 그린다는 점, 결말이 살인·방화로 끝난다는 점 등이 특징입니다.

> 예) 최서해의 '홍염'

세태 소설 世 인간세 態 모습태

세상의 모습이나 형편을 그린 소설로, '풍속(風俗) 소설'이라고도 합니다. 한 시대, 한 사회의 유행, 취미, 풍속, 관습, 생활 양식 등을 충실히 그립니다.

> 예) 박태원의 '천변 풍경'

전쟁 소설

전쟁(戰爭)을 제재로 한 소설. 전쟁의 상황과 체험을 집중적으로 재현한 작품들을 가리킵니다. 전쟁이 초래한 참혹한 삶의 모습을 다루며, 비인간적이고 야만적인 살상의 현장을 주된 배경으로 삼습니다.

> 예) 황순원의 '나무들 비탈에 서다', 안정효의 '하얀 전쟁'

전후 소설 戰 싸움전 後 뒤후

전쟁 이후의 삶의 상황과 문제를 다룬 소설. 우리 문학에서 전후 소설은 6·25 전쟁 이후에 나타나는데, 전후의 상황에서 비롯된 허무주의와 실존적 불안감 등을 다루고 있습니다.

> 예) 손창섭의 '비 오는 날', 이범선의 '오발탄'

가족사 소설

가족의 역사를 다룬 소설. 가족 내의 개인보다는 가족이라는 사회 집단의 움직임
과 변화 양상을 중시하며, 여러 대(代)에 걸친 가족의 역사를 추적하기 때문에 연
대기(年代記) 소설의 형태를 띱니다. 세대의 흐름에 따른 한 가족의 융성과 쇠퇴
의 순환 과정을 서술함으로써, 인간과 사회, 인간과 역사의 밀접한 연관 관계를
보여 줍니다.

> 예 염상섭의 '삼대', 김정한의 '수라도'

서간체 소설

편지 형식과 문체를 지닌 소설. 사건의 제시와 전개가 작중 인물 간의 편지에 의
해 이루어지는 소설입니다.

> 예 최서해의 '탈출기'

연작 소설 聯 연이을연 作 지을작

독립된 구조를 갖는 소설들이 일정한 연관을 지니면서 연쇄적으로 묶여 있는 소
설. 우리나라의 경우 보통 단편 소설들이 모여 연작 형태를 이룹니다.

> 예 조세희의 '난쟁이가 쏘아 올린 작은 공', 양귀자의 '원미동 사람들'

성장 소설

성장(成長)을 그린 소설. 지적, 도덕적, 정신적으로 미숙한 상태의 어린아이, 혹은
소년(소녀)이 갈등과 시련 속에서 자기를 발견하고 정신적으로 성장해 나가는 과
정을 그린 소설입니다.

> 예 황순원의 '별'

풍자 소설 諷 풍자할풍 刺 찌를자

인물과 사회의 결점, 모순, 불합리 등을 풍자하는 소설입니다.

> 예 채만식의 '탁류', '태평천하'

여로형 소설   旅 나그네 여 路 길 로 形 모양 형

여행의 형태를 지닌 소설. 서사 구조와 여행의 시작과 끝이 일치하는 소설입니다.

(예) 염상섭의 '만세전', 황석영의 '삼포 가는 길'

- 고향을 찾아가는 '여로(旅路) 구조'를 채택하고 있는데, 이 구조는 사건의 전개 과정이나 작중 인물의 성격 창조에 커다란 영향을 미치고 있다. (11 6월 모평)

소설의 갈래는 우리 사회 현실과도
밀접한 연관이 있답니다.

소설의 구성

'구성(構얽을구 成이룰성)'은 '얽은 모양새', 즉 소설의 짜임새를 의미하는 말로, '플롯(plot)'이라고도 합니다. 흔히 플롯을 스토리와 혼동하는 사람들이 있는데, 이 둘은 엄연히 다른 개념입니다.

● **스토리**(story, 줄거리)

시간적 순서에 따른 사건의 진술. '그 다음에는~', '그리고 또~'와 같은 방식으로 진행됩니다.

> 예 왕이 죽었다. 그리고 왕비가 죽었다.

● **플롯**(plot, 구성)

인과 관계에 중점을 둔 사건의 서술. '왜냐하면', '그 때문에'와 같은 논리에 따라 진행됩니다.

> 예 왕이 죽었다. 그로 인해 슬퍼서 왕비도 죽었다.

이처럼 구성, 즉 플롯은 논리적인 필연성을 지닌 것으로, 인과 관계에 따른 사건의 전개 및 배열이라고 할 수 있습니다. 작가는 이 구성에 따라 이야기를 전개하고 주제를 구현합니다. 따라서 구성은 이야기의 전개나 주제의 표현, 사건의 필연성 등을 염두에 두고 소설 속의 여러 요소들을 인과 관계에 따라 유기적으로 배열하는 작가의 의도적인 표현 계획 혹은 방법이라고도 할 수 있습니다.

그렇기 때문에 소설의 구성은 논리적인 필연성을 깨뜨리는, 갑작스러운 비약이나 돌발적인 사건, 즉 우연성을 좋아하지 않습니다. 그래서 돌발적인 것처럼 보이는 사건이나 소재에 필연성을 부여하는 장치가 동원되기도 하는데요, 이것이 바로 '암시'와 '복선'입니다.

암시 暗 어두울암 示 보일시

넌지시 보여 줌. 뜻하는 바를 간접적으로 나타내는 표현법입니다. 문학 작품에서 암시는 여러 가지 방식으로 구현되는데 복선도 그중의 한 방법입니다.

- ⓐ와 ⓑ에는 모두 꿈을 꾼 주체가 처한 고난이 심화될 것임을 암시하는 징표가 제시된다.(18 수능)
- 공간적 배경을 자세히 묘사하여 인물의 심리 변화를 암시하고 있다.(20 9월 모평)
- 주인공의 아들이 자기 물건들에 '도도'라는 이름을 붙이고 멸종된 종이라고 말한다는 점에서, '도도'는 주인공 아들의 불행한 미래를 암시하는 대상이다.(16 9월 모평)

복선 伏 숨을복 線 줄선

앞으로 일어날 사건에 대하여 미리 독자에게 넌지시 암시하는 서술 방식. 뒷부분에 발생할 사건을 위해 미리 앞부분에서 서술해 두기 때문에 뒷부분에서 발생하는 사건이 필연성을 띠게 되죠.

- 불길한 일을 암시하는 복선 역할을 하여 긴장감을 조성한다.(12 9월 모평)

1. 구성의 유형

대부분의 소설은 사건을 중심으로 구성되지만(사건 중심 구성), 때로는 한 인물의 출생에서부터 노년까지의 일대기(一代記)에 초점을 맞추기도 하고(인물 중심 구성), 오랜 시간에 걸친 거대한 사회적 변화와 흐름에 관심을 보이기도 합니다(연대기적 구성). 이처럼 소설의 구성은 매우 다양하고, 그것을 분류하는 방식 또한 다양합니다. 몇 가지 대표적인 분류를 살펴보면 다음과 같습니다.

(1) 이야기의 수에 따른 분류

단일 구성〔단순 구성〕 單 홑단 — 하나일

하나의 사건만으로 전개되는 구성. 사건이 단일하기 때문에 단일한 주제를 드러내고, 단일한 인상을 주며, 단일한 효과를 거둘 수 있습니다. 단편 소설에서 많이 사용되는 구성 방식입니다.

복합 구성 複 겹칠복 合 합할합

두 개 이상의 사건이나 플롯이 얽혀서 진행되는 구성입니다. 여러 개의 사건이 복합적으로 나타나지만 그 사건들은 주제를 효과적으로 전달하기 위해 긴밀하게 연결되어 있기 때문에 하나의 이야기로 묶이게 됩니다. 장편 소설에서 많이 사용되는 구성 방식입니다.

- 동시적 사건들의 병치로 사건에 대한 서로 다른 관점을 드러내고 있다.(22 수능)
- 동시에 진행되는 사건을 병렬하여 이야기를 입체적으로 구성하고 있다.(14 6월 모평)
- 동시에 일어나는 두 개의 사건을 병치하여 긴장감을 조성하고 있다.(16 6월 모평)

(2) 구성의 밀도에 따른 분류

극적 구성 劇 연극극

극을 보는 것처럼 긴장이나 감동을 불러일으키는 구성. 작품 속의 사건들이 유기적으로 긴밀하게 결합되어 긴장감 속에서 전개됩니다. '발단 → 전개 → 위기 → 절정 → 결말'의 순서에 따라 진행되어 완전한 하나의 이야기로 통합되는 구성 방식으로, '견고한 구성, 유기적 구성'이라고도 합니다.

삽화적 구성 挿 끼울삽 話 이야기화

끼워 넣는 이야기(삽화)처럼 서로 관련이 없어 보이는 이야기들이 연결된 구성. 중심 사건과 밀접한 관련성이 없어 보이는 삽화, 사건들이 산만하게 연결되거나, 불필요하거나 부수적인 것으로 여겨지는 사건들이 섞여 있는 구성 방식으로, '산만한 구성, 이완된 구성'이라고도 합니다.

- 동시에 벌어진 사건들을 삽화처럼 나열하여 이야기의 흐름을 지연시킨다.(19 6월 모평)
- 예화를 열거하는 방식으로 인물의 성격을 나타내고 있다.(14 9월 모평)

(3) 사건의 진행 방식에 따른 분류

평면적 구성   平 평평할평 面 낯면

평면처럼 밋밋하고 일반적인 구성. 사건을 시간적 순서에 따라 '과거→현재→미래'의 순서로 진행시키는 방법입니다. 시간의 순서에 따르기 때문에 '순행(順따를순 行갈행)적' 구성이라고도 합니다.

- 시간의 흐름을 단계적으로 보여 줌으로써, 갈등이 해소되는 과정을 부각하고 있다.(17 9월 모평)
- (가)에서는 서사 진행을 시간 순서대로 서술하고 있는 데 비해, (나)에서는 회상의 방식으로 보여 주고 있다.(15 9월 모평)

입체적 구성   立 설립 體 몸체

여러 각도에서 종합적으로 완성되는 구성. '분석적 구성'이라고도 합니다. 시간적 순서에 따르지 않으며, 사건의 분석 등으로 사건의 배열에 있어 시간적 역전이 나타납니다. 시간의 순서에 따르지 않기 때문에 '역순행(逆거스를역 順따를순 行갈행)적 구성'이라고도 합니다.

- 서술자는 과거와 현재를 반복적으로 교차시켜 사건에 입체감을 부여하고 있다.(14 6월 모평)
- [A]는 회상 장면을 삽입하여, [B]는 시간의 흐름에 따라 사건을 서술하여 인물들이 처한 상황을 객관적으로 전달하고 있다.(21 수능)
- 시간의 역전을 통해 인과 관계를 재구성한 서사를 함께 제시하여 사건의 내막을 감추고 있다.(18 수능)
- 과거 회상 장면을 삽입하여 갈등의 원인을 밝히고 있다.(14 고2 성취도)

(4) 기타

피카레스크 구성

여러 개의 독립된 이야기를 모아 놓은 것으로, 독립된 각각의 이야기에 동일한 인물이 등장하고, 각 이야기가 동일한 주제로 묶이는 구성입니다. 즉, 독립될 수 있는 여러 개의 이야기를 모아 전체적으로 보다 큰 통일성을 갖도록 구성하는 방식입니다.

예 박태원의 '천변풍경'

옴니버스 구성

내용이 각기 다른 짧은 이야기를 하나의 연관성을 가지고 연결해 놓는 구성 방식입니다. 각 이야기는 각기 다른 인물을 가진 독자적인 이야기이지만, 공통되는 특정 주제 또는 소재를 지니는 것이 일반적입니다.

예 김소운의 '가난한 날의 행복'

'가난 속에서 피어난 따뜻한 부부애'라는 공통된 주제를 다룬 세 편의 에피소드(세 부부의 이야기)로 이루어진 희곡적 수필로, 형식상 옴니버스 구성이라고 할 수 있습니다. 소설은 아니지만, 구성 방식을 이해하는 데는 참고할 만합니다.

액자형 구성

액자처럼 하나의 이야기 안에 또 하나의 이야기가 들어 있는 구성. 서술자가 자신의 이야기를 직접 서술, 묘사하는 것이 아니라 남의 체험이나 사건을 대신 서술해 주는 형식을 취하게 됩니다. 서술자의 이야기인 외부 이야기와 서술자가 전해 주는 이야기인 내부 이야기로 나눌 수 있습니다.

• **내부 이야기**

내부의 핵심적 이야기. '내화(內話)'라고도 합니다.

• **외부 이야기**

내부 이야기를 둘러싼 액자. '외화(外話)'라고도 합니다.

보통 외부 이야기는 1인칭 시점으로 서술되고, 내부 이야기는 3인칭 시점으로 서술되는데, 1인칭 서술자가 내부 이야기를 독자에게 전달해 줌으로써 내부 이야

기를 객관화하고 신빙성을 더해 주는 효과를 낳습니다.

> 예 김동인의 '배따라기', 김동리의 '등신불'

- 액자 구조를 통해 상이한 이야기가 갖는 유사한 의미를 강조하고 있다.(14 수능)
- 다른 사람의 체험을 듣고 독자에게 전해 주는 액자식 구성을 취하고 있다.(16 6월 모평)
- 서술자가 회상을 통해 외부 이야기에서 내부 이야기로 이동하고 있다.(14 6월 모평)

2. 구성의 단계

소설 구성의 단계는 3단계(발단 → 전개 → 결말), 4단계(발단 → 전개 → 절정 → 결말), 5단계(발단 → 전개 → 위기 → 절정 → 결말) 등으로 다양하게 나눌 수 있습니다. 여기서는 가장 흔히 활용되는 5단계 구성을 중심으로 살펴보겠습니다.

발단　發 필발 端 처음단

작품의 처음. 인물과 배경이 제시되고 사건의 실마리가 제시되는 단계입니다.

전개　展 펼전 開 열개

내용을 진전시켜 펴 나감. 사건이 진행, 발전하고 이야기가 복잡하게 얽힙니다. 갈등이 표면화되고 인물의 성격도 변화, 발전합니다.

- ⓛ은 형제 사이의 갈등을 유발한다.(11 수능)

위기　危 위험할위 機 틀기

위험한 시기. 지금까지 전개되어 오던 이야기가 해결되는가 싶다가, 다시 새로운 국면을 맞이하면서 긴장감과 갈등이 심화되고 다음 단계인 절정을 유발시키는 단계입니다.

- ㉠으로 인해 '국서'와 '말똥이' 사이의 갈등이 시작되고, ⓛ으로 인해 '국서'와 '말똥이' 사이의 갈등이 고조된다.(16 수능)
- (가)에서는 두 인물 간의 대립을 통해 갈등이 고조되고 있다.(13 6월 모평)

절정 絕끊을절 頂정수리정

최고조. 갈등이 가장 격렬해지고 사건이 최고조에 이릅니다. 그러나 동시에 사건 해결의 분기점이 되는 단계이기도 하죠. 주제가 슬그머니 드러나면서 사건 해결의 열쇠가 나타납니다.

- 우의적 소재를 활용하여 사건 해결의 실마리를 제공하고 있다.(13 6월 모평)
- 천상계의 인물을 등장시켜 갈등 해결의 실마리를 제공하고 있다.(14 고2 성취도)

결말 結맺을결 末끝말

마무리. 모든 갈등과 위기가 해소되고 사건의 윤곽과 주인공의 운명이 분명해지는 해결의 단계입니다. '대단원'이라고도 합니다.

- 순차적 사건 진행으로 갈등이 해소되었음을 보여 주고 있다.(13 6월 모평)
- (가)에서 발생한 갈등이 (나)에서 점진적으로 해소되고 있다.(16 고2 성취도)

• 닫힌 결말

서술자가 이야기의 최종 결말까지를 모두 이야기해 주는 방식. 주인공의 운명이나 주제가 명확하게 드러나기 때문에 독자의 입장에서는 이야기의 의미를 다르게 해석하거나 뒷이야기를 따로 상상할 여지가 제한되죠. 우리가 접하는 대부분의 소설이 닫힌 결말을 지니고 있습니다.

• 열린 결말

서술자가 이야기의 결말을 명확하게 이야기해 주지 않는 방식. 마치 이야기를 중간에 멈춘 것 같기도 하고, 주인공의 운명이 이렇게도, 또 저렇게도 바뀔 수 있을 것처럼 보입니다. 서술자가 작품의 결말을 맺지 않고 독자의 몫으로 남기면서 독자를 작품 속에 참여시키는 방식이라고 볼 수 있죠. 독자들은 남은 이야기나 인물의 운명 등을 스스로 상상하면서 작품의 의미를 다양하게 해석하게 됩니다.

• 해피 엔딩(행복한 결말)

결말을 행복하게 끝맺는 방식. 우리 고전 소설이 지니고 있는 일반적인 특징입니다.

14 인물

작품에 등장하는 사람 및 그 사람의 역할과 개성을 아울러 이르는 말로, 흔히 '캐릭터(character)'라고도 합니다. 단순히 소설에 등장하는 사람 그 자체만을 의미하는 것이 아니라 그 사람이 작중 상황에서 담당하는 역할 및 성격까지를 폭넓게 의미한다는 점에 유의해야 합니다. 흔히 소설 구성의 3요소를 인물, 사건, 배경이라고 하죠? 그만큼 소설에서 인물은 중요합니다. 인물은 행위의 주체로서 사건을 담당합니다. 또 인물의 사고와 행동, 인물 사이의 갈등을 통해 주제가 구현됩니다. 따라서 인물 창조가 잘 되었는지에 따라 소설의 성패가 좌우된다고 해도 과언이 아닙니다.

• 서술자의 진술을 통해 인물 설정의 개연성을 제시하고 있다.(10 고2 성취도)

1. 인물의 유형

(1) 역할 수행에 따라

주동 인물(protagonist) 主 주인주 動 움직일동

작품 속에서 주인이 되어 움직이는 인물. 작가가 의도하는 주제의 방향에 따르는 인물로, 작품의 주인공입니다.

> 예 '춘향전'의 춘향, 이 도령

반동 인물(antagonist) 反 반대할반 動 움직일동

작품 속에서 반대로 움직이는 인물. 작품 속에서 주인공과 대립하는 인물로, 작가가 의도하는 주제의 방향에 역행하는 인물입니다.

(예) '춘향전'의 변 사또

- 부정적 인물에 대한 비판 의식을 표현하고 있다.(13 수능)

(2) 중요도에 따라

주요 인물 主 주인주 要 요긴할요

주되고 중요한 인물. 주인공이나 그에 버금가는 중심적 인물을 의미하며, 중심인물이라고도 합니다. 대개 복합적이고 입체적인 성격을 지니게 됩니다.

- 자신의 노력이 결실을 맺지 못하여 허망해하는 중심인물의 감정이 드러나는 장소이다.(18 9월 모평)

부차적 인물 副 다음부 次 다음차

중심 인물에 비하여 부수적인 처지에 있는 인물. 주변 인물이라고도 하며, 대부분 평면적으로 그려져서 주인공을 돋보이게 합니다. 언뜻 보면 쓸데없는 인물처럼 생각될 수도 있지만, 소설의 배경이 되는 시대나 사회의 총체적인 모습을 그리는 데 있어서 없어서는 안 될 인물입니다.

(예) '춘향전'의 월매, 방자

- '매섭게 보다가 휑하니 간다'는 ⓐ로 인해 벌어지는 장인과 주변 인물의 갈등을 보여 주고, '조수의 환영'은 ⓑ의 과정에서 장인의 고뇌에 영향을 미치는 갈등 요인을 드러낸다.(17 9월 모평)

(3) 성격 변화 양상에 따라

평면적 인물 平 평평할평 面 모양면

평면처럼 밋밋하고 변화가 없는 인물. 작품 속에서 처음부터 끝까지 성격이 변하지 않는 인물로, '정(靜고요할정)적 인물'이라고도 합니다. 변화가 없으니까 독자의 입장에서는 인물의 정체가 쉽게 파악되고 오랫동안 기억됩니다. 고전 소설에 등장하는 인물은 대부분 평면적 인물이죠.

입체적 인물 立 설립 體 몸체

입체처럼 굴곡이 많고 다양하게 보이는 인물. 작품 속에서 성격이 변화, 발전하는 인물입니다. 착하고 순진했던 주인공이 전쟁을 겪으면서 현실적이고 이기적인 인간으로 변화했다면, 그 주인공은 입체적 인물인 것이죠. 마치 연극에서처럼 흥미진진한 변화를 보인다는 측면에서 '극적(劇的) 인물'이라고도 하고, 계속 변화되어 나가는 모습을 보인다는 측면에서 '발전적(發展的) 인물'이라고도 합니다. 현대 소설에서 흔히 볼 수 있는 인물 유형이죠.

- (나)에 비해 (가)에서 인물의 성격 변화가 두드러지게 드러나고 있다.(13 9월 모평)
- 서술자의 논평을 통해 인물의 성격 변화의 양상을 드러낸다.(15 6월 모평)

(4) 인물의 성격에 따라

전형적 인물   典 법전 型 모형형

마치 법칙처럼, 어떤 무리가 지니고 있는 특징을 가장 잘 나타내는 인물. 어떤 집단이나 계층을 대표하는 인물입니다. 전형적 인물은 개인으로의 개별적 성격을 지니는 동시에 그가 속한 집단이나 계층의 보편적인 성격을 함께 지니게 됩니다.

⟮예⟯ '춘향전'의 변 사또 → 탐관오리

- 전형적 인물의 언행을 통해 새로운 사건이 발생할 것임을 암시하고 있다.(10 고2 성취도)

개성적 인물   個 낱개 性 성품성

개인으로서의 독자적 성격을 가진 인물. 특정한 집단이나 계층의 보편적 성격을 지니지 않는 인물로, 현대 소설에 등장하는 대부분의 인물 유형입니다.

2. 인물을 제시하는 방법 提 이끌제 示 보일시

작품 속에서 인물을 보여 주는 방법. 어떤 방식으로 인물을 제시하느냐에 따라 표현의 효과가 달라지고 작품 전체의 성격도 달라질 수 있습니다.

직접적 제시 直 곧을직 接 이을접

인물의 특성을 직접적으로 제시하는 방법. 서술자가 인물의 성격이나 심리 상태에 대해 직접적으로 분석, 요약, 해설하기 때문에 '해설적 방법', '말하기(telling)'라고도 합니다. 서술 중심으로 진술 방식이 단순하기 때문에 내용 파악이 쉽고 서술 시간도 절약되며 작가의 생각을 드러내는 데도 효과적이죠. 하지만 인물의 성격을 몇 마디 말로 규정해 버리기 때문에 추상적인 설명으로 흐르기 쉽습니다. 또한 독자의 입장에서는 서술자의 설명과 판단을 일방적으로 받아들여야 하기 때문에 인물에 대해 자기 나름대로 이해하고 해석할 여지가 없어지고 상상력이 제한되는 단점이 있습니다.

> 예 이지적이요, 이론적이기는 둘이 더하고 덜한 것이 없지마는, 다만 덕기는 있는 집 자식이요, 해사하게 생긴 그 얼굴 모습과 같이 명쾌한 가운데도 안존하고 순편한 편이요, 병화는 거무튀튀하고 유들유들한 맛이 있느니만큼 남에게 좀처럼 머리를 숙이지 않는 고집이 있어 보인다.
> — 염상섭, '삼대'

서술자가 등장인물인 '덕기'와 '병화'에 대해 직접 설명하고 있습니다. 서술자가 인물의 성격을 분석해서 자기 나름의 생각까지 덧붙여 해설하고 있기 때문에 독자의 입장에서는 '덕기'와 '병화'라는 인물에 대해 손쉽게 파악할 수 있습니다. 하지만 그것은 어디까지나 서술자의 시각대로 인물을 파악한 것일 뿐! '덕기'와 '병화'는 서술자의 설명과는 다른 인물로 이해될 수도 있지 않을까요? 하지만 이 작품에서는 서술자가 '덕기'와 '병화'에 대해 직접 규정해 버리기 때문에 독자 스스로 그 인물들에 대해 이해하고 해석할 수 있는 여지는 제한됩니다.

- 구체적 묘사와 서술자의 판단을 통해 인물의 성격을 제시한다.(15 6월 모평)
- 서술 대상에 대한 요약적 서술을 통해 서술 대상에 관한 정보가 개괄적으로 제시되고 있다.(21 9월 모평)

간접적 제시 間 사이간 接 이을접

인물의 특성을 간접적으로 제시하는 방법. 인물의 특성을 서술자가 직접 말하지 않고 그들의 대화와 행동을 보여 줌으로써 간접적으로 드러나게 하는 방법입니다. 연극에서 인물이 관객들에게 제시되는 방법과 같기 때문에 '극적(劇的) 방법'

이라고도 하고, 행동이나 버릇, 대화, 갈등 등을 보여 주고 그에 대한 해석을 독자의 상상력에 맡기기 때문에 '보여주기(showing)'라고도 합니다. 묘사나 대화 위주로 구체적, 감각적으로 제시되기 때문에 인물의 성격이 생생하게 드러나죠. 독자는 서술자의 설명을 들을 필요 없이 바로 인물과 접할 수 있고 자기 나름대로 인물을 해석할 수 있게 됩니다. 하지만 직접 설명하지 않기 때문에 작가의 견해를 나타내는 데는 한계가 있게 됩니다.

예 "이래 가지고 우째 살까 싶습니다."
"우째 살긴 뭘 우째 살아? 목숨만 붙어 있으면 다 사는 기다. 그런 소리 하지 마라."
"…….."
"나 봐라. 팔뚝이 하나 없어도 잘만 안 사나. 남 봄에 좀 덜 좋아서 그렇지, 살기사 왜 못 살아."
"차라리 아부지같이 팔이 하나 없는 편이 낫겠어예. 다리가 없어놓니, 첫째 걸어댕기기에 불편해서 똑 죽겠심더."
"야야. 안 그렇다. 걸어댕기기만 하면 뭐 하노, 손을 지대로 놀려야 일이 뜻대로 되지."
"그럴까예?"
"그렇다니, 그러니까 집에 앉아서 할 일은 니가 하고, 나댕기메 할 일은 내가 하고, 그라면 안 대겠나, 그제?"
"예."
진수는 아버지를 돌아보며 대답했다. 만도는 돌아보는 아들의 얼굴을 향해 지긋이 웃어주었다.
— 하근찬, '수난 이대'

아버지 '만도'와 아들 '진수'의 성격을 대화를 통해 간접적으로 제시하고 있습니다. 서술자는 두 인물에 대해 어떠한 설명도 하지 않고 그들의 행동이나 대화만 보여 주고 있습니다. 독자는 두 인물의 대화를 통해 인물들의 성격을 짐작하고 해석하게 됩니다.

- 구체적 행동을 통해 인물의 성격을 보여 주고 있다.(10 고2 성취도)
- 대화를 통해 인물의 성격을 간접적으로 제시하고 있다.(09 6월 모평)
- 세밀한 외양 묘사를 통해 인물의 속성을 드러내고 있다.(20 9월 모평)
- [A]에서는 서술자의 서술과 등장인물의 대화를 통해 흥부의 처지와 성품을 드러내고 있다.(15 6월 모평)

15 갈등과 사건

1. 갈등 葛 ^{칡갈} 藤 ^{등나무등}

'칡과 등나무'라는 뜻으로, 일이나 사정이 칡이나 등나무처럼 복잡하게 뒤얽혀 화합하지 못함을 비유하는 말입니다. 문학 작품에서는 작품 속 인물이 겪게 되는 대립적인 심리 상태를 의미합니다. 갈등은 인물의 성격을 뚜렷이 드러내면서 사건을 전개시키는 역할을 합니다. 그리고 그 과정에서 주제를 드러내고 독자의 흥미를 불러일으킵니다.

- 사건을 통해 인물 간의 갈등을 드러내고 있다.(16 고2 성취도)
- 상대를 달리하여 벌이는 인물의 행동을 서술하여 점진적으로 심화되는 갈등을 묘사하고 있다.(22 수능)
- 매월이 돌이를 사주하여 꾸민 일은 상공의 집안에 갈등을 초래하였다.(14 9월 모평)

내적 갈등 内 ^{안내}

한 인물의 마음속에 있는 대립이 원인이 되어 일어나는 갈등. 한 인물의 내면에 존재하는 상반된 두 심리로 인해 생기는 갈등입니다. 예를 들어, 일제 강점하의 어떤 인물이 시대에 영합하여 편안히 살고자 하는 욕망과 조국을 위해 위험을 무릅써야 한다는 생각을 동시에 갖고 있다면 그 인물은 내적 갈등에 빠져 있는 것입니다.

> 그는 지금 가로수에 기대어 서서 하늘을 쳐다보고 있었다. 무거운 마음이 좀처럼 가라앉지가 않았다. 그는 즈봉 포켓 속에 구겨 넣은 신문지를 다시금 손으로 구겨 쥐었다. 어머니— 그는 마음속으로 이렇게 부르짖었다. 그 순간 '아래는 아들의 소식을 듣고 실신한 노모'라는 신문 구절과 함께 노파의 주름진 얼굴이 어머니 얼굴과 겹쳐서 떠올랐다. 그러나 곧 '모두가 조국을 위해서다.' 하는 음성이 그의 마음을 뒤덮고 지나갔다.
> '이미 우리는 조국을 위해서만이 있는 몸이다. 지금의 네 심정을 모르는 바 아니지만 보다 더 보람 있는 하나를 위해서 하나를 버려야지.'
> 약 이 개월 전 일이었다. 그가 투신하고 있는 비밀결사에서는 한 사람을 암살하지 않으면 안 될 경지에 놓여 있었다. 그리고 바로 계획된 그날 밤 오랜 신병 끝에 오직 한 분밖에 없는 그의 어머니가 숨져 가고 있었던 것이었다.
> — 오상원, '모반'

이 작품의 주인공인 '그'는 비밀결사 조직의 일원으로 암살의 임무를 맡게 되었습니다. '그'가 암살자가 되었다는 사실을 알게 되면 늙은 어머니는 어떻게 될까요? 더구나 그 어머니는 생명이 위독할

정도로 아픕니다. 대놓고 말하지는 못하지만 아들이 곁에 있어 주기를 바라죠. 그런 상황에서 '그'는 내적인 갈등을 겪게 됩니다. 조국을 위해 개인적인 희생을 감수해야 한다는 생각과, 어머니에 대한 애정과 염려가 '그'의 마음속에서 갈등을 일으키고 있는 것이죠.

- (가)에서는 이해관계에 의한 인물 간 갈등이, (나)에서는 가치관에 의한 인물의 내적 갈등이 드러난다. (18 고2 성취도)
- 인물의 내적 갈등을 심화하여 긴장감을 자아낸다.(17 고2 성취도)
- 고가는 과거의 '나'가 투영된 대상으로 '나'의 의식 속에 환기되어 내면의 갈등상태를 드러내고 있다. (16 수능)

외적 갈등 外 바깥 외

인물과 그를 둘러싼 외부적인 요인의 대립이 원인이 되어 생기는 갈등. 외부적인 요인이 무엇이냐에 따라 다음과 같이 나눌 수 있습니다.

• 개인과 개인 사이의 갈등

개인들 간의 성격이나 가치관의 대립 때문에 일어나는 갈등. 주동 인물과 반동 인물 사이의 갈등이 여기에 해당합니다.

> 예 김유정의 '봄봄'에 등장하는 '나'와 '장인' 사이의 갈등
>
> 명색은 데릴사위이지만 실제로는 머슴인 '나'는 빨리 혼인을 시켜 달라고 하고, '나'를 부려먹으려는 '장인'은 딸이 아직 덜 자랐다는 핑계로 혼인을 미루죠. 혼인 문제를 둘러싼 두 사람 사이의 갈등이 이 작품의 중심축이 됩니다.

- (나)에 비해 (가)에서는 인물 간의 갈등이 두드러지게 나타나고 있다.(16 고2 성취도)
- ㉠과 ㉢은 '나'와 인물들 간의 외적 갈등을 제시하고 있다.(16 수능)

• 개인과 사회(세계) 사이의 갈등

사회 제도나 윤리 때문에 개인이 겪게 되는 갈등. 개인이 현실을 살아가면서 사회 속에서 겪게 되는 갈등입니다.

> 예 이범선의 '오발탄'에서 주인공 철호가 겪는 갈등
>
> 월남인 가족의 가장인 철호는 어머니, 만삭의 아내와 어린 딸, 동생 영호·명숙과 함께 해방촌의 판잣집에서 살고 있습니다. 그는 열심히 성실하게 살려고 하지만 전쟁으로 인해 파괴된 사회는 그를 받아들이지 않습니다. 어머니는 전쟁으로 인해 정신 이상자가 되고 여동생 명숙은 양공주가 되며, 동생 영호는 권총 강도로 붙잡힙니다. 설상가상으로 아기를 낳던 아내마저 죽어 버리죠. 철호는 감당할 수 없는 비참한 현실 때문에 방향 감각을 상실하고 자신이 '오발탄(잘못 쏜 탄환)' 같다고 여깁니다. '오발탄'은 이와 같이 전후의 비참한 현실로 인해 개인이 겪게 되는 갈등이 잘 그려진 작품입니다.

- 박태보는 임금의 부당함으로 드러나는 부도덕한 세계와의 대결에서 패배하여 숭고한 뜻을 이루지 못한다.(22 수능)

개인과 운명 사이의 갈등

개인이 자신의 타고난 운명에 의해서 겪게 되는 갈등. 개인과 운명 사이의 갈등을 그린 작품은 개인의 패배, 곧 비극으로 끝나는 경우가 많습니다.

예 김동리의 '역마'에서 주인공 성기가 겪는 갈등

화개 장터에서 주막을 운영하는 옥화는 하나밖에 없는 아들 성기가 역마살(늘 이리저리 떠돌아다니는 운명)을 타고났다는 것을 알고는 이것을 피하기 위해 온갖 노력을 기울입니다. 그러던 어느 날, 체 장수 영감이 자신의 딸 계연을 주막에 맡기자 옥화는 성기를 계연과 결혼시켜 역마살을 막아 보려고 합니다. 하지만 사실 계연은 옥화의 이복동생이었죠. 이 사실을 알게 된 옥화는 성기와 계연을 갈라놓습니다. 이 일이 있은 후 성기는 중병을 앓게 되고 병이 낫자 역마살이라는 자신의 운명에 따라 엿판을 꾸려 집을 떠나게 됩니다. 개인이 운명과 갈등하다가 결국은 운명에 순응함으로써 이야기가 마무리되는 것이죠.

- 김동리는 '역마'의 인물들을 통해, 운명을 수용하는 것이 운명에 패배하는 것이 아니라 세계와 조화되는 것이며, 이는 우리 민족의 전통적 삶의 방식이라고 여겼다.(13 9월 모평)

2. 사건과 장면

사건　事 일사　件 물건건

일. 작품 속에서 인물의 행동이나 서술자의 서술에 의해 구체화되는 온갖 일들을 의미합니다. 소설 속의 사건들은 유기적 · 인과적으로 연결되면서 전체 이야기를 구성합니다. 그러므로 일상생활에서 흔히 쓰는 '뜻밖의 사건', '우연한 사건' 등과 같은 말은, 잘 쓰인 소설에서는 존재할 수 없습니다. 소설에서는 사건을 통해 갈등이 구체화되고 인물들의 성격이 드러나며, 전체 이야기가 진행됩니다.

- 인물 간의 대화를 통해 인물이 겪은 사건의 비현실적인 면모를 드러내고 있다.(20 9월 모평)
- 사건에 대한 객관적 진술을 통해 사건의 전모를 제시하고 있다.(16 9월 모평)
- 다른 장소에서 동시에 벌어진 사건을 병치하여 서사의 진행을 지연시키고 있다.(18 6월 모평)

장면 場 마당 장 面 모양 면

같은 인물이 동일한 공간 안에서 벌이는 사건의 광경. 소설은 장면 단위로 구성되기 때문에 장면이 자주 바뀌거나, 이질적인 장면이 중간에 끼어들거나, 서로 다른 장면들을 교대로 보여 주는 식의 장면 제시 방법에 따라 작품의 느낌은 매우 달라집니다. 게다가 소설은 작품의 길이가 길기 때문에, 시험에서는 작품 전체가 아니라 특정 장면만을 뽑아서 출제하게 됩니다. 따라서 장면의 특성을 잘 파악하는 것이 소설 관련 문제를 해결하는 지름길이 됩니다.

- 파경노가 기른 뒤로 화초가 시들지 않아 봉황이 날아드는 장면은 최치원이 신이한 능력을 지닌 인물임을 보여 주는군.(21 수능)
- 서대주가 '시비 쥐'를 부리고 복색을 갖추어 손님을 '외헌'에서 맞이하는 장면에서, 신흥 부호의 생활상을 알 수 있군.(20 9월 모평)

● **장면의 전환** 轉 구를 전 換 바꿀 환

하나의 장면에서 다음 장면으로 변화시키는 방법. 보통 시간이나 공간의 이동을 뜻합니다. 장면을 자주 전환하면 호흡이 빨라지고 사건 전개에 속도가 붙으면서 긴장감을 고조시킬 수 있습니다.

- 순간적으로 장면을 전환하여 사건의 환상적 면모를 부각하고 있다.(14 수능)
- 빈번한 장면 전환을 통해 인물들 사이의 긴장감을 고조시키고 있다.(14 6월 모평)
- 빈번하게 장면을 교차하여 상황의 긴박한 분위기를 조성하고 있다.(18 수능)

● **장면의 삽입** 揷 꽂을 삽 入 넣을 입

주된 장면 중간에 다른 공간, 다른 시간의 장면을 끼워 넣는 방법. 회상 장면이나 연관된 사건을 제시하는 데 자주 활용되죠.

- 과거 장면을 삽입하여 인물들의 관계를 드러내고 있다.(13 9월 모평)

3. 배경 背 뒤 배 景 경치 경

'행위와 사건이 일어나는 구체적인 정황'으로서, 작품 속 행동의 주체들에게 시간적, 공간적 세계를 부여해 주는 소설의 요소입니다. 실제의 지리적 장소뿐만 아니라 사건과 행위가 일어나는 시간, 기후, 계절, 역사적 시기는 물론 인물의 종교적, 도덕적, 지적, 사회적, 감정적 환경 등을 모두 포함하는 개념입니다. 배경은 인물의 성격과 사건에 현장감을 부여하여 신뢰도를 높여 줍니다. 또한 소설의 분위기를 형성해 주고, 주제를 구체화시키는 역할을 합니다. 그리고 때로는 그 자체로 상징적 의미를 나타내기도 합니다.

- 주인공의 심정과 조응하는 배경을 묘사하여 주인공의 심리를 암시하고 있다.(19 3월 고3 학평)
- 위 글은 환상적 공간이 배경으로 설정되어 있지만 ⓐ에는 이러한 요소가 없어 사실감을 더해 준다. (12 고2 성취도)
- 상징적 배경을 통해 갈등이 해소될 것임을 암시하고 있다.(14 6월 모평)

(1) 배경의 구성

시간적 배경

인물이 행동하고 사건이 일어나는 시간이나 시대. 순박한 소년과 살짝 조숙한 소녀의 갈등과 애정을 그린 김유정의 '동백꽃'에서 시간적 배경은 언제일까요? 그렇습니다. '1930년대의 어느 봄'이 되겠죠.

- 시간적 배경을 묘사하여 사건의 사실성을 높인다.(15 9월 모평)
- [A]는 시간적 배경을 통해 장면의 분위기를 드러내고, [B]는 공간적 배경의 변화를 통해 인물 간 대립의 원인을 드러낸다.(20 6월 모평)

공간적 배경

행동과 사건이 일어나는 자연 환경이나 생활 환경. 앞에서 예로 든 '동백꽃'의 공간적 배경은 어디일까요? '어느 산골 마을'이라고 볼 수 있습니다.

- 공간적 배경에 대한 상세한 묘사를 통해 사건 전개를 지연시키고 있다.(18 9월 모평)
- 공간적 배경을 활용하여 주제를 암시적으로 드러낸다.(15 6월 모평)

(2) 배경의 종류

자연적 배경

자연 현상이나 자연 환경으로 된 배경. 일정한 분위기와 정조를 만들어 내는 데 유리합니다.

예 이지러는 졌으나 보름을 가제 지난 달은 부드러운 빛을 흐붓이 흘리고 있다. 대화까지는 칠십 리의 밤길, 고개를 둘이나 넘고 개울을 하나 건너고 벌판과 산길을 걸어야 된다.

달은 지금 긴 산허리에 걸려 있다. 밤중을 지난 무렵인지 죽은 듯이 고요한 속에서 짐승 같은 달의 숨소리가 손에 잡힐 듯이 들리며, 콩 포기와 옥수수 잎새가 한층 달에 푸르게 젖었다. 산허리는 온통 메밀밭이어서 피기 시작한 꽃이 소금을 뿌린 듯이 흐뭇한 달빛에 숨이 막힐 지경이다. 붉은 대궁이 향기같이 애잔하고 나귀들의 걸음도 시원하다.

길이 좁은 까닭에 세 사람은 나귀를 타고 외줄로 늘어섰다. 방울 소리가 시원스럽게 딸랑딸랑 메밀밭께로 흘러간다.

– 이효석, '메밀꽃 필 무렵'

> 이 작품의 시간적 배경은 '메밀꽃 필 무렵의 달밤', 공간적 배경은 '산길'이죠. 모두 자연적인 배경입니다.

인위적 배경 人 사람 인 爲 할 위

인간에 의해 만들어진 배경. 사회적 환경, 역사적 시대 등을 의미합니다. 인물의 성격과 심리, 내용 전개, 분위기 조성 등에 알맞은 모습으로 꾸며져 소설의 주제를 부각시킵니다.

예 그것은 작년 응오와 같이 지주 문전에서 타작을 하던 친구라면 묻지는 않으리라. 한 해 동안 애를 졸이며 홑자식 모양으로 알뜰히 가꾸던 그 벼를 거둬들임은 기쁨에 틀림없었다. 꼭두새벽부터 엣, 엣, 하며 괴로움을 모른다. 그러나 캄캄하도록 털고 나서 지주에게 도지를 제하고, 장리쌀을 제하고, 색초를 제하고 보니 남은 것은 등줄기를 흐르는 식은땀이 있을 따름. 그것은 슬프다 하기보다 끝없이 부끄러웠다. 같이 털어 주던 동무들이 뻔히 보고 섰는데 빈 지게로 덜렁거리며 집으로 돌아오는 건 진정 열적기 짝이 없는 노릇이었다. 참다 참다 못해 응오는 눈에 눈물이 흘렀던 것이다.

가뜩한데 엎치고 덮치더라고 올해는 고나마 흉작이었다. 샛바람과 비에 벼는 깨깨 비틀렸다. 이놈을 가을하다간 먹을 게 남지 않음은 물론이요 빚도 다 못 가릴 모양. 에라, 빌어먹을 거 너들끼리 캐다 먹든 말든 멋대로 하여라, 하고 내던져 두지 않을 수 없다. 벼를 거뒀다고 말만 나면 빚쟁이들은 우 — 몰려들 거니깐.

– 김유정, '만무방'

> '응오'라는 건실한 농군이, 벼가 다 익었는데도 추수를 하지 않습니다. 왜일까요? 이 부분은 응오가 그와 같은 행동을 하게 된 배경을 보여 주고 있습니다. 추수를 해 봤자 지주와 빚쟁이들에게 다 빼앗기고 남는 게 없기 때문이죠. 이 작품에서는 이처럼 가난하고 부조리한 농촌의 현실이 배경(인위적 배경)이 되어 인물(응오)이 제 논의 벼를 훔치는 사건이 벌어지게 됩니다.

- 시대 배경을 구체적으로 묘사하여 현실감을 획득하고 있다.(12 9월 모평)
- [B]와 달리, [A]는 요약적 서술을 통해 시대적 배경을 제시하고 있다.(15 수능)
- 실제 공간의 실감 있는 묘사를 통해 시대적 상황을 구체화하고 있다.(14 9월 모평)

> 소설의 사건, 즉 갈등의 발생과 전개 과정은 늘 일정한 배경을 바탕으로 벌어집니다.

16 | 문체

'문체(文글월문 體몸체)'는 '문장(글)의 모양새'라는 뜻으로, 문장 표현에 드러난 글쓴이만의 개성이나 특성을 의미합니다. 문체는 기본적으로는 작가마다, 작품마다 각기 다르게 나타납니다. 왜냐하면, 모든 작가는 자기 스타일대로, 그리고 해당 작품에 가장 적합한 스타일을 선택해 글을 쓰기 때문입니다. 이처럼 문체는 작가의 개성의 산물이지만, 그 개성은 작가가 작품을 쓰면서 행하는 수많은 선택의 결과라고 할 수 있습니다. 어떤 어휘를 쓸 것인가, 문장의 길이는 어느 정도로 조절할 것인가, 어떤 어미를 주로 사용할 것인가 등에서부터 서술을 중심으로 전개할 것인가 대화를 중심으로 전개할 것인가, 어떤 표현 기법을 주로 사용할 것인가, 어떤 어조로 서술할 것인가 등 수많은 요소들의 선택과 융합의 결과로 작품의 문체가 결정됩니다.

1. 문체의 표현 요소

서술(narration) 敍 펼서 述 펼술

사건이나 생각 등을 설명함. 서술자가 인물, 사건, 배경 등을 직접 이야기하는 방식입니다. 작품을 빠르게 진행시키는 장점은 있지만 내용을 구체적으로 형상화하여 보여 주는 데에는 한계가 있습니다. 서술자가 나서서 설명하기 때문에 서술이 많이 사용된 문체는 대체로 해설적이고 요약적이며, 추상적이게 되죠.

> 예 새침하게 흐린 품이 눈이 올 듯하더니, 눈은 아니 오고 얼다가 만 비가 추적추적 내리었다. 이날이야말로 동소문 안에서 인력거꾼 노릇을 하는 김 첨지에게는 오래간만에도 닥친 운수 좋은 날이었다. 문 안에(거기도 문밖은 아니지만) 들어간답시는 앞집 마나님을 전찻길까지 모셔다 드린 것을 비롯하여 행여나 손님이 있을까 하고 정류장에서 어정어정하며 내리는 사람 하나하나에게 거의 비는 듯한 눈길을 보내고 있다가, 마침내 교원인 듯한 양복장이를 동광학교東光學校 까지 태워다 주기로 되었다.
> — 현진건, '운수 좋은 날'

> 서술자가 '김 첨지'에게 있었던 사건('운수 좋은 일')을 직접 설명(서술)하고 있습니다.

- 상황에 대한 인물의 주관적인 판단을 중심으로 이야기를 서술하고 있다.(19 9월 모평)
- ⓒ에서는 인물에게 갑자기 일어난 변화를 서술자가 직접적으로 제시하고 있다.(15 수능)
- 사건을 요약적으로 제시하여 서사를 빠르게 전개하고 있다.(15 6월 모평)
- 추측을 포함한 요약적 진술로 사건의 경과를 드러내어 현재 상황에 대한 이해를 돕고 있다.(18 6월 모평)

그런데 현대 소설에서는 기존의 서술 방식에서 벗어나려는 새로운 시도들이 많이 나타납니다. 그와 관련된 개념들을 살펴보면 다음과 같습니다.

• 자유 연상(free association)

자유롭게 연상(聯연이을연 想생각상)한 내용, 즉 꼬리를 무는 생각을 따라가며 서술하는 방법. 생각이 연결되는 대로 따라가며 서술하기 때문에 논리적인 일관성을 찾기 힘들고 의미도 파악하기 쉽지 않습니다. 하지만 인물의 심리를 있는 그대로 담아낼 수 있다는 장점 때문에 심리 소설 등에서 활용되곤 합니다.

- 자유 연상 기법을 활용하여 분열된 자아를 묘사하고 있다.(09 고1 성취도)

• 의식의 흐름(stream of consciousness)

인간의 정신 속에서 끊임없이 변하고 이어지는 주관적인 생각이나 감각을 그대로 설명해 나가는 방법. 작중 인물의 생각이나 감정, 기억 그리고 비논리적이고 예측할 수 없는 연상 등이 때로는 추상적이고 논리적인 사고와 뒤섞여 흐르는 것을 그대로 보여 주는 방법입니다. 이런 방법을 활용하는 작가들은 인간의 실존이 조직적이고 논리적인 것이 아니라 비논리적이고 잡다한 파편들이 뒤섞여 있는 상태라고 생각합니다. 따라서 그들은 흔히 이야기의 논리와 정상적인 구문, 문법, 수사법 등을 무시하면서 인간 의식의 무질서하고 잡다한 흐름을 그대로 옮겨 놓으려고 노력합니다.

- 의식의 흐름 기법을 활용하여 인물의 내적 욕망을 드러내고 있다.(12 9월 모평)
- 의식의 흐름을 통해 사건을 요약적으로 진술하고 있다.(13 9월 모평)
- 인물의 의식에 초점을 맞추어 현실에 대한 관념적 인식을 드러내고 있다.(14 9월 모평)

• 자동 기술법(Automatism) 自 스스로자 動 움직일동 記 기록할기 述 펼술 法 법법

어떤 의식이나 의도 없이 무의식의 세계를 무의식적 상태로 대하면서 거기서 솟

구쳐 오르는 이미지의 흐름을 그대로 기록하는 방법. 기성적 문장의 질서, 즉 문장, 어절, 단어 등의 구별을 위한 규범적 문법 등을 부정하는 정신에서 비롯되었습니다.

묘사(description) 描 그릴묘 寫 베낄사

그림처럼 구체적으로 그려서 표현함. 서술자가 객관적인 위치에서 인물, 사건, 배경 등을 구체적, 사실적으로 그림으로써 독자에게 구체적인 이미지를 생생하게 보여 줄 수 있습니다.

> 📖 대구에서 서울로 올라오는 차중에서 생긴 일이다. 나는 나와 마주 앉은 그를 매우 흥미있게 바라보고 또 바라보았다. 두루마기 격으로 기모노를 둘렀고, 그 안에서 옥양목 저고리가 내어 보이며 아랫도리엔 중국식 바지를 입었다. 그것은 그네들이 흔히 입는 유지 모양으로 번질번질한 암갈색 피륙으로 지은 것이었다. 그리고 발은 감발을 하였는데 짚신을 신었고, 고무가리로 깎은 머리엔 모자도 쓰지 않았다.
> — 현진건, '고향'

> 서술자인 '나'가 '그'의 외양을 마치 그림을 그리듯이 묘사하고 있습니다.

- 인물의 외양을 묘사하여 인물의 혼란스러운 심리 상태를 드러내고 있다.(14 수능)
- 실제 공간의 실감 있는 묘사를 통해 시대적 상황을 구체화하고 있다.(14 9월 모평)
- 시간적 배경을 묘사하여 사건의 사실성을 높인다.(15 9월 모평)
- 나의 회상을 통해 떠오른 인물의 외양과 행동을 묘사하고 있다.(16 9월 모평)

대화(dialogue) 對 대할대 話 말씀화

마주 대하여 이야기를 나눔. 등장인물의 말로서, 사건의 전개나 인물의 행동, 심리 등을 나타내는 중요한 역할을 합니다. 따라서 대화는 스토리와 유기적으로 결합되어야 하고 인물의 성격이나 작중 상황과 일치해야 하며, 자연스럽고 극적이어야 합니다. 간결하고 암시적인 대화, 사투리나 특이한 구어체의 사용 등 다양한 방법을 통해 독특한 느낌을 만들어 내기도 하죠. 서술자에 의한 서술이 사건의 경과를 압축적으로 제시해 주는 데 반해 대화는 압축 없이 대화 장면을 그대로 보여 주기 때문에 사건 전개의 속도가 느려지게 됩니다.

- [A]와 [B]는 모두 인물들 간의 대화를 통해 인물들 사이의 갈등을 제시하고 있다.(15 수능)
- [A]는 대화를 통해, [B]는 요약적 제시를 통해 사건에 대한 정보를 제공하고 있다.(16 6월 모평)
- 대화를 통해 과거로 돌아가려 하는 인물들의 심리를 보여 주고 있다.(17 수능)

- **내적 독백(Inner Monologue)** 內안내 的 獨홀로독 白아뢸백

인물의 내면세계를 독백조로 표출함. 의식적으로 통제된 사고를 직접적인 언어 표현을 통해 보여 주는 것이라는 점에서 '의식의 흐름'과는 구별됩니다.

- 내적 독백을 활용하여 난관을 극복하고자 하는 의지를 표현하고 있다.(14 수능)
- 독백적 진술을 중심으로 인물의 내면 심리를 드러낸다.(19 6월 모평)
- 등장인물의 독백을 직접 인용하여 내면을 보여 주고 있다.(13 9월 모평)

2. 문체에 영향을 미치는 요소

- ## 음운, 단어, 문장의 구성

특정 음운이나 단어, 문장의 구성이 독특한 문체를 형성하기도 합니다. 소설 속의 문장은 보통 과거형 어미로 서술되는데, 이와는 달리 현재형 어미를 사용하여 문장을 끝맺으면 현장감, 생생감, 긴박감 등을 강하게 드러내는 문체를 만들 수 있죠. 또한 문장의 길이를 짧게 하면 속도감, 긴박감, 불안감 등이 느껴지는 문체가 됩니다.

> 예 복도로 나선다. 복도에도 인기척은 없다. 선장실로 올라간다. 선장은 없다. 벽장 문을 연다. 총이 제자리에 세워져 있다. 벽장문을 닫는다. 서랍을 열고, 아까 선장이 들어오는 바람에 미처 돌려놓지 못한 총알을 제자리에 놓는다. 몹시 중요한 일을 마친 사람처럼, 홀가분해진다.
>
> — 최인훈, '광장'
>
> 짧은 현재형의 문장을 사용하여 긴박감과 불안감을 느끼게 합니다. 밑줄 친 부분 뒤의 내용으로 볼 때 총알을 제자리에 돌려놓기 위해 조심조심, 살금살금 움직이는 인물의 행동을 묘사한 것을 알 수 있습니다. 상황과 문체가 절묘하게 어울리고 있네요.

- [A]는 시제가 과거형에서 현재형으로 바뀌면서 장면에 긴장감을 더하고, [B]는 현재형 진술을 활용하여 인물 간 갈등을 더욱 생생하게 전달한다.(20 6월 모평)
- 간결한 문체를 사용하여 사건 전개의 속도감을 높이고 있다.(12 6월 모평)
- 열거의 방식으로 인물의 외양을 해학적으로 표현하고 있다.(15 6월 모평)
- 현학적 표현을 사용하여 등장인물들의 긍정적 성격을 강조하고 있다.(16 6월 모평)

*주의 : '현학적(衒자랑할현 學배울학 的)'이란 '학식이 있음을 자랑한다'는 뜻으로, 지식을 자랑하는 태도를 비판적 시각에서 표현한 말입니다. 말 자체에 부정적 가치 판단이 들어 있다고 볼 수 있죠. 그런데 실제 시험의 선택지에서는 이 말을 긍정적, 또는 중립적 상황과 연관 지어 사용하는 경우가 많습니다. 바로 위의 예에서처럼요. 이는 당연히 말도 안 되는 내용입니다. 단순히 '현학적'이라는 어휘의 의미를 알고 있는지 확인하는 문제에 불과하다고 볼 수도 있으니, 이번 기회에 이 말의 뜻을 확실히 이해해서 함정에 빠지는 일이 없도록 합시다!

• 어휘의 특성

특정 어휘의 사용을 통해 독특한 문체를 만들 수도 있습니다. 예를 들어 사투리를 사용하면 토속적이고 현장감 있는 문체가 만들어집니다.

> (예) 동냥을 주면 종구라기가 넘치고 개밥을 주어도 구유가 좁게 손이 컸다.
> "저것이 저리 손이 크니 시집가면 대번 시에미 눈 밖에 나리……."
> 어머니의 걱정처럼 그녀는 오종종하거나 소갈머리 오죽잖은 짓을 가장 싫어했고, 남의 억울한 일에는 팔뚝을 걷어붙이고 나서서 뒵들어 싸워 주며, 부지런하려 들기로도 남보다 뒤처짐이 없었던 것이다. 대소 간에 대사가 있을 때마다 그녀가 징발됐던 것도 남의 집 뒷수쇄에 뛰어난 능력을 보였음이니, 온갖일의 들무새요 안머슴이었던 것이다.
> "말꼬랑지 파리가 천 리 가더라구 옹젬이가 그렇당께."
> 부락 사람들은 그녀의 억척과 솜씨를 그렇게 비유하였고, 그녀는 그녀대로 그런 말 듣게 된 자신을 대견스레 여기는 것 같았다.
>   – 이문구, '관촌수필'

> 방언과 구어적 표현을 활용하여 '그녀(옹점이)'의 성격을 표현하고 있네요. 방언과 구어적 표현을 활용함으로써 토속적이고 현장감 있는 문체가 만들어졌습니다.

- [A]는 구어체를 활용하여 경험한 사실을, [B]는 현재형 시제를 활용하여 관찰하고 있는 사실을 생생하게 나타내고 있다.(21 수능)
- 사투리를 사용하여 생동감 있게 사건을 전개하고 있다.(14 7월 고3 학평)

• 비유적 표현의 성격과 양

비유적인 표현의 성격이나 양도 문체에 영향을 미칩니다. 예를 들어 이효석의 '메밀꽃 필 무렵'과 같은 작품은 감각적인 비유를 작품 곳곳에서 충분히 활용하여 서정적인 문체를 만들어 내고 있습니다.

> (예) 길은 지금 긴 산허리에 걸려 있다. 밤중을 지난 무렵인지, 죽은 듯이 고요한 속에서 짐승 같은 달의 숨소리가 손에 잡힐 듯이 들리며, 콩 포기와 옥수수 잎새가 한층 달에 푸르게 젖었다.
> 산허리는 온통 메밀밭이어서 피기 시작한 꽃이 소금을 뿌린 듯이 흐붓한 달빛에 숨이 막힐 지경이다. 붉은 대궁이 향기같이 애잔하고 나귀들의 걸음도 시원하다.
>   – 이효석, '메밀꽃 필 무렵'

- [A]와 [B]는 모두 비유적 진술을 통해 자신이 처한 상황을 부각하고 있다.(20 수능)
- 과장된 비유를 활용하여 상황의 급박함을 드러내고 있다.(13 6월 모평)
- 감각적인 수사를 반복적으로 사용하여 공간적 배경을 제시하고 있다.(14 9월 모평)

• 리듬

문장에서 느껴지는 리듬도 독특한 문체를 형성합니다.

> (예) 그래, 구보는 혹은 상대자가 모멸을 느낄지도 모를 것을 알면서도, 불쑥, 자기는 이제까지 고료라는 것을 받아 본 일이 없어, 그러한 것은 조금도 모른다 말하고, 마침 문을 들어서는 벗을 보자 그만 실례합니다. 그리고 그들이 무어라 말할 수 있기 전에 제자리로 돌아와 노트와 단장을 집어 들고, 마악 자리에 앉으려는 벗에게,
> "나갑시다. 다른 데로 갑시다."
> 밖에, 여름 밤, 가벼운 바람이 상쾌하다. — 박태원, '소설가 구보 씨의 일일'

쉼표가 굉장히 많이 쓰였습니다. 쉼표는 읽는 속도를 조절함으로써 독특한 리듬을 형성함과 동시에 의미를 조절하게 됩니다.

- 쉼표를 의도적으로 사용하여 읽기 속도에 변화를 줌으로써 그 부분에 주목하게 하고 있다.(08 6월 모평)

• 어조 語 말씀어 調 가락조

말의 가락. 서술자를 통해 드러나는 목소리의 특징으로, 대상에 대한 서술자의 태도에서 비롯되어 반어, 냉소, 비판, 해학, 풍자 등의 문체적 특징을 나타냅니다.

> (예) 윤 직원 영감은 팔을 부르걷은 주먹으로 방바닥을 땅 치면서 성난 황소가 영각을 하듯 고함을 지릅니다.
> "화적패가 있너냐아? 부랑당 같은 수령守令들이 있너냐?…… 재산이 있대야 도적놈의 것이요, 목숨은 파리 목숨 같던 말세末世년 다 지내가고오…… 자 부아라, 거리거리 순사요, 골골마다 공명헌 정사政事, 오죽이나 좋은 세상이여…… 〈중략〉 그런디 이런 태평천하에 태어난 부자놈의 자식이, 더군다나 왜 지가 떵떵거리구 편안허게 살 것이지, 어찌서 지가 세상 망쳐 놀 부랑당패에 참섭을 헌단 말이여, 으응?"
> 땅 바닥을 치면서 벌떡 일어섭니다. 그 몸짓이 어떻게도 요란스럽고 괄괄한지, 방금 발광이 되는가 싶습니다. 아닌게 아니라 모여 선 가군들은 방바닥 치는 소리에도 놀랐지만, 이 어른이 혹시 실성이 되지나 않는가 하는 의구의 빛이 눈에 나타남을 가리지 못합니다.
> — 채만식, '태평천하'

등장인물인 '윤 직원 영감'에 대한 서술자의 비판적 태도가 풍자적 어조를 통해 드러나고 있습니다. 인물의 행동이나 장면을 묘사하는 서술자의 목소리가 '우스꽝스럽게 비틀면서 꼬집는' 풍자로 일관하고 있어서 독특한 문체를 형성하고 있습니다.

- 현실 순응적인 인물의 삶을 풍자적 어법을 통해 형상화하고 있다.(11 고2 성취도)
- 풍자적 어조를 통해 세태를 우회적으로 비판하고 있다.(19 9월 모평)
- 냉소적 어조를 통해 세태에 대한 비판적 태도를 드러내고 있다.(14 6월 모평)

3. 시대별 문체

문체가 작가의 개성적 문장 스타일이라고 했지만, 사실 이 말은 현대 소설에만 해당되는 것일 수 있습니다. 작품에서 개성과 문체를 논하는 것은 현대의 특징일 뿐이니까요. 고전 소설에도 문체는 존재하지만 '개성'과는 조금 거리가 있습니다. 그렇게 보면 문체에도 시대별 특징이 존재한다고 말할 수 있습니다. 그 시대별 특징을 살펴보면 다음과 같습니다.

(1) 고전 소설의 문체

유형(類무리류 型모형형)적 문체. 고전 소설 전반에 공통적으로 나타나는 문체 유형이 존재하고, 개별 작품마다 독특한 문체가 따로 나타나지는 않습니다. 그 특징을 살펴보면 다음과 같습니다.

율문체 律음률율 文글월문 體몸체

운율을 가진 문체. 판소리가 소설로 정착된 판소리계 소설 등에서 나타나는 문체로 3·4조 내지는 4·4조의 연속으로 이루어진 것이 대부분입니다.

> 예 일락서산日落西山 황혼시에 춘향 문전 당도하니 행랑行廊은 무너지고 몸채는 꾀를 벗었는데 예 보던 벽오동碧梧桐은 수풀 속에 우뚝 서서 바람을 못 이기어 추레하게 서 있거늘 담장 밑에 백두루미는 함부로 다니다가 개한테 물렸는지 깃도 빠지고 다리를 징금 끼룩 뚜루룩 울음 울고 빗장전 누렁개는 기운없이 졸다가 구면객舊面客을 몰라보고 꽝꽝 짖고 내달으니 "요 개야 짖지 마라. 주인 같은 손님이다. 너의 주인 어디 가고 네가 나와 반기느냐."
>
> – '춘향전'

- 율문투를 사용하여 비극적 분위기를 고조시키고 있다.(07 9월 모평)
- 운문체를 사용하여 인물 사이의 갈등을 부각하고 있다.(15 6월 모평)

문어체 文글월문 語말씀어

일상적인 대화에서 쓰는 말이 아닌, 글에서만 쓰는 말을 사용한 문체. 일상에서는 잘 사용하지 않는 어려운 한자 어구들을 많이 사용한다든가, 문장의 끝을 위엄스러운 느낌의 어미들(-느니라, -하도다, -이라, -더라, -러라)로 끝맺는 등의 예스러운 말투가 특징입니다.

- (나)는 평민의 일상 체험과 세속적 욕망을 문어체로 제시하였다.(10 고2 성취도)

역어체 譯 번역할역 語 말씀어

한문을 번역한 문체를 말합니다.

상투적 한문구 常 항상상 套 씌울투

습관적으로 관용적 한문구를 사용하는 문체. 판소리계 소설들에서 자주 발견되는 특징입니다. 이러한 경향은 판소리계 소설의 향유 계층이 양반으로까지 확대되면서 양반들의 취향(언어), 즉 한문구를 작품에 수용한 결과로 설명되고 있습니다.

(2) 현대 소설의 문체

개성적 문체. 현대 소설은 작가마다, 작품마다 개성이 뚜렷한 문체를 지니고 있습니다. 하지만 다음과 같은 공통적 특징도 지니고 있습니다.

산문체 散 흩어질산 文 글월문

운율에 얽매이지 않는 자유로운 문장으로 표현된 문체입니다.

구어체 口 입구 語 말씀어

일상적인 대화에서 쓰는 말을 그대로 문장으로 옮긴 문체이죠.

- 인물의 감정이 격앙되어 있음을 보여 주는 행동과 생동감 있는 구어체의 말투를 통해 갈등 상황을 실감 나게 제시하고 있군.(16 수능)

고전 소설의 문체는 대체로 정형화되어 있으나 현대 소설에서는 작가에 따라 다양한 문체를 만날 수 있습니다.

17   서술자

1. 서술자   敍 펼서 述 펼술 者 사람자

사건이나 생각 등을 펼쳐서 이야기하는 사람. 시인이 시 속에 화자를 만들어서
대신 노래하게 하듯이(→ p.84 '시적 화자' 참고), 소설가도 소설 속에 자신의 대리
인을 만들어서 대신 이야기하게 합니다. 소설가 자신이 진짜로 소설 속에 들어갈
수는 없기 때문이죠. 그 사람이 바로 서술자입니다. 서술자는 소설 속 이야기의
전달자로서 작가가 만들어 낸 허구적 대리인으로, 소설가와 비슷할 수도 있지만
완전히 다른 인물일 수도 있습니다. 또 작품 속에 직접 등장할 수도 있지만 작품
밖에서 이야기만 할 수도 있습니다. 서술자의 주 임무는 서사 내용을 독자에게 전
달하는 것입니다. 하지만 서술자도 사람인 이상 완전히 객관적일 수는 없습니다.
그가 전하는 이야기 속에는 서술자 자신의 주관이 개입될 수밖에 없다는 뜻이죠.
실제로 서술자의 관점이나 태도는 이야기의 서술에 커다란 영향을 미칩니다.

- 서술자의 시각을 통해 상황에 대한 비판적 인식이 드러나고 있다.(14 수능)
- 서술자가 아버지의 내면을 설명하여 독자는 서술자의 해석을 통해 상황을 이해하겠군.(20 수능)

2. 시점   視 볼시 點 점점

보는 위치. 서술자가 이야기를 서술해 나가는 위치 혹은 사건을 대하는 태도를
의미합니다. 이야기의 전달자, 즉 서술자는 소설 속에 직접 '나'로 등장하거나, 소
설 밖에서 이야기만 전달하거나 둘 중의 한 위치에 설 수밖에 없습니다. 서술자
가 '나'로 작품에 등장하는 것을 1인칭(一人稱) 시점, 작품 밖에서 작품 속 '그들'
의 이야기를 전달하는 것을 3인칭(三人稱) 시점이라고 합니다.

- 이야기 외부의 서술자가 인물의 행위를 해설하고 사건의 의미를 직접 제시한다.(19 6월 모평)

(1) 1인칭 시점

작중 인물인 '나'가 이야기의 전달자로 등장합니다. 작품 속의 '나'가 자신이 보
거나 행동한 것, 들은 것 등을 직접 서술합니다. '나'가 아는 것, '나'가 느끼는 것,

'나'가 겪은 것 등은 직접 서술되지만 '나' 이외의 인물의 생각이나 심리, 성격 등은 그의 행동이나 말을 통해 간접적으로 서술됩니다. 서술자인 '나'는 주인공일 수도 있지만 주인공 옆의 부차적 인물일 수도 있습니다.

1인칭 주인공 시점

작품 속의 '나'가 주인공이자 서술자인 경우. 주인공이 자신의 이야기를 직접 서술해 나가는 시점으로, 인물의 심리 묘사에 적합합니다. '나'가 '나'의 이야기를 독자에게 직접 이야기하는 모양새를 띠기 때문에 서술자와 인물, 서술자와 독자 사이의 심리적 거리가 가까워서 독자에게 신뢰감과 친근감을 느끼게 합니다. 하지만 주인공의 주관적인 생각이나 판단이 그대로 전달되기 때문에 독자의 상상력을 제한하고, 외면 세계를 객관적으로 그리는 데 한계가 있을 수 있습니다.

> 예 그러나 나는 그렇다고 남의 집에 뛰어들어가 계집애하고 싸울 수도 없는 노릇이고 형편이 썩 불리함을 알았다. 그래 닭이 맞을 적마다 지게막대기로 울타리를 후려칠 수밖에 별 도리가 없다. 왜냐하면 울타리를 치면 칠수록 울섶이 물러앉으며 뼈대만 남기 때문이다. 허나 아무리 생각하여도 나만 밑지는 노릇이다.
> — 김유정, '동백꽃'

- 서술자가 주인공으로 등장하여 자신의 체험을 사실적으로 서술하고 있다.(13 수능)
- 서술자가 자신의 이야기를 중심으로 사건을 전개하고 있다.(14 6월 모평)
- 이야기 내부 서술자의 자기 고백적 진술을 통해 내면을 제시하고 있다.(16 9월 모평)

1인칭 관찰자 시점

작품 속의 '나'가 서술자이기는 하지만 주인공은 아닌 경우. 부차적 인물이 주인공에 대해서 독자에게 이야기해 주는 형식을 띠게 됩니다. 하지만 서술자는 주인공이 아니기 때문에 주인공의 내면을 알 수는 없습니다. 따라서 서술자는 관찰자의 역할만 하게 되고, 그 관찰자인 '나'의 눈에 비친 세계만이 서술됩니다. 그런 면에서 1인칭 주인공 시점보다는 주인공을 좀 더 객관화할 수 있는 여지가 있습니다. 그리고 주인공의 내면을 숨김으로써 긴장감과 경이감을 자아낼 수도 있습니다. 하지만 관찰자의 관찰 기회나 범위가 제한적이고 서술자가 일종의 해설자에 머물 수밖에 없는 한계도 있습니다.

> 예 나는 건우의 비에 젖은 옷을 바라보면서 자리에 들어가라고 했다. 이런 일이 있고부터 나는 건우란 소년에게 은근히 동정이 가게 되었다. 더더구나 아버지가 없다는 걸 알고부터는. 동무들끼리 어울려 놀 때 그를 곧잘 '거무(거미)'라고 놀려대던 이상한 별명의 유래도 곧 알게 되었다. 그의 고향 친구들의 말에 의하면 거미란 짐승은 물에 날쌘 놈이라 해서 즈

할아버지가 지어 준 아명이었다는 거다. 거미! 강가에 사는 사람들의 자식 아끼는 심정을 가히 짐작할 수가 있었다. 호적에 올릴 때는 부득이 건우로 했으리라. 그것도 아마 누구의 지혜를 빌려서.

— 김정한, '모래톱 이야기'

- 서술자를 작중 인물로 설정하여 사건의 현장감을 높이고 있다.(14 6월 모평)
- 주변 인물이 서술자가 되어 주인공의 행동과 심리를 제시하고 있다.(15 9월 모평)
- 작중 인물이 관찰자의 입장에서 작중 세계를 객관적으로 묘사하고 있다.(16 6월 모평)

• 믿을 수 없는 화자 = 신빙성 없는 화자 信 믿을신 憑 기댈빙 性 성품성

1인칭 관찰자 시점의 서술자로, 독자가 그 서술자의 서술이나 논평을 신뢰할 수 없는 화자. 작중 인물로서 주인공을 관찰하여 서술하기는 하지만 자기가 서술하는 일들에 대한 인식이나 해석, 평가가 미성숙(未成熟), 무지(無知) 등으로 인해 잘못되었거나 정확하지 못한 서술자를 말합니다. 보통 순진한 사람이나 어린아이가 서술자로 설정되죠. 화자의 서술 내용은 신뢰할 수 있는 수준이 아니지만 독자는 그 서술 내용을 통해서도 충분히 상황을 짐작, 해석할 수 있습니다. 따라서 이러한 화자의 인식과 외부 세계의 차이가 오히려 작품의 주제를 드러내는 데 효과적으로 작용할 때가 많습니다.

예 주요섭의 '사랑 손님과 어머니'의 서술자 옥희

작중 인물인 옥희는 주인공인 어머니와 사랑 손님 사이의 일을 관찰하고 서술합니다. 하지만 옥희는 세상의 때가 묻지 않은 여섯 살 난 여자아이에 불과합니다. 따라서 옥희는 사랑 손님과 어머니 사이의 미묘한 감정의 흐름을 제대로 파악하지 못한 채 이야기를 전달하게 되지요. 그러나 독자는 옥희보다 훨씬 성숙하기 때문에 옥희의 잘못된 전달에도 불구하고, 아니 오히려 옥희의 엉뚱하면서도 순진한 설명 때문에 일의 내막을 더 쉽게 이해할 수 있게 됩니다. 이 작품에서는 이런 순진한 서술자의 눈을 통해 두 사람의 사랑이 더 아름답고 애틋하게 표현되고 있습니다.

- 어린아이의 관점에서 인물의 언어와 행동을 서술함으로써 인물의 순수한 성격을 부각시키고 있다. (07 고1 성취도)
- 어리숙한 인물을 서술자로 내세워 진술의 해학성을 강화하고 있다.(15 9월 모평)

(2) 3인칭 시점

서술자가 소설 속에 등장하지 않고 소설 밖에서 서술하는 시점. 서술자는 소설 속의 인물들을 고유의 이름이나 '그', '그녀', '그들' 등의 3인칭으로 부르면서 이야기 안의 모든 인물들에 대해 서술합니다. 3인칭 시점은 서술자가 이야기의 전달 과정에서 스스로에게 가하는 제한의 정도에 따라 '전지적 시점'과 '제한적 시점(=3인칭 관찰자 시점, 작자 관찰자 시점)'으로 나뉩니다.

- 작중 인물이 아닌 서술자의 전지적 시점을 통해 갈등 상황을 부각하고 있다.(15 9월 모평)

전지적 작가 시점 全온전할전 知 알지

서술자가 마치 신(神)처럼 모든 것을 알고 서술하는 시점. 서술자가 전지적 위치에서 인물의 심리나 동기, 감정 등은 물론 사건의 전모까지도 분석하여 서술합니다. 서술자가 인물의 내부를 속속들이 알고 있기 때문에 서술자와 인물 사이의 거리가 좁혀지고, 서술자는 인물들의 생각이나 느낌을 모두 말할 수 있는 무제한적 자유를 누리게 됩니다. 그러나 서술자가 작품에 광범위하게 관여하기 때문에 독자의 상상적 참여가 제한될 가능성이 있습니다. 장편 소설에서 많이 사용되는 시점이죠.

- [A]와 달리 [B]는 이야기 외부의 서술자가 전지적 시점을 통해 갈등 상황을 부각하고 있다.(20 10월 고3 학평)
- 서술자가 작중 상황과 사건을 전지적 시점으로 전달하고 있다.(14 6월 모평)

전지적 작가 시점에서 서술자는 무제한적 자유를 누리기 때문에 공공연하게 작품에 개입해서 인물에 대해 평가하고, 자신의 판단이나 견해를 제시하기도 합니다. 이를 '서술자의 개입'이라고 하고 이런 서술자를 '개입적 화자(서술자)'라고 합니다.

• 서술자(작가)의 개입 介 낄개 入 들입

서술자가 직접 작품에 끼어들어 자신의 목소리를 내는 것. 전지적 서술자가 인물의 행위와 동기에 대한 자신의 평가를 작품 속에 직접 남기거나, 인물의 성격이나 사건에 대한 판단을 드러내거나 인간 생활에 대한 자신의 견해 등을 자유롭게 털어놓는 것을 말합니다. 고전 소설에서 흔히 나타나는 '편집자적 논평'도 서술자의 개입의 한 모습입니다.

예 한림은 즉시 일가들에게 통지하여 아침에 모두 사당 아래로 모이게 했다. 아아! 유 소사는 지하에서 일어날 수 없고 두 부인도 만 리나 멀리 떠났으니, 누가 한림의 뜻을 돌릴 수 있겠는가? 여러 시비들이 달려가 사씨에게 그 전말을 고하고 통곡하였다. — 김만중, '사씨남정기'

> 밑줄 친 부분은 작중 상황에 대한 서술자의 한탄으로, 서술자의 목소리가 작품에 직접 개입한 것입니다.

- 서술자가 직접 개입하여 작중 상황에 대한 견해를 밝히고 있군.(12 고2 성취도)
- 서술자의 개입을 통해 사건의 전모를 밝히고 있다.(21 수능)
- 편집자적 논평을 통해 인물의 행위에 대한 서술자의 시각을 보여 주고 있다.(16 수능)
- [B]에서 놀부를 '놀부 놈'으로 서술하는 부분에는 인물에 대한 서술자의 평가가 드러나 있다. (15 6월 모평)

제한적 전지적 작가 시점

전지적 서술자가 자신의 전지성을 작품 속의 모든 인물이 아닌, 특정 인물에 대해서만 제한적으로 발휘하는 것. 전지적 작가 시점의 서술자는 전지자이므로 모든 인물과 사건에 대해 전지성을 발휘할 수 있습니다. 그런데 의외로 많은 작품에서 이 전지적 서술자가 자신의 전지성을 작품 속의 특정 인물에 대해서만 발휘하고 있습니다. 그 특정 인물의 시각에서 그가 보고 들은 것, 그의 판단이나 추측, 의견 등에 대해서만 서술하는 것이죠. 당연히 다른 인물에 대해 서술할 때에도 그 특정 인물의 시각을 통하게 됩니다.

작중 상황

서술자(전지적) ——— 특정 인물 ——→ 다른 인물

예 이 사내는, 어인 까닭인지 구보를 반드시 '구포'라고 발음하였다. 그는 맥주병을 들어 보고, 아이 쪽을 향하여 더 가져오라고 소리치고, 다시 구보를 보고, 그래 요새두 많이 쓰시우. 무어 별로 쓰는 것 '없습니다.' 구보는 자기가 이러한 사내와 접촉을 가지게 된 것에 지극한 불쾌를 느끼며, 경어를 사용하는 것으로 그와 사이에 간격을 두기로 하였다. 그러나 이 딱한 사내는 도리어 그것에서 일종 득의감을 맛볼 수 있었는지도 모른다. 그뿐 아니라, 그는 한 잔 십 전짜리 차들을 마시고 있는 사람들 틈에서 그렇게 몇 병씩 맥주를 먹을 수 있는 것에 우월감을 갖고, 그리고 지금 행복이었을지도 모른다. — 박태원, '소설가 구보 씨의 일일'

> 서술자는 작중 인물인 구보의 시각에서 서술하고 있습니다. 밑줄 친 부분에서 보듯이 다른 인물(사내)의 생각이나 심리에 대한 서술도 작중 인물인 구보의 시각에 입각하고 있습니다.

- '삼대'의 서술자는 대체로 특정 인물의 시각에 의존하여 다른 인물을 서술 대상으로 포착한다. 이때 그 특정 인물은 장면에 따라 선택되며, 서술자는 특정 인물의 시각을 통해 서술 대상이 되는 인물들의 심리를 보여 준다.(17 6월 모평)
- [A]는 어머니의 입장에서, [B]는 구보의 입장에서 바라본 사건을 이야기 외부의 서술자가 전달하고 있다.(20 10월 고3 학평)
- 특정 인물의 시선을 통해 다른 인물의 심리를 해석하여 보여 준다.(16 6월 모평)

작가 관찰자 시점

서술자(작가)가 외부 관찰자의 위치에서 이야기를 서술하는 시점. '3인칭 관찰자 시점'이라고도 하고, 전지적 작가 시점에 비해 서술자의 자유가 제한된다는 점에서 '제한적(制限的) 시점'이라고도 합니다. 서술자는 일체의 해설이나 평가를 배제한 채 객관적인 태도로 외부적인 사실만을 관찰하여 묘사합니다.

예 소년이 참외 그루에 심은 무밭으로 들어가, 무 두 밑을 뽑아 왔다. 아직 밑이 덜 들어 있었다. 잎을 비틀어 팽개친 후, 소녀에게 한 개 건넨다. 그러고는 이렇게 먹어야 한다는 듯이, 먼저 대강이를 한 입 베물어 낸 다음, 손톱으로 한 돌이 껍질을 벗겨 우쩍 깨문다. 소녀도 따라 했다. 그러나, 세 입도 못 먹고,
"아, 맵고 지려."
하며 집어던지고 만다.
"참, 맛없어 못 먹겠다."
소년이 더 멀리 팽개쳐 버렸다.
— 황순원의 '소나기'

- 서술자가 관찰자의 입장에서 사건을 객관적으로 전달함으로써 사실성을 높이고 있다.(18 3월 고3 학평)
- 인물의 행동을 객관적 시점에서 묘사하여 인물의 성격을 짐작하게 한다.(14 수능)
- 서술자가 관찰자의 입장에서 사건을 전달함으로써 객관성을 높이고 있다.(18 9월 모평)

서술자의 위치 ＼ 서술자의 태도	사건을 주관적으로 분석 (서술자가 인물의 내부를 봄)	사건을 객관적으로 관찰 (서술자가 인물의 외부에서 관찰)
이야기 속의 등장인물	1인칭 주인공 시점	1인칭 관찰자 시점
이야기 속의 등장인물이 아님	전지적 작가 시점	작가 관찰자 시점

3. 거리 距 떨어질거 離 떨어질리

'거리'는 원래 두 대상이 공간적으로 떨어진 길이를 의미하는데, 사람과 관련해서 사용할 때는 사람과 사람 사이에서 느껴지는 심리적인 간격을 의미합니다. 문학 작품에서의 거리 역시 인물들 사이의 거리(서술자와 인물, 서술자와 독자, 인물과 독자 사이의 거리)로, 공간적 거리가 아니라 심리적 · 정서적 거리를 의미합니다. 작품에서는 거리를 조정함으로써 사실적인 느낌, 객관적 느낌 등을 조절합니다.

- '잔등'에서 서술자인 '나'는 해방 전후 우리 사회의 모습을 냉정하게 인식하기 위해 대상과의 객관적인 거리를 유지하고 있었다.(16 9월 모평)
- ㉠은 '어머니'에 대한 묘사를 통해 서술자와 '어머니' 사이의 심리적 거리가 점차 멀어짐을 보여 준다. (13 고2 성취도)
- 친근감을 주는 말투를 통해 서술자와 독자의 거리를 좁히고 있다.(14 7월 고3 학평)

• 시점에 따른 거리

① 1인칭 주인공 시점
인물(주인공)이 서술자 자신이므로 서술자와 인물 사이의 거리가 거의 없고, 서술자가 자신의 이야기를 독자에게 직접 전달하므로 서술자와 독자 사이의 거리도 가깝습니다. 하지만 독자의 입장에서는 인물에 대해 알기 위해 추리하고 상상하고 판단하는 등 심리적으로 다가가려는 노력을 할 필요가 거의 없으므로 독자와 인물 사이의 거리는 멀어지게 됩니다.

② 1인칭 관찰자 시점
서술자가 인물(주인공)을 관찰하므로 서술자와 인물 사이의 거리가 멉니다. 또 서술자가 독자에게 말해 주는 것은 관찰한 사실에 불과하므로 서술자와 독자 사이의 거리도 멉니다. 하지만 독자의 입장에서는 인물에 대해 스스로 알아갈 여지가 있기 때문에 인물과 독자 사이의 거리는 가깝습니다.

③ 작가 관찰자 시점
서술자가 인물들을 객관적으로 관찰하므로 서술자와 인물 사이의 거리가 멀고 서술자와 독자 사이의 거리도 멉니다. 하지만 독자의 입장에서는 인물에 대해 스스로 알아갈 여지가 가장 많기 때문에 인물과 독자 사이의 거리는 가장 가깝습니다.

④ 전지적 작가 시점
서술자가 인물의 모든 것을 알고 있으므로 서술자와 인물 사이의 거리는 가깝고,

독자도 서술자의 서술을 통해 인물에 대해 소상히 알게 되므로 독자와 서술자 사이의 거리도 가깝습니다. 하지만 독자의 입장에서는 인물에 대해 스스로 알아갈 여지가 거의 없기 때문에 인물과 독자 사이의 거리는 멉니다.

	1인칭 주인공 시점	1인칭 관찰자 시점	작가 관찰자 시점	전지적 작가 시점
서술자와 인물 사이의 거리	제일 가깝다 (서술자 = 주인공)	멀다 (서술자 = 관찰자)	멀다 (서술자 = 관찰자)	가깝다 (서술자 = 전지자)
서술자와 독자 사이의 거리	제일 가깝다 (서술자가 직접 모두 얘기해 주니까)	멀다 (관찰한 내용만 이야기하니까)	멀다 (관찰한 내용만 이야기하니까)	가깝다 (서술자가 소상히 이야기해 주니까)
인물과 독자 사이의 거리	멀다 (다 이야기해 주므로 가까이 다가가 이해할 필요가 없으니까)	가깝다 (스스로 다가가 이해해야 하니까)	가장 가깝다 (스스로 다가가 이해해야 하는 정도가 가장 크니까)	멀다 (가까이 다가가 이해할 필요가 없으니까)

18 | 희곡/시나리오

1. 희곡

무대 상연(上웟상 演펼연 : 무대에서 연극을 펼쳐서 관객에게 보임)을 목적으로 한 연극의 대본. 허구적 사건을 다룬다는 점에서는 소설과 같지만, (서술자가 나서서) 사건을 묘사하거나 서술하지 않고 등장인물들의 대화와 행동을 통해 직접 보여 준다는 점에서는 소설과 다릅니다. 희곡은 '무대에서 보여 주어야 한다'는 이 기본적인 전제 때문에 대단히 압축적이고 집중적인 특성을 갖게 되었죠. 간략히 살펴볼까요?

① 시간적 · 공간적 제약/등장인물 수의 제약
무대 상연을 전제로 하기 때문에 너무 길어서도 안 되고, 또 너무 다양한 공간적 배경의 설정도 허용되지 않습니다. 물론 등장인물이 너무 많아서도 곤란하죠. 그래서 때로는 모든 사건을 무대 위에서 보여 주지 않고 무대 밖에서 이루어지는 것으로 처리하기도 합니다.

② 의지적이고 전형적이며 개성적인 인물
③ 압축과 생략, 집중과 통일이 이루어진 행동
④ 대립과 갈등을 중심으로 한 전개
⑤ 현재화된 인생 표현
무대 위에서 직접적으로 인생을 표현하기 때문에 모든 이야기를 현재화시켜서 표현합니다.

희곡	소설
말과 행동으로 관객에게 직접 보여 줌	서술자를 통해 독자에게 이야기를 전달함
객관적인 문학 형식 (보여주기)	주관과 객관을 겸한 문학 형식 (말하기+보여주기)
시간적 · 공간적 제약	시간적 · 공간적 제약 없음
인물의 수가 제한되고 인물의 성격적 대립이 뚜렷함	인물의 수나 성격에 제약이 없음
대화(대사)로 표현	서술, 묘사, 대화로 표현
현재 시제 사용	시제의 제한 없음

- 일반적으로 희곡은 무대화를 전제로 창작된다. 작가는 무대의 제약을 고려하여 관객의 눈앞에 드러나는 무대 공간을 중심으로 극중 사건을 전개하고 무대 위에서 보여 줄 수 없거나 보여 주지 않아도 되는 사건은 무대 밖의 공간에서 일어나는 것으로 처리한다.(16 6월 모평)
- 무대 상연을 전제로 하는 희곡의 특성을 고려할 때, ⓐ~ⓔ를 설명한 내용으로 가장 적절한 것은? (17 수능)

(1) 희곡의 구성 요소

해설　解 풀해 說 말씀설

희곡의 첫머리로, 연극의 제목, 시·공간적 배경, 무대 장치나 등장인물 등을 소개하고 설명하는 부분입니다.

지시문　指 가리킬지 示 보일시 文 글월문

막이 오른 후의 배경이나 효과, 조명, 등장인물의 행동·표정·심리 등을 지시하고 설명하는 부분입니다.

- **무대 지시문**

  막이 오른 후의 무대 장치, 조명, 음향 효과 등을 지시하는 글입니다.

- **동작 지시문**

  대화 사이에서 인물의 등장·퇴장, 동작, 표정, 말투, 분위기 등을 지시하는 글. 대화와 구분하기 위하여 (　)로 묶어서 표시하죠.

  - 지시문을 많이 사용하여 인물의 말과 행동에 대한 이해를 돕고 있다.(08 수능)

대사　臺 무대대 詞 말사

등장인물이 하는 말로, 사건을 전개시키고 주제를 구현하는 매우 중요한 요소입니다. 대사는 압축적이고 극의 진행에 맞는 속도감을 지니고 있어야 합니다. 또한 상투적인 말보다는 참신하고 인상적이며 날카로운 재치를 담고 있어야 합니다.

- 남자가 여자에게 전보를 치는 행동은 현재의 무대 공간에서 인물의 대사를 통해서 제시된다. (16 6월 모평)

- **대화** 對 대할대 話 말씀화

두 사람 이상의 등장인물들이 서로 주고받는 말로, 사건을 진행시키는 역할을 합니다.

- 대화는 등장인물 간에 주고받는 대사로, 인물들의 관계를 알려 주고 사건을 진행시키는 기능을 한다. (10 9월 모평)
- 인물 간의 대화를 통해 특정 인물의 생각과 행동을 희화화하고 있다.(19 수능)

- **독백** 獨 홀로독 白 아뢸백

상대방 없이 혼자 하는 말. 인물이 혼자 말하는 것이므로 자기 반성이나 내면의 고백을 담는 경우가 많습니다.

- 독백은 배우가 심리적으로 자극을 받아 촉발된 혼잣말이다. 독백은 사건 진행을 일시적으로 중단하고 배우가 내면 심리를 직접 드러낼 수 있게 하여, 연극의 서사에 시적 분위기를 첨가하는 기능을 한다.(10 9월 모평)

- **방백** 傍 곁방 白 아뢸백

관객에게는 들리지만 무대 위의 상대방에게는 들리지 않는 것으로 약속하고 하는 대사. 인물의 속마음(생각이나 느낌)을 관객들에게 직접 이야기할 때 쓰이는 방법입니다.

- 방백이 관객을 청자로 상정한 대사라면, 독백은 배우가 심리적으로 자극을 받아 촉발된 혼잣말이다. (10 9월 모평)

(2) 희곡의 구성 단위

희곡은 소설과 비슷하게 보통 5단 구성으로 이루어집니다. '발단 → 전개(상승) → 절정(정점) → 하강(반전) → 대단원(결말)'이 그것입니다. 희곡을 구성하는 단위는 다음과 같습니다.

막 幕 장막막

무대의 장막이 오르고 내리는 사이의 한 단위로, 공간의 변화를 표현하기 위한 방법입니다. 보통 몇 개의 장들이 모여 이루어지죠.

장 **場** 마당 장

등장인물들의 등장과 퇴장으로 구분되는 단위. 시간의 경과를 나타내는 방법으로, 막은 그대로 두고 보통 조명에 의해 표현됩니다.

• ⓐ는 무대 막을 여닫지 않고도 장면을 전환하는 효과를 수반한다.(16 수능)

(3) 희곡의 종류

희곡의 종류는 무엇을 기준으로 나누느냐에 따라 다양하게 구분될 수 있습니다.

내용에 따라

희극 **喜** 기쁠 희

인간과 세태의 모순, 부조화 등을 재치와 풍자, 해학의 수법으로 표현하는 희곡입니다. 결말을 행복하게 맺으면서 웃음을 자아내죠.

비극 **悲** 슬플 비

인물이 운명적, 성격적 결함 혹은 외부의 압력 때문에 죽거나 몰락하는 것으로 끝맺는 희곡입니다. 비장미를 자아내죠.

희비극 **喜** 기쁠 희 **悲** 슬플 비

비극적으로 시작했다가 희극적으로 끝나거나, 희극적으로 시작했다가 비극적으로 끝나는 형식의 희곡입니다.

막의 수에 따라

단막극 **單** 홑 단 **幕** 장막 막

하나의 막으로 극적인 사건을 진행하는 희곡. 한 막에서 장만 바뀌면서 작품이 구성됩니다.

장막극 長 길장 幕 장막막

2막 이상으로 구성된 긴 희곡입니다.

창작성에 따라

창작 희곡

처음부터 무대 상연을 목적으로 창작(創作)한 희곡을 말합니다.

각색 희곡

이미 창작된 다른 갈래의 작품을 희곡으로 고쳐 쓴 것. 주로 소설, 전기문, 시나리오 등을 희곡으로 각색합니다.

레제드라마(Lesedrama)

무대 상연을 목적으로 하지 않고, 읽히기 위한 목적으로 쓴 희곡입니다.

2. 시나리오

영화 상영을 목적으로 한 영화의 대본. 작가가 상상해 낸 허구적인 이야기를 바탕으로 장면(scene) 단위로 구성됩니다. 희곡과 마찬가지로 행동과 대사가 중시되고 직접적인 심리 묘사가 불가능하지만, 희곡과는 달리 시간적·공간적 제약을 덜 받고 등장인물 수에도 제한을 받지 않습니다. 창작 시나리오, 각색 시나리오, 레제 시나리오 등이 있습니다.

희곡	시나리오
연극의 대본(연극 공연)	영화의 대본(영화 상영)
시간적 · 공간적 제약을 받음	시간적 · 공간적 제약이 적음
등장인물의 수 제한	등장인물의 수에 제한 없음
상연으로 소멸 – 순간 예술	필름으로 보존 – 영구 예술
무대적 효과	기계 조작적 효과
행동의 예술	영상(이미지)의 예술
입체적	평면적

- 윗글을 영상화한다고 가정할 때, ㉠~㉥에 해당하는 감독의 연출 계획으로 적절하지 않은 것은?(19 9월 모평)
- [B]를 〈보기〉의 시나리오로 각색했다고 할 때, 고려한 내용으로 적절하지 않은 것은?(15 6월 모평)

시나리오 용어

시나리오는 영화 촬영을 전제로 하므로 촬영을 염두에 둔 다양한 전문 용어가 사용됩니다. 이를 통해 화면 연출이나 효과음, 대사의 제시 방법이 지시되지요.

S#(Scene Number)	장면 번호
NAR.(Narration ; 내레이션)	등장인물이 아닌 사람에게서 들려오는 설명체의 대사
title	자막
M.(Music)	효과 음악
E.(Effect)	효과음. 주로 화면 밖에서의 음향이나 대사에 의한 효과를 말함.
F.I.(Fade In)	어두운 화면이 점점 밝아지는 것
F.O.(Fade Out)	밝은 화면이 점점 어두워지는 것
O.L.(Over Lap ; 오버랩)	한 화면 끝에 다음 화면의 시작을 합치면서 부드럽게 화면을 바꾸어 가는 기법
C.U.(Close Up ; 클로즈업)	어떤 대상이나 인물이 두드러지게 화면에 확대되는 것
PAN.(Panning)	카메라의 위치를 고정시켜 놓고 카메라만을 상하 좌우로 움직여 촬영하는 것

W.O.(Wipe Out)	한 화면의 일부가 닦아내는 듯이 없어지면서 다른 화면이 나타나는 수법
T.B.(Track Back)	피사체에서 후퇴하면서 하는 촬영
T.U.(Track Up)	피사체를 향해 카메라가 전진하면서 촬영하는 것
Ins.(Insert ; 인서트)	일련의 화면에 다른 장면이나 글자, 사진 따위의 화면이 끼이는 것. 삽입 화면
Montage(몽타주)	하나하나 찍은 여러 장면들을 한데 배합하여 하나의 완성된 화면으로 만들어 보여 주는 것

- 장면(scene)은 시나리오를 이루는 기본 단위로 일정한 시간과 공간 속에서 일어나는 일련의 행동을 뜻한다.(15 9월 모평)
- (가)에서는 '뚜왕 뚜왕 뚜왕'의 효과음을 이용하여 현장성을 강조하고 인물의 내면적 반응을 드러내고 있다.(17 9월 모평)
- 전우치가 거울에 관심을 갖고 있음을 강조하려면, 전우치의 얼굴이나 눈동자를 화면에 가득 담아야겠군.(21 6월 모평)
- S#4에서 인서트된 사진은 인물의 분열된 의식을 보여 주기 위해 선택된 요소이다.(15 9월 모평)

고대 가요 古 옛고 代 시대대 歌 노래가 謠 노래요

고대의 노래. 한자의 음과 뜻을 빌려 우리말을 기록한 향찰 표기의 향가가 발생하기 이전까지의 노래를 뭉뚱그려 이르는 말입니다. 우리 문자가 없었고, 한자를 빌려 적는 향찰과 같은 표기법도 개발되지 않았기 때문에 입에서 입으로 전해지다가 후대에 기록되었습니다. 대부분 설화 속에 4언 4구의 한역시 형태로 삽입되어 전하죠. 집단적인 원시 종합 예술에서 개인적인 서정시로 분화, 발전하게 됩니다.

작품	개요
구지가(龜旨歌)	주술성을 띤 노동요. 가락국 시조인 수로왕의 강림(降 내릴강 臨 임할림 : 신이 하늘에서 인간 세상으로 내려옴.) 신화 속에 나오는 삽입 가요
황조가(黃鳥歌)	고구려 유리왕이 지은 개인적 서정시. 사랑하는 이와 헤어진 슬픔을 노래함
공무도하가(公無渡河歌)	아내가 물에 빠져 죽은 남편을 애도하는 내용의 노래
정읍사(井邑詞)	행상인의 아내가 남편이 무사히 돌아오기를 바라며 읊은 노래. 현전하는 유일한 백제 가요

- **원시 종합 예술 (Ballad Dance) 原始綜合藝術**

  음악, 문학, 무용, 연극 등이 각기 다른 갈래로 분화되지 않고 하나로 뭉쳐 있는 원시 상태의 예술을 이르는 말입니다.

향가 鄕 고향향 歌 노래가

신라에서 발생해서 고려 초까지 향유되었던 우리나라 최초의 서정시 갈래로, '사뇌가'라고도 합니다. 한자의 음과 뜻을 빌려 우리말을 표기한 향찰로 기록되었는데, 승려, 화랑 등 당대의 지배층이 주 작자층이었습니다. 주제는 숭고한 이상을 추구하는 마음, 불교적인 내용, 연군(戀 그리워할연 君 임금군 : 임금을 그리워함)이나 안민(安 편안안 民 백성민 : 백성이 안심하고 편안하게 살게 함) 등 다양합니다. 4구체, 8구체, 10구체의 세 종류가 있는데, 10구체가 가장 세련된 형식입니다. 10구체는 낙구(9~10구)의 첫머리에 반드시 '아으'라는 감탄사를 두었는데 이 흔적은 이후에 나타나는 시조나 가사에서도 발견됩니다. 현재 전해지는 향가 작품은 〈삼국유사〉에 14수, 〈균여전〉에 11수 등 모두 25수입니다.

<table>
<thead>
<tr><th colspan="4"></th></tr>
<tr><th>형식</th><th>작품</th><th>작자</th><th>개요</th></tr>
</thead>
<tbody>
<tr><td rowspan="2">4구체</td><td>서동요
(薯童謠)</td><td>백제 무왕
(서동)</td><td>서동의 노래. 서동이 선화 공주와 결혼하기 위해 아이들을 시켜 부르게 한 동요. 일종의 참요(讖 예언참 謠 노래요 : 예언하는 노래)</td></tr>
<tr><td>헌화가
(獻花歌)</td><td>어느 노인</td><td>꽃을 드리는 노래. 소를 몰던 노인이 수로 부인(水路夫人)을 위해 꽃을 꺾어 바치며 불렀다는 노래</td></tr>
<tr><td rowspan="2">8구체</td><td>모죽지랑가
(慕竹旨郎歌)</td><td>득오</td><td>화랑인 죽지랑을 사모하여 부른 노래</td></tr>
<tr><td>처용가
(處容歌)</td><td>처용</td><td>처용의 노래. 아내를 침범한 역신(疫神)을 용서하여 감복시킨, 주술적인 노래</td></tr>
<tr><td rowspan="3">10구체</td><td>제망매가
(祭亡妹歌)</td><td>월명사</td><td>죽은 누이를 추모하여 재를 올리며 부른 노래</td></tr>
<tr><td>안민가
(安民歌)</td><td>충담사</td><td>군(君) · 신(臣) · 민(民) 각자의 할 바를 노래한 치국의 노래</td></tr>
<tr><td>찬기파랑가
(讚耆婆郞歌)</td><td>충담사</td><td>화랑인 기파랑을 찬양하고 추모하여 부른 노래</td></tr>
</tbody>
</table>

- 향찰 표기 방식으로 기록되어 있다.(16 고2 성취도)

고려 가요 高麗歌謠 = 고려 속요 高麗俗謠

고려 시대의 노래. 한문학(漢文學)을 향유하던 당대 귀족층의 문학과는 달리 평민들의 문학이었으므로 '고려 속요(俗속될속 謠노래요 : 민간에서 널리 떠도는 속된 노래)'라고도 부릅니다. 우리 문자가 없었으므로 평민들 사이에서 입에서 입으로 전해지다가 조선 시대에 한글이 창제된 후 〈악학궤범〉, 〈악장가사〉, 〈시용향악보〉 등에 실리게 됩니다. 대부분 작자가 알려져 있지 않지요. 남녀 간의 사랑이나 이별, 자연에 대한 예찬 등을 내용으로 하는데, 평민들의 소박하고 진솔한 감정이 표현되어 있습니다. 하지만 남녀 간의 애정을 노래한 작품 중에는 애정 표현이 너무 노골적이어서 조선 시대 유학자들의 심기를 건드린 나머지 '남녀상열지사(男女相悅之

詞)'로 낙인 찍혀 문헌에 실리지 못하고 사라져 버린 작품도 많습니다. 3음보를 기본으로 하고 대부분 분절(分^{나눌분} 節^{마디절} : 마디로 나눔)시킨 연이 이어지는 연장체(聯章體 : 한 편의 시가가 몇 개의 연으로 이루어진 형태) 형식을 취하고 있습니다. 후렴구(여음)를 넣어 흥을 돋우는 것도 특징입니다.

작품	개요
동동(動動)	월별로 그 달의 자연 경물이나 행사에 따라 느껴지는, 임을 그리는 정과 고독한 삶을 읊음. 달거리(월령체) 노래의 효시
처용가(處容歌)	향가 '처용가'를 부연해서 부른 무가(巫^{무당무} 歌^{노래가} : 무당의 노래). 귀신을 쫓는 노래
청산별곡(靑山別曲)	삶의 고뇌(고독)와 슬픔을 형상화한 노래. 비유와 상징성이 매우 뛰어난 작품
가시리	떠나는 임에 대한 안타까운 심정을 진솔하게 노래한 작품
정석가(鄭石歌)	불가능한 상황 설정으로 임금(또는 임)의 만수무강을 축원한 노래
서경별곡(西京別曲)	서경(평양)을 무대로 한 남녀의 애끊는 이별가
쌍화점(雙花店)	남녀 간의 적나라한 애정을 표현한 노래. 남녀상열지사
사모곡(思母曲)	어머니의 사랑을 낫에 비유한 소박한 노래
만전춘(滿殿春)	남녀 간의 애정을 대담·솔직하게 읊은 노래. 남녀상열지사
상저가(相杵歌)	방아를 찧으면서 부른 소박한 노래. 노동요

- 고려 속요는 조선 시대까지 궁중 연향에서 사용되었다.(17 6월 모평)
- 후렴구를 활용하여 연을 나누고 있다.(16 고2 성취도)
- 여음구를 통해 리듬감을 형성하고 있다.(15 고2 성취도)

- **남녀상열지사** 相^{서로상} 悅^{기쁠열} 之^{갈지} 詞^{말사}

남녀가 서로 즐기는 것에 대한 노래. 남녀 간의 애정을 노골적으로 표현한 음란한 노래라는 의미입니다.

- **달거리(월령체)**

작품의 형식이 1년 12개월로 나누어져 구성된 시가 형식을 이르는 말입니다.

경기체가 景幾體歌

노래 끝에 '경(景) 긔 엇더하니잇고'라는 후렴구를 되풀이하는 노래. 고려 후기에 나타난 신흥 사대부들이 자신들의 학식과 체험을 노래한 시가 형식으로, 일종의 귀족 문학입니다. 사물이나 경치, 인물 등을 나열하고 있기 때문에 관념적인 언어유희의 느낌을 주죠. 대체로 전후 양절(兩節)로 구분되는데, 전절은 길고 후절은 짧습니다.

> 예 '한림별곡翰林別曲'

악장 樂章

조선 전기에 발생한 시가 형태로, '악부(樂府)'라고도 합니다. 궁중의 제전(祭典)이나 연례(宴禮) 때 부르던 노래죠. 조선 건국을 찬양하고 선대 임금의 위업이나 공덕을 기리며 조선의 번성을 기원하는 내용이 대부분입니다. 특권층의 문학으로, 향유 계층이 없었고 목적성이 강했기 때문에 수명이 길지 못했습니다.

> 예 '용비어천가龍飛御天歌'

언해 諺 언문언 解 풀해

한문을 언문(한글)으로 풀어쓴 글. 중국의 불경이나 유교 경전, 문학 작품 등을 우리말로 번역한 번역 문학입니다.

> 예
> | | |
> |---|---|
> | 맑은 강의 한 굽이 마을을 안아 흐르니 | 淸江一曲抱村流 청강일곡포촌류 |
> | 긴 여름 강촌의 일마다 그윽하도다. | 長夏江村事事幽 장하강촌사사유 |
> | 절로 가며 오는 것은 집 위의 제비요 | 自去自來梁上燕 자거자래양상연 |
> | 서로 친하며 서로 가까운 것은 물 가운데의 갈매기로다. | 相親相近水中鷗 상친상근수중구 |
> | 늙은 아내는 종이를 그려 장기판을 만들거늘 | 老妻畵紙爲棋局 노처화지위기국 |
> | 어린 아들은 바늘을 두드려 고기 낚을 낚시를 만든다. | 稚子敲針作釣鉤 치자고침작조구 |
> | 많은 병에 얻고자 하는 것은 오직 약물이니 | 多病所須唯藥物 다병소수유약물 |
> | 이 천한 몸이 이것 밖에 다시 무엇을 구하리오? | 微軀此外更何求 미구차외갱하구 |
>
> – 두보, '강촌'
>
> 중국 시인 두보의 시를 언해한 '두시 언해' 중 하나입니다. 강촌에서의 삶을 노래한 작품이죠.

시조 時調

세 줄, 여섯 개의 덩어리, 마흔다섯 글자, 즉 3장(초장, 중장, 종장), 6구, 45자 내외로 이루어진 시가로, 고려 말에 생겨나서 현대에 이르기까지 창작되고 있습니다. 3·4조 또는 4·4조의 음수율에 4음보를 기본으로 하는데, 종장의 첫 음보는 3음절로 정해져 있습니다. 내용별로 나누어 보면 다음과 같습니다.

① 유교적 충의 사상을 노래한 시조

고려의 유신(遺^{남을유} 臣^{신하신} : 왕조가 망한 뒤에 남아 있는 신하)들이 지은 회고가나 사육신(死^{죽을사} 六^{여섯육} 臣^{신하신} : 조선 세조 2년(1456)에 단종의 복위를 꾀하다가 처형된 여섯 명의 충신. 이개, 하위지, 유성원, 성삼문, 유응부, 박팽년을 이름)의 절의가가 대표적입니다. 향유 계층은 사대부, 양반 계층입니다.

- 대표 작가 : 이색, 길재, 성삼문

② 자연 속의 한가롭고 평화로운 삶을 노래한 시조

역시 사대부, 양반 계층에 의해 창작되었습니다. 온전히 자연만을 노래하기보다는 자신의 태평스러운 삶이 결국은 임금의 덕이므로 임금께 충성하겠다는 충의 사상과 결합되어 있는 작품이 많습니다.

- 대표 작가 : 김천택, 맹사성, 윤선도

③ 기녀들의 시조

남녀 간의 애정과 여성 특유의 섬세한 정서를 아름답게 표현한 작품이 많습니다.

- 대표 작가 : 황진이, 홍랑, 계랑

> 예 동지冬至ㅅ달 기나긴 밤을 한 허리를 버혀내여,
> 춘풍春風 니불 아래 서리서리 너헛다가,
> 어론님 오신 날 밤이여든 구뷔구뷔 펴리라.
> 정든 님
> — 황진이

> 겨울 동짓달의 긴 밤을 잘라서 이불 아래 넣었다가 사랑하는 임이 왔을 때 펴서 짧은 봄밤을 길게 보내고 싶다는 내용입니다. 임을 기다리는 절실한 심정을 참신하게 노래한 절창이지요.

④ 평민들의 생활 감정을 노래한 시조

조선 후기가 되면 시조가 사대부들의 전유물에서 벗어나 평민과 아녀자층으로
까지 향유층과 창작층이 확대됩니다. 산문 정신과 서민 의식을 배경으로 등장한
사설시조가 대표적인데요, 관념적인 내용보다는 현실 생활에서 오는 삶의 애환
을 진솔하게 드러낸 작품이 많습니다. 구체적인 표현과 참신한 비유, 대담한 풍
자와 해학 등이 특징입니다.

• **회고가** 懷품을회 古옛고 歌노래가

옛 자취나 지나간 일을 생각하며 지은 노래를 가리키는 말입니다.

> (예) 오백 년 도읍지를 필마로 돌아드니
> 산천은 의구하되 인걸은 간 데 없다.
> 어즈버 태평연월이 꿈이런가 하노라.   – 길재
>
> 고려의 옛 도읍지에 들러 인간 세상의 무상함을 노래한 시조로, 고려 유신으로서의 망국의 한이 드
> 러나 있습니다.

• **절의가** 節마디절 義옳을의 歌노래가

임금이나 나라에 대한 절개와 의리를 주제로 한 시나 시조를 말합니다.

> (예) 수양산首陽山 바라보며 이제夷齊를 한恨하노라.
>   백이와 숙제
>
> 주려 죽을진들 채미採薇도 하난 것가
>   고사리를 캐어 먹음
>
> 비록애 푸새엣것인들 긔 뉘 따헤 났나니.   – 성삼문
>   절로 나는 풀 같은 것
>
> 단종을 내쫓고 왕위에 오른 세조를 비판하며 단종을 향한 지조와 절개를 지키겠다는 의지를 노래한
> 절의가입니다.

• **강호가도** 江湖歌道

강호(江강강 湖호수호 : 강과 호수=자연)를 노래하는 풍조. 자연을 예찬하고, 그 속에 묻
혀 살면서 유교적 관념을 노래한 일련의 작품들을 일컫는 말입니다. 벼슬을 버리
고 고향에 은거하여, 자연을 벗하며 임금의 은혜를 생각하는 작품들이 많죠. 역
시 대부분 사대부들의 작품입니다. 시조에만 국한된 경향은 아니고 다른 시가들
에서도 나타납니다.

> 예 강호에 여름이 드니 초당에 일이 없다.
> 유신한 강파는 보내느니 바람이로다.
> 이 몸이 서늘하옴도 역군은亦君恩 : 역시 임금의 은혜 이샷다.
>
> — 맹사성, '강호사시가'

> 자연에 파묻혀 유유자적(悠悠自適)하는 생활을 노래하면서도 임금의 은혜를 떠올리는 대표적인 강호가도의 시가입니다.

- ● **강호 한정가** 閑한가할한 情뜻정 歌노래가

자연 속에서 한가로운 정취를 느끼며 부르는 노래. 강호가도의 작품들이 여기에 속합니다.

- • 〈제3장〉의 중장에는 강호를 선택한 삶의 모습이 긍정적으로 드러난다.(20 6월 모평)
- • 강호한정을 노래한 시조에서 사대부들은 세속적 삶을 멀리하고 물질적 빈곤 속에서도 자연과 함께 정신적 풍요를 누리며 만족해하는 모습을 드러낸다.(18 7월 고3 학평)

> **참고** 관련 용어 정리
>
> - **음풍농월**(吟읊을음 風바람풍 弄희롱할농 月달월) : 바람을 읊고 달을 보며 시를 지음. 곧 시를 짓고 흥취를 즐김 ＝ 음풍영월(吟風詠月)
> - **유유자적**(悠멀유 悠自스스로자 適마땅할적) : 속세를 떠나 아무 속박 없이 조용하고 편안하게 삶
> - **무위자연**(無없을무 爲할위 自然) : 사람의 힘을 더하지 않은 그대로의 자연. 또는 그런 이상적인 경지
> - **물아일체**(物물건물 我나아 —하나일 體몸체) : 외물(外物)과 자아, 객관과 주관, 또는 물질계와 정신계가 어울려 하나가 됨

- **풍월주인**(風바람풍 月달월 主주인주 人사람인) : 맑은 바람과 밝은 달 따위의 아름다운 자연을 즐기는 사람

- **천석고황**(泉샘천 石돌석 膏기름고 肓명치끝황) : 자연의 아름다운 경치를 몹시 사랑하고 즐기는 병, 곧 성격. '고황(膏肓)'은 '몹시 낫기 어려운 병'으로, 자연을 사랑하는 마음이 병처럼 깊음을 표현한 말

- **연하고질**(煙연기연 霞노을하 痼고질고 疾병질) : '천석고황'과 마찬가지로 자연을 사랑하는 마음이 병처럼 깊음을 표현한 말

- **안빈낙도**(安편안안 貧가난할빈 樂즐길낙 道도리도) : 가난한 생활을 하면서도 편안한 마음으로 도를 즐겨 지킴

- **단표누항**(簞소쿠리단 瓢바가지표 陋더러울누 巷거리항) : '누항(좁고 지저분하며 더러운 거리)에서 먹는 한 그릇의 밥과 한 바가지의 물'이라는 뜻으로, 선비의 청빈한 생활을 이르는 말

- **단사표음**(簞소쿠리단 食먹이사 瓢바가지표 飮마실음) : '대나무로 만든 밥그릇에 담은 밥과 표주박에 든 물'이라는 뜻으로, 청빈하고 소박한 생활을 이르는 말

- **빈이무원**(貧가난할빈 而말이을이 無없을무 怨원망할원) : 가난해도 세상에 대한 원망이 없음

한편, 시조의 형식상 종류는 다음과 같이 나눌 수 있습니다.

○ **평시조** 平時調

시조의 기본형. 3장, 6구, 12음보, 45자 내외로 이루어지며, 종장의 첫 음보는 3음절, 둘째 음보는 5음절 이상으로 구성됩니다.

- (가)는 3장 6구의 제한된 형태로, (나)는 연속체의 형태로 표현하고 있다.(11 고2 성취도)
- 3장 형식에 각 장은 2구로 이루어져 있다.(16 고2 성취도)
- 시조는 4음보를 기본으로 종장 첫 음보는 3음절을 유지하고, 둘째 음보는 그보다 길게 하는 규율을 따른다.(19 9월 모평)

○ **엇시조** 旕時調

평시조의 초장, 중장, 종장 중 어느 한 구가 길어진 시조를 이르는 말입니다.

○ **사설시조** 辭說時調

초·중장이 무제한으로 길어지고 종장도 어느 정도 길어진 시조. 평민들의 생활

감정을 진솔하게 노래한 작품이 많습니다.

- 사설시조에서의 해학성은 독자가 화자와 거리를 두되 관용의 시선을 보내는 데서 발생한다.(15 9월 모평)

• 연시조 聯時調

같은 주제를 지닌 여러 편의 시조가 한 제목 아래 하나의 작품으로 연결된 것을 말합니다.

> 예 맹사성의 '강호사시가', 윤선도의 '어부사시사'

- 유기적인 구조를 지닌 연시조는 사시의 흐름을 담아내기에 적합하다.(17 4월 고3 학평)
- 임병양란 이후의 사대부들 사이에서는 긴 사연을 담을 수 있는 연시조 양식을 활용해 전란 후 현실의 문제를 다루려는 경향이 나타났다.(18 수능)

가사 歌辭

3·4조 또는 4·4조를 기본으로 하는 4음보의 연속체 시가로, 산문과 운문의 중간 형태입니다. 형식적 요건만 맞으면 내용도 자유롭고 길이에도 제한이 없어 향유층도 다양했고 오랫동안 창작되었습니다. 길이가 짧은 시조를 '단가(短歌)'라 하는 것에 대응해 길이가 긴 가사를 '장가(長歌)'라고 부르기도 합니다. 시대별 특징을 살펴보면 다음과 같습니다.

① 조선 전기 가사

양반층이 창작을 주도했습니다. 벼슬길에서 물러나 자연에 묻혀 살아가는 생활을 주로 그리면서도 '충신연주지사忠臣戀主之詞'의 성격 또한 지니고 있습니다. 송순, 정철 등이 대표적 작가인데, 특히 정철의 작품은 우리말의 아름다움을 가장 잘 살린 작품으로 평가되고 있죠.

- 조선 전기와 후기에 양반들이 가사, 시조와 같은 서정 갈래에서 자연을 그려낸 방식은 사뭇 다르다. 전기에는 주로 '산수(山水)'를 유유자적하며 안빈낙도하는 공간으로 그렸다.(13 고2 성취도)

② 조선 후기 가사

작자층이 평민층으로까지 확대되면서 현실의 구체적인 경험이 직설적으로 표현되었습니다. 대체로 산문적인 경향을 띠고, 형식 면에서도 음수율과 음보에 변격이 이루어지기 시작합니다. 전란으로 인해 변화된 삶이나 우국(憂國)의 마음을 노래한 가사를 비롯해, 규방 여인들의 생활 감정을 담은 내방 가사도 나타났으며, '연행가'나 '일동장유가' 같은 장편 기행 가사, '만언사' 같은 유배 가사도 등장하였습니다.

③ 개화 가사 開 열개 化 될화

개화기에 지어진 가사. 애국 계몽과 자주 독립, 부국강병 등의 주제를 다루고 있습니다.

예

작품	작자	개요
상춘곡(賞春曲)	정극인	관직 은퇴 후 은거하면서 봄 경치의 아름다움과 자연 속에서 한가하게 지내는 즐거움을 노래한 전형적인 양반 가사
면앙정가 (俛仰亭歌)	송순	만년에 벼슬에서 물러난 작자가 면앙정이라는 정자를 짓고 그곳의 빼어난 경치와 풍류 생활을 읊은 양반 가사
관동별곡 (關東別曲)	정철	관동 지방을 여행하면서 본 경치와 감회를 노래한 기행 가사
사미인곡 (思美人曲)	정철	임금에 대한 충성과 사모의 정을, 떠나간 임을 그리워하는 여인의 마음에 비유하여 노래한 가사
속미인곡 (續美人曲)	정철	'사미인곡'의 속편. 임금에 대한 그리움을 두 여인의 문답 형식으로 표현한 가사
규원가(閨怨歌)	허난설헌	가부장적 속박 속에서 살아야 했던 부녀자의 한과, 임에 대한 원망을 노래한 내방 가사
선상탄(船上歎)	박인로	임진왜란 때 수군으로 참전한 체험을 노래한 전쟁 가사
누항사(陋巷詞)	박인로	임진왜란 후 고향으로 돌아가 생활하면서 겪은 현실 생활의 곤궁함과 안빈낙도의 심정을 노래한 가사
일동장유가 (日東壯遊歌)	김인겸	사신으로 일본을 오가며 보고 듣고 느낀 바를 노래한 기행 가사
농가월령가 (農家月令歌)	정학유	정월부터 섣달까지 한 해의 행사와 세시 풍속을 읊어, 시기를 놓치지 말고 일하도록 타이른 교훈적인 내용의 가사

• **충신연주지사** 戀그리워할연 主주인주

충신이 임금을 그리워하며 부른 노래라는 의미로, 작품의 전반에 걸쳐 임금에 대한 사랑과 그리움이 담겨 있습니다.

• **내방 가사** 內안내 房방방

아녀자들이 지은 가사. 주로 양반가의 부녀자들이 지은 것으로, '규방 가사(閨안방규 房방방 歌辭)'라고도 합니다. 남성 위주의 봉건 사회에서 여성들이 겪었던 삶의 애환이 여성 특유의 섬세한 감성으로 형상화되었습니다.

  • 대표 작가 : 허난설헌

• **기행** 紀行 **가사**

여행을 통해서 얻은 견문이나 소감 등을 적은 가사. 여행 동기에 따라 관유(觀볼관 遊놀유 : 산천·명승지를 유람함) 가사, 사행(使시킬사 行다닐행 : 사신이 길을 떠남) 가사, 유배 가사로 나눌 수 있습니다.

> 예 정철의 '관동별곡', 김인겸의 '일동장유가'(일본에 통신사로 다녀온 경험), 홍순학의 '연행가' (중국에 사신으로 다녀온 경험)

• **유배 가사** 流흐를유 配귀양 보낼배

귀양, 즉 유배(流配)를 여행의 동기로 하여 새로이 얻은 경험과 견문을 읊은 가사. 자기의 무죄함과 정적(政敵)에 대한 복수심, 임금에 대한 충성심 등을 공통적으로 노래하고 있습니다.

> 예 안조환의 '만언사', 김진형의 '북천가'

  • '만분가'는 유배를 간 작가가 천상의 옥황에게 호소하는 형식으로 연군(戀君)의 마음을 표현한 유배 가사의 효시이며 이후 여러 작품에 영향을 주었다.(15 9월 모평)

민요 民백성민 謠노래요

백성들의 노래. 서민들의 꿈과 욕망, 생활의 애환 등이 담겨 있는 문학 형식입니다. 전통적 운율감을 기초로 자연스럽게 형성되어 오랫동안 구전(口입구 傳전할전 : 입에서 입으로 전해짐)되어 온 가요입니다.

● **부요** 婦 지어미부 謠 노래요

부녀자들의 노래. 전근대적인 사회에서 여성들이 감당해야 했던 삶의 고단함을 노래한 민요입니다.

> 예 시아버니 호랑새요　　　시어머니 꾸중새요,
> 　　동서 하나 할림새요　　　시누 하나 뾰족새요,
> 　　시아지비 뿌중새요　　　남편 하나 미련새요,
> 　　자식 하난 우는 새요　　　나 하나만 썩는 샐세.
> 　　귀 먹어서 삼 년이요　　　눈 어두워 삼 년이요,
> 　　말 못해서 삼 년이요　　　석 삼 년을 살고 나니,
> 　　배꽃 같던 요내 얼굴　　　호박꽃이 다 되었네.
> 　　　　　　　　　　　　　　　　　　　　　　　　－ '시집살이 노래'

민요는 부르는 방식에 따라 다음과 같이 나뉩니다.

● **선후창** 先 먼저선 後 뒤후 唱 부를창

한 사람이 먼저 부르고 그 외의 사람들이 다음에 부르는 방식. 앞 사람은 변화가 많은 앞부분의 노래를 부르고 나머지 사람들은 변화가 거의 없는 후렴을 되풀이 하는 방식입니다.

> 예 이봐라 농부야 내 말 듣소 이봐라 일꾼들 내 말 듣소.
> 　　잘하고 자로 하네 에히요 산이가 자로 하네.
>
> 　　하늘님이 주신 보배 편편옥토 片片沃土 가 이 아닌가.　　　┐ 후렴
> 　　잘하고 자로 하네 에히요 산이가 자로 하네.　　　　　　┘
> 　　　　　　　　　　　　　　　　　　　　　　　　－ '논매기 노래'

● **교환창** 交 사귈교 換 바꿀환 唱 부를창

앞에 부르는 사람과 뒤에 부르는 사람이 모두 변화가 있는 가사를 주고받는 식으로 부르는 방식입니다.

● **제창** 齊 가지런할제 唱 부를창

여럿이 함께 똑같은 내용의 노래를 부르는 방식이죠.

잡가 雜섞일잡 歌노래가

조선 말기에서 20세기 초반까지 서민층 사이에서 불리던 시가의 한 갈래. 직업적으로 노래를 부르는 사람에 의해서 창작 · 전승되었고 내용과 형식이 다양합니다. 시조, 가사, 판소리, 민요 등의 형식이 자유롭게 활용되었고, 노래판에서 관중의 흥미를 끌 수 있는 내용이면 무엇이든 소재가 되었습니다. 또한 구전으로 전승되었기 때문에 같은 노래라도 전승자에 따라 그 내용에 차이가 있었습니다. 1930년 전후에 창가나 유행가가 유행하면서 밀려났습니다.

> 예 '유산가'

창가 唱歌

개화 · 계몽 시대에 서구의 곡조에 맞추어 지어진 시가. 초기 창가의 내용은 주로 자주 독립, 애국, 남녀평등, 신교육 등 개화 · 계몽 의식을 고취하는 것으로, 제목도 '애국가', '우국가(憂國歌)', '자주독립가' 등과 같은 것이 많습니다. 후기 창가에는 '한양가', '경부철도가' 등 자연의 풍물이나 시사적인 사실을 담은 것이 많습니다.

신체시 新새신 體몸체 詩시시

현대시의 시작이 된 새로운 형식의 시. 가사나 시조의 정형성에서 벗어나, 보다 자유로운 형식에 새 시대의 감성을 담으려고 하였습니다. 1908년에 최남선이 '해에게서 소년에게'를 발표함으로써 등장하였는데, 대부분의 작품이 개화 의식, 자주 독립 의식, 신교육, 남녀평등 사상 등을 담고 있습니다. 창가의 율문성과 자유시의 산문성이 혼재되어 나타나는 것이 신체시의 대표적인 특징입니다.

현대시의 흐름

신체시에 이어 1910년대에 형성되기 시작한 자유시는, 다양한 서구의 문예 사조가 유입되면서 1920년대부터는 본격적인 기틀을 마련하게 됩니다. 3 · 1 운동(1919) 직후인 1920년대에는 3 · 1 운동의 실패로 인한 절망과 좌절감이 병적 · 퇴폐적 감상주의로 나타나기도 합니다.

> 예 박종화의 '사의 예찬', 홍사용의 '나는 왕이로소이다'

1920년대 후반에는 '조선 프롤레타리아 예술가 동맹'이라는 카프(KAPF)가 결성되어 본격적인 계급주의(신경향파, 프로 문학) 문학이 나타납니다.

> 예   임화의 '우리 오빠와 화로'

한편, 카프에 대한 반발로 최남선 등이 주축이 되어 시조 부흥 운동이 일어나기도 합니다. 하지만 카프가 일제의 탄압에 의해 해체되고 일제의 지배가 강화되는 1930년대에는 현실 참여적인 모습은 사라지고 순수 문학의 경향이 강하게 나타나게 됩니다.

- **시문학파**

  프로 문학의 목적의식적 문학에 반발하여 나타났습니다. 세련된 언어 감각과 음악성 등 예술적 기교를 중시하였죠.

  > 예   김영랑의 '모란이 피기까지는', 박용철의 '떠나가는 배'

- **모더니즘 계열**

  '주지주의(主知主義)'라고도 합니다. 도시적 감각과 시의 회화성을 중시하였습니다.

  > 예   김기림의 '바다와 나비', 김광균의 '와사등'

- **생명파**

  원초적 생명성과 생명 의지를 집중 조명하였습니다.

  > 예   유치환의 '생명의 서', 서정주의 '화사'

- **전원파**

  일제의 탄압이 극심해지면서 현실을 떠나 전원생활을 이상적 삶으로 설정하고 동경하는 경향의 시도 등장합니다.

  > 예   신석정의 '그 먼 나라를 알으십니까', 김상용의 '남으로 창을 내겠소'

- **청록파**

  〈청록집〉을 발간한 박목월, 박두진, 조지훈을 일컫는 말입니다.

  한편, 광복과 그에 이어진 한국 전쟁을 치른 1950년대 이후에는 다양한 시 경향이 등장합니다. 그중 몇 가지 자주 언급되는 것들은 다음과 같습니다.

- **참여시**

  1960년대에 문학의 사회적 역할에 대한 관심이 고조되면서 등장하였습니다. 시는 현실의 문제점을 고발하고 비판함으로써 현실 변혁에 이바지해야 한다고 보았습니다.

  예 김수영의 '푸른 하늘을', 신동엽의 '껍데기는 가라'

- **민중시**

  1980년대 독재 정권하에서 등장한 것으로, 노동자, 농민 등 민중의 관점에서 쓰여진 시입니다.

  예 박노해의 '노동의 새벽'

문학사를 보면 문학에는
당대 현실과 세계관이 담겨 있음을
알 수 있습니다.

20 산문 문학사

설화 說 말씀설 話 말씀화

한 민족 사이에서 구전(口傳)되어 오는 이야기를 모두 일컫는 말. 신화, 전설, 민담
이 있습니다. 자연적, 집단적으로 발생한 이야기로, 한 민족의 생활 감정과 풍습을
암시하고 있습니다. 상상적, 공상적, 서사적이므로 소설 발생의 토대가 됩니다.

- 윗글은 [자료 1]과 같은 설화를 차용하여 소설로 변용한 모습을 확인할 수 있는 작품이군.(15 수능)
- '전우치전'은 전우치가 사건 해결을 주도하는 '전우치 설화'를 토대로 다양한 삽화가 결합된 소설이
  다. 각각의 삽화들은 서로 긴밀하지는 않지만 주인공의 도술 사용을 연결고리로 하여 결합된다.(16
  6월 모평)

● 신화 神 신령신 話 말씀화

사회 구성원에게 신성시(神聖視)되는 설화. 우주의 기원, 신이나 영웅의 업적, 민
족의 태곳적 역사나 설화 등이 주된 내용입니다. 일상적인 경험이나 자연의 법칙
을 넘어서서 신비롭고도 초현실적이죠. 그런 만큼 역사적 현실과는 동떨어져 보
이지만, 집단적 혹은 공동체적 생활에 기반을 둔 당대인의 세계관이 반영되어 있
습니다.

例 '단군 신화', '동명왕 신화'

● 전설 傳 전할전 說 말씀설

예로부터 민간에서 전해져 내려오는 이야기로, 공동체의 내력이나 자연물의 유
래, 이상한 체험 등 인간 활동을 소재로 합니다. 전승 범위가 특정 지역에 한정되
기 때문에 향토성을 띠며, 지역 사람들에게 유대감을 주고 향토애를 고취시키는
역할을 합니다. 또 특정적이고 개별적인 증거물, 예를 들어 바위나 고개, 연못, 특
이한 지형 등과 관련을 맺고 형성됩니다.

● 민담 民 백성민 譚 말씀담

예로부터 민간에서 전해져 내려오는 이야기로, 구체성이나 사실성에 얽매이지
않는 흥미 위주의 이야기입니다. 민족이나 지역을 초월하여 전승 범위가 불특정

적이고, 미천한 처지에서 뜻하지 않은 행운을 만나 엄청난 소망을 두루 성취하는 인물의 이야기가 그려집니다. 구체적인 시간적, 공간적 배경이나 내용의 사실성 여부에 얽매이지 않으며 철저하게 흥미 위주로 되어 있습니다.

	신화	전설	민담
전승자의 태도	'진실되고 신성하다.'	'신성하지는 않지만 진실되다.' ← '실제로 있었다'고 주장 : 증거물 제시	'신성하지도 진실되지도 않지만 흥미롭다.'
시간과 장소	아득한 옛날(태초), 신성한 장소	구체적인 시간과 장소	뚜렷한 시간과 장소 없음(옛날 옛적에~)
증거물	포괄적(우주, 국가 등)	개별적, 구체적	불필요
주인공과 그 행위	신(神), 초능력 발휘	구체적·역사적 인물, 예기치 못했던 관계	일상적인 인간, 운명 개척
전승 범위	민족적	지역적	세계적

가전체 假 거짓가 傳 전할전 體 몸체

사물이나 동물을 의인화하여 그 일대기를 전기 형식으로 기록한 글로, 고려 중기 이후에 성행하였습니다. 세상 사람들에게 교훈을 줄 목적으로 쓰여졌는데, 앞부분에서는 대상의 일대기를 서술하고 뒷부분에서는 그에 대한 평가를 덧붙이는 형식입니다. 개인의 창작물로서 허구적 성격을 띠고 있는 가전체는 설화와 소설을 이어 주는 역할을 합니다.

작품	작자	개요
국순전(麴醇傳)	임춘	술을 의인화하여 술이 사람에게 미치는 영향을 씀
공방전(孔方傳)	임춘	엽전을 의인화하여 재물을 탐하는 것을 경계함
국선생전(麴先生傳)	이규보	술과 누룩을 의인화하여 군자의 처신을 경계함
죽부인전(竹夫人傳)	이곡	대나무를 의인화하여 절개를 나타냄

- 가전(假傳)은 사물을 의인화하여 그 일생을 전(傳)의 형식으로 서술한 글로서 인물의 가계와 성품, 생애, 공과(功過) 등을 '가계 – 행적 – 논평'이라는 틀 속에 담아내었다.(14 9월 모평)

- [E]는 사신(史臣)이 논평하는 객관적 형식을 활용하여 인간 세태에 대한 작가 자신의 견해를 나타내고 있군.(14 9월 모평)

패관 문학   稗 피패 官 벼슬관

민간에서 수집한 이야기에 창의성을 더한 산문 문학으로, 소설 발달의 토대가 됩니다. '패관'은 옛날 중국에 있던 관직의 이름인데, 임금이 풍속이나 정사(政事)를 살필 수 있도록 민간에 떠도는 이야기를 모아 기록하는 일을 했다고 합니다. 우리나라에는 패관이 없었지만 고려 시대에 이르러 사람들 사이에서 입에서 입으로 전해 오던 많은 설화가 문헌에 기록되었으므로 이를 '패관 문학'이라 부르게 됩니다.

예 박인량의 '수이전', 이제현의 '역옹패설'

고전 소설 古典小說

갑오개혁(1894) 이전까지의 소설을 보통 고전 소설 혹은 고대 소설(古代小說)이라고 부르는데, 대부분 작자와 창작 연대가 밝혀져 있지 않습니다. 초기의 독자들은 몰락한 양반 계층과 양반 부녀자들이었지만 시간이 흐르면서 평민 계층으로까지 독자층이 확대되었습니다. 김시습의 '금오신화(金鰲新話)'가 최초의 작품이라고 이야기되는데, 이 작품은 민중 사이에서 구전되던 설화, 고려의 패관 문학, 가전체 등의 서사적 전통 위에 중국의 전기 소설(傳奇小說)인 '전등 신화'의 영향을 받아 이루어졌습니다. 고전 소설의 일반적인 특징은 다음과 같습니다.

주제	권선징악(勸권할권 善선할선 懲징계할징 惡악할악 : 착한 일을 권장하고 악한 일을 징계함)
구성	시간순 구성, 평면적 구성, 주인공의 일대기, 행복한 결말
인물	평면적 인물, 전형적 인물
사건	비현실적, 우연적
배경	주로 중국
문체	문어체, 운문체, 가사체
시점	전지적 작가 시점(서술자의 개입)

고전 소설의 내용이나 구조와 관련해서 자주 등장하는 용어를 정리해 보면 다음과 같습니다.

• **현실 − 비현실 − 초현실** 現 나타날현 實 열매실, 非 아닐비, 超 뛰어넘을초

'현실'은 '현재 실제로 존재하거나 실현될 수 있는 것'을 말합니다. 따라서 '현실적'이라고 하면 '실제로 있을 수 있는 것', '현실적 공간'이라고 하면 '실제로 존재할 수 있는 공간'을 의미하게 됩니다. 이와 반대되는 것이 '비현실'입니다. '비현실'은 '현실과는 동떨어진 것'으로, 주인공이 혼자서 수천의 군사를 물리치는 활약을 펼친다면 이것은 '비현실적'인 것입니다. 그렇다면 '초현실'은 뭘까요? '초현실'은 '현실을 넘어서는 것'을 말합니다. 갑자기 하늘에서 선녀가 내려오면 '초현실적'인 것입니다. 비현실적인 것과 초현실적인 것은 겹치기도 하지만 그렇지않기도 합니다. 선녀의 출현은 비현실적이면서 초현실적이지만 수천의 군사를 물리치는 주인공의 활약은 비현실적이기는 하지만 초현실적이지는 않죠. 실제시험에서는 '현실적 공간(세계), 비현실적 공간(세계), 초현실적 공간(세계)' 등의 표현으로 자주 등장합니다.

> • 고전 소설에서 공간은 산속이나 동굴 등 특정 현실 공간에 초현실 공간이 겹쳐진 것으로 설정되기도 한다.(15 수능)
> • '사씨'가 꿈에서 깨게 되는 소리로, '사씨'가 비현실 세계에서 현실 세계로 돌아오게 되는 계기이다. (18 수능)

• **초월적 공간, 초월적 존재** 超 뛰어넘을초 越 넘을월

'초월'은 '어떠한 한계나 표준, 이해나 자연 따위를 뛰어넘는 것'을 말합니다. '초현실'과 비슷하죠? 그렇습니다. '초월적 공간'은 '초현실적 공간'을 다른 말로 표현한 것이라고 볼 수 있습니다. 그렇다면 '초월적 존재'는 누구일까요? 초월적 공간에 있는 존재, 즉 옥황상제나 용왕, 선녀 같은 존재를 가리키는 말입니다. 고전소설에서는 이런 '초월적 공간'과 '초월적 존재'가 자주 등장합니다.

> • 초월적 공간을 설정하여 사건을 새로운 국면으로 전환한다.(15 9월 모평)
> • 파경노에게 선관들이 몰려와 말먹이를 가져다주는 장면은 최치원이 초월적 존재에게 도움을 받는 인물임을 보여 주는군.(21 수능)
> • 밤은 주인공이 초월적 존재와 교감하고, 아침은 주인공이 현실적 문제와 대결하는 시간이다.(17 6월 모평)

- **세속적 공간 = 속세** 俗 풍속속 世 인간세

일반적인 인간이 사는 공간. '초현실적 공간'이나 '초월적 공간'과 대비되는 개념
으로 사용됩니다.

- [A]는 세속적 공간을, [B]는 초월적 공간을 통해 인물의 내적 갈등을 드러내고 있다.(14 6월 모평)
- 꿈에서 깨어난 남녀 주인공들은 속세로 돌아와 천수를 누린 뒤에야 천상계에 복귀한다.(14 수능)

- **천상계 ↔ 지상계** 天 하늘천 上 윗상 界 지경계, 地 땅지 上 윗상

'천상계'는 '하늘 위의 세계'를 의미하고, '지상계'는 '땅 위의 세계', 곧 현실 세계,
속세를 의미합니다. 고전 소설 중에는 천상계의 인물이 지상계의 일에 관여하거
나, 천상계의 인물이 지상계로 내려와 여러 일들을 겪는 내용의 작품이 상당히
많습니다.

- [A]에는 지상계에서 고초를 겪게 되는 원인이 천상계에서 지은 죄에 있다는 생각이 드러나 있군.(15 수능)
- 성의가 원래 하계 사람이 아니라는 존자의 말로 보아 천상계가 설정된 이 소설의 특징을 알 수 있군. (18 6월 모평)

- **모티프(motif)**

문학 작품 속에서 자주 반복되어 나타나는 특정한 요소, 즉 가장 작은 서사적 단
위, 낱말, 문구, 사건, 기법, 공식 등을 가리키는 말입니다. 막장 드라마를 보면 사
랑하던 남녀가 알고 보니 남매로 밝혀지는 이야기가 자주 등장합니다. 말하자면
이것이 막장 드라마의 기본 모티프인 셈입니다. 고전 소설에도 이런 모티프가 흔
히 발견됩니다. 흉측한 모습의 주인공이 멋진 인물로 변하는 변신 모티프, 죽었
던 인물이 다시 살아나는 재생 모티프 등이 대표적입니다.

- 윗글의 '새로운 돌부처' 형상에 석공의 얼굴이 새겨진 것은 윗글이 [자료 1]과 [자료 2]의 서사 모티프
  를 이어받은 것으로 볼 수 있군.(15 수능)
- '조웅전'에는 흥미를 이끌어 내는 요소로 '결연' 모티프와 '군담' 모티프가 주로 사용되고 있다.(14 6월
  모평)

- **이본** 異 다를이 本 근본본

기본적인 내용은 같으면서도 부분적으로 차이가 있는 책. 인쇄술이 발달하기 전
의 고전 소설은 사람이 일일이 옮겨 적어서 유통시켰습니다. 그런데 이렇게 사람
이 옮기다 보니 의도적이든 의도적이지 않든 간에 원본과 다소 다르게 적는 경우

도 많았습니다. 또한 인쇄술이 발달한 후에도 원래 작품에 내용을 첨가하거나 보완하여 간행하는 경우도 많았습니다. 그 결과 원본과 내용상 차이를 보이는 작품이 등장하게 되었는데 이를 '이본(異本)'이라고 합니다. '박타령'은 '흥보전', '열녀춘향수절가'는 '춘향전'의 대표적인 이본입니다. 시험에서는 이런 이본들의 내용이나 표현을 비교하게 하는 문제가 간혹 등장합니다.

> • 「홍길동전」은 19세기에 오면 특정 대목을 확대·변형한 이본이 여럿 등장한다. (19 9월 모평)

고전 소설은 그 내용이나 구성에 따라 다시 다음과 같이 분류하기도 합니다.

• 전기 소설   傳 전할 전 奇 기이할 기

기이한 것을 전하는 소설. 중국 당나라에서 발생한 문어체 소설로, 주로 초현실적이고 비현실적인 세계를 다루고 있습니다. 귀신과 인연을 맺거나 용궁에 가는 것과 같은 기괴하고 신기한 일을 내용으로 하죠. 우리나라에서는 김시습의 '금오신화'에 실려 있는 다섯 작품〔만복사저포기(萬福寺樗蒲記), 이생규장전(李生窺牆傳), 취유부벽정기(醉遊浮碧亭記), 용궁부연록(龍宮赴宴錄), 남염부주지(南炎浮洲志)〕이 대표적입니다.

> 예 김시습의 '만복사저포기'
> 전라도 남원 만복사에 양생(梁生)이라는 노총각이 살았습니다. 결혼을 하고 싶었던 양생은, 어느 날 당돌하게도 부처님에게 도전을 하죠. 저포놀이에서 자신이 이기면 좋은 배필을 보내 달라는 것이었는데, 당연히 양생이 이깁니다. 그러자 아름다운 처녀가 나타납니다. 부처님이 소원을 들어주신 걸까요? 어쨌든 양생은 처녀와 가연을 맺은 뒤 다시 만날 것을 약속하고 헤어집니다. 그런데 사실 그녀는 3년 전에 이미 죽은 여자였죠. 양생은 귀신과 인연을 맺은 것입니다. 어느 날 밤 처녀의 혼령이 나타나 자신은 다른 나라에서 남자로 태어났으니 양생도 불도를 닦아 윤회에서 벗어나라고 합니다. 그 후 양생은 처녀를 그리워하며 지리산에 들어가 약초를 캐며 혼자 살았다고 합니다.

> • 우리나라 전기 소설(傳奇小說)은 중국의 전기(傳奇)와 우리의 설화 등 다양한 서사 갈래의 영향을 받아 성립했다. (17 9월 모평)
> • 전기적(傳奇的) 요소를 활용하여 환상성을 부여하고 있다. (14 고2 성취도)

• 영웅 英雄 소설

주인공의 영웅적 삶을 그린 소설. '영웅의 일대기'라는, 영웅 신화에서 추출된 서사 구조를 갖추고 있는 작품입니다.

@ '유충렬전'

명나라 영종 연간에 ①정언주부正言注簿의 벼슬을 하던 '유심'은 늦도록 자식이 없어 한탄하다가 남악 형산에 ②치성을 드리고 신이한 태몽을 꾼 뒤 유충렬을 낳습니다. 충렬은 ③천상적 존재가 인간계에 태어난 인물로, 어릴 때부터 비범한 능력을 보이며 영웅의 기상을 드러냈습니다. 충렬이 7세가 되던 해에, 조정의 신하들 중에 역심逆心을 품은 정한담, 최일귀 등이 정적政敵인 ④유심을 모함하여 귀양 보내고, 유심의 집에 불을 질러 ④충렬 모자마저 살해하려고 합니다. 그러나 충렬은 정한담의 마수에서 벗어나 ④갖은 고난을 겪다가 ⑤아버지의 친구인 강희주를 만나 그의 사위가 되죠. 하지만 ⑥강희주마저 정한담의 공격을 받아 귀양을 가게 되고, 강희주의 가족도 모두 흩어집니다. 충렬도 아내와 이별하고 백룡사의 노승을 만나 무예를 배우며 때를 기다립니다.

이때 남적과 북적이 반기를 들고 명나라에 쳐들어오죠. 간신 정한담은 남적에게 항복한 뒤 오히려 남적의 선봉장이 되어 천자를 공격합니다. 천자가 항복하려 할 때, 충렬이 등장하여 ⑦천자를 구출하고 단신으로 반란군을 제압합니다. 그리고 자신의 가족들을 구하고 정한담 일파를 물리친 뒤 ⑦높은 벼슬에 올라서 부귀영화를 누립니다.

영웅 소설의 전형적인 서사 구조를 지닌 작품입니다. 〈참고〉의 내용을 대응시켜 보세요.

- '고난 – 위기 – 극복'의 영웅 소설 구조를 유지하면서도 여성 영웅의 형상을 그려 낸다.(16 6월 모평)
- 한국 문학에는 영웅을 주인공으로 하는 이야기들이 있다. 주몽 신화나 아기장수 설화, '홍길동전', '유충렬전' 등이 그러한 예이다.(11 고2 성취도)

참고 영웅의 일대기(일생)

① 고귀한 혈통

- 주몽은 천제(天帝)의 아들 해모수와 하백(河伯)의 딸 유화 사이에서 태어났다.(11 고2 성취도)

② 비정상적 잉태 혹은 출생

- 신이한 태몽을 가지고 탄생한다.(11 6월 모평)
- 주몽은 알 상태로 태어났기 때문에 버려졌으나 짐승들의 보살핌으로 무사히 사내아이로 자라났다.(11 고2 성취도)
- '금방울전'은 비정상적인 모습으로 태어난 주인공이 온갖 고난과 시련을 극복한 후, 방울을 깨고 사람으로 변신하는 과정을 그리고 있다.(13 수능)

③ 탁월한 능력

- 주몽은 태어난 지 한 달 만에 말을 했고 활을 쏘면 빗나가는 일이 없었다.(11 고2 성취도)
- '홍계월전'은 비범한 능력을 가진 여성 영웅 홍계월의 활약상을 그린 작품이다.(16 6월 모평)

④ 어려서 버려지고((기아)棄兒) 죽을 고비에 이름

- 어려서 부모를 여의고 고생한다.(11 6월 모평)
- 막씨가 금방울을 '깊은 물'과 '아궁이'에 들이치는 행위는 어머니에 의한 금방울의 시련을 형상화한 것이다.(13 수능)

⑤ 구출, 양육자를 만나서 죽을 고비에서 벗어남

- '월경 대사'는 '조웅'의 수련을 돕는 것으로 보아 조력자의 역할을 하고 있군.(14 6월 모평)

- 여공이 어린 홍계월을 구하여 입신양명하게 한 것에서 주인공이 1차 위기를 조력자의 도움으로 극복했음을 확인할 수 있군.(16 6월 모평)

⑥ 자라서 다시 위기에 부딪힘

⑦ 위기를 투쟁으로 극복해 승리자가 됨

- '남적'을 소탕하고 금의환향하는 유충렬을 백성들이 환대하는 것에서, 유충렬이 영웅으로 귀환하고 있음을 알 수 있군.(15 9월 모평)
- 주몽은 형제들의 핍박으로 죽을 고비를 겪지만 하늘의 도움으로 고구려를 건국한다.(11 고2 성취도)

• 몽자류 소설 夢꿈몽 字글자자 類무리류

제목에 '몽(夢)' 자가 붙은 소설로, 환몽(幻夢) 구조를 지니고 있습니다. 주인공이 꿈을 통해 새로운 인물로 태어나 파란만장한 일생을 겪은 뒤 다시 본래의 자아로 되돌아오는 이야기가 전지적 작가에 의해 서술됩니다. 현실과 꿈이 별개인 한편, 현실과 꿈 모두가 의미 있어, 현실에 대한 깨달음을 꿈에서 알게 됩니다. 이런 작품에서 나타나는 현실 인식은 일장춘몽(一場春夢 : 한바탕의 봄꿈이라는 뜻으로, 헛된 영화나 덧없는 일을 비유적으로 이르는 말), 남가일몽(南柯一夢 : 남가군을 다스리던 꿈이라는 뜻으로, 꿈과 같이 헛된 한때의 부귀영화를 이르는 말)의 성격이 강합니다.

> **환몽 구조** 幻헛보일환 夢꿈몽
> 주인공이 입몽(入들입 夢꿈몽 : 꿈으로 들어감) 과정을 거쳐 꿈속에서 새로운 인물로 태어나 새로운 삶을 체험한 뒤, 각몽(覺깨어날각 夢꿈몽 : 꿈에서 깨어남) 과정을 거쳐 깨달음을 얻게 되는 구조

예 '구운몽'
중국 당나라 때 육관 대사라는 고승高僧에게 성진이라는 제자가 있었습니다. 어느 날 팔선녀를 만난 성진은 그녀들의 미모에 혹해서 속세의 부귀영화를 그리워하게 됩니다. 그러다가 그 벌로 지옥에 떨어지고 다시 인간 세상에 환생하여 양소유楊少遊가 되죠. 물론 팔선녀도 같은 죄로 인간 세상에 환생합니다. ← 꿈꾸기 전(현실)
회남 수주현 양 처사의 아들로 태어난 성진(양소유)은 입신양명하여 부귀영화를 누립니다. 2처 6첩(팔선녀의 환생)과 인연을 맺은 것은 물론이고요. 그러나 어느 날 문득 인생의 허무함을 느끼게 되죠. 그때 한 노승을 만나서 꿈에서 깨어납니다. ← 꿈
깨어나 보니 자기는 그저 중일 뿐, 그 모든 부귀영화는 하룻밤의 꿈에 불과했죠. 꿈에서 깨어난 성진은 대사 앞에 나아가 엎드리고 팔선녀도 제자가 되기를 청합니다. 후에 아홉 사람은 계속 도를 닦아 극락 세계로 갑니다. ← 꿈에서 깨어난 후(현실)

<꿈꾸기 전>　　<꿈속>　　<꿈에서 깨어난 후>

- 우리 서사 문학 속에서 '환몽(幻夢) 구조'의 이야기는 시대에 따라 다양한 변화의 양상을 보이지만 공통적으로 '현실'과 '꿈'의 이원 구조로 사건이 전개된다.(13 고2 성취도)
- '옥루몽'의 환몽(幻夢) 구조는 독특하다. 천상계에서 꿈을 통해 속세로 진입한 남녀 주인공들은 속세에서 다시 꿈을 꾸어 천상계를 경험하는데, 이때 신이한 존재에 의해 자신의 정체를 깨달으며 꿈에서 깨어나게 된다.(14 수능)

몽유록계 소설　夢꿈몽 遊놀유 錄기록할록 系묶을계

꿈에서 본 내용을 기록한 소설로, 몽유(夢遊) 구조를 지니고 있습니다. 서술자(등장인물)가 꿈꾸기 이전의 자신의 동일성과 의식을 유지한 채 꿈속의 세계로 나아가 일련의 일들을 겪은 뒤 본래의 현실로 귀환하여 그 체험 내용을 스스로 서술하는 구조입니다. 서술자가 꿈속에서 여러 인물을 만나 이야기를 주고받거나 그들의 모임에 참석하여 보고 들은 내용이 주를 이루게 됩니다. 따라서 현실은 그다지 의미가 없고 단지 액자 형식을 취하게 하는 장치에 불과한 경우가 많습니다. 꿈이라는 비현실적 세계를 빌려 오히려 현실적 세계에 대해 비판하는 성격의 작품이죠.

> **몽유 구조**　夢꿈몽 遊놀유
> 서술자(등장인물)가 입몽入夢 과정을 거쳐 꿈에 들어가 그 속에서 노닐면서 여러 인물들을 만나 이야기를 주고받거나 그들의 모임에 참석하여 보고 들은 내용을 각몽覺夢 후에 서술하는 구조

예 '운영전'

선조 때 선비 유영이 안평대군의 옛 집인 수성궁 터에 들어가 홀로 술잔을 기울이다 잠이 들었습니다. ◀── 꿈꾸기 전(유영의 이야기 : 외화)

유영은 밤중에 잠에서 깨어나 안평대군의 궁녀였던 운영과 김 진사를 만나 그들의 이야기를 듣게 됩니다. 안평대군의 별궁에 살던 운영은 안평대군을 찾아온 김 진사에게 반하고, 둘은 남몰래 사랑을 나누었습니다. 그러나 안평대군이 이 사실을 알게 되자 운영은 자책감 때문

에 자결하고 말죠. 김 진사 역시 슬픔이 병이 되어 죽게 됩니다. 이런 이야기를 마친 김 진사
와 운영은 자신들의 사랑을 사람들에게 전해 달라고 부탁합니다. ← 꿈(운영의 이야기 : 내화)
유영이 다시 취중에 졸다가 깨어 보니 김 진사와 운영의 일을 기록한 책만 남아 있었습니
다. 유영은 그것을 가지고 명산대천을 두루 돌아다녔는데, 그 마친 바를 알 수는 없습니다.
← 꿈에서 깨어난 후(유영의 이야기 : 외화)

- ## 적강 소설   謫귀양적 降내릴강

원래는 천상계의 인물이었던 주인공이 천상에서의 죄로 인해 인간 세상에 내려
오거나 사람으로 태어나 지상계에서 살다가, 죗값을 다 치른 후 다시 원래의 천
상계로 되돌아가는 구조를 지닌 소설입니다. 우리 고전 소설에는 적강의 요소를
가진 작품이 상당히 많습니다. '유충렬전', '숙향전' 등 영웅 소설에 속하는 작품
들에서는 흔히 주인공의 비범함을 부각하기 위해 '그가 원래는 천상계의 인물이
었다.'라는 식으로 이야기를 전개합니다. 심지어는 '심청전' 같은 작품에도 심청
이 원래는 천상계의 인물이었다는 이야기가 나옵니다. 말하자면 적강은, 우리 고
전 소설의 단골 레퍼토리인 것이죠.

> 예 '김원전'
> 천상계의 별이 죄를 지어 지상으로 적강합니다. 그 별은 김원이라는 인물로 태어나는데,
> 김원은 지상계에서 온갖 고난을 이기고 영웅적 활동을 펼친 후 신선이 되어 천상계로 돌아
> 갑니다.

- 주인공이 천상에서 죄를 지어 지상으로 내려와 살다가 다시 천상으로 돌아가는 화소를 적강 화소(謫
  降話素)라 한다.(11 9월 모평)
- 고전 소설 중에는 '천상'과 '선계'를 포함하는 '천상계'와 인간 세상인 '지상계'가 인과응보의 원리에
  의해 연결되어 서사가 진행되는 작품들이 많다.(15 수능)
- [B]에는 천상계에서 높은 신분인 인물이라도 죄를 지으면 지상계에 내려와 고난을 겪어야 한다는
  생각이 드러나 있군.(15 수능)

- ## 군담 소설   軍군사군 談말씀담

주인공이 전쟁을 통해서 영웅적 활약을 펼치는 소설. 작중 인물이나 사건이 모두
허구인 창작 군담 소설은 주로 외적의 침입과 간신의 반란을 평정하는 이야기입
니다. 이때 주인공은 명문가에서 치성을 드려 얻은 아들로, 어려서 많은 고난을
겪다가 도사를 만나 도술과 무예를 배우고, 국가의 위기 상황에 등장하여 적을
물리치고 왕권을 수호하는 영웅적 활약을 전개하여 높은 벼슬과 부귀영화를 누
리게 됩니다. 작품의 배경은 대개 중국인데, '유충렬전', '조웅전' 등이 대표적입

니다. 반면 역사 군담 소설은 실제 역사를 배경으로 하는 이야기로, 임진왜란을 배경으로 한 '임진록'과 병자호란을 배경으로 한 '임경업전', '박씨전' 등이 대표적입니다. 작품의 전체적 전개는 역사적 추이를 따르지만 일화를 중심으로 비현실적 도술에 의한 전쟁 양상을 기술하고 있습니다.

> • '임진록'은 임진왜란이라는 역사적 사실을 소재로 한 역사 군담 소설로서, 역사에 허구를 더해 전란으로 인해 상처받은 민족적 자존감을 보상하면서 전란의 피해와 책임에 대한 민중들의 생각과 정서를 반영하고 있다.(13 6월 모평)

• 염정 소설   艶 고울염 情 뜻정

남녀 간의 사랑을 주제로 하는 소설을 이르는 말입니다.

> 예 '운영전'(← '몽유록계 소설'의 예 참고), '숙향전'

• 명혼 소설   冥 어두울명 婚 혼인할혼

죽은 사람과 산 사람의 사랑을 다룬 소설로, 저승으로 간 혼이 이승으로 돌아와 혼인하여 살다가 다시 저승으로 돌아가는 내용이 주를 이룹니다.

> 예 김시습의 '만복사저포기'(← '전기 소설'의 예 참고), '이생규장전'

• 가정家庭 소설

가정을 배경으로 가정 문제나 가족 생활, 또는 가족 관계를 그린 소설입니다. 처첩 간의 갈등('사씨남정기')이나 계모와 전처 소생 간의 갈등('장화홍련전') 등 가정 내의 문제를 주로 그리고 있습니다.

> 예 김만중의 '사씨남정기', '장화홍련전'

• 판소리계 소설

판소리를 바탕으로 이루어진 소설. 판소리 사설과 기본적인 줄거리는 비슷하지만 이본(異本 : 기본적인 내용은 같으면서도 부분적으로 차이가 있는 책)에 따라 표현과 내용이 다양하게 나타나는데, 이는 판소리를 소설로 바꾸는 과정에서 각색자의 관점이나 독자의 요구가 반영된 결과로 볼 수 있습니다. 판소리계 소설은 다음과 같은 특징을 보여 주는데, 이 특징은 대부분 판소리의 특징이기도 하죠.

> **참고** 판소리계 소설의 특징
>
> ① **양반의 언어와 서민의 언어가 공존** : 비속어, 욕설, 상투적인 비유와 함께 한자어 관용구나 한자성어, 고사 등이 섞여 있음
>
> ② **긴장과 이완의 문학** : 비장미와 골계미가 반복되어 나타남
>
> ③ 노래하기, 말하기, 보여주기의 요소가 모두 제시됨
>
> ④ 풍자와 해학
>
> ⑤ 표면적 주제와 이면적 주제가 존재
>
> ⑥ **부분의 독자성** : 판소리 사설의 특성상 일부분만 창을 하는 경우가 많아서 그 부분의 내용이 확장되거나 강조된 결과임
>
> ⑦ **장면의 극대화** : 독자가 관심과 흥미를 가지는 부분을 확장하여 서술함
>
> ⑧ **율문성** : 동일 어구나 유사 어구의 반복이 많음. 4 · 4조 중심의 운문체, 의성어와 의태어의 사용이 두드러짐
>
> ⑨ 현재 시제
>
> ⑩ **전지적 시점과 편집자적 논평(서술자의 개입)** : 독자와의 거리를 좁히는 효과
>
> ⑪ **적층(積쌓을적 層층층)성** : 입에서 입으로 전달되면서 여러 사람들의 이야기가 '쌓여' 변형되고 다양화됨

예1 여봐라 이놈 별주부야. 야 이놈 몹쓸 놈아. 왕명이 지중커늘 내가 어이 기만하랴. 옛말을 네가 못 들었느냐. 하걸夏桀 학정으로 용봉을 살해코 미구未久에 망국 되었으니 너도 이놈 내 배를 따 보아 간이 들었으면 좋으련만 만일에 간이 없고 보면 불쌍한 나의 목숨이 너의 나라서 원귀 되고 너의 용왕 백 년 살 것을 하루도 못 살 테요, 너의 나라 만조백관 한날한시에 모두 다 몰살시키리라. 아나 옛다 배 갈라라. 똥밖에는 든 것 없다. 내 배를 갈라 내 보아라.
　　 – '수궁가'

> 욕설이나 비속어를 사용하다가도 어려운 고사를 인용합니다. 양반의 언어와 서민의 언어가 공존하는 것이죠. 양반층과 서민층에 걸쳐 두루 향유된 판소리계 소설의 성격을 잘 보여 주는 부분이라 할 수 있습니다.

- [B]에는 비속어와 유식한 한자어가 함께 나타나 있다. (18 고2 성취도)
- 열거의 방식으로 인물의 외양을 해학적으로 표현하고 있다. (15 6월 모평)

예2 흥부는 집도 없이 집을 지으려고 집 재목을 구하러 갈 양이면 만첩청산 들어가서 작은 나무 큰 나무를 와드렁 퉁탕 베어다가 안방 대청 행랑 몸채 내외분합 물림퇴에 살미살창 가로닫이 입구(口) 자로 지은 것이 아니라 이놈은 집 재목을 구하려고 수수밭 틈으로 들어가서 수숫대 한 뭇을 베어다가 안방 대청 행랑 몸채 두루 짚어 말집(斗屋)을 꽉 짓고 돌아보

니 수숫대 반 뭇이 그저 남았구나. 방안이 넓든지 말든지 양주 兩主 드러누워 기지개 켜면 발은 마당으로 가고, 대고리는 뒤곁으로 맹자 아래 대문하고 엉덩이는 울타리 밖으로 나가니 동리 사람들이 출입하다가 이 엉덩이 불러 들이소 하는 소리

– '흥부전'

형에게 쫓겨나 집도 없는 흥부의 가련한 처지(비장미)를 이야기하는데, 엉뚱하게도 웃긴 표현(골계미)을 사용하고 있습니다. 이처럼 판소리나 판소리계 소설은 비장함으로 긴장을 자아내는 장면에서 해학을 통해 골계미를 유발함으로써 그 긴장을 이완시키는 경우가 많습니다.

• 희극적인 요소를 도입하여 심각한 작중 상황을 편안하게 이완시킨다.(06 고1 성취도)

고전 수필 古典隨筆

한글 수필은 17세기 양대 전란 이후에 민간과 궁중에서 동시에 성행하기 시작했습니다. 일기, 기행문, 수기, 회고록, 궁정 수필, 내간, 창작 수필 등 다양한 작품이 존재하죠. 이 중 특히 여성 작가의 작품은 간곡한 정서와 우아한 표현으로 인간미 넘치는 내간체 문장을 보여 주고 있습니다.

• **설 說 말씀설**

사실을 전달하거나 체험을 서술하는 부분과 그에 대한 글쓴이의 의견이나 깨달음을 제시하는 두 부분으로 구성된 한문 수필. 대부분 글쓴이의 의견을 직접적으로 표출하기보다는 다른 사물에 빗대어 비유하거나 풍자하는 우의적인 표현 방법을 사용합니다. 말을 빌려 탄 경험에 빗대어 소유에 대한 깨달음을 표현한다거나(이곡의 '차마설(借빌릴차 馬말마)'), 지붕 고치기의 경험에서 유추하여 잘못을 바로 고치는 태도에 대해 이야기하는(이규보의 '이옥설(理다스릴이 屋집옥)') 방식 등이 그것입니다.

• 현대의 수필 중에는 과거의 산문 양식인 '설(說)'과 비교해 볼 만한 작품들이 있다. 이들 작품은 구체적 경험을 서술하거나 사물 또는 자연의 이치를 밝힌 뒤, 유추의 방식으로 깨달음을 드러내는 구조를 가진다.(15 고2 성취도)

• **내간체 內안내 簡편지간**

조선 시대에 부녀자들이 쓰던 산문 문체. 일상어를 바탕으로 말하듯이 써 내려간 것으로, 편지와 기행문, 생활 기록 등에 널리 쓰이면서 이루어진 한글 문체입니다. 한문과는 달리 관념성, 규범성에서 벗어나 일상적인 체험과 느낌을 진솔하게 표현하며, 여성다운 섬세한 관찰력과 표현력을 보여 줍니다.

판소리

광대 한 사람이 고수의 북 장단에 맞추어 서사적인 이야기를 소리(唱, 노래)와 아니리(말)로 엮어 발림(몸짓)을 곁들이며 공연하는 우리 고유의 민속악을 일컫는 말입니다.

- 판소리 연행의 영향으로 리듬감 있는 문체가 사용되고 있다.(10 고2 성취도)
- 창(唱)과 아니리가 교차하면서 갈등이 고조된다.(10 6월 모평)

> **참고** 판소리 용어
>
> - **광대** : 창자唱者, 노래 부르는 사람
> - **고수鼓手** : 북 장단을 맞추는 사람
> - **아니리** : 광대가 창을 하면서 사이사이에 극적인 줄거리를 엮어 나가는 말
> - **추임새** : 고수 또는 청중이 내는 탄성으로, 흥을 돋우는 소리. '얼씨구', '좋다', '그렇고 말고', '어허' 등이 있음
> - **발림** : 창을 하면서 하는 동작
> - **너름새** : '발림'과 같은 의미이지만 가사, 소리, 몸짓이 일체가 되었을 때를 가리킴
> - **더늠** : 어떤 광대가 창작하여 삽입한 마디

판소리를 제대로 감상하려면 판소리 장단을 이해할 필요가 있습니다. 판소리 장단을 '느린 것 → 빠른 것'의 순으로 배열해 보면 다음과 같습니다.

진양조장단

판소리 장단 가운데 가장 느립니다. 사설의 극적 전개가 느슨하고 서정적인 대목에서 흔히 쓰이죠.

중모리장단

어떤 사연을 담담히 서술하는 대목이나 서정적인 대목에서 흔히 쓰입니다.

- **중중모리장단**

  춤 추는 대목, 활보하는 대목, 통곡하는 대목 등에서 쓰입니다.

- **자진모리장단**

  어떤 일이 차례로 벌어지거나 여러 가지 사건을 늘어놓는 대목, 격동하는 대목 등에서 흔히 쓰입니다.

- **휘모리장단**

  자진모리장단을 더욱 빠르게 휘몰아 나가는 것으로, 판소리 장단 가운데 가장 빠릅니다. 어떤 일이 매우 빠르게 벌어지는 대목에서 흔히 쓰입니다.

민속극 民俗劇

민간에서 전해 오는 습속, 전설 등을 내용으로 하는 연극. 가면극(탈놀음, 탈춤)이 대표적이죠. 가면극에서는 연기자의 일부 또는 여러 사람이 가면을 쓰고 등장해서 극적인 장면을 연출합니다. 이 가면극은 18세기 중엽 이후 새로운 상업 도시가 등장하면서 그 도시의 주민과 상인이 중심이 되어 도시 탈춤으로 변모하게 됩니다. 서민 대중의 생활 감정이 강렬하게 반영되어 있고, 인물들 사이의 갈등이 박진감 있게 구현되어 있습니다. 또한 하층 민중의 삶과 배치되는 지배 계층의 허위의식이 다각도로 비판되고 있습니다.

> 예 '봉산 탈춤'

현대 소설의 흐름

1906년 이인직의 '혈의 누'를 시작으로 신소설(← p.112 '신소설' 참고)이 출현하게 됩니다. 신소설은 개화기 이후부터 이광수의 '무정'(1917)이 쓰여지기 전까지의 소설로, 고전 소설에서 현대 소설로 이행하는 교량 역할을 합니다. 보통 현대 소설은 이광수의 '무정' 이후부터의 소설을 가리키죠.

• **1920년대 소설**

현대 소설의 본격적인 전개는 1920년대부터 나타납니다. 이 시기에는 다양한 작품들이 등장하는데, 대표적인 것은 일제 강점하의 가난한 현실을 사실주의적으로 형상화한 작품들(예 김동인의 '감자', 현진건의 '빈처')입니다.

이후에 나타난 계급주의 소설(예 최서해의 '홍염')은 식민지 수탈로 피폐해진 농촌과 도시 노동자들의 실상을 드러내려 했으며 폭력, 방화, 살인 등을 주요 소재로 삼았습니다.

• **1930~40년대 소설**

일제의 통제가 심해진 1930년대 이후에는 모더니즘 계열의 소설(예 이상의 '날개'), 농촌 소설(예 김유정의 '동백꽃'), 역사 소설(예 박종화의 '금삼의 피'), 인간의 운명을 탐구하는 소설(예 김동리의 '무녀도')들이 주류를 이루게 됩니다.

• **광복 후~1950년대 소설**

광복 후에는 일제 강점기를 반성하는 소설들이 등장하고, 6 · 25 전쟁 후에는 전쟁 체험과 그 상처, 전후의 세태 등을 다룬 소설(예 오상원의 '유예', 황순원의 '학', 손창섭의 '비 오는 날')들이 다양하게 등장하게 됩니다.

• **1960~70년대 소설**

1960~70년대에는 4 · 19 혁명의 실패와 독재 등으로 인한 지식인의 좌절을 세련된 감수성으로 표현한 소설(예 김승옥의 '무진 기행'), 분단 문제를 성찰하는 소설(예 최인훈의 '광장', 윤흥길의 '장마'), 도시화 · 산업화에 따른 도시 빈민의 문제를 다룬 소설(예 조세희의 '난쟁이가 쏘아 올린 작은 공', 윤흥길의 '아홉 켤레의 구두로 남은 사내') 등이 등장합니다.

• **1980년대 이후 소설**

1980년대 이후에는 자본주의의 발달에 따른 소시민의 삶을 다룬 소설(예 양귀자의 '한계령'), 분단 · 독재 · 민중의 삶을 다룬 대하 소설(예 조정래의 '태백산맥', 황석영의 '장길산') 등 다양한 작품들이 등장하게 됩니다.

Ⅱ

독서

01 | 서술

1. 진술 방식 陳 베풀진 述 펼술

펼치어 이야기하는 방식. 곧 서술 방식이라고 할 수 있습니다. 글쓴이는 글을 통해 독자에게 이야기를 합니다. 당연히 자신의 이야기가 가장 잘 전달될 수 있는 방식으로 말을 하겠죠? 따라서 글의 진술 방식은 글을 쓰는 사람의 의도, 즉 글의 목적에 따라 달라지게 됩니다. 설득이 목적인 글이라면 논증적인 진술 방식이 선택될 것이고, 이해가 목적인 글이라면 설명적인 진술 방식이 선택될 것입니다. 또한 진술 방식은 소재에 따라서도 달라질 수 있습니다. 그림 그리듯이 보여주는 것이 알맞은 소재라면 묘사적인 진술 방식이 선택되겠죠. 진술 방식은 크게 설명, 논증, 묘사, 서사로 나누어집니다.

• (가)와 (나)의 서술 방식으로 가장 적절한 것은?(21 6월 모평)

설명 說 말씀설 明 밝힐명 → p.193 '전개 방식' 참고

어떤 일이나 대상의 내용을 잘 알 수 있도록 밝혀서 말하는 방식. 독자에게 지식이나 정보를 제공하는 글, 그러니까 이해를 목적으로 하는 글에서 주로 사용하는 진술 방식입니다. 설명문이나 사전, 교과서, 해설서, 안내서 등이 이 방식을 주로 활용하죠.(여러분이 보고 있는 이 책 역시 설명을 주로 하고 있답니다.) 글쓴이는 공정한 입장에서 객관적인 태도로 정보를 제공할 뿐, 자신의 생각이나 의견 등은 제시하지 않습니다. 설명의 효과를 높이기 위해 지정, 정의, 분류, 분석, 비교, 대조, 예시, 유추, 과정, 인과 등 여러 가지 설명 방법이 활용됩니다.

논증 論 논할논 證 증거증 → p.199 '02. 논증과 추론' 참고

옳고 그름을 근거를 들어 밝히는 방식. 글쓴이가 자신의 주장이나 견해를 내세워 독자를 설득하는 것을 목적으로 하는 글에서 사용되는 방식입니다. 논설문, 연설문, 보고서 등에 많이 쓰이죠. 그런데 설득을 하려면 설득력이 있어야겠죠? 설득력은 근거가 확실할 때 생깁니다. 따라서 논증의 방식으로 진술되는 글에서는 주장을 뒷받침하는 근거가 반드시 갖추어져야 합니다.

묘사 描 그릴묘 寫 베낄사

감각적으로 그려 내는 방식. 어떤 대상이나 사물, 현상 등을 마치 눈앞에서 보고 느끼는 것처럼 그려 내는 것으로, 인상의 전달을 목적으로 합니다. 소설 등의 문학 작품에서 많이 활용되는 방법으로 현장감과 생동감을 느낄 수 있습니다.

서사 敍 펼서 事 일사

일을 있는 그대로 진술하는 방식. 사건의 진행 과정이나 사물의 변화 등을 시간의 흐름에 따라 구체적으로 풀어 이야기하는 방식입니다. 사건 중심의 줄거리 전달을 목적으로 하는데, '시간, 움직임, 의미'가 필수적인 요소입니다. 소설, 설화, 신문 기사, 기행문 등에서 주로 활용됩니다.

- 시대의 변화에 따른 중심 화제의 성격 변화를 서술하고 있다.(13 9월 모평)
- 작가주의에서 쟁점이 되는 부분을 시간의 흐름에 따라 설명하고 있다.(15 6월 모평)

2. 전개 방식 展 펼전 開 열개

내용을 펼쳐 진전시켜 나가는 방식. 진술 방식이 이야기하는 방식이라면 전개 방식은 그런 진술에 동원되는 방법이라고 볼 수 있습니다. 그런데 이 두 개념은 흔히 명확히 구분되지 않은 채 사용됩니다. 겹치는 내용도 많으니까요. 중요한 것은 둘을 명확히 구분하는 것이 아니라 여러 가지 방식들을 정확히 이해하고 글을 쓸 때나 읽을 때 제대로 활용하는 것이겠죠. 전개 방식은 정태적 전개 방식과 동태적 전개 방식으로 나누기도 합니다.

- 윗글의 내용 전개 방식으로 가장 적절한 것은?(20 수능)
- 윗글의 설명 방식으로 가장 적절한 것은?(13 수능)

(1) 정태적 전개 방식 靜 고요할정 態 모습태

변화나 움직임이 없는, 다시 말하면 시간과 관계가 없는 전개 방식입니다.

지정 指 가리킬지 定 정할정

가리키어 확실하게 정하는 방식. 마치 손가락으로 어떤 대상을 가리키며 말하는 것처럼, 있는 그대로를 일러 주는(확인하는) 방식입니다. '그것은 무엇인가?' 또는 '그는 누구인가?'와 같은 질문에 대해 직접적이고 간단명료하게 답하는 방식이라고 볼 수 있죠. 대상이나 사실을 확인함으로써 관심을 높이거나 다음 내용을 진술하기 위한 기초로 삼으려는 설명 방식입니다.

예 인간은 동물이다.

> 인간을 가리켜 동물이라고 지정하고 있습니다. 다음에 이어지는 내용은 아마도 이 설명을 발판으로 삼은 본격적인 이야기가 될 것입니다.

정의 定 정할정 義 뜻의

어떤 말이나 사물의 뜻을 명백히 밝혀 규정하는 방식. 용어의 개념, 사물의 뜻을 규정함으로써 그 본질적 속성을 명확하게 이해시키고 앞으로 전개할 내용의 방향이나 범위에 대해 알려 주는 방식입니다. 정의가 성립하려면 정해진 형식과 규칙에 맞아야 합니다.

예 인간은 이성적 동물이다.

> '인간은 동물이다.'는 단순한 '지정'에 불과하지만 '인간은 이성적 동물이다.'는 인간의 본질적 속성을 규정한 '정의'입니다. 이 정의는 뒤에 이어지는 글의 내용이 이성적 동물로서의 인간의 특성에 관한 것일 것임을 짐작하게 합니다.

- 개체화 현상에 대한 정의를 바탕으로 이와 유사한 사회적 개념들을 비교하였다.(16 6월 모평)
- 관련된 주요 용어의 정의를 바탕으로 통화 정책의 대표적인 수단을 설명하고 있다.(18 6월 모평)
- 개체에 대한 정의를 제시한 후 세포의 생물학적 개념이 확립되는 과정을 서술하고 있다.(20 6월 모평)

> **참고** 정의의 형식과 규칙
>
> **인간은 이성적 동물이다.**
> 종개념   종차   유개념
> 피정의항   정의항
>
> - **종개념**(種씨종) : 하나의 개념(유개념) 속에 포함되어 있는 여러 개의 개별 개념
> - **종차**(種씨종 差다를차) : 한 유개념 속의 어떤 종개념이 다른 종개념과 구별되는 요소
> - **유개념**(類무리유) : 여러 종개념을 포괄하는 상위의 개념
> - **피정의항**(被당할피) : 정의 당하는 항
> - **정의항** : 정의하는 항
> ① 피정의항과 정의항의 두 부분으로 이루어지고 '피정의항=정의항'이어야 한다.
> ② 종개념은 유개념에 포함되어야 하고, 유개념 안에는 피정의항의 종개념과 대등한 수준의 다른 종개념이 존재해야 한다.

③ 종차는 해당 종개념만이 갖고 있는 속성으로, 해당 유개념의 다른 종개념들과 구별되는 특성이어야 한다.
④ 정의는 부정문으로 진술되어서는 안 된다.
⑤ 정의항에는 비유나 불분명한 어휘가 사용되어서는 안 된다.
⑥ 피정의항의 내용이 정의항에서 동어 반복되어서는 안 된다.

분류 分 나눌분 類 무리류

무리를 나누어 설명하는 방식. 어떤 대상들이나 생각들을 공통적인 특성을 기준으로 나누어 설명하는 방식입니다. 보통은 뭉뚱그려서 분류라고 부르지만 간혹은 분류와 구분을 구별하기도 합니다.

• 구분 區 구분할구 分 나눌분

'분류'가 개별적인 것처럼 보이는 대상들을 공통점을 기준으로 몇 가지 종류로 묶어서 전체를 파악하는 방법이라면, '구분'은 일정한 기준에 따라 전체를 몇 가지로 나누어 설명하는 방법입니다.

> 예 축구, 농구, 야구, 탁구, 핸드볼은 구기 종목이다. – 분류 : 하위 항목 → 상위 항목
> 구기 종목에는 축구, 농구, 야구, 탁구, 핸드볼이 있다. – 구분 : 상위 항목 → 하위 항목

- 개체화 현상의 다양한 양상들을 하나의 기준에 따라 분류하였다.(16 6월 모평)
- 소리를 구분하고 그것을 근거로 하여 음악의 형식을 분류하고 있다.(17 6월 모평)
- 간접 광고를 배치 방식에 따라 구분하고 있다.(14 수능)
- 통화 정책의 목적을 유형별로 나누어 제시하고 있다.(18 6월 모평)

분석 分 나눌분 析 쪼갤석

어떤 복잡한 하나의 덩어리를 단순한 요소나 부분들로 나누어 설명하는 방법. 서로 연관된 여러 부분들로 이루어진 대상을 설명하는 데 효과적입니다. 대상에 따라 구조 분석, 과정 분석, 기능 분석, 인과 분석 등의 형태로 나타납니다.

> 예 곤충은 머리, 가슴, 배로 되어 있다.

> 복잡한 생명체인 곤충을 머리와 가슴, 배로 나누어 설명하고 있습니다. 곤충의 구조를 분석한 경우입니다.

- (나)는 18세기 중국의 사상적 변화를 제시하면서 그러한 변화가 지니는 긍정적 측면과 부정적 측면을 분석하고 있다.(21 수능)
- 듣기 좋은 소리와 그렇지 않은 소리가 음악에서 하는 역할을 분석하고 있다.(17 6월 모평)
- 보험 상품의 거래에 부정적으로 작용하는 법률 조항의 문제점을 경제학적인 시각에서 분석하고 있다.(17 수능)

비교 / 대조 比 견줄비 較 견줄교, 對 대할대 照 비칠조

'비교'가 둘 이상의 대상을 견주어 공통점에 초점을 맞추어 진술하는 것이라면 '대조'는 두 대상의 차이점에 초점을 맞추어 진술하는 방식입니다. 하지만 실제 시험에서는 '비교', 또는 '대비'를 '대조'의 의미로 사용하는 경우도 많습니다. 그러므로 전체 문맥을 보고 어떤 의미로 쓰였는지 판단하는 지혜(!)가 필요합니다.

예 소설과 희곡은 모두 작가가 상상해서 꾸며 낸 허구적인 이야기를 다룬다. 그러나 소설은 그 이야기를 서술자라는 대리인을 통해 들려주는 형식을 취하는 반면 희곡은 무대 위에서 인물의 행동과 대화를 통해 직접 보여 준다.

첫 문장은 소설과 희곡을 허구적인 이야기라는 공통점에 초점을 맞추어 '비교'하고 있고, 둘째 문장은 이야기를 전달하는 방식의 차이점에 초점을 맞추어 소설과 희곡을 '대조'하고 있습니다.

- 비교와 대조를 통하여 독자의 이해를 돕고 있다.(11 고2 성취도)
- 중심 대상과 다른 대상들의 공통점과 차이점을 대비하여 설명하고 있다.(13 수능)
- 통화 정책의 신뢰성 확보를 위해 준칙을 지켜야 하는지에 대한 두 견해의 차이를 드러내고 있다.(18 6월 모평)
- 대립되는 두 이론을 소개하고 각 이론의 장단점을 비교하고 있다.(18 수능)

예시 例 법식예 示 보일시

어떤 사실이나 현상에 대해 구체적인 예를 들어 설명하는 방식. 글의 중심 내용을 구체적으로 보여 주거나, 일반적인 진술의 타당성을 구체적인 증거로 뒷받침하고 싶을 때 흔히 예시의 방식이 활용됩니다.

> **예** 어느 의미에서는 고정 불변의 신비로운 전통이라는 것이 존재한다기보다 오히려 우리 자신이 전통을 찾아내고 창조한다고도 할 수가 있다. 따라서 과거에는 훌륭한 문화적 전통의 소산으로 생각되던 것이, 후대에는 버림을 받게 되는 예도 허다하다. 한편, 과거에는 돌보아지지 않던 것이 후대에 높이 평가되는 일도 한두 가지가 아니다. 연암의 문학은 바로 그러한 예인 것이다. 비단, 연암의 문학만이 아니다. 우리가 현재 민족 문화의 전통과 명맥을 이어 준 것이라고 생각하는 거의 모두가 그러한 것이다. 신라의 향가, 고려의 가요, 조선 시대의 사설시조, 백자白磁, 풍속화 같은 것이 다 그러한 것이다.

> '과거에는 돌보아지지 않던 것이 후대에 높이 평가되어 전통이 된 것이 많다.'는 중심 내용을 '연암의 문학, 신라의 향가, 고려의 가요, 조선 시대의 사설시조, 백자(白磁), 풍속화' 등의 예시를 통해 뒷받침하고 있습니다. 이렇게 구체적이고 다양한 예시를 접하게 되면 글쓴이의 생각이 더욱 설득력 있게 느껴지겠죠?

- (가)와 (나)는 모두 18세기 중국의 현실을 제시하면서 그러한 현실이 다른 나라에 미친 영향을 예를 들어 설명하고 있다.(21 수능)
- 통화 정책에서 선제적 대응의 필요성을 예를 들어 설명하고 있다.(18 6월 모평)

유추   類 무리유   推 밀추

두 개의 사물이 여러 면에서 비슷하다는 것을 근거로 다른 속성도 유사할 것이라고 추론하는 방식. 서로 비슷한 점을 비교하여 하나의 사물에서 다른 사물로 추리합니다. 주로 이미 알려진 사실로부터 잘 알려지지 않은 사실을 추측하는 방식입니다.

> **예** 우리말을 제대로 세우지 않고 영어를 들여오는 일은 우리 개구리들을 돌보지 않은 채 황소개구리들을 들여온 우를 또다시 범하는 것이다.

> 영어는 외국에서 들여오는 것이다. 황소개구리도 외국에서 들여왔다. → 알고 있는 유사성
> 황소개구리는 생태계를 교란시켜서 환경을 파괴했다. 영어도 우리말을 파괴할 것이다. → 유추한 내용

- 유추의 방법을 사용하여 독자의 이해를 돕고 있다.(11 고2 성취도)
- 어려운 개념들을 익숙한 대상에 비유하여 설명하고 있다.(13 수능)
- 소비자와 기업의 관계를 유사한 사례에 빗대어 기술하고 있다.(16 9월 모평)

묘사   描 그릴묘   寫 베낄사   → p.193 '묘사' 참고

(2) 동태적 전개 방식 動 움직일동 態 모습태

변화나 움직임이 있는, 다시 말하면 시간의 흐름에 따른 전개 방식입니다.

서사 敍 펼서 事 일사 → p.193 '서사' 참고

과정 過 지날과 程 길정

일이 되어 가는 경로에 따라 전개하는 방식. 어떤 특정한 결말이나 결과를 가져오게 하는 일련의 행동, 변화, 작용 등에 초점을 맞춘 전개 방식으로, 서사가 '무엇'에 관심을 갖는다면, 과정은 '어떻게'에 관심을 갖는 방식입니다.

> 例 눈 벽돌로 만든 집이 어떻게 얼음집으로 될까? 일단 눈 벽돌로 이글루를 만든 후에, 이글루 안에서 불을 피워 온도를 높인다. 온도가 올라가면 눈이 녹으면서 벽의 빈틈을 메워 준다. 어느 정도 눈이 녹으면 출입구를 열어 물이 얼도록 한다. 이 과정을 반복하면서 눈 벽돌집을 얼음집으로 변하게 한다.

> 눈 벽돌이 '어떻게' 얼음집이 되는지의 과정을 서술하고 있습니다.

- 대상의 특성이 변화되는 과정을 기술하고 있다.(15 수능)
- 영화의 변천 과정을 통시적으로 밝혀 사료로서 영화가 지닌 의의를 강조하고 있다.(20 9월 모평)
- 지식에 대한 견해의 변화 과정을 순차적으로 살펴보고 그에 대비되는 지식 경영론의 발전 과정을 소개하고 있다.(16 수능)

인과 因 인할인 果 열매과

어떤 결과를 가져오게 한 힘, 또는 그 힘에 의해 결과적으로 나타난 현상에 초점을 맞추어 전개하는 방식. 과정이 '어떻게'에 관심을 갖는 방식이라면 인과는 '왜'에 관심을 갖는 방식입니다.

> 例 대기권에 있는 기체들은 온실의 유리처럼 지구 표면에 열을 가두어 두는 기능을 한다. 이런 자연적인 온실 효과가 없으면 지구는 알맞은 온도를 유지할 수 없다. 그런데 산업혁명 이후에 화석 연료를 많이 사용하게 되면서 문제가 발생했다. 화석 연료를 태우면 막대한 양의 이산화탄소(CO_2)가 대기 중으로 방출된다. 이산화탄소는 온실 효과를 일으키는 기체들 중 하나로, 화석 연료 연소 과정에서 이산화탄소가 많이 배출되면 지구 표면에 더 많은 열이 갇히게 된다. 이것을 인위적으로 '강화된' 온실 효과라고 하는데 이것 때문에 지구 온난화가 일어난다.

> 지구 온난화의 원인인 온실 효과가 왜 생기는지를 인과의 방식으로 설명하고 있습니다.

- (가)와 (나) 모두 특정 제도가 사회에 미친 영향을 인과적으로 서술하고 있다.(21 6월 모평)

02 | 논증과 추론

앞 단원에서 대표적인 진술 방식 중의 하나로 '논증'에 대해 간단히 살펴보았습니다. 이제 그 논증의 요건과 과정에 대해 좀 더 자세히 알아보기로 합시다. 흔히 논증의 3요소로 꼽히는 것은 명제와 논거, 추론입니다.

1. 명제와 논거

명제 命 목숨명 題 제목제

어떤 문제에 대한 하나의 논리적 판단 내용과 주장을 언어 또는 기호로 표시한 것. 참과 거짓을 판단할 수 있는 내용이라는 것이 특징입니다. 글에 나타나는 명제는 하나의 문장, 즉 주제문의 모양새를 띠게 됩니다. 글쓴이는 이 명제가 참임을 입증해서 독자들이 자신의 주장을 받아들이게 하려고 노력합니다. 그러므로 글 속의 명제는 다음과 같은 요건을 갖추고 있어야 합니다.

① **판단이나 주장을 하나만 담고 있어야 합니다.** – 단일성

② **판단이나 주장이 분명해야 합니다.** – 명료성

③ **선입견이나 편견이 없어야 합니다.** – 공정성

- 정합설에서 참 또는 거짓을 판단하는 기준은 명제들 간의 관계이다.(15 6월 모평)
- A는 (ㄱ)과 (ㄴ) 중 하나는 '참'인 명제라고 생각하겠군.(16 6월 모평)

명제는 사실 명제, 가치 명제, 정책 명제 등으로 나누어집니다.

• 사실 명제

사실(事實) 판단. 어떤 것이 진실이라고 주장하는 것으로, 객관적 사실이나 역사

적 · 과학적 사실 등을 드러내는 명제입니다. 보통 '~이다'로 표현되죠.

> 예 병자호란은 청나라가 조선을 침략한 전쟁이다.
> 지구는 태양 주위를 돈다.

• 가치 명제

가치(價値) 판단. 어떤 대상의 가치에 대한 주관적인 판단을 드러내는 명제입니다.

> 예 인간의 본성은 선하다.
> 여자는 남자보다 감성적이다.

• 정책 명제

당위(當마땅당 爲할위 : 마땅히 그래야 하는 것) 판단. 어떤 행동이나 상태가 바람직하다고 주장하는 명제입니다. 보통 '~해야 한다'로 표현되죠.

> 예 자식은 부모를 공경해야 한다.
> 식당에서는 뛰지 말아야 한다.

곧 겨울이 온다구. 사실 명제

이봐~ 삶은 즐기는 거야. 가치 명제

일한 자만 먹게 해야 해. 정책 명제

논거   論논할논 據근거거

명제의 타당성이나 진실성을 뒷받침하기 위해 쓰이는 이유나 근거. 주장만으로는 독자를 설득하기 쉽지 않습니다. 그렇기 때문에 독자가 믿을 수 있도록 논리적인 근거, 즉 논거를 제시하게 됩니다. 논거는 다음과 같은 요건을 갖추고 있어야 합니다.

> **참고** 논거의 요건
>
> ① 정확하고 구체적이어야 한다. : 출처가 명확한 것, 사실과 의견이 분명하게 구별된 것, 합리적으로 해석되어 누구도 의심할 수 없는 것, 보편적인 진리나 객관적인 사실, 공인된 통계나 권위 있는 의견 등
> ② 주제를 뒷받침해야 한다.
> ③ 수긍할 수 있는 것이어야 한다. : 이미 검증되어 일반화된 주장이나 결론, 당연한 신념이나 일반적 원칙, 명백히 증명될 수 있는 생각, 대표성을 갖춘 논거 등

④ 풍부하고 다양할수록 좋다.

⑤ 글쓴이의 해석을 거쳐 순화된 것이어야 한다.

⑥ 흥미를 끌 수 있어야 한다.

⑦ 과장되거나 왜곡되어서는 안 된다.

논거는 그 성격에 따라 사실 논거, 소견 논거로 나누어집니다.

• 사실 논거

누구나 인정할 만큼 구체적이고 확실하여 더 이상 검증을 거칠 필요가 없다고 생각되는 것, 즉 '사실(事實)'을 논거로 사용하는 것입니다. 역사적인 사실, 실험 결과, 통계적인 수치 등 객관적인 자료를 활용해서 독자의 이성적 판단에 호소하는 방법입니다.

> ⓔ 한국인들은 개에 대해서는 긍정적 이미지를 갖는 반면 고양이에 대해서는 부정적 이미지를 갖는다. □□신문에서 조사한 결과에 따르면 한국인의 76.9%가 개에 대해 '충직하다, 순종적이다, 쓸모 있다' 등 긍정적으로 연상한 반면, 5.8%만이 '더럽다, 거칠다' 등 부정적으로 연상했다. 그러나 고양이에 대해서는 63.8%가 '차갑다, 교활하다, 믿을 수 없다' 등 부정적으로 연상한 반면, 13.6%만이 '빠르다, 예민하다' 등 긍정적으로 연상했다.
>
> 구체적인 통계 수치를 사실 논거로 활용하여, 개와 고양이에 대해 한국인이 연상하는 이미지가 다르다는 주장을 뒷받침하고 있습니다.

- (가)와 (나)는 모두 다양한 통계 정보를 활용하여 주제를 뒷받침하고 있다.(18 고2 성취도)
- 구체적 증거를 활용하여 통념이 잘못된 것임을 증명하고 있다.(12 수능)

• 소견 논거 所 바소 見 볼견

어떤 일이나 사물을 살펴보고 갖게 되는 생각이나 의견, 즉 '소견'을 논거로 사용하는 것입니다. 하지만 아무 의견이나 논거로 사용할 수는 없겠죠? 읽는 사람이 믿어 줘야 하니까요. 논거로서의 신뢰성을 확보하려면 권위가 있어야 합니다. 권위를 가질 수 있는 의견이라면 당연히 그 분야 전문가나 권위자의 생각이나 판단이어야 하겠죠? 그런데 소견 논거의 유효성을 담보하는 권위는 사실 시대에 따라, 사람에 따라 변할 수 있습니다. 그러므로 당대에, 해당 분야에서 권위를 갖는 인물의 소견을 활용하는 것이 좋습니다.

언어의 소멸이 심각하다. 언어학자 ○○○은 현존하는 북미 인디언 언어의 약 80%인 150개 정도가 빈사 상태에 있다고 추정한다. 알래스카와 시베리아 북부에서는 기존 언어의 90%인 40개 언어, 중앙아메리카와 남아메리카에서는 23%인 160개 언어, 오스트레일리아에서는 90%인 225개 언어, 그리고 전 세계적으로는 기존 언어의 50%인 대략 3,000개의 언어들이 소멸해 가고 있다고 말한다. 또 다른 언어학자 △△△는 사용자 수가 10만 명을 넘는 약 600개의 언어들은 비교적 안전한 상태에 있지만, 세계 언어 수의 90%에 달하는 그 밖의 언어는 21세기가 끝나기 전에 소멸할 것이라고 말한다.

> '언어의 소멸이 심각하다.'라는 주장을, 해당 분야의 전문가인 두 언어학자의 견해를 소견 논거로 활용하여 뒷받침하고 있습니다.

- 권위 있는 문헌을 인용하여 내용의 타당성을 강화한다.(10 수능)
- 전문가의 견해를 직접 인용하여 글쓴이의 관점을 드러내고 있다.(12 고2 성취도)

2. 추론 推 밀추 論 논할론

어떤 판단을 근거로 삼아 다른 판단을 이끌어 내는 것. '추리(推 밀추 理 다스릴리)'라고도 합니다. 알고 있는 것을 바탕으로 알지 못하는 것을 미루어 생각하는 것이므로, 적절한 논거로부터 주어진 명제의 타당성을 증명해 나가는 논증도 추론의 과정에 해당합니다. 추론에는 크게 연역 추론과 귀납 추론이 있습니다.

- 윗글을 바탕으로 베카리아의 입장을 추론한 내용으로 가장 적절한 것은?(22 6월 모평)
- (나)를 참고할 때, ㉮와 같은 제안이 등장하게 된 배경을 추론한 내용으로 적절하지 않은 것은?(21 6월 모평)

연역 추론 演 펼연 繹 풀역

이미 알고 있는 하나 또는 둘 이상의 명제를 전제로 해서, 명확히 규정된 논리적 형식들에 근거해 새로운 명제를 결론으로 이끌어 내는 추리 방법. 연역 추론에서는 논리적 형식이 타당성을 갖추고 있는 한, 결론이 전제들로부터 필연적으로 도출(導 인도할도 出 날출 : 판단이나 결론 따위를 이끌어 냄)됩니다. 전제가 결론을 확립해 주는 결정적인 근거가 되는 것이죠. 이처럼 연역 추론에서는 결론의 내용이 이미 전제 속에 포함되어 있기 때문에 전제에 없었던 새로운 지식을 얻을 수는 없습니다. 보통 일반적인 사실이나 원리를 전제로 해서 개별적인 사실이나 보다 특수한 다른 원리를 이끌어 내는 추론이라고 말하는데, 이것은 사실 정확한 표현은 아닙니다. 대표적인 연역 추론으로는 대전제, 소전제와 그로부터 이끌어 내는 결론으로 구성된 삼단 논법이 있습니다.

> 예 모든 사람은 죽는다.(A는 B다.) – 대전제
> 소크라테스는 사람이다.(C는 A다.) – 소전제
> 그러므로 소크라테스는 죽는다.(그러므로 C는 B다.) – 결론
>
> 삼단 논법의 대표적인 예입니다. 두 개의 전제 속에 이미 결론의 내용이 포함되어 있죠.

- 전제가 참이면 결론이 확실히 참인 연역 논증은 결론에서 지식이 확장되는 것처럼 보이지만, 실제로는 전제에 이미 포함된 결론을 다른 방식으로 확인하는 것일 뿐이다.(13 수능)
- 보편적 원리에서 특수한 사실로 내용의 범위를 제한하여 논의를 전개하고 있다.(06 고1 성취도)

• 전제 前 앞전 提 끌제

논증에서 그것으로부터 출발해서 결론을 얻을 수 있는 명제. 즉 어떤 명제를 근거로 해서 다른 명제를 도출해 내는 경우, 근거가 되는 명제를 전제라고 합니다.

- ㉠의 전제로 가장 적절한 것은?(12 9월 모평)
- ㉠과 ㉡은 모두 재난의 현실화 가능성이 일상화되어 있다는 점을 전제로 하는 개념이다.(16 6월 모평)

• 대전제 大 클대

삼단 논법에서, 대개념(결론의 술어가 되는 개념. 위 예에서는 '죽는다')을 포함한 전제. 추론에 있어서 결론의 기초가 되는 판단을 나타냅니다.

• 소전제 小 작을소

삼단 논법에서, 소개념(결론의 주어가 되는 개념. 위 예에서는 '소크라테스')을 가진 전제를 말합니다.

• 결론 結 맺을결 論 논할론

전제로부터 이끌어 낸, 최종적으로 내린 판단을 말합니다.

귀납 추론 歸 돌아갈귀 納 들일납

개별적인 특수한 사실이나 원리로부터 일반적이고 보편적인 명제나 법칙을 이끌어 내는 일. 부분적인 관찰로부터 결론을 이끌어 내는 것이므로, 귀납 추론에

서 얻어진 결론은 절대적이지는 않으며 개연적인 확실성만을 가집니다. 충분한 수효의 개별적인 사례에 비추어 같은 종류의 나머지 모든 사례도 같으리라는 결론에 이르는 '일반화'와, 두 대상의 일련의 속성이 동일하다는 사실에 근거하여 그것들의 기타 속성도 동일하리라는 결론을 이끌어 내는 '유추'가 있습니다.

예 소크라테스는 죽었다. – 개별적 사례 ①
이순신과 세종대왕도 죽었다. – 개별적 사례 ②
모든 사람은 죽는다. – 결론

> 소크라테스, 이순신, 세종대왕의 개별 사례를 일반화해서 '모든 사람은 죽는다.'라는 결론을 이끌어 내고 있습니다. 하지만 이 결론은 부분적인 관찰에 근거한 것이므로 절대적 진리라고 단정할 수는 없습니다. 이처럼 귀납 추론의 결론은 '확실히 그렇다.'가 아니라 '그럴 가능성이 높다.'라고 말할 수 있는 것입니다.

- 개별적인 현상들의 공통적인 원리를 도출하여 새로운 상황에 적용하고 있다.(08 고1 성취도)
- 귀납 논증 중에서 가장 널리 쓰이는 것은 수많은 사례들을 관찰한 다음에 그것을 일반화하는 것이다. (13 수능)
- 귀납이 지닌 장단점을 연역과 비교하여 설명하고 있다.(16 수능)
- 귀납에 내재된 논리적 한계와 그에 대한 해소 방안을 검토하고 있다.(16 수능)

변증법 辨 분별할변 證 증거증 法 법법

두 개의 대립되는 개념, 즉 '정(正)'과 '반(反)'을 기본 원리로 하여 이를 서로 조화시켜서 새로운 개념인 '합(合)'을 이끌어 내는 방법. 공존할 수 없는 두 개의 대립되는 개념을 지양하여 한 차원 높은 개념으로 통일하는 방법입니다.

예 청소년기에 운동만 하면 지식이 부족해진다. (정) – 문제에 대한 옹호
그렇다고 공부만 하면 몸이 허약해진다. (반) – 옹호했던 주장과 모순되는 상황 설정
따라서 운동과 공부를 병행해야 한다. (합) – 중간적 진실, 새로운 요소 등으로 모순 관계 극복

- 다양한 관점들을 소개하면서 이를 변증법적으로 절충하고 있다.(12 9월 모평)

3. 오류 誤 그르칠오 謬 그르칠류

사유(思惟)의 혼란, 감정적인 동기 등으로 인해 논리적 규칙을 소홀히 함으로써 저지르게 되는 바르지 못한 추리를 말합니다. 몇 가지 대표적인 예를 살펴봅시다.

- 과학적 근거로 통념의 오류를 비판하고 있다.(13 고2 성취도)

• 동정에 호소하는 오류

논점과 관계없이 동정심에 호소하여 상대로 하여금 잘못된 결론을 내리게 하는 오류입니다.

> (예) 제발 저를 풀어 주십시오. 제가 감옥에 들어가면 어린 자식들이 굶어 죽게 됩니다.
>
> > 자신을 풀어 주어야 한다고 상대방이 결론을 내리게 하려면 자신에게 죄가 없다는 증거를 보여야 합니다. 하지만 엉뚱하게도 어린 자식들의 어려운 처지를 내세워 상대방의 동정심에 호소함으로써 상대방으로 하여금 논리적으로 판단하지 못하게 하고 있습니다.

• 인신공격의 오류

논지와는 상관없이 상대방의 약점이나 잘못, 처해 있는 상황 등을 끌어들여 자신의 결론을 받아들이게 하는 오류입니다.

> (예) 장애인이 아이들을 가르친다고? 그런 사람은 교단에 서지 못하게 해야 해.
>
> > 신체적 장애와 교사의 자질은 아무 관련이 없는데도 그것을 근거로 교사의 자질을 문제 삼고 있습니다.

• 대중(다수)에 호소하는 오류

자기의 주장을 합리화하기 위해 대중(다수)의 편견, 감정, 군중 심리 등을 이용하는 오류입니다.

> (예) 이 책은 아주 좋은 책이다. 왜냐하면 베스트셀러 순위 1위이거든.
>
> > 많은 사람이 본다고 반드시 좋은 책은 아니겠죠?

• 발생학적 오류

어떤 사실, 이념 또는 사물의 기원(근원)을 그것의 속성으로 잘못 생각해서 발생하는 오류입니다.

> (예) ○○○ 게임기를 사용하지 맙시다. ○○○ 게임기는 일본에서 개발했기 때문에 ○○○ 게임기를 사용하면 왜색에 물들 염려가 있습니다.

• 부적합한 권위에 호소하는 오류

논의하는 문제를 적합하지 않은 권위나 명성을 앞세워 정당화하려 할 때 나타나는 오류입니다.

예 노벨 문학상을 수상한 작가가 추천한 스마트폰이니 확실합니다. 한번 써 보시죠.

> 작가가 스마트폰 전문가는 아니죠?

• 분할의 오류

전체에 대하여 참인 것을 부분에 대해서도 참이라고 단정하는 오류입니다.

예 물은 액체이다. 물은 수소와 산소로 구성되어 있다. 따라서 수소와 산소는 액체이다.

> 물이 액체라고 해서 그것을 구성하는 수소와 산소도 액체인 것은 아니죠.

• 합성의 오류

부분에 관하여 참인 것을 전체에 대해서도 참이라고 단정하는 오류입니다.

예 이 차는 최고의 부품만을 사용합니다. 그러므로 이 차도 최고의 차입니다.

> 부품은 최고지만 슬프게도 그것으로 만든 차는 최고가 아닐 수도 있죠.

• 무지에 호소하는 오류

'알지 못함'을 근거로 하여 결론을 이끌어 내는 오류입니다.

> (예) 하느님이 존재하지 않는다는 증거가 없으므로 하느님은 존재한다.

• 원칙 혼동의 오류

어떤 일반적인 규칙을 특수한 경우에는 그대로 적용할 수 없는데도 무차별적으로 적용함으로써 빚어지는 오류입니다.

> (예) 살인은 반인륜적 범죄이다. 그런데 안중근 의사는 이토 히로부미를 살해했다. 그러므로 안중근 의사는 반인륜적 범죄자이다.

> 안중근 의사가 이토 히로부미를 살해한 당시의 특수한 상황을 고려하지 않은 데서 오류가 발생했죠.

• 성급한 일반화의 오류

몇몇 특수한 경우나 몇 개의 우연적 사례를 근거로 하여 성급하게 일반화함으로써 빚어지는 오류입니다.

> (예) 그녀가 나를 보고 웃었다. 나를 좋아하는 것이 분명하다.

> 수많은 짝사랑의 비극은 바로 이런 성급한 일반화의 오류 때문에 생기죠.

• 흑백 사고의 오류

어떤 집합의 원소가 단 두 개밖에 없다고 여기고서 이것 아니면 저것이라고 추론하는 오류입니다.

> (예) 자본주의를 좋아하지 않는다고요? 그럼 당신은 공산주의자군요.

> 흑백 사고는 반대 개념을 모순 개념으로 착각하여 발생하는 오류입니다. 사회 체제가 자본주의와 공산주의 단 두 개만 있는 것은 아니므로 자본주의를 좋아하지 않는다고 해서 곧바로 공산주의자가 되는 것은 아닙니다.

• 의도 확대의 오류

의도하지 않은 결과에 대해 그럴 의도가 있었다고 단정하는 오류입니다.

> 예) 화물차가 빗길에 미끄러지는 바람에 10중 추돌 사고가 생기고 많은 사람이 죽거나 다쳤다. 경찰은 화물차 운전자를 살인죄로 체포하였다.

> 경찰은 의도 확대의 오류를 범하고 있습니다. 화물차 운전자가 사람을 죽이려고 일부러 차를 미끄러지게 한 것은 아니니까요. 참고로 살인죄는 고의성이 있는 경우에만 성립됩니다. 이와 같은 경우에는 과실 치사죄가 적용되겠죠. 생활 법률까지 덤으로 알아 두세요. ^^

• 잘못된 인과 관계의 오류

전혀 인과 관계가 없는 단순한 선후 관계를 인과 관계가 있는 것으로 잘못 추리하는 오류입니다.

> 예) 까마귀 날자 배 떨어졌다. 그러므로 배를 떨어뜨린 범인은 까마귀이다.

> 불쌍한 까마귀…… 그냥 배가 떨어지기 전에 날아갔을 뿐인데…… 배를 떨어뜨린 원인 취급을 당하다니 무지 억울하겠죠?

• 애매한 문장 사용의 오류

문법적 구조의 애매함 때문에 문장의 의미가 두 가지 이상으로 해석되는 오류입니다.

> 예) 엄마는 아빠보다 운동을 더 좋아해.

> ① 엄마가 운동을 좋아하는 정도가 아빠가 운동을 좋아하는 정도보다 더 강하다는 뜻인지, ② 엄마가 아빠를 좋아하는 정도보다 운동을 좋아하는 정도가 더 강하다는 뜻인지 명확하지 않습니다.

• 강조의 오류

문장의 어느 한 부분을 부당하게 강조함으로써 발생하는 오류입니다.

> 예) 부모님을 공경하라고요? 그러면 부모님이 아닌 사람은 막 대해도 되겠네요?

> '부모님'만을 강조해서 생긴 오류입니다.

> 일상적인 대화나 글쓰기에서도 논리적인 사고를 소홀히 하면 오류를 범하기 쉽죠.

03 문장

'문장(文글월문 章글장)'은 사상이나 느낌을 단어로 연결하여 의사를 전달하는 최소의 단위입니다. 당연히 독해의 최소 단위이기도 하죠. 문장은 주어, 서술어를 기본으로 구성되고, 서술어의 성격에 따라 목적어나 보어, 부사어 등을 필수 성분으로 갖습니다(← p.305 '서술어의 자릿수' 참고). 문장의 끝에는 '.'나 '?', '!' 같은 종결 표시가 붙고, 하나 이상의 문장이 연결되어 문단을 형성합니다.

1. 문장의 진술 방식

일반적 진술 — 하나일 般 가지반

일부에 한정되지 않고 전체에 걸치는 진술. 구체적 사실들의 공통적 관계나 성질만을 뽑아 설명하는 진술로, 추상적이고 포괄적인 성격을 지닙니다. 문단에서 중심 문장, 즉 소주제문(← p.213 '중심 문장', '소주제문' 참고)이 되는 경우가 많죠.

구체적 진술 具 갖출구 體 몸체

실제적이고 세밀한 내용, 곧 구체적 사실의 상태를 나타내는 진술. 구체적인 내용을 통해 일반적 진술을 뒷받침하는 역할(← p.213 '뒷받침 문장' 참고)을 합니다. 예시, 인용, 비유, 이유 제시 등의 다양한 방법을 활용하여 진술됩니다.

> 예 말은 끊임없이 변한다. 개별적인 말의 소리가 변하고 그것이 쌓여서 음운 체계가 변하며, 문법적인 요소와 문법 체계도 변한다. 특히 낱말은 끊임없이 새로 생겨나고, 없어지고 한다. 음운 체계의 변화나 문법의 변화는 그 양도 많으며 변화의 속도도 대단히 빠르다.
>
> '말은 끊임없이 변한다.'라는 일반적인 진술에 대해 '개별적인 말의 소리가 변한다. 음운 체계가 변한다. 문법적인 요소와 문법 체계가 변한다. 낱말이 변한다.'와 같이 구체적인 예를 들어 진술하고

있습니다. 예시를 활용한 구체적 진술로 일반적 진술을 뒷받침하고 있는 것이죠.

- 속담을 인용하여 자신의 견해를 뒷받침하고 있다.(14 고2 성취도)
- 문답 형식으로 화제에 대해 구체적으로 설명하고 있다.(12 수능)
- 대상의 가치와 효용을 비유적으로 기술하고 있다.(15 수능)

2. 문장의 연결

순접   順 순할순 接 이을접

앞뒤의 문장을 순조롭게 이음. 앞뒤 문장이 시간 순으로 연결되거나, 뒤의 문장이 앞의 내용을 이어받아 연결됩니다. '그리고, 그래서, 그리하여, 그러므로' 등의 표현이 사용되죠.

例   16살이 되었다. 그리고 고등학생이 되었다.

역접   逆 거스릴역 接 이을접

앞뒤 내용을 상반되게 이음. 앞 문장에서 서술한 내용과 반대되거나 일치하지 않는 내용이 뒤 문장에서 이어집니다. '그러나, 그렇지만, 하지만' 등의 표현이 사용되죠.

例   고등학생이 되었다. 그러나 아직도 어린아이처럼 군다.

대등/병렬   對 대할대 等 무리등, 竝 나란히병 列 벌일렬

서로 견주어 비슷한 수준의 내용이나 구조를 지닌 문장들을 나란히 늘어놓음. 앞뒤의 내용을 같은 자격으로 나열하면서 잇는데, '그리고, 또는, 혹은'이나 '첫째~, 둘째~' 등의 표현이 활용됩니다.

例   고등학생다운 행동은 무엇일까? 첫째, 자신의 일은 스스로 할 줄 알아야 한다. 둘째, 지혜와 지식을 얻기 위해 노력해야 한다. 그리고 마지막으로 꿈을 가져야 한다.

- 긍정적 마음에 대한 다양한 관점을 제시하고 긍정적 마음이 갖는 장점을 병렬적으로 나열한다.(16 9월 모평)

전환 轉 구를전 換 바꿀환

다른 방향이나 상태로 바꿈. 뒤의 내용이 앞의 내용과는 다른, 새로운 생각이나 사실을 서술하며 화제를 바꾸게 됩니다. '그런데, 한편, 그러면, 다음으로' 등의 표현이 활용되죠.

> 예) 고등학생 시절에는 많은 일들을 꿈꾼다. 그런데 현실은 결코 만만하지 않다.
>
> • 앞의 내용과 다른 관점을 제시하여 설명할 것임을 나타낸다.(11 고2 성취도)

첨가 / 보충 添 더할첨 加 더할가, 補 도울보 充 채울충

이미 있는 것에 덧붙이거나 보태어 채움. 앞 문장의 내용에 새로운 내용을 덧붙이거나 부족한 내용을 보태게 됩니다. '더구나, 게다가, 아울러, (그)뿐만 아니라' 등의 표현이 사용됩니다.

> 예) 쉽게 이루어지는 일은 없다. 뿐만 아니라 아무리 노력해도 이룰 수 없는 일도 있다.
>
> • 앞에 말한 내용을 상세화하여 보충한다.(12 고2 성취도)

선택 選 가릴선 擇 가릴택

여럿 가운데서 필요한 것을 골라 뽑음. 앞 문장과 뒤 문장이 대등한 자격을 가지고 있어서 그중 하나가 선택되는 관계입니다. '또는, 혹은' 등의 표현으로 연결되죠.

> 예) 꿈이 부족해서인가? 또는 노력이 부족해서인가?

인과 因 인할인 果 열매과

원인과 결과. 앞 문장의 내용과 뒤 문장의 내용이 원인과 결과의 관계로 이어집니다. '그러므로, 그래서, 따라서, 그러기에, 그렇기 때문에, 왜냐하면 ~이기 때문이다' 등의 표현이 사용됩니다.

> 예) 어렵다고 좌절할 수만은 없다. 그러므로 다시 간절히 꿈꾸어야 한다. 간절한 꿈은 이루어진다. 왜냐하면 간절히 꿈꾸면 온 힘을 다해 노력하기 때문이다.
>
> • ㉠의 '–므로'는 앞 내용이 뒤 내용의 이유나 근거임을 나타낸다.(14 고2 성취도)

예시 例 법식예 示 보일시

예를 들어 보임. 앞 문장의 내용에 대해 뒤 문장에서 구체적인 예를 들어 설명합니다. '예컨대, 이를테면, 예를 들어, 가령' 등의 표현이 사용됩니다.

> 예) 많은 이들이 노력을 통해 꿈을 이루었다. 예를 들어 한국의 조그만 소녀 김연아는 부단한 노력으로 세계 최고의 피겨 스케이트 선수가 되었다.

환언 換 바꿀환 言 말씀언

바꾸어 말함. 앞 문장에서 한 말을 뒤 문장에서 다른 표현으로 바꾸어 말합니다. '즉, 곧, 말하자면, 환언하면' 등의 표현이 자주 활용되죠.

> 예) 부단히 노력하는 사람만이 꿈을 이룰 수 있다. 말하자면 꿈을 이루게 하는 것은 꿈을 꾼다는 사실이 아니라 노력한다는 사실이다.

요약 要 요긴할요 約 맺을약

요점을 잡아서 간추림. 앞 문장에서 한 말을 뒤 문장에서 요점을 간추려서 짧게 말합니다. '요컨대, 즉, 결국, 말하자면' 등의 표현이 활용됩니다.

> 예) 누구나 꿈을 꾸지만 그 꿈을 이룰 때까지 최선의 노력을 기울이지는 않는다. 결국 꿈을 이루지 못하는 이유는 노력이 부족해서다.

04 문단

'문단(文글월문 段층계단)'은 여러 개의 문장이 모여서 하나의 통일된 생각을 나타내는 글의 단위입니다. 그리고 이런 문단 여러 개가 모여서 한 편의 글이 구성됩니다.

- **형식 문단** 型式

  형식적으로 구분되는 문단. 첫 줄의 맨 앞 칸을 비우고 시작하기 때문에 쉽게 구별이 되죠.

- **내용 문단** 內容

  내용적으로 구분되는 문단. 하나 또는 그 이상의 형식 문단이 모여 이루어집니다.

1. 문단의 구성

중심 문장

중심(中心)이 되는 문장. 문단에서 나타내고자 하는 핵심 내용을 담고 있는 문장으로, 문단을 독해할 때는 이 중심 문장을 찾아 문단의 요지를 파악하는 것이 중요합니다. 보통 일반적 진술(← p.209 '일반적 진술' 참고)로 이루어지는데, '소주제문'이라고도 합니다.

- **소주제문** 小主題文

  작은 주제문. 보통 문단 단위의 주제문입니다. 글 전체의 주제문에 비해 작은 단위의 주제문이라는 의미에서 소(小)주제문이라고 합니다.

뒷받침 문장

중심 문장을 받쳐 주는 문장. 중심 문장의 내용을 좀더 구체적으로 풀이하는 문장입니다. 중심 문장에 대한 이유나 근거, 사례 등을 진술하여 독자의 이해를 돕는 역할을 하죠. 보통 구체적 진술(← p.209 '구체적 진술' 참고)로 이루어집니다.

예 로봇은 인간의 편리와 복지를 위해 만들어졌다. 인간이 하기에는 너무 위험한 일을 도맡아 하는 로봇이 있는가 하면, 고도의 정밀한 작업을 한 치의 오차 없이 해 내는 로봇도 있다. 또 어떤 로봇은 환자를 돌보아 주기도 한다.

'로봇은 인간의 편리와 복지를 위해 만들어졌다.'가 중심 문장입니다. 이 중심 문장을 제대로 뒷받침하려면 로봇의 역할 중 '편리'에 해당하는 것과 '복지'에 해당하는 것이 모두 언급되어야 합니다. 뒤에 이어지는 뒷받침 문장들에서는 '위험한 일을 하는 로봇', '정밀한 작업을 하는 로봇'을 언급하여 '편리'를 뒷받침했고, '환자를 돌보는 로봇'을 언급하여 '복지'를 뒷받침하고 있습니다.

2. 문단 구성의 원리

통일성   統 거느릴통 — 한일

다양한 요소들이 있으면서도 전체가 하나로서 파악되는 성질. 문단은 여러 개의 문장이 모여서 하나의 통일된 생각을 나타내는 글의 단위입니다. 따라서 한 문단을 이루고 있는 문장들은 그 문단의 중심 내용과 직접적인 관련이 있어야 합니다. 문단의 통일성이 깨지는 경우는 다음과 같습니다.

① 한 문단에 두 개 이상의 주제가 들어 있는 경우

② 주제와 관계없는 내용이 들어 있는 경우

③ 서로 모순되는 내용이 들어 있는 경우

예 농구 선수들은 청소년들에게 우상이 되고 있다. 코트를 질주하며 상대방을 제치고 덩크 슛을 날리는 장면을 보면 청소년들은 열광하게 마련이다. 청소년들의 건전한 여가 선용을 위해 농구를 적극 장려해야 한다.

'농구 선수들은 청소년들에게 우상이 되고 있다.'가 중심 문장으로 보입니다. 둘째 문장이 이 문장을 뒷받침하고 있으니까요. 하지만 셋째 문장은 앞의 소주제문과 전혀 관계가 없는 내용으로, 또 다른 주제문으로 보입니다. 문단의 통일성이 지켜지지 않은 문단이죠.

• 글의 통일성을 해치므로 문장을 삭제하는 것이 좋겠어.(19 고2 성취도)
• 주제와 어긋나지 않도록, 오카리나를 분실한 개인적인 경험에 대한 내용을 삭제해야겠어.(18 고2 성취도)

완결성 　完완전할완 結맺을결

완전히 맺어진 성질. 하나의 문단이 완전해지려면 중심 내용과 이를 뒷받침하는 내용이 잘 결합되어 있어야 합니다. 또 뒷받침 문장들도 충분히 제시되어서 중심 문장의 내용을 독자가 잘 이해할 수 있도록 해야 합니다. 문장의 완결성이 지켜지지 못한 경우는 다음과 같습니다.

① 뒷받침 문장이 충분하지 못한 경우

② 같은 이야기가 반복되는 경우

③ 소주제문에 대한 전개가 없는 경우

④ 이유가 제시되지 않은 경우

> **예** <u>소설을 뒷받침하는 가장 중요한 요소는 배경, 인물, 사건의 셋이다.</u> 배경은 인물이 행동을 벌이는 시간, 공간, 분위기 등이며, 사건은 인물이 배경 속에서 벌이는 행동의 체계이다. 곧, 언제, 어디에서, 누가, 무엇을 하였나 하는 것이 소설을 구성하는 뼈대라고 할 수 있다.

>> '소설을 뒷받침하는 가장 중요한 요소는 배경, 인물, 사건의 셋이다.'가 중심 문장입니다. 그러므로 이 문장을 완벽하게 뒷받침하려면 이어지는 뒷받침 문장에서 배경, 인물, 사건과 관련된 내용을 모두 언급해야 합니다. 그런데 이 문단에서는 인물에 대해 언급하지 않고 있습니다. 뒷받침 문장이 충분하지 못해서 완결성이 깨진 것이죠.

일관성 　─한일 貫꿸관

처음부터 끝까지 한결같은 성질. 하나의 문단을 이루는 여러 문장들은 일관된 질서와 논리에 따라 서로 긴밀하게 결합되어 있어야 합니다. 일관성이 결여되면 한 문장에서 다음 문장으로 매끄럽게 넘어가지 못하고, 각 문장들이 끊어져 있는 듯한 느낌을 주게 되죠. 일관성을 확보하려면 일단 통일성이 확보되어야 합니다.

> **예** <u>영화와 연극은 공통점이 많다.</u> 영화는 시간의 흐름에 따라 스크린이라는 공간에서 이루어지는 예술임에 비해, 연극은 시간 예술이기는 하지만 무대라는 제한된 공간에서 이루어진다는 점이 다르다. 따라서 두 예술은 시간과 공간의 예술이라는 점에서 흡사하다.

>> '영화와 연극은 공통점이 많다.'가 중심 문장입니다. 그런데 둘째 문장은 두 예술 갈래의 차이점을 언급하고 있고, 셋째 문장은 다시 공통점을 언급하고 있습니다. 통일성도 없고 일관성도 없는 문단입니다.

- ⓐ~ⓔ 중에서 논지의 흐름상 일관성이 부족한 문장의 기호를 쓰고, 그 문장을 고쳐 쓰시오.(07 고1 성취도, 08 고1 성취도)
- ㉠은 내용의 일관성을 고려하여 삭제하고, (가) 단락과 (나) 단락을 통합하는 게 좋겠어.(07 고1 성취도)

일관성을 확보하기 위해 흔히 사용하는 방법에는 다음과 같은 것들이 있습니다.

• 접속어(接 이을접 續 이을속 語 말씀어)의 사용

접속어는 단어와 단어, 구절과 구절, 문장과 문장을 이어 주는 말로, 국어 문장에서는 주로 접속 부사(예 그리고, 그러나 등)가 접속어의 역할을 합니다. 접속어를 써서 앞뒤 문장을 연결하면 두 문장의 연결 관계도 분명해지고, 뒤 문장이 나아갈 방향도 나타낼 수 있습니다.

- 적절한 접속 표현은 단어와 단어, 구절과 구절, 문장과 문장을 자연스럽게 이어 주면서 의미를 논리적으로 전달할 수 있게 해 준다.(15 고2 성취도)
- 여러 가지 접속어를 사용하여 문장 간에 긴밀성을 더하고 있다.(18 고2 성취도)

• 동일어(同 한가지동 ― 한일 語 말씀어)의 사용

같은 말을 반복하여 일관성을 유지하는 방법으로, 주로 그 문단의 핵심 어구를 반복합니다. 똑같은 어구를 반복하는 경우도 있고, 같은 뜻을 지닌 동의어로 바꿔 표현하는 경우도 있습니다.

• 지시어(指 가리킬지 示 보일시 語 말씀어)의 사용

가리키는 말을 사용하여 앞의 내용을 이어받음으로써 일관성을 유지하는 방법입니다. 대개 지시 대명사(예 이것, 그것 등)를 사용하여 앞에 나온 어구를 대신하게 됩니다.

- 사람, 사물, 장소, 상황 등을 지시하는 지시 표현과 앞선 내용 전체나 일부분을 대신하는 대용 표현을 사용하면 내용의 불필요한 반복을 피해 글을 간결하게 만들 수 있다.(15 고2 성취도)

3. 문단의 구조

두괄식 頭 머리두 括 묶을괄 式 법식

주제문이 글의 첫머리에서 문단을 묶는 구성. 주제문이 문단의 머리에 자리하고, 그 주제문을 뒷받침하는 문장들이 이어지는 구성입니다. 이때 뒷받침 문장들은 주로 주제문에 대한 예시, 부연, 논증의 성격을 띠게 됩니다.

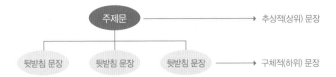

미괄식 尾꼬리미 括묶을괄 式법식

주제문이 글의 꼬리에서 문단을 묶는 구성. 예시, 나열, 전개되어 온 뒷받침 문장들을 집약하면서 주제문이 문단 끝에 자리 잡게 됩니다. 근거가 되는 문장들을 바탕으로 뒷부분에서 결론을 맺는 구성이죠.

양괄식 兩둘양 括묶을괄 式법식

주제문이 문단의 머리와 꼬리 두 부분에서 문단을 묶는 구성. 주제문이 글의 첫머리에 오고 이어 뒷받침 문장이 온 후에 끝부분에 다시 한번 주제문이 오게됩니다. 첫머리에 나온 주제문이 끝부분에 다시 나오는 것은 강조의 의미가 강합니다.

4. 문단의 종류

주지 문단 主 주인주 늡 뜻지

글의 주제와 직접 관계되는 문단. '중심 문단'이라고도 합니다. 글의 요지와 주제를 파악하는 데 결정적 역할을 합니다.

보조 문단 補 도울보 助 도울조

주지 문단의 내용을 돕기 위해 구성된 문단. '뒷받침 문단'이라고도 합니다. 보조 문단을 기능에 따라 나누면 다음과 같습니다.

> **참고** 보조 문단의 종류
>
> ① 도입(導 인도할도 入 들입) 문단 : 글을 시작하는 문단. 화제를 제시하고 독자의 흥미를 유도하는 역할을 함
> ② 전제(前 앞전 提 끌아제) 문단 : 주장을 이끌어 내기 위한 조건이나 바탕을 제시하는 문단
> ③ 전개(展 펼전 開 열개) 문단 : 앞 문단의 내용을 보다 넓게 펼쳐 나가는 문단
> ④ 요약(要 요긴할요 約 맺을약) 문단 : 요약하거나 간추려서 결론을 맺거나 글을 마무리하는 문단
> ⑤ 상술(詳 자세할상 述 펼술) 문단 : 앞 문단의 내용을 보다 자세히 풀어 말하는 문단
> ⑥ 예시(例 법칙예 示 보일시) 문단 : 예를 들어 보여 주는 문단
> ⑦ 첨가(添 더할첨 加 더할가) · 부연(敷 펼부 衍 넓을연) 문단 : 앞에서 진술된 내용을 보충하여 덧붙이는 문단
> ⑧ 연결(連 잇닿을연 結 맺을결) 문단 : 두 문단 사이의 내용을 자연스럽게 이어 주는 문단
> ⑨ 강조(强 강할강 調 고를조) 문단 : 내용을 특히 강조하기 위해 의도적으로 나누어 놓은 문단

05 글 1 – 내용

글의 내용과 관련된 개념이나 표현은 매우 다양합니다. 거의 같은 의미를 지닌 것들이지만 글의 성격이나 글쓴이의 의도에 따라 미묘하게 구분되어 사용되는 경우가 많습니다. 몇 가지 대표적인 표현들을 살펴보면 다음과 같습니다.

1. 글의 재료

정보 情 뜻정 報 알릴보

알리는 내용, 곧 글을 통해 전달되는 지식. 글쓴이가 글을 통해 설명하는 지식, 그리고 독자가 글을 통해 알게 되는 지식이 곧 정보입니다. '정보를 제공하는 글'이라든가 '사실적 정보', '정보의 파악' 등의 표현에서 흔히 만날 수 있습니다.

소재 素 본디소 材 재목재

글의 바탕이 되는 재료. '글감'이라고도 합니다. 글의 재료가 되었다면 모두 소재라고 불릴 수 있습니다. 소재는 주제를 효과적으로 드러내기 위한 재료이므로 주제와 관련이 있는 한 가급적 풍부할수록 좋습니다. 소재는 다음과 같은 요건을 갖추고 있어야 합니다.

> **참고** 소재의 요건
>
> ① 풍부하고 다양해야 한다.   ② 독창적이고 구체적이어야 한다.
> ③ 주제를 뒷받침할 수 있어야 한다.   ④ 출처가 분명하고 객관적이어야 한다.
> ⑤ 내용이 명확하고 사실과 일치해야 한다.   ⑥ 독자의 관심과 흥미를 끌 수 있어야 한다.

• 소재에 대한 일상적인 통념에서 출발하여 삶의 의미를 찾아내고 있다. (14 6월 모평)

제재   **題** 제목제 **材** 재목재

글의 주제와 관련된 소재. '중심 소재', '중심 글감'입니다. 글에 사용된 여러 가지 소재 중에서 가장 중심이 되는 이야깃거리로, 주제와 밀접한 관련이 있거나 주제를 드러내는 가장 중요한 재료입니다.

화제   **話** 말씀화 **題** 제목제

이야깃거리. 이야기할 만한 재료나 소재. 단순한 소재는 물론 글에서 다루는 추상적인 문제까지도 아울러 이르는 포괄적인 개념입니다. '이 글은 무엇에 관하여 이야기하고 있는가?'라는 물음에서 '무엇'에 해당할 수 있는 것이 모두 화제입니다.

- 화제를 소개한 후, 예외적인 사례를 배제하는 과정을 통해 주제를 일반화하고 있다.(15 수능)
- 화제가 사회에 미치는 영향들을 분석하여 서로 간의 차이를 밝히고 있다.(21 9월 모평)

중심 화제

중심 이야깃거리. 한 편의 글에서 다루는 여러 가지 화제 중에서 주제와 직접 연결되는, 가장 중요한 화제입니다.

- 중심 화제에 대한 다양한 사례들을 제시한 후 이를 유형별로 분류하고 있다.(18 9월 모평)
- 중심 화제에 대해 상반된 견해를 제시한 후 두 견해를 절충하고 있다.(18 9월 모평)
- 중심 화제에 대한 자료의 출처를 밝힘으로써 주장의 신뢰성을 높이고 있다.(14 고2 성취도)

논제   **論** 논할논 **題** 제목제

논의거리. 논의하는 글, 곧 의견이나 주장을 논하는 글의 이야깃거리를 일컫는 말입니다. 논설문과 같이 주장이 제시되는 글에서 글쓴이의 주장과 관련된 논의거리가 논제인 것이죠.

- 핵심 논제를 제기하고, 이론을 요약 소개하며 그에 대한 답을 제시한다.(10 6월 모평)
- '반대 1'은 논제와 관련된 문제 해결의 시급성을 강조하고 있다.(17 수능)

문제   **問** 물을문 **題** 제목제

해답이나 해결을 요구하는 이야깃거리. 글의 앞부분에서 특정 문제나 문제 상황을 제시한 다음 그에 대한 해답이나 해결 방안을 이어서 제시하는 구조로 전개되는 글이 많습니다.

- 문제의 원인을 다양한 관점에서 유형별로 분석하고 있다.(15 고2 성취도)
- 문제 상황을 소개하고 이를 해결하는 과정을 제시하고 있다.(12 수능)

과제 課 공부할과 題 제목제

처리하거나 해결해야 할 문제. 단순한 문제가 아니라 기필코! 의무적으로! 해결해야 할 문제라는 의미가 덧붙여지죠.

논점 論 논할논 點 점점

논의나 논쟁 등의 중심이 되는 문제점. 어떤 논의에서 가장 중요한 부분이나, 의견이 갈리는 부분을 의미합니다. 논점을 명확히 해야 논의가 집중적으로, 원활하게 진행될 수 있습니다.

- (다)는 논점을 명료하게 하기 위해 개념의 차이를 부각시키고 있다.(08 6월 모평)
- (라)는 논점에 대한 이해를 돕기 위해 구체적인 예화를 사용하고 있다.(08 6월 모평)

쟁점 爭 다툴쟁 點 점점

서로 다투는 중심이 되는 점. 의견이 갈리는 부분을 이르는 말입니다.

- 쟁점을 도출한 후, 각 주장의 근거 사례를 비교 평가하는 과정을 통해 주제를 정당화하고 있다.
  (15 수능)

2. 글에 담긴 생각

핵심어 核 씨핵 心 마음심 語 말씀어

중심이 되는 말. 단어나 어구의 형태로 표현되며, 글 속에 직접 드러나기도 합니다. 글쓴이가 전달하고자 하는 중심 뜻을 담고 있는 말입니다.

- 개념의 정확한 이해가 중요하므로 핵심어인 ⓐ가 글에서 어떤 의미로 쓰이는지 확인해야겠어.
  (14 6월 모평)

주제 主 주인 주 題 제목 제

중심 생각. 한 편의 글에서 글쓴이가 나타내고자 하는 중심 생각을 말합니다.

- 위 글의 주제로 가장 적절한 것은?(09 고1 성취도)
- 글쓴이는 가족에 관한 자신의 생각을 떠올린 후에 어머니의 사랑이라는 주제를 선정하였다. (14 6월 모평)

주제문 主題文

주제를 문장 형식으로 표현한 것. 주제문은 다음과 같은 요건을 갖추어야 합니다.

> **참고 주제문의 요건**
>
> ① 단일한 내용이어야 한다.
> ② 하나의 완결된 문장이어야 한다.
> ③ 표현이 정확해야 한다.
> ④ 제재의 한정된 국면에 초점을 맞추어야 한다.
> ⑤ 글쓴이의 의견이나 태도가 분명히 드러나야 한다.
> ⑥ 글의 내용으로 뒷받침되는 것이어야 한다.

- 윗글의 핵심 내용을 바탕으로 '현대인의 바람직한 삶의 자세'라는 제목의 글을 쓰려고 한다. 주제문으로 가장 적절한 것은?(13 고2 성취도)

요지 要 요긴할 요 旨 뜻 지

말이나 글의 핵심이 되는 중요한 내용. '중심 내용', '핵심 내용'을 가리키는 말입니다. 글의 내용 중 글쓴이가 강조하려 한 내용만을 요약한 것입니다.

- 윗글의 중심 내용으로 가장 적절한 것은?(14 6월 모평)
- 요약 방식을 사용하여 중심 생각을 간략하게 나타내고 있다.(18 고2 성취도)

논지 論 논할 논 旨 뜻 지

논하는 요지. 논하는 말이나 글의 목적이나 뜻을 가리키는 말로, 주장을 담은 글의 주제라고 볼 수 있습니다. '논지 전개 방식', '논지를 강화(약화)', '논지를 보강' 등의 표현에서 주로 만날 수 있습니다.

- 윗글의 논지 전개 방식으로 가장 적절한 것은?(18 수능)
- (가)와 (나) 모두 현상을 분석한 설문 자료를 활용함으로써 자신의 논지를 강화하고 있다.(15 9월 모평)

3. 글의 제목

제목   題 제목제 目 눈목

글을 대표하거나 내용을 보이기 위해서 붙이는 이름. 글의 간판 역할을 하는 요소로, 요지 및 주제, 화제와 밀접한 관계를 가지고 있어서 그 글이 어떤 내용을 담고 있는가를 예상하게 합니다.

- 윗글의 핵심 내용이 드러난 제목으로 가장 적절한 것은?(16 고2 성취도)
- 위 글의 제목으로 가장 적절한 것은?(07 수능, 10 수능)

표제 / 부제   標 표할표 題 제목제 , 副 버금부 題 제목제

곁에 쓰는, 대표가 되는 제목을 '표제'라고 하고, 그 표제에 덧붙어 그것을 보충해 주는 제목을 '부제'라고 합니다. 주로 신문이나 잡지의 기사에 나타납니다.

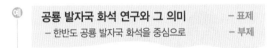

- 윗글의 표제와 부제로 가장 적절한 것은?(20 6월 모평)

4. 관점과 견해

관점   觀 볼관 點 점점

사물이나 현상을 보고 생각하는 태도나 방향. 글쓴이의 관점에 따라 글의 내용이 달라집니다. 그러므로 글의 내용을 제대로 독해하려면 글쓴이의 관점을 정확하게 파악할 수 있어야 합니다. 한편, 글에는 글쓴이의 관점이 아닌, 다른 사람의 관점도 언급될 수 있습니다. 그러므로 관점과 관련된 문제를 풀 때는 '누구'의 관점인지부터 확인하는 자세가 필요합니다.

- ㉠~㉢의 관점에서 〈자료〉에 대해 내린 판단으로 적절하지 않은 것은?(14 고2 성취도)
- 문제의 원인을 다양한 관점에서 유형별로 분석하고 있다.(15 고2 성취도)
- (나)의 글쓴이의 관점에서 ㉠과 ㉡에 대한 헤겔의 이론을 분석한 것으로 적절하지 않은 것은?(22 수능)

견해 見 볼견 解 풀해

사물이나 현상에 대한 의견이나 생각. 한 편의 글에는 글쓴이의 견해만 제시되는 것은 아닙니다. 글쓴이가 객관적인 입장에서 여러 사람의 견해를 소개할 수도 있고, 서로 다른 견해들을 종합하여 절충할 수도 있습니다. 그러므로 '누구의, 어떤' 견해인지 반드시 가려 읽는 자세가 필요합니다.

- 윗글에 나타난 아리스토텔레스의 견해에 대한 이해로 가장 적절한 것은?(18 수능)
- (가)는 (나)와 달리 구체적 사상가들의 견해를 언급하며 특정 제도에 대한 관점을 드러내고 있다. (21 6월 모평)

절충 折 꺾을절 衷 속마음충

서로 다른 의견이나 관점 등을 알맞게 조절하여 잘 어울리게 하는 것. 논의나 협상을 전개하는 유력한 방법 중의 하나죠.

- 학생들의 여유로운 생활을 보장해야 한다는 (가)의 주장을 일부 수용하고 자신의 의견을 추가하여 절충안을 제시한다.(18 6월 모평)
- 우리나라 근대의 인체관 가운데 서로 충돌되는 견해를 절충하여 새로운 결론을 도출하고 있다.(19 6월 모평)

입장 立 설립 場 마당장

처하여 있는 사정이나 형편. '처지'라고도 합니다. 입장에 따라 관점이나 견해가
바뀌게 되죠.

- 윗글의 ㉠과 〈보기〉의 ㉡의 입장을 비교하여 설명한 것으로 적절하지 않은 것은?(15 6월 모평)
- 특정한 입장을 바탕으로 작가와 작품에 대한 역사적 논란을 소개하고 있다.(15 9월 모평)
- 〈보기〉에 나타난 순자의 입장에서 윗글의 장자 사상을 비판한 내용으로 적절하지 않은 것은?
  (16 6월 모평)

의도 意 뜻의 圖 그림도

무엇을 하고자 하는 생각이나 계획. 글을 쓴 의도, 특정한 말을 한 의도, 특정 표
현이나 전개 방식을 사용한 의도 등을 파악하는 것이 독해의 핵심 중의 하나입
니다.

- 글쓴이의 의도가 직접 드러나도록 ㉡을 바꾸어 쓴다고 할 때, 가장 적절한 것은?(07 수능)

통념 通 통할통 念 생각념

일반적으로 널리 통하는 생각. 보통 사람들이 폭넓게 알고 있거나 인정하는 사실
과 관련된 생각입니다. 통념을 인용하여 독자의 공감을 유도하거나, 통념을 제시
한 다음 그것이 지닌 문제점을 지적하면서 새로운 견해를 제시하는 것이 통념을
활용하는 일반적인 전개 방식입니다.

> (예) 신문이 선거에서 특정 후보를 지지하면 선거 결과에 영향을 미친다고 생각한다. 그러나 신
> 문의 특정 후보 지지가 유권자의 표심票心에 미치는 영향은 생각보다 강하지 않다는 것이
> 학계의 시각이다.

> '신문의 특정 후보 지지가 선거 결과에 영향을 미친다.'라는 통념을 먼저 제시한 다음, 그 생각이 잘
> 못되었음을 지적하는 방식으로 논지를 전개하고 있습니다. 이처럼 통념을 비판하면, 독자는 신선한
> 충격을 받으면서(십중팔구는 자신도 그 통념을 믿고 있었을 텐데, 아니라고 하니까 충격일 수밖에
> 요.) 이어지는 논의에 관심을 집중할 가능성이 높습니다. 그렇기 때문에 통념을 비판하는 방식은 글
> 쓴이들이 즐겨 사용하는 글쓰기 전략 중의 하나입니다.

- 의문을 드러내고 그에 답하는 방식을 통해 교통 약자석에 대한 잘못된 통념을 환기하고 있다.(18 고2
  성취도)
- 맹자의 '의' 사상에 대한 사회적 통념을 비판하고 있다.(15 9월 모평)
- 개체화 현상에 대한 통념을 비판하며 그 개념을 새롭게 규정하였다.(16 6월 모평)

5. 주장과 근거

주장 主 주인주 張 베풀장

자기의 의견을 굳게 내세움, 또는 그런 의견. 글쓴이가 내세운 주장이 설득력을 가지고 독자에게 받아들여지려면 그 주장을 뒷받침하는 근거가 분명해야 합니다.

- 특정 이론에 대한 비판들을 시대순으로 제시하여 그 이론의 부당성을 주장하고 있다.(18 수능)
- 인체관과 관련된 유학자들의 주장이 지닌 문제점을 열거하여 역사적인 시각에서 비판하고 있다. (19 6월 모평)
- 특정 이론에 대한 상반된 주장을 제시하여 절충 방안을 모색하고 있다.(18 수능)

근거 根 뿌리근 據 근거거

어떤 일이나 의논, 의견의 근본이 되는 토대나 까닭. 주장이나 사실을 뒷받침하는 역할을 합니다. 근거를 토대로 주장이나 의견이 제시되며, 어떤 주장이나 의견의 신뢰성은 바로 그 근거가 얼마나 정확하고 타당하냐에 의해 뒷받침됩니다.

- 사이버 언어폭력 피해자가 극심한 고통을 겪고 있음을 언론 보도 사례를 활용해 주장의 근거로 제시해야겠어.(17 9월 모평)
- 전문 기관의 자료를 바탕으로 공간 정보 활용에 대한 믿을 만한 근거를 제시하고 있다.(17 고2 성취도)
- 전문가의 견해를 인용하여 주장에 대한 근거로 삼고 있다.(18 고2 성취도)

• 증거 證 증거증 據 근거거

어떤 사실을 증명할 수 있는 근거. '증명'의 의미가 추가된 근거라고 보면 됩니다.

- 추가적인 증거를 통해 보강한다.(11 6월 모평)

• 의거 依 의지할의 據 근거거

어떤 사실이나 원리 따위에 근거함. 근거에 '의거'하여 주장이 타당성을 얻게 돼요.

• 입증 立 설립 證 증거증

어떤 증거 따위를 내세워 증명함. 어떤 사실이나 주장에 대하여 그것이 진실인지 아닌지를 증거를 들어서 밝히는 것을 말합니다.

- 질소 충돌 실험에서 양성자가 발견됨으로써 유카와 히데키의 가설이 입증되었다.(16 6월 모평)
- 공장 폐수가 김 양식장으로 흘러들었다는 사실을 어민들 쪽에서 입증하라고 한 것이다.(14 6월 모평)

6. 비판과 평가

비판 批 비판할비 判 판단할판

사물의 옳고 그름을 가리어 판단하거나 밝힘. 비판은 대단히 중요한 개념이기 때문에 다음과 같이 나누어 자세히 살펴보기로 하겠습니다.

① 비판도 주장이다.

비판도 하나의 주장입니다. 그러므로 앞(5. 주장과 근거)에서 살펴본 바와 같이 근거가 명확해야 하고, 그 내용 또한 정확하고 타당해야 합니다. 무조건 좋다거나 나쁘다가 아니라 왜 좋고 나쁜지를 분명하고 타당하게 드러내야 하는 것이죠.

② '비판'이 문제가 되는 상황 1 - 비판하는 글을 읽는 경우

글 자체가 비판의 내용을 담고 있는 경우가 있습니다. 통념을 비판하거나 다른 사람의 견해를 비판하는 글 등이 대표적이죠. 이런 글을 읽을 때는 글 속에 담긴 비판의 내용부터 정확히 파악해야 합니다.(이것은 솔직히 사실적 이해 수준의 활동입니다. 그런데 우리가 시험에서 만나는 많은 문제들이 사실은 이 수준의 이해만을 요구합니다. 다음의 실제 출제 사례만 보아도 쉽게 알 수 있죠.) 그런 다음 그 비판의 내용이 신뢰할 만한 것인지, 타당성을 지닌 것인지 평가해야 합니다.

- 전자 민주주의에 대한 일반적 인식을 비판하면서 새로운 관점을 제시하고 있다.(10 고2 성취도)
- 다양한 해석을 근거로 들어 작품에 대한 통념적인 이해를 비판하고 있다.(15 9월 모평)

③ '비판'이 문제가 되는 상황 2 - 글에 대해 스스로 비판하는 경우

사실 모든 글은 비판하며 읽을 수 있어야 합니다. '비판하며 읽기'란, 글의 내용과 표현에 대하여 옳고 그름과 잘되고 잘못됨을 평가·판정하는 것으로, 글의 의미와 가치를 폭넓게 이해하는 주체적이고도 적극적인 활동입니다. 따라서 능동적이고 능숙한 독자라면 자신이 읽은 글의 신뢰성과 타당성에 대해 검토하고 그 검토 결과를 근거로 글의 내용을 비판하게 마련입니다. 글쓴이가 제시한 주제, 자료, 증거, 논증, 글의 가치, 정확성, 효용성, 글쓴이의 의도와 글의 표현 방식 등을 일련의 기준에 의해 타당한 것으로 수용할 것인가, 아니면 불합리한 것으로 반박할 것인가에 대해 판단을 내리는 것이죠. 이처럼 독자가 어떤 글에 대해 비판할 경우에도 그 비판은 하나의 주장이 되므로 근거가 분명해야 합니다. 글의 내용은 크게 다음의 두 가지 방향에서 검토·비판할 수 있습니다.

- 윗글을 읽은 학생이 '에피쿠로스'에 대해 비판한다고 할 때, 비판 내용으로 적절한 것만을 〈보기〉에서 있는 대로 고른 것은?(20 6월 모평)

- **신뢰성** 信 믿을신 賴 의지할뢰

굳게 믿고 의지할 수 있는 성질. 글에 제시된 사실이 정확하고 객관적이어서 믿을 수 있는지를 판단하는 것입니다. 이 신뢰성 여부를 근거로 삼아 글의 내용에 대해 비판할 수 있습니다.

- 중심 화제에 대한 자료의 출처를 밝힘으로써 주장의 신뢰성을 높이고 있다.(14 고2 성취도)
- 내용의 신뢰성을 높이기 위해 나눔 도서관의 긍정적 기능에 대한 전문가의 의견을 인용해야지. (14 수능)

- **타당성** 妥 온당할타 當 마땅당

논리학에서 말하는 '타당성'은 원래 추론의 형식적 올바름을 뜻하는 개념입니다. 하지만 글의 내용과 관련하여 사용할 때는 글쓴이의 의견이 일반적 진리에 비추어 적합한가, 시대적·사회적 기준에 두루 적합한가, 윤리적 기준에 적합한가 등을 검토하는 개념으로 쓰입니다. 이런 검토의 결과를 근거로 글의 타당성을 비판하게 되죠.

- 특정 이론에 대한 다양한 비판의 타당성을 검토한 후 새로운 이론을 도출하고 있다.(18 수능)
- 주장의 타당성을 높이기 위해 웹 기술의 발달 과정을 단계적으로 보여 주고 있군.(15 고2 성취도)
- 논지의 타당성을 강화하기 위해 과거의 정책과 자신이 내세운 대안을 비교하여 제시한다.(15 수능)

④ 비판은 비난이 아니다.

흔히 비판과 비난을 혼동하는 경우가 있는데, 비판과 비난은 다릅니다. '비난 (非 비방할비 難 꺼릴난)'이 '명확한 근거 없이 비방하거나 나쁘게 말하는 것'이라면 '비판

(批 **비판할비** 判 **판단할판**)'은 '명확한 근거를 가지고 사물의 옳고 그름을 가리어 판단하거나 밝히는 행동'입니다. 비난이 근거 없는 부정적 반응이라면, 비판은 근거 있는 긍정 혹은 부정의 반응인 것이죠. 반드시 구별해서 이해해야 합니다.

평가　評 **평할평** 價 **값가**

사물의 가치나 수준 등을 평함. 비판과 거의 같은 의미로 사용되는 말로, 역시 근거가 분명하고 정확하며 그 내용이 타당해야 합니다.

- 중심 화제의 역사적 기원에 대한 다양한 가설들의 의의와 한계를 평가하고 있다.(18 9월 모평)

반박　反 **돌이킬반** 駁 **논박할박**

어떤 의견, 주장 등에 반대하여 말함. 반대하여 말하는 것도 비판적 주장이므로 역시 타당성과 신뢰성을 지녀야 합니다.

- 구체적인 통계 수치를 제시하여 상대방의 의견을 반박하고 있다.(12 고2 성취도)
- 학교 시설 공사로 통행에 불편을 겪었던 학생의 인터뷰를, 학기 중 공사가 불편 없이 진행된다는 주장을 반박하는 근거로 제시해야겠어.(18 6월 모평)

반론　反 **돌이킬반** 論 **논할론**

남의 의견이나 주장 등에 대하여 반박하는 말. 반론 역시 주장이기 때문에 근거가 분명하고 타당해야 하죠. 또한 반박 대상이 되는 주장의 논점이나 논제에서 벗어나서는 안 됩니다.

- 여름 방학 기간을 유지하자는 주장에 대해 어떤 반론이 제기될 수 있을까?(18 6월 모평)
- 고령화와 관련된 문제의 해결 방안은 참신한 내용으로 제시하되 예상되는 반론을 고려해 논거를 마련한다.(15 6월 모평)

논박　論 **논할논** 駁 **논박할박**

어떤 주장이나 의견에 대하여 그 잘못된 점을 조리 있게 공격하여 말하는 행동을 가리킵니다.

반증 反 돌이킬반 證 증거증

어떤 사실이나 주장이 옳지 아니함을 그에 반대되는 근거를 들어 증명하는 행동을 의미합니다.

- 주장을 제시한 후, 예상되는 반증 사례를 검토하는 과정을 통해 주제를 강화하고 있다.(15 수능)
- 포퍼에 따르면, 지금 우리가 받아들이는 과학적 지식들은 이런 반증의 시도로부터 잘 견뎌 온 것들이다.(13 수능)

7. 사례 事 일사 例 법식례

어떤 일이 전에 실제로 일어난 예. 사례는 글에서 여러 가지 용도로 활용됩니다. 단순히 흥미를 유발하는 재료로 쓰이기도 하고, 어떤 주장을 뒷받침하거나 반박하는 근거로 활용되기도 합니다. 또 구체적인 사례를 일반화하여 원리를 도출하는 글에서는 원리를 유도하는 용도로 활용되기도 하고, 일반적인 원리나 개념을 소개하는 글에서는 그 원리나 개념이 적용되는 구체적인 경우로 제시되기도 합니다. 따라서 사례의 의미와 용도를 정확히 이해하는 것은, 사소해 보이지만 사실은 매우 중요한 독해 활동입니다.

- ㉠에 해당하는 사례로 가장 적절한 것은?(20 수능)
- 미세 조정 정책 수단의 사례로 적절하지 않은 것은?(18 수능)
- 중심 화제에 대한 다양한 사례들을 제시한 후 이를 유형별로 분류하고 있다.(18 9월 모평)

무엇인가를 주장할 때는 항상 타당한 근거가 뒷받침되어야 한다는 것, 잊지 마세요. ^^

06 글 2 - 구성

1. 구성

부분이나 요소들을 일정한 순서에 따라 얽은 글의 짜임새. 주제를 효과적으로 드러내기 위해서 수집, 선택된 글감들을 체계적으로 배열한 것을 말합니다. '구슬이 서 말이라도 꿰어야 보배'라는 말이 있듯이, 아무리 좋은 내용이라도 적절하게 구성되지 않으면 무슨 소리인지 알 수 없으며, 그런 글은 독자의 외면을 받게 됩니다. 그러므로 글의 구성은 내용을 빛나게 하는 가장 중요한 요소 중의 하나입니다. 구성은 글의 설계도 구실을 하는 동시에, 글쓴이의 입장에서는 독자를 공략하는 일종의 전략이 됩니다. 그러므로 구성이 잘된 글은 내용이 쉽게, 효과적으로 전달되며, 글을 쓴 목적이 쉽게 달성되고 오래 기억됩니다. 독자의 입장에서도 구성을 이해하면 독해가 쉬워지고 글의 내용은 물론 글쓴이의 의도도 쉽게 파악할 수 있습니다. 글의 구성 방식은 보통 다음과 같이 나눕니다.

(1) 자연적 구성

시간적 구성

어떤 사실이나 동작, 사건 등을 시간의 추이(推밀추 移옮길이 : 일이나 형편이 시간의 경과에 따라 변하여 나감. 또는 그런 경향)에 따라 서술하는 구성 방식입니다. 예 전기문, 기행문, 고전 소설

- 현상의 발생, 전개, 결과를 순차적으로 제시하고 있다.(11 고2 성취도)
- 중심 화제의 개념을 제시한 후, 그 변화 과정을 시간 순으로 설명하고 있다.(13 고2 성취도)

공간적 구성

'상(上)→하(下)', '좌(左)→우(右)' 또는 '원(遠)→근(近)' 등과 같이 공간적 기준에 따라 서술하는 구성 방식입니다. 예 기행문

물리적 구성

물리적인 대상의 존재 양태를 열거하듯이 서술하는 구성 방식입니다. 예 사물의 구조에 대해 설명하는 글

(2) 논리적 구성

글쓴이의 의도에 따라 논리적으로 전개되는 구성으로, 다음과 같은 방식들이 있습니다.

단계적 구성   段 층계단 階 섬돌계

글쓴이의 논리에 따라 글감을 단계적으로 배열하는 방식입니다. 논리적 설득력이 강하기 때문에 일반적으로 널리 사용되는데, 몇 번의 단계를 거치느냐에 따라 다음과 같이 나눌 수 있습니다.

- **2단 구성**

두 개의 덩어리로 이루어진 가장 단순한 구성입니다. 흔히 '원인 → 결과(결과 → 원인)', '전체 → 부분', '본질 → 속성', '문제 → 해결', '시작 → 끝', '일반론 → 구체적 사례' 등의 방식으로 구성됩니다.

- **3단 구성**

가장 일반적이면서도 기본적인 구성 방식입니다. 처음에 화제나 문제를 제시하고 이어서 그에 관해 여러 가지로 이야기를 전개한 다음, 마지막에서 요약·정리하는 방식이죠. 각 단계는 글의 성격에 따라 다음과 같이 여러 가지 이름으로 불립니다.

단계	단계별 이름					기능
1	기(起)	서론	도입	머리말	서두	• 독자의 흥미를 유발함 • 용어를 정의하거나, 화제나 문제를 제시함 • 앞으로의 전개 방법이나 서술 방법이 소개됨
2	서(敍)	본론	전개	본문	본문	• 글의 중심 부분 • 쓰고자 하는 내용이 나타남(주장과 근거, 상세한 해설 등)
3	결(結)	결론	정리	맺음말	결말	• 앞에서 언급된 내용의 요약, 정리, 강조

- 질문을 던짐으로써 독자의 호기심을 유발하고 있다.(07 9월 모평)
- 사례를 든 후 문제 제기를 하고 있다.(05 수능)
- 화제에 대한 이론들을 평가하여 종합적 결론을 도출하고 있다.(21 9월 모평)

• 4단 구성

3단 구성의 중간 부분을 둘로 나누어 네 단계로 구성한 것입니다. 둘로 나누어진 중간 부분에서 지금까지의 흐름과는 다른 변화가 나타나는데, 이 변화가 독자의 흥미를 불러일으킵니다. 이렇게 중간 부분에서 이완된 글의 흐름은 다시 마지막에서 긴밀하게 조여지죠. 신문 사설 등에서 흔히 사용되는 구성 방식입니다.

3단 구성	4단 구성		기능
기(起) ⟶	기(起)	도입	• 3단 구성의 기(起)와 같음
서(敍)	승(承)	전개	• 앞의 내용을 이어받아 발전시킴
	전(轉)	발전	• 내용이 갑자기 전환됨 • '승(承)'에서 언급된 내용과 대립되는 내용이나 글쓴이가 말하고자 하는 바가 나타남
결(結) ⟶	결(結)	정리	• '승(承)'과 '전(轉)'에 나타난 내용을 통합·조정하거나 자기 의견을 요약·마무리함

• 5단 구성

먼저 독자의 마음에 문제의식을 심은 다음 차츰 그 생각을 발전시켜 나가다가, 마지막에서 독자가 스스로 행동에 나서도록 유도하는 방식입니다.

3단 구성	5단 구성
서론	주의 환기(독자의 관심을 유도함)
	과제 제시(논의하고자 하는 문제를 제시함)
본론	과제 해명(문제의 해결책을 제시함)
	해명의 구체화(해결책을 구체적으로 제시함)
결론 ⟶	행동 촉구(요약하고 마무리함)

- 화제가 지닌 문제점을 지적하고 사례를 활용해 해결 방향을 제시하고 있다.(14 고2 성취도)
- 보험 상품의 거래에 부정적으로 작용하는 법률 조항의 문제점을 경제학적인 시각에서 분석하고 있다.(17 수능)
- 앞서 제시된 문제를 해결할 수 있는 새로운 대안을 제시한다.(07 고1 성취도)

포괄식 구성 包 감쌀포 括 묶을괄

전체를 묶는 중심 내용이 어디에 위치하느냐에 따라 다음과 같이 나뉩니다. 앞에서 문단의 구조를 살피면서 두괄식, 미괄식, 양괄식 등에 대해 살펴보았는데 (← p.216 '문단의 구조' 참고), 그 내용을 그대로 글 단위로 확장해서 생각하면 됩니다.

- ### 두괄식 구성 頭 머리두 括 묶을괄

  중심 내용이 글의 '머리(앞부분)'에 있는 구성 방식입니다.

- ### 미괄식 구성 尾 꼬리미 括 묶을괄

  중심 내용이 글의 '꼬리(뒷부분)'에 있는 구성 방식입니다.

- ### 양괄식 구성 兩 둘양 括 묶을괄

  중심 내용이 글의 앞뒤에 있는 것으로, 머리에서 언급한 중심 내용을 마지막에서 다시 한번 강조하는 구성 방식입니다.

열거식 구성 列 별일열 擧 들거

몇 개의 대등한 화제를 낱낱이 죽 늘어놓는 구성 방식입니다. 특정 대상의 특징이 여러 가지이거나, 동일한 독자나 상황을 대상으로 해서 전달해야 할 내용이 여러 가지일 경우에 주로 사용됩니다. 열거되는 화제들 사이에는 논리적 일관성이나 의미의 연관성이 반드시 요구되지는 않습니다. 본문에서는 '첫째, 둘째, 셋째~' 등으로 배열하는 방법이 흔히 사용되고, 마무리에서는 앞에서 열거된 내용들을 종합하게 됩니다.

- 정서주의에 대해 제기할 수 있는 문제를 나열하고 있다.(16 6월 모평)
- 주장을 여러 항목으로 나누어 순차적으로 제시하고 있다.(15 고2 성취도)

점층식 구성 漸 점점점 層 층층

비교적 덜 중요한 것에서부터 중요한 순서로 배열하는 방식입니다. 반대로 중요한 것에서부터 중요성이 작은 것으로 배열하는 방법을 '점강(漸 점점점 降 내릴강)식 구성'이라고 합니다. 보통 글 전체보다는 일부분에서 사용되는 구성 방식입니다.

- 점층적 구성을 활용하여 추상적 대상을 구체화하고 있다.(14 고2 성취도)

2. 글쓰기 전략　戰 싸울전　略 다스릴략

글쓴이가 독자를 공략하는 방식. 곧 구성 방식을 이르는 말입니다. 글쓴이는 자신의 생각이나 의도가 독자에게 효과적으로 전달되도록 하기 위해서 일종의 작전을 세우는데, 이를 글쓰기 전략이라고 부릅니다. 논지 전개 방식도 같은 의미입니다.

- (가)와 (나)에 나타난 글쓰기 전략에 대한 설명으로 가장 적절한 것은?(15 9월 모평)
- 위 글의 글쓴이가 상대방을 설득하기 위해 사용한 전략으로 적절하지 않은 것은?(08 수능)

논지 전개 방식

주장이나 의견을 논하는 글에서 논지(← p.222 '논지' 참고)를 전개하는 방식, 즉 글의 구성 방식을 의미합니다. 논지를 전개하는 방식은 글쓴이의 개성에 따라 다양할 수 있지만, 독자에게 쉽게 받아들여져서 효과를 발휘하려면 아무래도 독자에게 익숙한 방식을 사용하는 것이 유리합니다. 따라서 실제로는 매우 다양할 수 있음에도 불구하고 자주 사용되는 논지 전개 방식은 몇 가지로 정리할 수 있습니다. 이제 그 내용들을 살펴볼 텐데요, 이 전개 방식들의 특징을 잘 이해하고 있으면 이런 방식이 사용된 글을 만났을 때 쉽게 전개 방향을 예측할 수 있어서 독해가 쉬워집니다.

- 윗글의 전개 방식으로 가장 적절한 것은?(13 고2 성취도)
- 윗글의 논지 전개 방식으로 가장 적절한 것은?(16 6월 모평)

• 추론식 전개 방식

연역적 추론이나 귀납적 추론을 글의 전개에 활용하는 방식입니다. 일반적인 원리를 앞세우고 그에 따라 구체적인 사례를 판단·평가·추리하거나(연역식), 구체적인 사례를 나열하고 그로부터 일반적인 원리를 추출하는(귀납식) 방식으로 전개됩니다.

- 현상의 발생 원리를 일반화하여, 그 사회적 의미를 제시하고 있다.(11 고2 성취도)

- 개별적인 현상들의 공통적인 원리를 도출하여 새로운 상황에 적용하고 있다.(08 고1 성취도)
- 보편적 원리에서 특수한 사실로 내용의 범위를 제한하여 논의를 전개하고 있다.(06 고1 성취도)

• 문제 해결식 전개 방식

특정한 문제 상황이나 과제를 두고 이를 해결하기 위한 방안을 찾아 나가는 구성 방식입니다. 이때 찾아낸 해결책은 주어진 과제에 합당한 것이어야 한다는 점에서, 해결책 자체뿐만 아니라 해결책을 찾아 가는 과정 전체가 논리적 성격을 띠게 됩니다.

> (예) 기술에 대한 사회적 통제 수단이 '기술 영향 평가'이다. 그런데 기술 영향 평가는 이미 개발된 기술의 사회적 영향을 사후에 평가하고 처방하는 데 주력한다. 따라서 어떤 기술이 문제가 많다고 판단될지라도, 그 기술의 개발이 이미 상당히 진행되었다면 그것을 중단시키는 것이 거의 불가능하다. 기술에 대해 실질적으로 통제하지 못하는 한계를 지니고 있는 것이다. – 문제 상황
>
> ----
>
> 이 문제는 기술 개발의 전 과정을 지속적으로 평가해서 기술 변화가 사회적으로 바람직한 방향으로 이루어지도록 적극적으로 유도하는, 사전적이고 과정적인 기술 영향 평가로 전환함으로써 해결할 수 있다. – 해결 방안

> 실제 시험에 출제된 글을 간략하게 요약한 것입니다. 앞부분에서는 기술 영향 평가가 실질적으로 기술을 통제하지 못한다는 문제점을 제시하고, 뒷부분에서 그에 대한 해결 방안으로 사전적이고 과정적인 기술 영향 평가로의 전환을 제시하고 있습니다.

- 문제점을 나열한 후, 그 해결 방안을 제시하고 있다.(11 고2 성취도)
- 대립하는 원칙들 사이에 발생하는 문제를 검토하여 대안을 제시하였다.(14 9월 모평)
- 보험금 지급을 두고 벌어지는 분쟁의 원인을 나열한 후 경제적 해결책과 법적 해결책을 모색하고 있다.(17 수능)

• 관점이나 견해를 다루는 글의 전개 방식

관점이나 견해를 다루는 글은 다양한 방식으로 전개될 수 있습니다.

① 객관적인 입장에서 다른 사람의 관점이나 견해를 소개하는 경우

권위 있는 인물의 견해나 학계의 통설을 소개하는 글 등에서 쉽게 만날 수 있습니다. 서로 대비되는 관점을 소개하더라도 어느 한쪽을 지지하거나 글쓴이 자신의 생각을 언급하지는 않습니다. 오로지 객관적인 입장에서 관점이나 견해를 소개하는 데만 집중하죠.

> (예) 교육에 대한 루소의 견해를 소개하는 글, 여러 가지 교육관을 소개하는 글

- 맹자의 '의' 사상에 대한 상반된 관점들을 비교하고 있다.(15 9월 모평)
- (가)는 18세기 중국에 대한 학자들의 견해를 제시하면서 그러한 견해의 형성 배경 및 견해 간의 차이를 설명하고 있다.(21 수능)

② 기존의 관점과 대비되는 새로운 관점을 소개하는 경우

관점을 소개한다는 점에서는 위의 ①과 다를 바 없지만, 논의의 초점이 하나의 관점에 집중된다는 점에서는 차이가 있습니다. 보통 기존의 관점과 대비되는 새로운 관점, 여러 관점 중에서 글쓴이가 지지하는 관점을 소개하는 글 등에서 활용되는 방식입니다. 이때 '초점과 대비되는 관점'은 '초점이 되는 관점'을 유도하기 위한 장치로 볼 수 있죠.

> 예 조선 성리학자들은 도덕적 실천과 결부하여 지知와 행行의 문제를 다루었는데, 그 기본적인 입장은 '지행병진知行並進'이었다. – 기존의 관점
>
> ----
>
> 그러나 18세기 이후 일부 실학자들은 지행론에 대해 새롭게 접근하였다. 홍대용은 지와 행의 병진을 전제하면서도, 행이 지보다 더욱 중요하다고 보았다. 최한기는 '선행후지先行後知'를 제시하고, 행이 지보다 우선적인 것임을 강조하였다.
> 이러한 지행론은 그들의 학문 목표와 관련이 있다. 도덕적 수양을 무엇보다 중시했던 성리학자들과 달리, 실학자들은 피폐한 사회 현실을 개혁하고자 하는 학문적 문제의식을 가지고 있었다. 특히 최한기가 행을 앞세운 것은 변화하는 세계의 본질을 경험적으로 파악하여 격변하는 시대에 대처하려는 것이었다. – 새로운 관점
>
> 역시 기출 지문을 요약한 것입니다. 성리학자와 실학자들의 지행론을 모두 소개하고 있지만, 그 초점은 어디까지나 성리학자들의 지행론에 있음이 명확하게 드러납니다.

- 통념의 문제점을 지적한 후, 반대되는 견해를 제시하고 있다.(13 고2 성취도)
- 화제와 관련된 관점의 문제점을 제시하고 대안적 관점을 소개하고 있다.(21 9월 모평)

③ 서로 대비되는 관점을 제시한 후 절충하는 경우

이때는 두 관점을 절충하는 태도나 절충의 내용이 글쓴이의 관점이나 견해라고 볼 수 있습니다.

> 예) 사회 복지 방법론은 미시적 방법론과 거시적 방법론으로 나눌 수 있다. 미시적 방법론은 도움을 필요로 하는 개인에 초점을 맞추고 문제를 개별화하여 해결 방안을 찾는다. 따라서 사회 정책을 입안하고 집행하는 데에는 관여하려 하지 않는다. ─ 관점 ①
>
> ---
>
> 거시적 방법론은 문제를 집합적으로 보면서 전체적인 사회 차원에서 해결 대책을 강구하려 한다. 따라서 정부의 정책이나 사회 체제 자체를 매우 중요시한다. ─ 관점 ②
>
> ---
>
> 역사적으로 사회 복지 방법론은 미시적 방법론을 중심으로 발전하였다. 그러나 미시적 방법론만으로는 사회 복지의 이념을 달성하는 데 한계가 있다. 결국 미시적 방법론과 거시적 방법론을 양 축으로 하는 사회 복지 방법론을 발전시키는 것만이 사회 복지의 이념을 효과적으로 앞당겨 달성할 수 있게 할 것이다. ─ ①, ②의 절충 = 글쓴이의 관점

> 사회 복지 방법론에 대한 두 가지 관점을 각각 소개한 다음, 두 관점이 조화를 이루어야 한다며 두 관점을 절충하고 있습니다. 역시 기출 지문을 요약한 것입니다.

- 특정 이론의 장점과 단점을 설명한 후, 절충 이론을 소개하고 있다.(13 고2 성취도)
- 특정 이론에 대한 상반된 주장을 제시하여 절충 방안을 모색하고 있다.(18 수능)
- 중심 화제에 대해 상반된 견해를 제시한 후 두 견해를 절충하고 있다.(18 9월 모평)

④ 글쓴이 자신의 관점을 제시하는 경우

처음부터 끝까지 일관되게 자신의 관점을 제시할 수도 있고, 통념이나 다른 관점을 먼저 제시한 다음 이것을 비판하면서 자신의 관점을 부각할 수도 있습니다. 이 중 후자는 비판하는 글의 전형적인 전개 방식이기도 합니다.(← 이어지는 '비판하는 글의 전개 방식' 참고)

- 특정 이론에 대한 비판들을 시대순으로 제시하여 그 이론의 부당성을 주장하고 있다.(18 수능)
- 개념을 정의하고 대립되는 주장을 소개하며 글쓴이의 견해를 밝히고 있다.(12 고2 성취도)

• 개념이나 이론을 다루는 글의 전개 방식

개념이나 이론을 객관적으로 소개하거나, 앞부분에서 소개한 개념 등을 토대로 특정 현상이나 대상을 해명하는 방식으로 전개됩니다. 개념을 토대로 전개되는 글에서는 개념을 정의하는 부분이 반드시 글의 앞부분에 등장하게 되죠.

예 한 사람의 보상이 다른 사람의 행동에 영향을 받음에도, 그에 대한 대가를 받지도 지불하지도 않는 현상을 '외부성'이라고 한다. 특히 자신의 상대적 위치에 따른 보상이 다른 경쟁자의 상대적 성과에 부분적으로 의존하는 것을 '위치적 외부성'이라고 한다.

> '외부성'과 '위치적 외부성'의 개념을 정의하고 있는 기출 지문의 앞부분입니다. 다음에 이어지는 내용은 이 개념을 사회 현상에 적용하여 해명하는 것이었습니다.

- 핵심 개념을 소개한 후 관련 이론을 제시하고 있다.(15 고2 성취도)
- (가)와 (나) 모두 특정 제도를 분석하는 두 가지 이론을 구분하여 소개하고 있다.(21 6월 모평)
- 시대적 흐름에 따른 핵심 개념의 변천 과정을 규명하고 있다.(12 9월 모평)
- 작가주의의 개념을 설명한 뒤 구체적인 사례와 관련지어 그 의의를 소개하고 있다.(15 6월 모평)

• 비판하는 글의 전개 방식

비판을 하려면 비판 대상이 있어야 합니다. 그러므로 이런 글에서는 먼저 비판의 대상이 소개되고 이어서 글쓴이의 비판이 제시되는 것이 보통입니다. 일반적으로 받아들여지는 생각(통념)에 의문을 제기하면서 비판하는 방식, 글쓴이 스스로 자신의 견해와 상반되는 견해를 소개하고 이를 논리적으로 반박함으로써 자신의 견해가 옳음을 강조하는 방식 등이 대표적입니다.

예 종래에는 임진왜란 당시 의병의 봉기 이유를 주로 유교 이념에서 비롯된 '임금에 대한 충성'의 측면에서 해석해 왔다. – 비판 대상

- -

그러나 의병의 주축을 이룬 백성들의 참여 동기는 다른 데서 찾아야 한다. 의병들은 서로가 혈연(血緣) 혹은 지연(地緣)에 의해 연결된 사이였다. 따라서 그들은 지켜야 할 공동의 대상을 가지고 있었으며 그래서 결속력도 높았다. 그 대상은 멀리 있는 임금이 아니라 가까이 있는 가족이었으며, 추상적인 이념이 아니라 그들이 살고 있던 마을이었다. 백성들이 관군에 들어가는 것을 기피하고 의병에 참여했던 까닭도, 의병이 비교적 지역 방위에만 충실하였던 사실에서 찾을 수 있다. – 비판

> 의병 봉기의 이유에 대한 기존의 주장을 비판하고 글쓴이의 주장을 내세우고 있는 글입니다.

- 역사에 대한 서로 다른 견해를 대조하여 사료로서 영화가 지닌 한계를 비판하고 있다.(20 9월 모평)
- 다양한 해석을 근거로 들어 작품에 대한 통념적인 이해를 비판하고 있다.(15 9월 모평)

> 글의 구성 방법을 이해하는 것은
> 독서 전략으로서뿐만 아니라
> 작문 전략으로도 중요합니다.

07 독서의 원리

1. 독서 讀 읽을 독 書 글 서

주변을 둘러보면 사실인지 아닌지 솔직히 의심스럽기는 하지만(!) 독서가 취미라고 말하는 사람이 참 많습니다. 누구나 쉽게 독서에 대해 이야기하는 것이죠. 하지만 독서가 그렇게 만만한 것일까요? 아닙니다. 제대로 된 독서는 결코 만만하지 않으며, 오히려 굉장히 의미심장한 활동입니다. 독서 활동이 다음과 같은 특성을 지니고 있기 때문이죠.

의사소통 행위 意 뜻 의 思 생각 사 疏 트일 소 通 통할 통

글쓴이와 독자 사이에 뜻과 생각이 서로 통하는 행위. 말(음성 언어)이 말하는 사람과 듣는 사람 사이에서 이루어지는 행위인 것처럼, 글도 글을 쓰는 사람(=글쓴이, 필자)과 글을 읽는 사람(=독자) 사이에서 이루어지는 행위입니다. 글쓴이가 글로써 말을 하면 독자가 글로써 듣는다고나 할까요? 그러니까 독서는 글쓴이와 독자가 글을 통해 뜻과 생각을 나누는, 즉 의사를 소통하는 행위라고 볼 수 있습니다. 물론 그 둘은 직접 만나지는 않습니다. 항상 글을 통해 만나니까 그들의 만남은 '글을 매개로 한다'라고 표현할 수 있습니다. 이처럼 독서는 글을 매개로 글쓴이와 독자가 만나서 대화를 하는 행위라고 할 수 있고, 이런 독서의 특성을 표현하는 말이 '의사소통 행위'라는 것입니다. 그런데 독서를 통해 만나게 되는 글쓴이와 독자는 반드시 같은 나라, 같은 시대의 사람일 필요는 없습니다. 우리는 미국 작가가 쓴 책을 한국에서 읽기도 하고, 조선 시대의 허균이 쓴 〈홍길동전〉을 21세기인 오늘날에 읽기도 합니다. 이렇게 보면 독서는 개인과 개인, 사회와 사회, 시대와 시대가 만나 대화를 나누는 것이라고도 말할 수 있습니다. 독서는 개인적 행위인 동시에 사회적·역사적 행위인 것이죠.

의미 구성 행위

독서는 글쓴이와 독자가 의사소통하는 행위이지만, 글쓴이의 생각이 그대로 독자에게 전달되는 것은 아닙니다. 독자는 자신의 배경지식이나 경험, 가치관 등을

활용해서 읽은 내용을 나름대로 해석하게 됩니다. 의미를 구성하는 것이죠. 이렇게 구성된 의미는 글쓴이가 의도한 의미와는 다를 수 있습니다. 그래서 모든 독서는 오독(誤그르칠오 讀읽을독)이라고 말하기도 합니다. 하지만 바로 그렇기 때문에 독서가 능동적이고 재미있는 활동이 되기도 하는 것입니다.

문제 해결 행위

독서의 과정이나 결과는 그대로 문제를 해결하는 행위가 됩니다. 독서를 하면 몰랐거나 궁금한 내용을 알게 되기도 하고, 글 속에 생략된 내용을 추리하거나 찾게 되기도 합니다. 독자의 입장에서 보면 독서를 통해 문제가 되는 상황(모름, 궁금함)을 해결하는 것이죠. 또 독자는 자신에게 필요한 자료를 얻기 위해 독서를 하기도 합니다. 이때도 독서는 독자의 외적인 문제 상황을 해결하는 행위가 됩니다. 따라서 독서는 독자의 내·외적인 문제를 해결하는 행위라고 말할 수 있습니다. 이런 독서 활동 속에서 이루어지는 사고 과정은 크게 상향식과 하향식으로 나누어집니다. 물론 이 둘은 엄격히 분리되는 것은 아니며, 글의 성격이나 독서의 상황 등에 따라 상호 보완적으로 활용됩니다.

상향식 과정　上 위상 向 향할향

글에서 독자에게로 올라오는 과정. 글을 이루는 작은 단위에 대한 이해를 통합하여 큰 단위에 대한 이해로 올라가는 과정을 말합니다. '단어 이해 → 문장 이해 → 문단 이해 → 글 이해'와 같은 단계를 밟아 독자의 머릿속에 새로운 의미가 형성되는 것이죠. 잘 모르는 내용을 다룬 글을 꼼꼼하게 읽어 의미를 구성할 때 주로 나타나는 사고 과정입니다. 글이 중심이 되는 과정이라고 볼 수 있죠.

하향식 과정　下 아래하 向 향할향

독자에게서 글로 내려가는 과정. 글의 내용과 관련된 경험이나 지식, 가치관 등을 활용하여 글의 내용에 대해 예측하고 추론하는 과정입니다. 비교적 잘 아는 내용을 다룬 글을 읽을 때 나타나는 것으로, 독자가 중심이 되는 과정입니다.

2. 독서 활동

(1) 독서의 절차

독서의 절차는 일반적으로 '읽기 전 - 읽는 중 - 읽은 후'로 나누어 생각할 수 있습니다. 실제로 읽는 것만이 독서가 아니라 읽기 전과 후의 활동도 독서에 포함되는 것이죠. 사실 이때의 활동을 얼마나 잘 수행하느냐에 따라 독서의 효과가 달라집니다.

읽기 전 활동

실제 눈으로 책을 읽기 전에 이루어지는 활동. 책을 읽기 전에 해당 책과 관련하여 하는 활동으로, 이런 활동이 실제 독서 효과에 큰 영향을 미치기 때문에 독서의 절차에 포함시켜 이야기합니다. 읽는 목적 확인하기, 배경지식 활성화하기(연상이나 경험 떠올리기), 훑어본 다음 예측하기, 질문 만들기 등이 이때 이루어지는 활동입니다.

> • 읽기 계획 : 1문단을 훑어보면서 뒷부분을 예측하고 질문 만들기를 한 후, 글을 읽고 점검하기
> (19 수능)

읽기 중 활동

실제로 책을 읽으며 이루어지는 활동. 능동적이고 실제적인 독해 행위에 해당합니다. 이해한 내용을 자기 말로 바꾸어 표현하기, 장면·절차·이미지 등을 머릿속에 그리며 읽기, 읽기 전에 예측한 내용 확인하기, 궁금했던 내용에 대한 답을 찾으며 읽기, 생략된 내용 추론하기, 글쓴이의 생각에 대해 공감 또는 거부하며 읽기, 내용의 타당성 판단하기, 새로운 생각이나 대안 떠올리기 등이 이때 이루어지는 활동입니다.

읽은 후 활동

독서 후에 이루어지는 활동. 읽은 내용을 갈무리하여 자기 것으로 만들거나 적절하게 활용하는 방안을 떠올리는 것입니다. 이 활동을 소홀히 하면 애써 한 독서가 시간 낭비가 될 수도 있습니다. 내용 요약·정리하기, 주제 파악하기, 읽은 내용의 활용 방안 생각하기, 깨달은 내용 실천 방안 생각하기 등이 이때 이루어지

는 활동입니다.

SQ3R

효과적인 독서를 위한 절차를 이르는 말로, 미국의 로빈슨(H. M. Robinson)이 제시한 방법입니다. 각 단계의 영문 첫 글자를 딴 것인데, 앞서 설명한 일반적인 독서의 절차가 좀 더 세분화된 것으로 볼 수 있습니다.

• 훑어보기(Survey)

글을 읽기 전에 미리 내용을 생각해 보는 단계. 제목이나 소제목, 도표나 사진 등을 훑어보고 전체 내용을 짐작해 봅니다.

• 질문하기(Question)

글의 제목이나 소제목 등을 질문으로 바꾸어 마음속에 간직하는 단계입니다. 글을 읽으면서 이 질문에 대한 답을 찾게 되죠.

• 자세히 읽기(Read)

처음부터 차분하게 읽어 가면서 그 내용을 하나하나 확인하는 단계입니다.

• 되새기기(Recite)

지금까지 읽은 내용을 요약하고 정리하는 단계입니다.

• 다시보기(Review)

지금까지 읽은 모든 내용을 살펴보고, 전체 내용을 정리하는 단계입니다.

(2) 독서의 유형

독서의 유형은 무엇을 기준으로 하느냐에 따라 다양하게 나눌 수 있습니다. 대표적인 것이 사고(思考) 과정을 중심으로 나누는 것입니다. 하지만 실제로 하나의 사고 과정만으로 수행되는 독서는 없습니다. 이해하기 쉽게 분류한 것일 뿐이죠.

실제 독서를 할 때는 다음에 제시되는 독서 유형이 동시에, 그리고 상호보완적으로 나타나게 됩니다.

사실적(분석적) 읽기

글 자체의 내용을 사실대로 정확하게 파악하며 읽는 것입니다. 사실적으로 드러나 있는 사항들을 꼼꼼하게 읽는 것으로, 가장 기본적이면서도 필수적인 독서 방법입니다. 이 책의 'Ⅱ. 독서' 단원에서 다룬 대부분의 내용은 사실 '사실적 읽기'를 잘하기 위한 방법이라고 볼 수 있습니다. 그만큼 중요한 읽기 방법입니다.

추론적(해석적) 읽기

글에 분명하게 드러나 있지 않은 내용들을 밝혀 내며 읽는 것입니다. 글의 이면에 존재하는 의도나 목적, 관점, 태도 등을 확인하며 읽습니다.

비판적 읽기

내용이나 표현의 정확성, 객관성, 적절성, 공정성 등을 판단하고, 글쓴이의 생각이나 관점이 신뢰할 만한 것인지 혹은 수용 가능한 것인지 등을 평가하며 읽는 것입니다. 글이나 책에 대한 평가와 판단의 성격이 강합니다.

감상적 읽기

글의 내용에 공감하거나 감동하며 읽는 것입니다. 주로 문학 작품을 대상으로 한 독서법인데, 작품에 형상화된 인물들의 삶을 통해서 세계에 대한 이해와 안목을 높이고 삶에 대해 성찰하는 기회를 얻을 수 있습니다.

창조적 읽기

깊이 있는 내용 이해를 토대로 그것을 뛰어넘는 새로운 생각, 자기만의 생각을 펼치는 것입니다. 글쓴이의 생각과는 다른 대체 방안을 찾거나, 사고의 융통성과 유연성을 발휘해서 새로운 관점을 수립하거나, 읽은 내용을 활용하여 현실적인 문제의 해결 방안을 강구하는 것 등이 여기에 포함됩니다.

이외에도 독서의 방법에 따라 독서의 유형을 나눌 수도 있습니다.

속독　速빠를속　讀읽을독

빠르게 읽기. 짧은 기간 내에 많은 분량의 내용을 읽는 데 적합한 독서 방법입니다.

정독　精자세할정

자세히 읽기. 자세한 부분까지 주의하여 빠진 곳이 없도록 깊이 생각하고 따지면서 읽는 방법입니다.

통독　通통할통

처음부터 끝까지 훑어 읽기. 전체의 내용을 훑어볼 필요가 있거나, 자세한 내용 이해가 필요하지 않을 때 사용하는 독서 방법입니다.

다독　多많을다

많이 읽기. 여러 종류의 책을 많이 읽는 방법입니다.

- 다양한 분야의 지식을 습득하기 위해서 정독의 방법보다는 다독의 방법으로 책을 읽어야겠어.
  (14 수능)

낭독　朗맑을랑 / 음독　吟소리음

소리 내어 읽기. 다른 사람이 알아듣도록 읽거나, 문자나 말을 확인하며 읽는 방법입니다.

- 실감 나는 낭독은 청중에게 작중 인물이 직접 말하는 것 같은 극적 환상을 일으킨다.(15 6월 모평)

묵독　默잠잠할묵

눈으로 읽기. 소리를 내지 않고 눈으로만 읽는 독서 방법으로, 내용을 생각하며 읽을 수 있고, 주위 사람에게 방해가 되지 않으며, 읽는 속도가 빠릅니다.

발췌독 拔 뽑을발 萃 모을췌

필요한 부분만 뽑아 읽기. 한 권의 책 가운데서 자기에게 필요한 부분만 찾아 골라 읽는 방법으로, 사전류나 참고서를 읽는 데 적합합니다.

강독 講 익힐강

뜻을 밝혀 가며 읽기. 공부나 연구를 목적으로 하는 독서 방법입니다.

(3) 글의 목적에 맞는 독서법

정보를 전달하는 글

글쓴이가 어떤 대상에 대한 정보를 알리고 설명하려는 목적으로 쓴 글입니다. 따라서 이런 글을 읽을 때에는 글이 전하려고 하는 객관적 사실이나 정보를 파악하는 데 집중해야 합니다. 아울러 그렇게 제시된 정보가 사실인지 아닌지도 따져 보는 자세가 필요합니다. 이렇게 읽어야 하는 글로는 설명문, 보고문, 전기문, 기사문, 기행문 등이 있습니다.

- 정보를 전달하는 글인데 개인적인 정서를 표현하는 것으로 끝나서 글의 목적에 어울리지 않는 것 같아.(19 고2 성취도)

설득하는 글

글쓴이가 자신의 주장이나 의견을 독자에게 납득시키고 나아가 그 주장대로 믿고 따르게 할 목적으로 쓴 글입니다. 그런데 독자를 따르게 하려면 무작정 자신의 주장만을 내세우는 것으로는 부족하겠죠? 그래서 설득하는 글에는 글쓴이의 주장과 함께 그 주장을 뒷받침하는 근거가 반드시 제시됩니다. 이러이러한 근거가 있으니 자신의 주장을 믿고 따르라고 설득하는 것이죠. 하지만 독자의 입장에서는 그 말을 곧이곧대로 믿어서는 안 됩니다. 따라서 이런 글을 읽을 때에는 글쓴이의 주장이 무엇인지 파악한 다음 그것이 타당하고 논리적으로 정당한지 판단해야 합니다. 이렇게 읽어야 하는 글로는 논설문, 연설문, 논문, 광고문 등이 있습니다.

- 〈보기〉의 제도를 도입하기 위해 설득하는 글을 쓰려고 한다. 〈자료〉를 활용하여 내용을 구상할 때, 적절하지 않은 것은?(13 고2 성취도)
- 설득하는 글은 필자가 자신의 주장을 독자에게 이해시키고 더 나아가 그 주장을 믿고 따르게 할 목적으로 작성하는 글이야.(16 9월 모평)

상호 작용의 글

글쓴이가 독자와의 상호 작용, 즉 친교(親친할친 交사귈교)를 목적으로 쓴 글입니다. 글쓴이가 독자와 새롭게 관계를 맺거나 기존의 관계를 보다 바람직한 방향으로 변화시키기 위해 쓰는 글이죠. 대표적인 예가 편지(서간문)와 초대장인데, 인터넷 댓글 등 디지털 매체를 활용한 다양한 형식의 글도 여기에 포함됩니다.

- ㉮와 달리 ㉯는 다른 사람과 교류하려는 목적이 강하다.(17 고2 성취도)

정서 표현의 글

글쓴이가 자신의 정서와 감정을 표현하기 위해 쓴 글입니다. 정서와 감정이라고 했지만 그것을 표현하는 방식은 크게 두 가지로 나눌 수 있습니다. 먼저 글쓴이 자신의 사사로운 감정을 표현하는 것으로, 일기, 수필, 감상문 등이 여기에 속합니다. 다른 하나는 허구적 구성을 통해 표현하는 것으로, 시, 소설, 희곡 등의 문학 작품이 대표적입니다. 이런 글을 읽을 때에는 글의 분위기나 표현 등을 음미하고, 글의 주제나 작가의 의도 등을 자신의 경험과 비교하면서 의미를 재구성하는 자세가 필요합니다.

(4) 독서의 역사

집중형 읽기　集 모을집 中 가운데중

제한된 양을 반복해서 읽는 독서 방법. 책의 수가 많지 않고 정보의 생산이나 유통이 제한적이던 옛날의 독서 방식입니다.

분산형 읽기 分 나눌분 散 흩을산

대량의 텍스트를 소비하고는 다시 돌아보지 않는 독서 방법. 18세기 말부터 20세기까지의 독서 방식입니다.

검색형 읽기 檢 검사할검 索 찾을색

전자 매체가 결합된 현대의 독서 방식입니다. 자신이 읽고 싶은 것만 검색해서 읽는 방식이죠.

III

언어(문법)

01 언어와 국어

1. 언어 言 말씀언 語 말씀어

생각이나 느낌 등을 나타내거나 전달하는 데 쓰이는 음성이나 문자, 또는 그것들의 체계. 쉽게 말해서 인간이 의사소통을 위해 사용하는 도구인 말이나 문자가 언어입니다. 때로는 몸짓 같은 것도 의사소통에 사용되기 때문에 이를 언어에 포함시키기도 하지만 보통은 음성 언어(말)와 문자 언어(글) 정도로 한정지어 이야기하죠. 언어는 일종의 기호라고 볼 수 있습니다. 그런데 기호는 그 기호를 통해 전달하는 '내용'과 그것을 실어 나르는 '형식'의 두 가지 요소로 구성됩니다. 예를 들어 볼까요?

> 예 화장실을 나타내는 기호
>
> 형식 :
>
> 내용 : 여자 화장실 남자 화장실

언어도 전달하고자 하는 '내용'과 그것을 실어 나르는 '형식'의 두 가지 요소로 구성됩니다. 언어에서의 내용은 의미이고 형식은 음성(문자)입니다.

> 예 형식 : 딸
>
> 내용 : 여자로 태어난 자식

(1) 언어의 유형

음성 언어 音 소리음 聲 소리성

소리를 매개로 하는 언어. 입으로 말하고 귀로 들리는 말, 즉 음성에 의해 표현되고 이해되는 언어를 말합니다. 문자 언어에 대응되는 개념인데요, 일상생활에서는 억양이나 강세, 얼굴 표정, 몸짓 같은 것들이 의사소통의 보조 역할을 해 줍니다. 문자 언어와는 달리 일단 말을 하고 난 후에는 고칠 수가 없기 때문에 다듬어지지 않은 표현이 많고 비교적 짧은 문장과 단순한 구조로 이루어집니다.

문자 언어 文 글월문 字 글자자

문자를 매개로 하는 언어. '문어(文語)'라고도 하는데, 소리를 매개로 하는 음성 언어에 대응되는 개념입니다. 일반적으로 고정된 규칙을 가지고 있어서 음성 언어에 비해서 변화가 적으며, 시간과 공간을 초월하여 전달될 수 있는 특징을 지닙니다. 문자 언어는 인류의 역사와 함께 발달되어 왔는데, 일반적으로 '그림 문자 → 표의 문자 → 표음 문자(음절 → 음소 → 자질)' 순으로 발달되었다고 봅니다.

- **그림 문자**

  물체의 형태를 간략하게 그린 문자. '회화(繪그림회 畫그림화) 문자'라고도 하는데, 이집트의 상형 문자가 대표적입니다.

- **표의 문자** 表 겉표 意 뜻의

  하나하나의 글자가 일정한 뜻을 나타내는 문자. 각각의 글자가 의미의 단위인 형태소(대개는 단어) 각각을 대표하는 문자입니다. 그림 문자가 추상적인 방향으로 발전한 형태인데, 한자가 대표적이죠.

- **표음 문자** 表 겉표 音 소리음

  하나하나의 글자가 일정한 소리를 나타내는 글자. 각각의 글자가 대표하는 단위가 음운이나 음절과 같은 소리의 단위인 문자입니다. 가장 발달된 문자 형태로, 다시 음절 문자, 음소 문자, 자질 문자 등으로 나누기도 합니다.

- **음절 문자** 音 소리음 節 마디절

한 음절(직관적으로 인지되는 단어나 말의 기본 음성 단위→ p.261 '음절' 참고)을 한 글자로 나타내는 문자. 일본의 가나가 여기에 속합니다.

- **음소 문자** 音 소리음 素 본디소

음소(말소리의 최소 단위→ p.261 '음소' 참고) 하나하나를 한 글자로 나타내는 문자. 자음과 모음에 대응하는 각각의 문자가 따로 존재하는 것이 특징입니다. '음운 문자'라고도 하는데, 우리 한글이 대표적입니다. 음절 문자보다 표음성(表音性 : 소리를 나타내는 성질)이 더 강하고 불과 수십 개의 문자로 모든 것을 표현할 수 있어서 효율적입니다.

- A와 B를 비교해 볼 때 한글의 표음성은 음소적 차원과 관련되는군.(12 수능)

- **자질 문자** 資 재물자 質 바탕질

음운의 자질(기본 특성)이 반영된 문자. 예를 들어 한글은 'ㄱ·ㄷ·ㅂ·ㅈ'에 한 획을 더하면 거센소리인 'ㅋ·ㅌ·ㅍ·ㅊ'이 되고, 'ㄱ·ㄷ·ㅂ·ㅈ'을 겹쳐 쓰면 된소리인 'ㄲ·ㄸ·ㅃ·ㅉ'이 됩니다. 이것은 '거셈'이나 '됨'과 같은 자질이 문자에 반영된 것이므로 한글을 자질 문자로 분류하기도 합니다. 하지만 진정한 자질 문자는 자질 자체가 독립된 문자여야 하는데 한글은 그렇지 않으므로 완전한 자질 문자는 아니라고 보는 견해도 있습니다.

(2) 언어의 특성

기호성 記 기록할기 號 이름호

언어는 일종의 기호입니다. 기호는 '어떤 뜻을 나타내기 위하여 쓰이는 부호, 문자, 표지 등'을 이르는 말로, 나타내고자 하는 뜻과 그것을 나타내는 형식으로 이루어집니다. 언어도 뜻(의미)과 그것을 표현하는 형식(문자나 음성)의 결합으로 이루어지죠.

자의성 恣 마음대로자 意 뜻의

언어의 형식(음성)과 내용(의미)은 반드시 그렇게 결합되어야만 하는 필연적인

이유가 있어서 결합된 것이 아니라, 자의적(제멋대로)이고도 우연적으로 결합된
것입니다.

⑩ 우리 머리 위에 있는 무한대의(대부분 파랗게 보이는) 공간을 국어에서는 '하늘[하늘]'이라고
하고, 영어에서는 'sky[스카이]'라고 합니다. 한국 사람은 한국 사람 마음대로, 영국 사람
은 영국 사람 마음대로 부르는 것이죠. 그 공간(의미)을 반드시 어떻게 불러야 한다(형식)는
법칙, 즉 의미와 형식 사이의 필연적 관계는 없다는 말입니다.

사회성

모든 언어는 그 언어를 사용하는 사람들 사
이의 사회적 약속이므로 개인이 마음대로 바
꿀 수 없습니다. 사회적 약속이므로 '사회성'
이라고 하고, 마음대로 바꿀 수 없기 때문에
'불역성(不아닐불 易바꿀역 性)'이라고도 합니다.

⑩ 한국 사람 모두가 '연필'이라고 부르는 것을 나
혼자 '컵'이라고 고쳐 부를 수는 없습니다. 그 물
체는 국어를 쓰는 사람들 사이에서는 '연필'이라
고 부르기로 사회적으로 약속된 것이기 때문입
니다.

역사성

언어는 사회적 약속에 의해 성립된 것이지만 시대의 흐름에 따라 그 형태와 의미가
신생(新새로신 生날생 : 새로 생김) · 성장(成長) · 사멸(死죽을사 滅꺼질멸 : 죽어 없어짐)합니다.
언어가 바뀔 수 있다는 의미이므로 '가역성(可허락할가 易바꿀역 性)'이라고도 합니다.

⑩ • 신생(새로 생김) : 스마트폰, 컴퓨터, 지하철, 신용 카드, 인공위성 등
• 성장(뜻이나 형태가 바뀜) : 어리다(어리석다 → 나이가 적다), 어엿브다(가엾다 → 아름답다)
• 사멸(사라짐) : 즈믄(천千), 나조(저녁)

개방성　　開 열개　放 놓을방

언어는 무한한 확장 능력을 가지고 있습니다. 한정된 음운이나 어휘를 가지고 무
한한 단어와 문장을 만들어 낼 수 있습니다. 또 먼 과거의 일을 현재의 일처럼 묘

사하거나, 아직 경험하지 못한 미래에 대해서도 생생하게 말할 수 있습니다. 실제로 보았거나 존재하는 것이 아닌, 상상 속의 대상(예 용, 도깨비 등)이나 추상적인 관념(예 충성, 도덕 등)도 표현할 수 있죠. 이런 언어의 특성을 다른 말로 '창조성(創造性)'이라고도 합니다.

분절성 分 나눌분 節 마디절

언어는 연속된 현실의 사물을 마디마디 나누어진 것으로 표현합니다. 연속된 것을 연속되지 않은 것으로 표현한다고 해서 '불연속성(不連續性)'이라고도 합니다.

> 예 우리는 무지개의 색깔을 '빨강, 주황, 노랑, 초록, 파랑, 남색, 보라'라고 말하지만, 실제로 무지개는 이 일곱 가지 색으로만 이루어진 것은 아닙니다. 또 그 색들의 경계가 분명하게 나누어지는 것도 아니죠. 하지만 언어는 이것을 나누어서 표현합니다.

추상성 抽 뽑을추 象 모양상

우리가 일상에서 사용하는 언어는 모두 상당한 수준의 추상화 과정을 거친 후에 형성된 개념입니다. '추상화(抽象化)'란 '여러 가지 사물이나 개념에서 공통되는 특성이나 속성 따위를 추출하여 파악하는 작용'을 말합니다. 추상화라는 말은 솔직히 좀 낯설고 어려운 단어입니다. 하지만 우리는 말을 배울 때부터 이미 이러한 추상화 과정에 너무나 익숙해져 있습니다. 말이 어려울 뿐이지 실제로는 누구나 매우 능숙하게 행하고 있는 활동인 것이죠.

> 예 우리가 '꽃'이라고 부르는 대상은 실제로는 '무궁화, 진달래, 개나리, 목련, ……' 등의 다양한 모습으로 존재하고 있는 것으로, 그 구체적인 실체를 가리키는 것은 아닙니다. 바꿔 말하면, '꽃'이라는 말의 의미 내용은 우리가 수많은 종류의 꽃들로부터 공통 속성만을 뽑아내는 과정, 즉 추상화의 과정을 통해서 형성된 것입니다.

체계성 體 몸체 系 맬계

언어 기호가 모여서 의미를 전달할 때, 언어 기호들은 공존하는 다른 기호와의 상호 관계에 의해 하나의 체계를 이루고, 정해진 규칙에 따라 배열되면서 일정한 질서 아래 실현됩니다.

(2) 언어의 기능

정보 전달 및 보존의 기능

어떤 사실, 정보, 지식에 대하여 말하는 이가 듣는 이에게 내용을 알려 주는 기능입니다. 대상을 가리킨다고 해서 '지시적(指가리킬지 示보일시 的) 기능'이라고도 하고, 정보를 전달한다고 해서 '정보적 기능'이라고도 합니다. 사실이나 지식, 정보를 동시대가 아닌 후대의 사람들에게까지 전달하므로 '보존의 기능'도 아울러 지니고 있습니다.

> 에 서울은 대한민국의 수도이다.

표현적 기능　表 겉표 現 나타날현

말하는 사람은 현실 세계에 대한 자신의 판단이나 감정 등을 언어로 표현합니다. 말하는 사람의 사실적인 판단이나 듣는 사람에 대한 말하는 사람의 태도, 지시 대상에 대한 말하는 사람의 태도, 자신의 판단에 대한 확신성 여부 등을 표현하는 언어의 기능입니다.

> 에 당신은 참 아름답다.

표출적 기능　表 겉표 出 나타날출

말하는 이가 표현 의도나 전달 의도 없이, 즉 의사소통을 전제로 하지 않고 거의 본능적으로 언어를 사용하는 경우입니다. 놀랐을 때나 감동을 느꼈을 때 부르짖는 외침 등이 여기에 속합니다.

> 에 아야! / 어머나!

감화적 기능　感 느낄감 化 될화

듣는 이의 생각이나 감정에 영향을 미쳐 무엇을 하게 하거나, 하지 않게 하는 기능입니다. 지식을 전달하거나 감정을 불러일으키는 것이 아니라, 특정한 행위나 사건이 일어나거나 일어나지 않도록 하는 것이 목적이므로, '명령적 기능', '지령적(指가리킬지 令하여금령 的) 기능'이라고도 합니다. 이 기능이 두드러진 형식은 명령이나 청유입니다.

노약자나 임산부에게 자리를 양보합시다.
TV만 보지 말고 공부해라.

친교적 기능 親 친할친 交 사귈교

말하는 이가 듣는 이와의 친교를 확인하거나 확보하기 위해 사용하는 언어의 기
능입니다. 특별히 심각한 의미를 부여하지 않고 사용하기 때문에 논리적으로 시
비(是율을시 非아닐비 : 옳고 그름)를 가릴 수는 없죠. '사교적 기능'이라고도 하는데, 인
사말이 대표적입니다.

식사하셨어요?
날씨 참 좋죠?

미적 기능

말하는 이의 의식적 · 무의식적 노력에 의해 되도록 듣기 좋은 짜임새를 가지려
고 하는 언어의 기능을 일컫는 말입니다. 언어를 예술적 재료로 삼는 문학에서
가장 중요하게 여기는 기능이죠.

물새는
물새라서 바닷가 바위 틈에
알을 낳는다.
보얗게 하얀 / 물새알

산새는
산새라서 잎수풀 둥지 안에
알을 낳는다.
알락알락 얼룩진 / 산새알

— 박목월, '물새알 산새알'

대구와 대조, 음성 상징어 등의 사용으로 아름다운 짜임새를 보여 주고 있습니다.

관어적 기능 關 관계할관 語 말씀어

언어와 언어의 관계를 통해 새로운 지식을 습득하고 체계화하는 기능입니다. 외
국어를 습득하거나 전문 지식을 습득하는 데 큰 역할을 합니다.

영어의 sky는 우리말의 하늘이다.

2. 국어 國 나라국 語 말씀어

한 나라의 국민이 쓰는 말. 자국민이 자국어를 이르는 말이기도 합니다. 우리나라 사람이 '한국어'를 이르는 말도 '국어'죠. 우리말인 국어는 형태상 교착어, 계통상 알타이어에 속합니다.

참고

• **언어의 형태상 분류**

분류	특징	예
교착어 (첨가어)	실질적인 뜻을 가진 형태소에 조사, 어미 같은 형식 형태소가 붙어서 문법적 기능을 하는 언어	한국어, 일본어 등
굴절어	실질 형태소와 형식 형태소의 구별이 뚜렷하지 않고, 단어 형태의 변화로 어법 관계를 나타내는 언어	영어, 독일어 등
고립어	어법 관계를 나타내는 말이 없고, 낱낱의 말이 독립되어 말의 위치에 따라 문법적 기능을 하는 언어	중국어, 타이어 등
포합어	음운 구조나 단어 및 문장의 조직 원리가 뚜렷하지 않은 언어	에스키모어 등

• **알타이어의 특징**

① 두음 법칙과 모음 조화가 나타난다.
② 형태상 첨가적 성질을 지닌다.
③ 명사에 성性의 구분이 없다.
④ 수식어가 피수식어 앞에 온다.
⑤ 서술어가 문장의 끝에 위치한다.
⑥ 관계 대명사와 접속사가 없다.
⑦ 모음 교체, 자음 교체가 없다.

국어의 음운상 특징 → p.260 '음운' 단원 참고

① **파열음(破 깨뜨릴파 裂 찢을열 音 소리음) 계열의 삼중(三重) 체계**

국어의 자음 중 파열음 계열(ㄱ, ㅂ, ㄷ)은 예사소리, 된소리, 거센소리의 세 갈래 대립을 통해서 서로 다른 음운을 형성하는 삼중 체계를 이루고 있습니다.

예 불[火] : 뿔[角] : 풀[草]

② 다량의 단모음

10개의 단모음(ㅏ, ㅓ, ㅗ, ㅜ, ㅡ, ㅣ, ㅐ, ㅔ, ㅚ, ㅟ)을 가지고 있어서, 다른 언어에 비해 그 개수가 많습니다.

③ 여러 가지 음운 현상

음절의 끝소리 규칙, 두음 법칙, 모음 조화, 모음 동화('ㅣ' 모음 동화), 자음 동화 현상 등이 있습니다.

④ 음상(音소리음 相서로상)의 발달

'음상'은 '한 단어 안에 표현 가치가 다른 모음이나 자음이 교체됨으로써 어감이 달라지고 의미가 분화되는 것'을 말하는데, 국어는 이 음상이 발달한 언어입니다.

> 예 빙빙 – 뻥뻥 – 핑핑, 맛(口味) – 멋(風味)

국어의 어휘상 특징

① 다량의 한자어 유입

현재 우리말 단어에서 한자어가 차지하는 비중은 50%가 넘습니다.

② 높임법과 높임말의 발달

> 예 아버님께서 주무신다.
> 할아버님, 진지 잡수십시오.

③ 감각어의 발달

'감각어'는 신체의 내부 또는 외부의 자극에 의하여 일어나는 느낌을 표현하는 말인데, 국어는 이 감각어가 매우 발달한 언어입니다.

> 예 색채어 : 노랗다, 노르께하다, 노르스름하다, 노릇노릇하다, 노르톡톡하다, ……

④ 상징어의 발달

'상징어'는 소리와 의미의 관계가 필연적인 것으로 여겨지는 말로, 의성어와 의태어가 여기에 속합니다.

> 예 꼬끼오, 멍멍, 따르릉, 펄럭펄럭

국어의 구문상 특징

① 조사와 어미의 발달

조사나 어미와 같은 문법적 관계를 나타내는 말이 발달했습니다.

> 예) 철수가, 철수를, 철수에게, 철수만, ……
> 먹었다, 먹으니, 먹어서, 먹자, 먹느냐, ……

② 문장 끝에 오는 서술어

중요한 내용(결론)이 담긴 서술어가 문장의 끝에 위치하기 때문에 말을 끝까지 들어야만 그 의미를 정확히 파악할 수 있습니다.

> 예) 나는 사과를 좋아한다. = I like apples.

③ 수식어의 위치

꾸미는 말이 꾸밈을 받는 말 앞에 옵니다.

> 예) 아름다운 사람

④ 문장 성분의 생략/이동

문장의 요소가 생략되거나 자리를 옮기는 일이 많습니다.

> 예) 밥 먹었니? = (너는) 밥(을) 먹었니?

02 음운

1. 음운 < 음절

음성 音 소리음 聲 소리성

사람이 내는 목소리나 말소리. 구체적이고 물리적인 소리로, 발음하는 사람에 따라, 환경에 따라 다르게 실현됩니다.

• **발성** 發 필발 聲 소리성

목소리를 내는 것. 노래를 하기 위해 목을 풀면서 소리를 내는 것과 같이, 언어로서의 기능은 없는 소리를 내는 것을 말합니다.

　• 화석 인류의 발성 기관을 재구하여 실험한 결과, 불과 몇 개의 모음만이 발성되었다고 한다.(08 9월 모평)

• **발음** 發 필발 音 소리음

'말의 소리'를 내는 것. 단순히 소리를 내는 것이 아니라 의미를 구별해 주는 '말의 소리'를 내는 것이죠.

음운 音 소리음 韻 운운

음성을 문자로 실현한 것. 사람들이 같은 음이라고 생각하는, 추상적이고 관념적인 소리를 일컫는 말입니다. 말의 뜻을 구별해 주는 소리의 가장 작은 단위로서, 그 수와 종류는 언어마다 다릅니다. 원래는 '음소'와 '운소'를 아울러 이르는 말인데, 보통은 '음소'와 같은 의미로 사용됩니다.

　• ㉠, ㉡을 보니 두 음운이 만나 다른 음운으로 변하는군.(11 고2 성취도)
　• ㉠에서 첨가된 음운과 ㉡에서 탈락된 음운은 서로 다르군.(20 6월 모평)

- **음소** 音 소리음 素 본디소

말소리의 최소 단위. '분절(分節 : 나누어짐) 음운'이라고도 하는데, 자음과 모음으로 나누어집니다.

- 알파벳은 음소 문자라는 점에서는 한글과 같지만 문자를 운용할 때에는 한글과 달리 음절 단위로 끊어 적어서는 안 된다.(11 6월 모평)
- 사람의 말소리는 물리적으로 연속되어 있으나, 우리는 이것을 음소, 음절 등으로 분절하여 인식한다. (08 수능)

- **운소** 韻 운운 素 본디소

소리의 길이나 세기, 높낮이 등이 말뜻의 분화에 관여할 경우, 이러한 소리의 요소를 일컫는 말입니다. 우리말에서는 성조(← p.333 '성조' 참고)와 소리의 길이에서 나타납니다. '비분절(非分節 : 나누어지지 않음) 음운'이라고도 합니다.

음절 音 소리음 節 마디절

음운이 모여서 이루어진 소리의 덩어리. 말하는 이와 듣는 이가 한 뭉치로 생각하는 말소리의 단위로, 하나의 종합된 음의 느낌을 줍니다. 모음만으로 이루어지거나(예 아), 모음과 자음(예 악), 자음과 모음(예 가), 자음과 모음과 자음(예 각)이 어울려서 이루어집니다. 국어의 음절은 기본적으로 초성, 중성, 종성으로 구성되죠.

- 음운이 모여서 이루어지는 소리의 결합체를 음절이라고 한다.(15 6월 모평)
- 자음자와 모음자를 음절 단위로 모아쓰도록 만들었다.(16 고2 성취도)

- **초성** 初 처음초 聲 소리성

음절의 구성에서 처음 소리인 자음. 첫소리

- 초성 또는 종성이 없는 음절도 있다.(15 6월 모평)

- **중성** 中 가운데중 聲 소리성

음절의 구성에서 중간 소리인 모음. 가운뎃소리

- 중성에 올 수 있는 음운은 모음이다.(15 6월 모평)
- 모든 음절에는 중성이 있어야 한다.(15 6월 모평)

- **종성** 終 마칠종 聲 소리성

음절의 구성에서 마지막 소리인 자음. 끝소리

- 종성에 올 수 있는 음운은 자음이다.(15 6월 모평)

→ 초성
→ 중성
→ 종성

→ 음운
→ 음절

참고 음절의 표기

① **모아쓰기** : 자음과 모음을 가로, 세로로 묶어서 음절 단위로 쓰는 방식. 한글의 음절 표기 방식으로, 풀어쓰기에 상대되는 개념이다.
- (한글은) 모아쓰기를 함으로써 음절 문자의 장점도 취하고 있는 것이다.(05 수능)

② **받침** : 한글을 적을 때 모음 글자 아래에 받쳐 적는 자음. 즉 종성의 표기를 이르는 말이다.

③ **겹받침** : 서로 다른 두 개의 자음으로 이루어진 받침. ㄳ, ㄵ, ㄺ, ㄻ, ㄼ, ㄾ, ㅄ 등이 있다.
- 〈보기〉는 겹받침 뒤에 자음으로 시작되는 조사나 어미가 연결될 때, 겹받침의 자음 중 발음되는 것을 [ ] 속에 적은 '표준 발음' 자료이다.(11 9월 모평)

---

2. 음운의 종류

모음 母 어미모 音 소리음

말을 할 때 폐에서 나오는 공기의 흐름이 장애를 받지 않고 나오는 소리. 국어의 모음은 10개의 단모음과 11개의 이중 모음으로 구성됩니다.

- **단모음** 單 홑단

소리를 내는 도중에 입술 모양이나 혀의 위치가 고정되어, 처음과 나중이 달라지지 않는 모음입니다. 'ㅏ, ㅐ, ㅓ, ㅔ, ㅗ, ㅚ, ㅜ, ㅟ, ㅡ, ㅣ'의 10개가 이에 해당합니다.

- 단모음으로 끝나는 어간과 단모음으로 시작하는 어미가 결합하면 모음의 변동이 자주 일어난다.
  (15 수능)

단모음의 분류와 체계

① 혀의 위치에 따라
- 앞쪽이면 : 전설(前앞전 舌혀설) 모음
- 뒤쪽이면 : 후설(後뒤후 舌혀설) 모음

② 혀의 높이에 따라
- 위이면 : 고(高높을고) 모음
- 중간이면 : 중(中가운데중) 모음
- 아래이면 : 저(低낮을저) 모음

③ 입술의 모양에 따라
- 둥글면 : 원순(圓둥글원 脣입술순) 모음
- 둥글지 않으면 : 평순(平평평할평 脣입술순) 모음

혀의 위치	전설 모음		후설 모음	
입술 모양	평순 모음	원순 모음	평순 모음	원순 모음
고모음	ㅣ	ㅟ	ㅡ	ㅜ
중모음	ㅔ	ㅚ	ㅓ	ㅗ
저모음	ㅐ		ㅏ	

(표 왼쪽: 혀의 높이)

• 첫음절의 모음 'ㅚ'는 입술 모양에 따라 나누면 원순 모음이군.(17 고2 성취도)

• **이중 모음** 二 둘이 重 거듭중

소리를 내는 도중에 입술 모양이나 혀의 위치가 바뀌어, 처음과 나중이 달라지는 모음입니다. 'ㅑ, ㅕ, ㅛ, ㅠ, ㅒ, ㅖ, ㅘ, ㅙ, ㅝ, ㅞ, ㅢ'의 11개가 이에 해당합니다.

자음 子 아들자 音 소리음

목, 입, 혀 등의 발음 기관에 의해서 장애를 받으면서 나는 소리. 국어에는 19개의 자음이 있습니다.

• 음절의 종성에 자음군이 올 경우, 한 자음이 탈락한다. 이는 종성에서 하나의 자음만이 발음될 수 있음을 알려 준다.(17 수능)

① 조음(調고를조 音소리음 : 소리를 냄) 위치에 따라
- 양순음(입술소리) : 두 입술 사이에서 나는 소리 → ㅂ, ㅃ, ㅍ, ㅁ
- 치조음(잇몸소리) : 혀끝과 윗잇몸 사이에서 나는 소리 → ㄷ, ㄸ, ㅌ, ㅅ, ㅆ, ㄴ, ㄹ
- 경구개음(센입천장소리) : 혓바닥과 경구개(硬굳을경 口입구 蓋덮을개 : 입천장 앞부분의 단단한 곳 센입
천장)에서 나는 소리 → ㅈ, ㅉ, ㅊ
- 연구개음(여린입천장소리) : 혀의 뒷부분과 연구개(軟연할연 口입구 蓋덮을개 : 입천장 뒷부분에 있는 연
한 곳. 여린입천장)에서 나는 소리 → ㄱ, ㄲ, ㅋ, ㅇ
- 후음(목청소리) : 목청 사이에서 나는 소리 → ㅎ

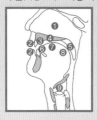

❶ 코안	❷ 입술	❸ 윗잇몸
❹ 경구개(센입천장)	❺ 연구개(여린입천장)	❻ 혀끝
❼ 혓바닥	❽ 혀 뒤	❾ 성대(목청)

• 학생 : '식물'이 [싱물]로 발음되는데, 두 자음이 만나서 발음될 때 조음 위치나 방식 중 무엇이
바뀐 것인가요?(15 9월 모평)

② 조음 방법에 따라
- 파열(破깨뜨릴파 裂찢을열)음 : 폐에서 나오는 공기를 일단 막았다가 그 막은 자리를 터뜨리면서 내
는 소리 → ㅂ, ㅃ, ㅍ, ㄷ, ㄸ, ㅌ, ㄱ, ㄲ, ㅋ
- 마찰(摩문지를마 擦문지를찰)음 : 입안이나 목청 등이 좁혀진 사이로 공기가 비집고 나오면서 마찰하
여 나는 소리 → ㅅ, ㅆ, ㅎ

• 음절의 종성에 마찰음, 파찰음이 오거나 파열음 중 거센소리나 된소리가 올 경우, 모두 파열음
의 예사소리로 교체된다.(17 수능)

- 파찰(破깨뜨릴파 擦문지를찰)음 : 파열과 마찰의 두 가지 성격을 다 가지는 소리 → ㅈ, ㅉ, ㅊ
- 비(鼻코비)음 : 코로 공기를 내보내며 내는 소리 → ㄴ, ㅁ, ㅇ

• 비음화란 'ㄱ, ㄷ, ㅂ'이 'ㄴ, ㅁ' 앞에서 각각 'ㅇ, ㄴ, ㅁ'으로 바뀌는 음운의 변동 현상을 가리
킨다.(18 고2 성취도)

- 유(流흐를류)음 : 혀끝을 잇몸에 가볍게 대었다가 떼거나, 잇몸에 댄 채 공기를 그 양옆으로 흘려보
내면서 내는 소리 → ㄹ

③ 소리의 특징에 따라
- 예사소리 : ㅂ, ㄷ, ㄱ, ㅈ, ㅅ, ㅎ
- 된소리 : ㅃ, ㄸ, ㄲ, ㅉ, ㅆ
- 거센소리 : ㅍ, ㅌ, ㅋ, ㅊ

• ㉠은 거센소리를 예사소리로, ㉡은 거센소리를 된소리로 바꾸는 변동이다.(14 수능)

④ 울림 여부에 따라
- 울림소리 : 발음할 때 목청이 떨어 울리는 소리 → ㄴ, ㄹ, ㅁ, ㅇ
- 안울림소리 : 발음할 때 목청의 떨림이 없는 소리 → ㄴ, ㄹ, ㅁ, ㅇ을 제외한 15개 자음

소리 나는 위치 소리 내는 방법		양순음 (입술소리)	치조음 (잇몸소리)	경구개음 (센입천장 소리)	연구개음 (여린입천장 소리)	후음 (목청소리)
안울림 소리	파열음	ㅂ ㅃ ㅍ	ㄷ ㄸ ㅌ		ㄱ ㄲ ㅋ	
	파찰음			ㅈ ㅉ ㅊ		
	마찰음		ㅅ ㅆ			ㅎ
울림소리	비음	ㅁ	ㄴ		ㅇ	
	유음		ㄹ			

3. 음운 현상(변동)

어떤 말의 발음이 앞과 뒤에 이어지는 소리에 따라 달라지는 현상을 말합니다. 이런 음운의 변동은 크게 네 가지로 나눌 수 있습니다. 어떤 음운이 다른 음운으로 바뀌는 '교체', 어떤 음운이 없어지는 '탈락', 새로운 음운이 생기는 '첨가', 두 음운이 하나의 음운으로 합쳐지는 '축약'이 그것이죠. 구체적인 내용을 살펴보면 다음과 같습니다.

- 용언이 활용할 때 음운 변동이 나타나는 경우에는 그 결과가 활용형의 표기에 반영되기도 한다. (22 9월 모평)
- 국어의 음운 변동은 교체, 탈락, 첨가, 축약으로 구분된다.(17 수능)

음절의 끝소리 규칙

음절의 끝소리(종성)가 'ㄱ, ㄴ, ㄷ, ㄹ, ㅁ, ㅂ, ㅇ'의 7개 자음(대표음) 중 하나로만 발음되는 현상(교체). 음절의 끝소리 규칙은 표기에 반영되지 않습니다.

예 낟[낟], 낱[낟], 낫[낟], 낮[낟], 낯[낟]

- '깊다 → [깁따]'에서처럼 음절 끝에서 발음되는 자음이 7개로 제한되는 현상이 일어난다.(16 수능)
- '안팎을'은 음절의 끝소리 규칙을 적용하지 않고 연음해야 하는데, [안파글]은 음절의 끝소리 규칙을 적용하고 연음을 했습니다.(20 9월 모평)

두음 법칙   頭 머리두 音 소리음

일부 소리가 단어의 첫머리에서 발음되는 것을 꺼려 다른 소리로 바꾸어 발음되는 현상(교체/탈락). 일반적으로 'ㄹ'을 'ㅇ'이나 'ㄴ'으로 바꾸어 쓰고 'ㄴ'은 'ㅣ' 모음이나 'ㅣ'가 포함된 이중 모음 등과는 함께 쓰지 않습니다.

> 예 老人(로인) → 노인, 女子(녀자) → 여자

자음 동화 同한가지동 化될화

비슷한 자음 되기. 음절의 끝 자음이 그 뒤에 오는 자음과 만날 때, 어느 한쪽이 다른 쪽을 닮아서 그와 비슷하거나 같은 소리로 바뀌기도 하고, 양쪽이 서로 닮아서 두 소리가 모두 바뀌어 발음되는 현상입니다(교체). 비음화, 유음화가 대표적인데, 자음 동화 역시 표기에는 반영되지 않습니다.

- 어떤 음운이 주위에 있는 다른 음운의 영향을 받아 그것과 동일한 음운으로 바뀌거나, 조음 위치 또는 조음 방법이 그것과 같은 음운으로 바뀌는 현상을 동화라고 합니다.(16 6월 모평)
- ㉠, ㉡에서는 인접한 자음과 조음 방법이 같아지는 음운 변동이 일어났군.(20 6월 모평)

• 비음화 鼻音化

비음 되기. 비음이 아닌 자음이 비음 'ㅁ, ㄴ, ㅇ'으로 바뀌어 소리 나는 현상입니다.

> 예 속는대[송는다], 국물[궁물], 잡는[잠는], 섭리[섬니]

- '있는'의 발음은 두 가지의 음운 변동을 보여 준다. 먼저 음절의 끝소리 규칙에 의해 '있는'이 '읻는'으로 바뀐다. 그리고 비음화(鼻音化)로 인해 [인는]으로 바뀐다.(12 고2 성취도)
- '겉모양 → [건모양]'에서처럼 앞 음절의 종성이 뒤 음절의 초성과 조음 위치가 같아지는 현상이 일어난다.(16 수능)

• 유음화 流音化

유음 되기. 유음이 아닌 자음이 유음 'ㄹ'로 바뀌어 소리 나는 현상입니다.

> 예 칼날[칼랄], 신래[실라]

- '물+약 → [물략]'에서처럼 자음이 교체된 음운 변동이 있다.(17 6월 모평)

구분		특징	예
동화의 방향에 따라	순행(順순할순 行다닐행) 동화	앞 소리의 영향으로 뒤 소리가 변함	칼날[칼랄]
	역행(逆거스를역 行다닐행) 동화	뒤 소리의 영향으로 앞 소리가 변함	신라[실라]
	상호 동화	두 자음이 모두 영향을 받아 변함	섭리[섬니]
동화의 정도에 따라	완전 동화	두 자음이 같은 소리로 발음됨	진리[질리]
	불완전 동화	두 자음이 비슷한 소리로 발음됨	국물[궁물]

- 동화는 그것이 일어나는 방향에 따라 '순행 동화'와 '역행 동화'로 나뉜다. 순행 동화는 앞 소리가 뒤 소리에 영향을 미치는 동화이고, 역행 동화는 뒤 소리가 앞 소리에 영향을 미치는 동화이다. (10 고2 성취도)
- ⓛ과 ⓒ의 변동은 뒤의 자음이 앞의 자음에 동화된 것이다. (14 수능)

구개음화 口蓋音化

구개음 되기. 끝소리가 'ㄷ, ㅌ'인 형태소(← p.271 참고)가 모음 'ㅣ'로 시작되는 조사나 접미사를 만나면, 'ㄷ, ㅌ' 소리가 각각 구개음 'ㅈ, ㅊ'으로 바뀌는 현상입니다(교체). (ㄷ, ㅌ+ㅣ → ㅈ, ㅊ)

> 예 해돋이[해도지], 같이[가치]

된소리되기

두 개의 안울림 예사소리가 만나면 뒤의 예사소리가 된소리로 바뀌는 현상입니다(교체).

> 예 국밥[국빱], 약국[약꾹]

> - 앞 음절의 종성에 따라 뒤 음절의 초성이 된소리로 되는 현상이 일어난다. (16 수능)

사잇소리 현상

형태소의 결합으로 합성 명사를 이룰 때 사잇소리가 삽입되는 현상(첨가). 앞말이 모음으로 끝날 때는 표기에도 반영하여 보통 사이시옷을 적어 줍니다. 사잇소리 현상은 고유어와 한자어에서 두루 나타나지만 규칙으로는 인정되지 않습니다. 사잇소리 현상이 나타나는 말과 나타나지 않는 말을 일정한 기준에 따라 구분하기가 어렵기 때문이죠. 일반적으로는 다음과 같이 나누어 볼 수 있어요.

① 울림소리(앞말의 끝소리)와 안울림소리(뒷말의 첫소리)가 만날 때 뒤에 오는 안울림소리가 된소리로 바뀌어 발음되는 경우

예) 밤 + 길[밤낄], 손 + 등[손뜽], 아래 + 방(아랫방)[아래빵/아랟빵]

② 앞말이 모음으로 끝나고 뒷말이 'ㅁ, ㄴ'으로 시작될 때 'ㄴ' 소리가 덧나는 경우

예) 이 + 몸(잇몸)[인몸], 코 + 날(콧날)[콘날]

③ 뒷말이 모음 'ㅣ'나 반모음 'ㅣ(ㅑ, ㅕ, ㅛ, ㅠ)'로 시작될 때 'ㄴ'이 하나 혹은 둘 덧나는 경우

예) 집 + 일[짐닐], 나무 + 잎(나뭇잎)[나문닙]

- '집일[짐닐]'은 첨가 및 교체가 일어나 음운의 개수가 늘었다.(18 6월 모평)

- **사이시옷**

사잇소리 현상이 나타났을 때 그 표기에 사용하는 'ㅅ'의 이름. 원칙적으로는 순우리말끼리, 또는 순우리말과 한자어로 된 합성어 가운데 앞말이 모음으로 끝나는 경우에 표기됩니다. 위에서 설명한 사잇소리 현상의 각 경우에 맞추어 살펴보면 다음과 같습니다.

① 뒷말의 첫소리가 된소리로 나는 경우

예) 아랫방[아래빵/아랟빵]

② 뒷말의 첫소리 'ㄴ, ㅁ' 앞에서 'ㄴ' 소리가 덧나는 경우

예) 콧날[콘날]

③ 뒷말의 첫소리 모음 앞에서 'ㄴㄴ' 소리가 덧나는 경우

예) 나뭇잎[나문닙]

한자 합성어 사이에는 적지 않는 것이 원칙이지만, 다음과 같은 6개의 한자어에서는 예외적으로 표기하고 있습니다.

⟨예⟩ 곳간庫間, 셋방貰房, 숫자數字, 찻간車間, 툇간退間, 횟수回數

- ⟨보기⟩는 사이시옷 표기 조건에 관한 학습 활동지의 일부이다. 학습한 결과를 정리한 것으로 적절하지 않은 것은?(14 9월 모평)

모음 조화 母音調和

두 음절 이상의 단어에서, 양성 모음은 양성 모음끼리, 음성 모음은 음성 모음끼리 어울리는 현상. 용언(← p.281 '용언' 참고)의 어간과 어미가 결합될 때, 의성어나 의태어가 형성될 때 두드러지는데, 표기에도 반영되어 나타납니다.

⟨예⟩ 잡다(잡아, 잡아라, 잡아서, 잡았다)
묻다(묻어, 묻어라, 묻어서, 묻었다)
졸졸 / 줄줄, 알록달록 / 얼룩덜룩

- ㉠에서 '쓰 리'의 '의'는 모음 조화에 따라 결합한 관형격 조사이군.(22 수능)

• 양성 모음 陽볕양 性성품성

밝고, 작고, 가볍고, 경쾌한 느낌을 주는 모음. 'ㅏ, ㅗ, ㅑ, ㅛ, ㅘ, ㅚ, ㅐ' 등이 있습니다.

• 음성 모음 陰그늘음 性성품성

어둡고, 크고, 무거운 느낌을 주는 모음. 'ㅓ, ㅜ, ㅕ, ㅠ, ㅔ, ㅝ, ㅟ, ㅖ' 등이 있습니다.

- 양성 모음이 음성 모음으로 바뀌어 굳어진 단어는 음성 모음 형태를 표준어로 삼는다.(06 수능)

원순 모음화 圓脣母音化

원순 모음 되기. 입술소리인 'ㅁ, ㅂ, ㅍ'의 영향으로 평순 모음인 'ㅡ'가 원순 모음인 'ㅜ'로 변하는 현상입니다.

⟨예⟩ 중세 국어의 믈(水) > 물, 블(火) > 불, 플(草) > 풀

- 'ㆍ므ㆍ른'이 오늘날 '물은'으로 변한 것을 보니, 원순 모음화를 확인할 수 있군.(12 고2 성취도)

'ㅣ'모음 동화 母音同化

'ㅣ'모음 앞뒤의 모음이 'ㅣ'모음을 닮아 'ㅣ'모음과 비슷한 전설 모음으로 변하는 현상. 표준 발음으로 인정되지는 않습니다.

🔵 손잡이[손재비]

음운의 축약 縮줄일축 約묶을약

두 개의 음운이 합쳐져서 하나의 음운으로 줄어 소리 나는 현상입니다.

🔵 • 잡히다[자피다], 놓다[노타], 축하[추카] – 자음 축약(거센소리되기)
   • 보이다 → 뵈다 – 모음 축약

- 'ㅎ'과 다른 음운이 결합하여 한 음운으로 축약되는 현상이 일어난다.(16 수능)
- 두 개의 음운이 합쳐져 하나의 음운이 되는 것을 축약이라고 한다.(13 고2 성취도)
- '잃+지 → [일치]'에서처럼 자음이 축약된 음운 변동이 있다.(17 6월 모평)

음운의 탈락

두 개의 음운이 만날 때 그중 한 음운이 사라져 소리 나지 않는 현상입니다. 음절 끝에 겹받침이 올 경우 두 자음 중 하나를 탈락시키고 나머지 하나로만 발음하는 자음군 단순화도 탈락에 포함됩니다.

🔵 • 가 + 았다 → 갔다 – 'ㅏ' 탈락
   • 딸 + 님 → 따님 – 'ㄹ' 탈락
   • 넋[넉], 삶[삼] – 자음군 단순화

- '앉고 → [안꼬]'에서처럼 받침 자음의 일부가 탈락하는 현상이 일어난다.(16 수능)
- 두 모음이 이어질 때 그 중 한 모음이 탈락하여 발음됨.(19 고2 성취도)

1. 형태소 形 모양형 態 모습태 素 본디소

의미를 가진 가장 작은 말의 단위. 여기서 '의미'는 내용적인 의미만을 가리키는 것이 아니라 문법적인 의미까지도 함께 이르는 말입니다. 그러니까 어떤 말의 단위가 구체적이고 실제적인 의미이든, 문법적인 관계를 보여 주는 의미이든 그 자체로 의미를 가지고 있다면 형태소가 되는 것입니다. 의미의 최소 단위인 만큼 더 이상 분석하면 그 의미를 잃어버리게 됩니다. 형태소는 몇 개의 음운들이 결합하여 만들어지는데, 다시 하나 또는 둘 이상의 형태소가 모여서 단어를 이루게 됩니다. 자립성의 유무에 따라 '자립 형태소'와 '의존 형태소', 실질적인 의미의 유무에 따라 '실질 형태소'와 '형식 형태소'로 나누어집니다.

- 형태소는 의미를 가진 최소 단위이다.(13 수능)

이형태 異 다를이 形 모양형 態 모습태

하나의 형태소가 실제로 쓰일 때에는 그 앞뒤에 어떤 말이 있느냐에 따라 둘 이상의 모습으로 나타나기도 하는데, 그 모습들을 이형태라고 합니다.

예) 꽃이 피었다. 나비가 날아온다.

> 주격 조사는 앞말이 자음으로 끝날 때는 '이'로 나타나고, 모음으로 끝날 때는 '가'로 나타납니다. 이런 '이'와 '가'를 '이형태'라고 말합니다.

자립 형태소 自 스스로자 立 설립

다른 말에 의존하지 않고 혼자 설 수 있는 형태소. 명사, 대명사, 수사, 관형사, 부사, 감탄사(← 품사 관련 개념은 모두 이어지는 '04. 품사' 단원 참고) 등이 여기에 해당합니다.

예) 나는 새 책을 빨리 읽었다. – 자립 형태소 4개
    대명사 관형사 명사 부사

의존 형태소　依 의지할의 存 있을존

혼자 설 수 없어서 다른 말에 의존하여 쓰이는 형태소. 어간, 어미, 접사, 조사 등이 여기에 해당합니다.

> **예**　나는 새 책을 빨리 읽 었 다. － 의존 형태소 5개
> 　조사　　조사　　어간 어미 어미

실질 형태소　實 열매실 質 바탕질

구체적이고 실질적인 의미를 지닌 형태소. 구체적인 대상이나 동작, 상태 등을 표시합니다. 모든 자립 형태소와 어간이 포함되죠.

> **예**　나는 새 책을 빨리 읽었다. － 실질 형태소 5개
> 　대명사 관형사 명사　부사　어간

형식 형태소　形 모양형 式 법식

구체적이고 실질적인 의미를 지니지 않는 형태소. 실질 형태소에 붙어서 주로 말과 말 사이의 관계를 표시하는 형태소로, 조사, 어미 등이 있습니다.

> **예**　나는 새 책을 빨리 읽 었 다. － 형식 형태소 4개
> 　조사　　조사　　어미 어미

※ 종합해 볼까요? 위에서 예로 든 문장은 모두 9개의 형태소로 구성되어 있습니다.

나 － 는　새　책 － 을　빨리　읽 － 었 － 다.
자립　의존　자립　자립　의존　자립　의존　의존　의존
실질　형식　실질　실질　형식　실질　실질　형식　형식

- '앞앞' 뒤에 모음으로 시작되는 형식 형태소가 올 때는 마지막 받침 'ㅍ'을 제 음가대로 뒤 음절의 첫소리로 옮겨 발음합니다.(14 9월 모평)
- 실질적 의미가 아닌 문법적 의미를 나타내고 반드시 다른 말과 결합하여 쓰이는군요.(16 수능)

2. 단어　單 홑단 語 말씀어

뜻을 지니고 홀로 쓰일 수 있는 가장 작은 말의 단위. 분리해서 자립적으로 쓸 수 있는 말이나, 그런 말 뒤에 붙어서 문법적 기능을 나타내면서 쉽게 분리되는 말을 이르는 것입니다.

예 나 는 새 책 을 빨리 읽었다.

> 이 문장은 앞에서 살펴본 것처럼 9개의 형태소로 구성되었지만, 단어는 7개입니다.

단어는 형성 방법에 따라 다음과 같이 나눌 수 있습니다.

단일어 單 홑단 — 한일

하나(=단일)의 형태소로 이루어진 단어. '형태소=단어'이기 때문에 더 이상 분석하면 의미 없는 요소가 됩니다.

예 나무, 오늘

복합어 複 겹칠복 合 합할합

둘 이상의 형태소로 이루어진 단어. 분석하면 각각의 형태소로 나눌 수 있습니다. 실질 형태소에 접사가 붙어 만들어진 파생어와, 실질 형태소끼리 결합하여 만들어진 합성어가 있습니다.

예 먹이(먹– + –이) – 실질 형태소 + 접사(파생어)
  소나무(소(솔) + 나무) – 실질 형태소 + 실질 형태소(합성어)

  • '같이'와 '같이하다'의 표제어 및 뜻풀이를 보니, '같이하다'는 '같이'에 '하다'가 결합한 복합어로군.
    (16 수능)

파생어 派 갈래파 生 날생

실질 형태소에 형식 형태소(접사)가 붙어 이루어진 단어. '어근 + 접사(접미사)', '접사(접두사) + 어근'의 형태로 이루어집니다.

예 맨손, 풋사과, 짓밟다 – 접두사 + 어근
  가위질 – 어근 + 접미사

파생어 형성의 결과는 다음과 같이 분류됩니다.

구분	예
품사와 문장 구조에 변화가 없음	명사 '어머니'에 '시-'가 붙어 명사 '시어머니'가 된다.
파생어가 되어 품사가 달라짐	동사 '웃다'의 '웃-'에 '-음'이 붙어 명사 '웃음'이 된다.
파생어의 사용으로 문장 구조가 달라짐	'잡다'에 '-히-'가 붙어 '잡히다'가 되면 '경찰이 도둑을 잡다.'와 같은 문장이 '도둑이 경찰에게 잡히다.'처럼 바뀐다.
품사와 문장 구조가 모두 달라짐	형용사 '낮다'에 '-추-'가 붙어 동사 '낮추다'가 되면 '방 온도가 낮다.'와 같은 문장이 '내가 방 온도를 낮추다.'처럼 바뀐다.

- 파생어는 어근에 접사가 붙어 이루어진 말이다.(12 9월 모평)
- '맨손으로'의 '맨손'은 ⓒ에 해당하는 예로, 파생 접사 '맨-'이 어근 '손' 앞에 결합했다.(18 수능)

- **어근** 語 말씀어 根 뿌리근

단어의 뿌리. 단어를 분석했을 때 실질적인 뜻을 지니고 있는 중심 부분입니다.

> 예 맨+손, 풋+<u>사과</u>, 짓+<u>밟다</u>, 가위+질

- '쌓인'의 어간은 ⓒ에 해당하는 예로, 파생 접사 '-이-'가 어근 '쌓-' 뒤에 결합했다.(18 수능)

- **접사** 接 이을접 辭 말씀사

단독으로 쓰이지 않고 항상 다른 어근이나 단어에 붙어 어떤 뜻을 더해 주면서 새로운 단어를 만드는 부분. 어근의 뜻을 제한하거나, 단어의 성질을 바꾸는 역할을 합니다. 접두사와 접미사로 나눌 수 있죠.

- 현대 국어의 '책꽂이'에서 '-이'는 '…하는 행위'의 의미를 나타내는 접사이다.(22 수능)

- **접두사** 接 이을접 頭 머리두 辭 말씀사

어근이나 단어의 앞에 붙는 접사. 뒤에 오는 어근에 어떤 뜻을 덧붙여 의미를 제한하지만 품사를 바꾸지는 않습니다.

> 예 풋-+사과

'풋'이라는 접두사로 인해 '덜 익은'이라는 의미가 덧붙여지지만 이 단어의 품사는 원래와 마찬가지로 명사입니다.

• **접미사** 接 이을접 尾 꼬리미 辭 말씀사

어근이나 단어의 뒤에 붙는 접사. 어근의 뜻만 제한하는 것이 아니라 품사 자체를 바꾸기도 합니다.

> (예) 걸음 ← 걷 – + –음
>
> 어근의 품사는 동사였지만 접미사가 붙어 명사로 바뀌었습니다.

- 접미사는 동사나 형용사에 붙어 사동의 의미를 더하기도 한다.(17 수능)
- '갈-리다''을 보니, '갈-리다'은 '갈다'에 피동 접미사가 결합된 단어이겠군.(14 9월 모평)

합성어   合 합할합 成 이룰성

둘 이상의 실질 형태소가 결합하여 이루어진 단어. 합성 과정에서 어근의 일부가 탈락하거나, 바뀌거나, 첨가되기도 합니다. 합성법으로 형성된 단어는 다양한 품사로 나타납니다.

> (예) 돌다리(돌＋다리), 힘들다(힘＋들다), 굳세다(굳다＋세다)
>   숟가락(술＋가락), 좁쌀(조＋쌀)
>
> '숟가락'은 합성 과정에서 'ㄹ'이 'ㄷ'으로 바뀐 경우이고, '좁쌀'은 'ㅂ'이 첨가된 경우입니다.

- 합성어는 어근과 어근이 결합하여 만들어진 단어이다.(13 6월 모평)
- 중세 국어 '술'과 '저'의 결합에서 'ㄹ'이 탈락한 합성어가 현대 국어 '수저'로 이어졌군.(19 수능)

• **통사적 합성어** 統 거느릴통 辭 말씀사

우리말의 일반적인 단어 배열법과 일치하는 방식으로 합성된 합성어. '명사 ＋ 명사', '관형어 ＋ 명사', '주어 ＋ 서술어', '목적어 ＋ 서술어' 등의 배열로 합성됩니다.

> (예) 앞 ＋ 뒤, 잠 ＋ 옷 – 명사 ＋ 명사
>   새 ＋ 색시 – 관형어 ＋ 명사
>   손 ＋ 쉽다(← 손이 쉽다) – 주어 ＋ 서술어
>   본 ＋ 받다(← 본을 받다) – 목적어 ＋ 서술어

- '오고 가다'라는 구(句)는 단어 '오다'의 어간 '오-'에 연결 어미 '-고'가 결합하여 '가다'와 이어진 것이다. 이러한 방식은 단어 형성에서도 찾아볼 수 있다.(15 9월 모평)

• 비통사적 합성어 非 아닐비 統 거느릴통 辭 말씀사

우리말의 일반적인 단어 배열법과 다른 방식으로 합성된 합성어. '용언 어간(관형
사형 어미의 생략) + 명사', '부사 + 명사', '용언 어간(연결 어미의 생략) + 용언 어간'
등의 형태로 합성됩니다.

예1 **덮밥** – 용언 어간 + 명사

> 통사적으로는 '덮은밥'이어야 합니다. 용언 어간이 명사 앞에서 명사를 수식하려면 관형사형 어미와
> 결합해서 관형어가 되어야 합니다. 그것이 우리말의 정상적인 배열 순서이니까요. 그러니까 용언의
> 어간 '덮–' 뒤에는 관형사형 어미 '–은'이 와야 정상입니다. 하지만 '덮밥'은 관형사형 어미를 생략
> 한 채 용언의 어간에 명사가 직접 결합하고 있으므로 비통사적 합성어입니다.

예2 **부슬비** – 부사 + 명사

> '부슬 + 비'의 구조입니다. 그런데 '부슬'은 부사입니다. 부사는 명사 앞에서 명사를 꾸밀 수 없죠. 그
> 런데 '부슬비'는 부사인 '부슬'이 명사 앞에서 명사를 꾸미고 있으므로 비통사적 합성어입니다.

예3 **굳세다** – 용언 어간 + 용언 어간

> '굳다'와 '세다'가 합성된 말입니다. 통사적으로라면 '굳고세다'가 되어야 합니다. 용언과 용언이 결
> 합할 때에는 연결 어미를 넣어 이어 주는 것이 통사적으로 맞으니까요. 하지만 '굳세다'는 두 용언을
> 연결해 주는 어미 '–고'를 생략했으므로 비통사적 합성어입니다.

04 품사

'품사(品갈래품 詞말사)'는 단어의 갈래를 이르는 말입니다. 단어를 기능, 형태, 의미에 따라 나누어 묶은 것인데, 국어에는 아홉 개의 품사가 있습니다. 그 아홉 개의 품사를 다시 체언, 용언, 수식언, 관계언, 독립언으로 좀 크게 묶기도 합니다. 품사와 관련된 국어의 문법 개념은 영어와는 다른 것이 많습니다. 같은 용어를 사용하더라도 쓰임이 다른 경우도 있죠. 그러므로 영어 문법을 기준으로 국어 문법을 이해하는 어이없는 학습법(이것을 주객전도라고 하죠!)은 자제해 주시기 바랍니다.

- 〈보기 1〉을 바탕으로 ㉠과 품사가 같은 것을 〈보기 2〉에서 고른 것은?(14 6월 모평)
- '굳다'는 '녹다'와 달리 두 개의 품사로 쓰인다.(16 6월 모평)

1. 체언 體몸체 言 말씀언

몸통이 되는 말. 몸통인 만큼 형태가 변하지 않습니다. 문장 속에 들어가 쓰일 때도 주어, 목적어 등과 같은 중요한 역할을 맡게 됩니다. 명사, 대명사, 수사가 여기에 속합니다.

명사　名 이름명 詞 말씀사

사물의 이름을 나타내는 말. 사람이나 사물, 장소, 현상, 개념 등 그 대상이 무엇이든 이름에 해당하는 말이라면 모두 명사입니다. 명사는 꾸미는 말들의 꾸밈을 받을 수 있고, 복수형을 취할 수 있죠.

> 예　이순신, 책상, 자유, 이산화탄소

- 명사가 조사와 결합 없이 주어로 쓰였다. (21 9월 모평)

명사는 쓰이는 범위에 따라 보통 명사와 고유 명사, 독립성의 유무에 따라 자립 명사와 의존 명사로 나눌 수 있습니다.

• 보통 명사　普 넓을보 通 통할통

같은 종류의 모든 사물에 두루 쓰이는 이름을 나타내는 말입니다.

> 예　사람, 나무, 강, 책

• 고유 명사　固 굳을고 有 있을유

낱낱의 특정한 사물이나 사람을 다른 것들과 구별하여 가리키는 말입니다.

> 예　세종대왕, 불국사, 인천

• 자립 명사　自 스스로자 立 설립

다른 말의 도움을 받지 않고도 제 뜻을 드러낼 수 있는 명사입니다.

> 예　아버지, 풀, 바람

- **의존 명사** 依 의지할의 *存* 있을존

다른 말에 의존하는 명사. 명사는 명사인데 자립성이 약해서 혼자서는 쓰이지 못하는 명사입니다. 그래서 항상 의존할 만한 다른 말들과 같이 쓰이는데, 의미를 보완하는 꾸미는 말(관형사, 관형어)이 그것입니다.

> 예) 한국말을 배운 <u>지</u>가 15년이 넘으면
>
> 문법과 관련된 <u>것</u>들은 어련히 알아야 하거늘
>
> 일일이 가르쳐 줘야만 겨우 이해할 <u>수</u> 있다고 하니
>
> 우리말 달인이 될 <u>리</u>가 있겠습니까?

'지, 것, 수, 리'는 명사임에는 분명하지만 혼자서는 쓰일 수 없는 말, 즉 의존 명사입니다. 의존 명사 중에는 간혹 조사나 어미와 모양이 같아서 헷갈리는 것들도 있습니다. 어떻게 구별할까요? 앞에 꾸미는 말이 있고 띄어 쓰면 의존 명사입니다. 조사나 어미라면 앞말에 붙어서 문법적 관계를 표시하는 역할을 하겠지요?

그린 <u>듯이</u> 아름답던 그녀가 구름에 달 가<u>듯이</u> 떠나갔다.
    의존 명사   어미

주는 <u>만큼</u> 먹어라. 나<u>만큼</u> 너도 배불러야 정상이다.
    의존 명사   조사

대명사 代 대신할대

사람이나 사물의 이름을 대신하여 가리키는 말. 인칭 대명사와 지시 대명사로 나뉩니다.

• **인칭 대명사** 人 사람인 稱 일컬을칭

사람의 이름을 대신 일컫는 말입니다. 가리키는 대상에 따라 1인칭, 2인칭, 3인칭 부정칭(不 아닐부 定 정할정 稱 일컬을칭 : 정해지지 아니한 대상을 가리키는 대명사), 미지칭(未 아닐미 知 알지 稱 일컬을칭 : 모르는 대상을 가리키는 대명사) 등으로 나눌 수 있습니다.

예1 나, 저, 우리 – 1인칭   너, 너희, 자네 – 2인칭
      이, 그, 저 – 3인칭   누구, 아무 – 부정칭, 미지칭

> 부정칭과 미지칭은 사람 이외의 대상을 가리키는 지시 대명사이기도 합니다.(**예** 어디, 무엇 등) 또 같은 대명사가 부정칭으로 쓰일 수도, 미지칭으로 쓰일 수도 있습니다. 문맥으로 볼 때 모르는 대상을 가리키면 미지칭, 정해지지 않은 대상을 가리키면 부정칭인 것이죠. 반드시 구별해서 알아야 할 만큼 중요한 내용은 아니지만, 참고로 알아 두세요. 한편, 다른 인칭 대명사 중에도 두 가지 인칭에 두루 쓰이는 경우가 있습니다. '당신'이 대표적인데요, 역시 참고하시기 바랍니다.

예2 당신은 누구십니까? – 2인칭
      할머니께서는 당신이 젊었을 때 미인이셨다고 말씀하셨다. – 3인칭

• 1인칭 대명사 '우리'는 '나'와는 달리 화자만을 가리키지 않는다. 곧 '우리'는 청자를 포함하는 경우에도 쓰이고 청자를 포함하지 않는 경우에도 쓰인다.(11 고2 성취도)
• 듣는 이를 가리키거나 부르는 국어의 2인칭 대명사로는 '너, 너희, 자네, 당신, 임자, 그대, 여러분, 귀하(貴下), 노형(老兄), 제군(諸君)' 등이 있다. 이 외에 '자기'도 요즈음 젊은 층에서 2인칭 대명사로 자주 쓰이고 있다.(13 6월 모평)
• (나)에서 (다)로의 변화를 보니, 현대 국어에서는 미지칭의 인칭 대명사로 '누고'는 쓰이지 않고 '누구'만이 쓰이고 있다.(18 수능)

• **지시 대명사** 指 가리킬지 示 보일시

사물이나 장소를 대신 가리키는 말입니다.

예 이것, 그것, 저것, 여기, 거기, 저기, 어디, 무엇

• 지시 대명사를 사용하여 B로부터 멀리 떨어져 있는 곳으로 관심을 유도한다.(16 6월 모평)

수사 數 셈수 詞 말씀사

사물의 수량이나 순서를 나타내는 말. 여기서 주의할 것은 수를 나타내는 말이라도 체언을 꾸며 주는 말은 관형사라는 것입니다.

예 하나만 알고 둘은 모른다. – 수사
      열 길 물속은 알아도 한 길 사람 속은 모른다. – 관형사

- **양수사** 量 헤아릴양

사물의 수량을 나타내는 수사입니다.

> 예 하나, 둘, 일, 이

- **서수사** 序 차례서

사물의 차례를 나타내는 수사죠.

> 예 첫째, 둘째, 제일, 제이

2. 용언 用 쓸용 言 말씀언

변화하며 쓰이는 말. 문장의 주체를 서술하는 말로, '몸(=어간)'은 변하지 않지만 '꼬리(=어미)'의 형태가 변하면서 다양한 모습으로 쓰입니다(=활용). 동사와 형용사가 용언에 속하며, 문장 안에서의 쓰임에 따라 본용언과 보조 용언으로 나눌 수 있습니다.

- **어간** 語 말씀어 幹 줄기간

실질적인 뜻을 가진, 용언의 몸통. 활용할 때 형태가 변하지 않는 부분입니다.

> 예 먹다, 먹자, 먹고, 먹어서, 먹으니, ……
>
> 이렇게 다양하게 활용하지만 몸통은 변하지 않습니다. 이 몸통, 즉 어간에 어미 '−다'를 붙인 형태를, 활용의 기본이 되는 형태라 하여 '기본형(基터기 本근본본 形모양형)' 또는 '원형(原근원원 形모양형)'이라고 합니다. 위의 예에서는 '먹다'가 그것이죠.
>
> - 일반적으로 용언이 활용할 때 변하지 않는 부분을 어간이라 하고 변하는 부분을 어미라 한다.(13 수능)
> - ⓐ에서 '비워'의 어간은 '시간이 빈다.'에서 '비다'의 어간과 같다.(17 수능)

- **어미** 語 말씀어 尾 꼬리미

용언의 꼬리. 문법적인 관계를 나타내며, 활용할 때 여러 가지 모양으로 변하는 부분입니다. 여우 꼬리도 아니면서 마구 변하는 꼬리……. 이 꼬리의 변화는 문장의 성격까지 바꾸는 엄청난 영향력을 지니고 있습니다.(→ 이어지는 '활용' 참고)

(예) 먹다, 먹자, 먹고, 먹어서, 먹으니,······

- 어미와 조사는 모두 홀로 쓰일 수 없다는 공통점이 있다. 그런데 어미는 항상 어간과 결합하여 쓰이므로 그 선행 요소인 어간도 독립적으로 쓰일 수 없다. 이러한 점을 고려하여 학교 문법에서는 어미를 단어로 인정하지 않고 그에 따라 별도의 품사로 설정하지 않는다.(13 수능)
- 15세기 국어의 '젓고'와 현대 국어의 '젓고'는, 자음으로 시작하는 어미 앞에서 어간의 모양이 달라지지 않았군.(17 6월 모평)

(1) 용언의 구성

본용언   本 근본본

문장의 주체를 주되게 서술하면서 실질적인 뜻을 나타내는 용언. 보조 용언의 도움을 받기도 하지만 혼자서도 쓰일 수 있습니다.

(예) 나는 피자를 먹고 싶다.
　　　　　　본용언 보조 용언

　　　나는 피자를 먹는다.
　　　　　　본용언 단독

보조 용언   補 도울보 助 도울조

본용언과 연결되어 그것의 뜻을 도와주는 용언. 보조적 연결 어미 '-아/-어, -게, -지, -고'를 매개로 해서 본용언에 연결됩니다.

[본용언의 어간 + 보조적 연결 어미] ＋ [보조 용언]

보조 용언은 홀로 쓰일 수 없으며, 반드시 그 앞에 본용언이 와야 합니다.

(예) 나는 피자를 먹고 싶다. – 먹–(본용언 어간) ＋ –고(보조적 연결 어미) ＋ 싶다(보조 용언)
　　　　　　본용언 보조 용언

　　　나는 피자를 싶다. (X)

- ⓒ은 혼자서는 쓰이지 못하고 반드시 다른 용언의 뒤에 붙어서 의미를 더하여 주는 '보조 용언' 기능을 한다.(17 6월 모평)

(2) 용언의 활용

활용 活살활 用쓸용

용언의 어간이나 서술격 조사(이다 → p.290 '서술격 조사' 참고)에 변하는 말(=어미)
이 붙어 문장의 성격을 바꾸는 일을 말합니다.

> 예) 먹다, 먹자, 먹고, 먹어서, 먹으니, ……

규칙 활용

용언이 활용할 때, 어간이나 어미의 모습이 바뀌지 않거나, 바뀌더라도 그 모양
이 국어의 보편적인 음운 규칙으로 설명되는 활용입니다.

> 예) 생기- + -고 → 생기고 — 어간이나 어미의 모습이 바뀌지 않음
> 저물- + -니 → 저무니 — 음운 탈락('ㄹ' 탈락)으로 설명

불규칙 활용

용언이 활용할 때, 어간이나 어미가 바뀌는 모양이 국어의 보편적인 음운 규칙으
로 설명되지 않는 활용입니다.

단계		내용	예
어간이 바뀜	'ㅅ' 불규칙 활용	어간의 'ㅅ'이 빠짐	짓- + -어 → 지어
	'ㄷ' 불규칙 활용	어간의 'ㄷ'이 'ㄹ'로 바뀜	묻(問)- + -으면 → 물으면
	'ㅂ' 불규칙 활용	어간의 'ㅂ'이 '오/우'로 바뀜	덥- + -어 → 더워
	'르' 불규칙 활용	어간의 '르'에서 'ㅡ'가 빠지고 'ㄹ'이 덧생김	구르- + -어 → 굴러
	'우' 불규칙 활용	어간의 'ㅜ'가 빠짐	푸- + -어 → 퍼
어미가 바뀜	'여' 불규칙 활용	'하-' 뒤에 오는 어미 '-아'가 '-여'로 바뀜	일하- + -아 → 일하여
	'러' 불규칙 활용	어간이 '르'로 끝나는 일부 용언에서 어미 '-어'가 '-러'로 바뀜	푸르- + -어 → 푸르러
어간과 어미가 모두 바뀜	'ㅎ' 불규칙 활용	어간의 'ㅎ'이 빠지고, 어미 '-아/-어'가 '-애'로 바뀜	노랗- + -아 → 노래

- 현대 국어의 '도와', '저어'와 같은 활용형은 어간의 형태가 달라지는 불규칙 활용에 해당하는군.(17
  6월 모평)

(3) 어미의 종류와 기능

어말 어미   語 말씀어 末 끝말

단어의 맨 뒤에 오는 어미. 선어말 어미와 대립되는 용어로, 보통은 어미라고 부릅니다. 종결 어미, 연결 어미, 전성 어미 등이 있습니다.

- 어말 어미는 다시 종결 어미, 연결 어미, 전성 어미로 나뉜다. 용언의 활용형에서 선어말 어미는 없는 경우가 있어도 어말 어미는 반드시 있어야 한다.(17 9월 모평)

• 종결 어미   終 마칠종 結 맺을결

문장을 끝맺는 기능을 하는 어말 어미. 이 어말 어미에 따라 문장의 성격이 달라집니다.

종류	기능	예
평서(平평평할평 敍펼서)형 종결 어미	있는 그대로를 서술함	-다, -네, -오
의문(疑의심할의 問물을문)형 종결 어미	의문을 나타냄	-니, -ㄹ까
명령(命목숨명 令하여금령)형 종결 어미	명령이나 요구를 나타냄	-아라/-어라, -오
청유(請청할청 誘꾈유)형 종결 어미	화자가 청자에게 같이 행동할 것을 요청하는 뜻을 나타냄	-자, -세
감탄(感느낄감 歎탄식할탄)형 종결 어미	감탄을 나타냄	-구나, -로구나

예   나는 피자를 먹는다. – 평서형 종결 어미
누가 피자를 먹었니? – 의문형 종결 어미
얘들아, 피자 먹어라. – 명령형 종결 어미
밥이 없으니 피자를 시켜 먹자. – 청유형 종결 어미
피자 맛이 예술이구나. – 감탄형 종결 어미

- 용언의 어간에 어미가 결합하여 서술어가 될 때 판정 의문문에서는 종결 어미 '-녀', 설명 의문문에서는 종결 어미 '-뇨'가 쓰인다.(20 6월 모평)
- '먹고져'가 '먹고자'에 대응되는 것을 보니, '-고져'는 종결 어미로 쓰였군.(16 9월 모평)
- ㉠에는 과거 시제를 나타내는 '-었-'이 ⓐ로 쓰였고, 감탄형 종결 어미 '-구나'가 ⓑ로 쓰였다.(17 9월 모평)

• 연결 어미 連 이을연 結 맺을결

문장을 끝내지 않고 다른 단어나 문장과 연결해 주는 어말 어미. 연결 어미는 다음과 같이 나누어집니다.

종류	기능	예
대등(對대할대 等무리등)적 연결 어미	의미적으로 대등한 두 절을 이어 줌	-고, -(으)며, -든지
종속(從좇을종 屬무리속)적 연결 어미	앞의 문장을 뒤의 문장에 종속적으로 이어 줌	-(으)면, -(으)니까, -는데
보조(補도울보 助도울조)적 연결 어미	본용언에 보조 용언을 연결함	-아/-어, -게, -지, -고

> **예** 피자를 먹고 과일도 먹자. – 대등적 연결 어미
> 피자를 먹으면 소화가 안 된다. – 종속적 연결 어미
> 피자보다는 밥을 먹고 싶다. – 보조적 연결 어미

- ⓓ에는 추측의 의미를 나타내는 '-겠-'이 ⓐ로 쓰였고, 대등적 연결 어미 '-지만'이 ⓑ로 쓰였다.(17 9월 모평)
- 연결 어미 '-여'를 사용하여 사회 참여 활동 기회에 대한 앞 절의 내용이 뒤 절 내용의 목적에 해당함을 나타내고 있다.(22 9월 모평)

• 전성 어미 轉 구를전 成 이룰성

용언의 성질을 임시로 바꾸어 다른 품사의 기능을 수행하게 하는 어말 어미. 다음과 같은 종류가 있습니다.

종류	기능	예
명사형 전성 어미	앞의 용언이 명사의 기능을 수행하게 함	-기, -(으)ㅁ
관형사형 전성 어미	앞의 용언이 관형사의 역할을 수행하게 함	-는, -(으)ㄴ, -(으)ㄹ
부사형 전성 어미	앞의 용언이 부사의 역할을 수행하게 함	-게, -도록

> **예** 이제는 피자 먹기도 지겹다. – 명사형 전성 어미
> 윤기가 흐르는 쌀밥을 먹고 싶다. – 관형사형 전성 어미
> 그 강아지는 예쁘게 생겼다. – 부사형 전성 어미

- ⓒ에는 ⓐ는 없고 동사의 현재 시제를 나타내는 관형사형 전성 어미 '-는'이 ⓑ로 쓰였다.(17 9월 모평)
- 명사형 어미 '-옴/-움'이 사용됨(10 고2 성취도)

선어말 어미 　先 먼저선 語 말씀어 末 끝말

어말 어미 앞에 오는 어미로, 높임이나 시제를 나타냅니다.

- 어미는 선어말 어미와 어말 어미로 나뉜다.(17 9월 모평)

• 높임 선어말 어미

문장의 주체를 높이는 기능을 하는 선어말 어미. '-시-'가 여기에 해당합니다.

예 부모님은 건강하시다. (건강하- ＋ -시- ＋ -다)
　　　　　　　　　　　　어간　　높임 선어말 어미　평서형 종결 어미

- 주체를 높이는 선어말 어미가 쓰였다는 점에서 현대 국어와 공통적이다.(15 수능)

• 시제 선어말 어미

표현하는 행위가 일어난 시간을 나타내는 기능을 하는 선어말 어미. 과거를 나타
내는 '-았-/-었-', 회상을 나타내는 '-더-', 현재를 나타내는 '-는-/-ㄴ-', 미래
를 나타내는 '-겠-' 등이 있습니다.

예 민수가 앉았다. (앉- ＋ -았- ＋ -다)
　　　　　　　　　　어간　시제 선어말 어미　평서형 종결 어미

- ⓒ에는 과거 시제를 나타내는 '-었-'과 주체의 의지를 나타내는 '-겠-'이 ⓐ로 쓰였고, 의문형 종결
어미 '-니'가 ⓑ로 쓰였다.(17 9월 모평)

• 공손 선어말 어미

듣는 이에 대한 말하는 이의 공손을 나타내는 기능을 하는 선어말 어미. '-옵-,
-오-, -사오-' 등이 있는데, 요즘에는 잘 사용하지 않습니다.

예 전하, 삼가 아뢰옵니다. (아뢰- ＋ -오- ＋ -ㅂ니다)
　　　　　　　　　　　　　어간　　공손 선어말 어미　평서형 종결 어미(상대 높임)

(4) 용언의 종류

동사 動 움직일동 詞 말사

사물의 동작이나 작용을 나타내는 품사로, 어미 결합에 제약이 거의 없습니다.

분류 기준	종류	뜻	예
기능에 따라	자(自스스로자)동사	동사가 나타내는 동작이나 작용이 주어에만 미침. 목적어를 취하지 않음	바람이 분다.
	타(他다를타)동사	동사가 나타내는 동작이나 작용이 다른 대상에 미침. 동작의 대상인 목적어를 필요로 함	나는 노래를 불렀다.
스스로 하느냐에 따라	주(主주인주)동사	문장의 주체가 스스로 행하는 동작을 나타냄	아이가 밥을 먹는다.
	사(使하여금사)동사	문장의 주체가 남에게 행동이나 동작을 하게 함을 나타냄	엄마가 아이에게 젖을 먹인다.
제힘으로 하느냐에 따라	능(能능할능)동사	주어가 제힘으로 행하는 동작을 나타냄	사냥꾼이 호랑이를 잡았다.
	피(被입을피)동사	남의 행동을 입어서 행해지는 동작을 나타냄	호랑이가 사냥꾼에게 잡혔다.

- 동사는 목적어 필요 여부에 따라 타동사와 자동사로 구분된다.(17 수능)
- 우리말의 용언 중에는 피동사와 사동사의 형태가 동일한 것이 있다. 예를 들어, '보다'는 사동사와 피동사가 모두 '보이다'로 그 형태가 같다.(15 6월 모평)
- 국어의 피동사는 대체로 능동사의 어간에 접미사 '-이-, -히-, -리-, -기-' 등이 붙어서 이루어진다.(15 고2 성취도)

• 불완전不完全 동사

몇몇 특정한 어미와만 결합하여 활용이 완전하지 않은 동사를 가리키는 말입니다.

(예) 데리다 : 데리고, 데려 – 데리며(X), 데리나(X)
  가로다 : 가로되 – 가로고(X), 가로며(X)

형용사 形 모양형 容 얼굴용 詞 말사

사물의 성질이나 상태를 나타내는 품사로, 어미 결합에 제약이 있습니다.

(예) 밝다, 빠르다, 기쁘다, 어리석다 – 성질을 나타냄
  있다, 없다, 아니다, 다르다, 많다, 적다, 크다, 작다 – 상태를 나타냄

이러하다, 그러하다, 저러하다 – 지시함

동사는 어미 결합에 제약이 거의 없지만 형용사와 서술격 조사('이다')는 어미 결합에 제약이 따릅니다. 그래서 특정 어미와 결합하느냐 못하느냐를 기준으로 동사와 형용사를 구별하기도 합니다. 형용사나 서술격 조사가 결합하지 못하는 어미는 다음과 같습니다.

결합할 수 없는 어미	예
현재 시제를 나타내는 선어말 어미 '–는/–ㄴ'	마음이 곱는다.(X) 곱는 마음(X)
명령형 어미 '–아라/–어라'	기차처럼 빨라라.(X)
청유형 어미 '–자'	꽃처럼 아름답자.(X)
목적과 의도를 나타내는 종속적 연결 어미 '–(으)러'	마음이 기뻐러 그를 도왔다.(X)

3. 수식언 修 꾸밀수 飾 꾸밀식 言 말씀언

뒤에 오는 말을 꾸며 주는 말로, 관형사와 부사가 있습니다.

관형사 冠 갓관 形 모양형 詞 말사

갓이 머리 위에 놓여 머리를 꾸미는 것처럼 체언 앞에 놓여 체언을 꾸며 주는 말. 조사도 붙지 않고 어미 활용도 하지 않습니다.

- **성상 관형사** 性 성품성 狀 형상상

사람이나 사물의 모양, 상태, 성질을 나타내는 관형사입니다.

예 새, 헌, 옛, 온갖, 외딴

- **지시 관형사** 指 가리킬지 示 보일시

특정한 대상을 지시하여 가리키는 관형사입니다.

예 이, 그, 저, 이런, 저런, 무슨, 다른

- **수數 관형사**

사물의 수나 양을 나타내는 관형사. 수사와의 구별에 유의해야 합니다.

예 한, 두, 세(석)

부사 副 버금부 詞 말사

용언 또는 다른 말 앞에 놓여 그 뜻이 분명해지도록 꾸며 주는 말로, 활용하지 않습니다.

- **성분 부사**

주로 문장의 한 성분을 꾸며 주는 부사입니다.

종류	기능	예
성상(性 성품성 狀 형상상) 부사	모양, 상태, 성질, 정도를 나타냄	잘, 매우, 바로, 자주
지시(指 가리킬지 示 보일시) 부사	장소나 시간, 문장 안에서의 사실 등을 지시함	이리, 그리, 오늘, 내일
부정(否 아닐부 定 정할정) 부사	용언의 내용을 부정하는 방식으로 꾸며 줌	아니, 안, 못

• **문장 부사**

문장 전체를 꾸며 주는 부사입니다.

종류	기능	예
양태(樣모양양 態모습태) 부사	말하는 이의 태도를 표시함. 문장 전체에 대해 판단을 내리는 부사	과연, 설마, 제발, 정말, 결코
접속(接이을접 續이을속) 부사	성분과 성분, 문장과 문장을 이어 줌	그리고, 그러나, 그런데

4. 관계언 關관계할관 係맬계 言말씀언

문장에 쓰인 단어들의 관계를 나타내는 말로, 실질적인 뜻은 없습니다. 조사가 여기에 속합니다.

조사 助도울조 詞말사

주로 체언에 붙어서 그 말과 다른 말의 문법적 관계를 표시하거나 그 말의 뜻을 더해 주는 품사입니다. 크게 격조사 접속 조사, 보조사로 나눕니다.

• **격 조사** 格 격식격

체언이나 용언의 명사형 뒤에 붙어 그것으로 하여금 일정한 자격을 갖게 하는 조사. 앞말이 문장에서 갖게 되는 자격에 따라 다음과 같이 나눌 수 있습니다.

종류	기능	예
주격 조사	앞말이 주어가 되게 함	이/가/께서/에서
목적격 조사	앞말이 목적어가 되게 함	을/를
보격 조사	앞말이 보어가 되게 함	이/가*
서술격 조사	앞말이 서술어가 되게 함	이다**
관형격 조사	앞말이 관형어가 되게 함	의
부사격 조사	앞말이 부사어가 되게 함	에/에서, 에게, (으)로, (으)로서, 같이
호격 조사	앞말이 부름의 자리에 놓이게 하여 독립어가 되게 함	아/야/여

* '되다, 아니다' 앞에 오는 말과 결합함   ** 서술격 조사는 활용을 함

- 국어의 조사 중에는 결합하는 앞말과 다른 말과의 문법적인 관계를 표시하는 격 조사와 특별한 뜻을 더해 주는 보조사가 있다. 격 조사는 특정한 문장 성분에만 쓰인다. 가령 주격 조사는 주어에, 목적격 조사는 목적어에 쓰인다.(15 6월 모평)
- 집단을 의미하는 '정부'에 주격 조사 '에서'가 붙었군.(20 9월 모평)
- '같이'의 품사 정보와 뜻풀이를 보니, '같이'는 부사로도 쓰이고 부사격 조사로도 쓰이는 말이로군. (16 수능)

• 접속 조사 接 이을접 續 이을속

단어와 단어, 문장과 문장을 같은 자격으로 이어 주는 조사입니다.

> (예) 와/과, 고, 며

- '에'는 격 조사와 접속 조사로 쓰일 수 있는 반면, '에서'는 격 조사로만 쓰이는군.(14 수능)

• 보조사 補 도울보

체언, 부사, 어미 등에 붙어서 특별한 의미를 더해 주는 조사. 한 격에만 쓰이지 않고, 경우에 따라 그 조사가 붙은 단어로 하여금 주어, 목적어, 부사어가 되게 하면서 뜻을 더해 줍니다.

형태	의미	예
은/는	대조, 주제	나는 학생이다.
도	동일, 첨가	나도 학생이다.
만	단독, 한정	나만 학생이다.
까지	포함, 더함	너까지 나를 비웃는구나.
마저	포함, 종결	너마저 나를 비웃는구나.
조차	포함, 첨가	너조차 나를 비웃는구나.
부터	출발점	처음부터 끝까지 말썽이다.
마다	보편	거리마다 사람들로 붐볐다.
(이)야	필연, 당위, 강조	그곳이 차마 꿈엔들 잊힐 리야.
(이)나/(이)나마	최후, 선택	밥이나 먹자.

- 보조사는 하나의 문장 성분에만 쓰이는 것이 아니라 여러 문장 성분에 쓰일 수 있다.(15 6월 모평)
- 보조사 '는'을 통해 '사전등록 정보'가 문장의 화제임과 동시에 주어로 사용됨을 보여 주고 있다.(22 수능)

5. 독립언 獨立言

문장에 얽매이지 않고 독립적으로 쓰이는 말로, 감탄사가 있습니다.

감탄사 感 느낄감 歎 탄식할탄 詞 말사

말하는 사람의 본능적인 놀람이나 느낌, 부름, 응답 등을 나타내는 말입니다.

> 예 아, 아차, 아하, 아이고, 옳지, 그렇지, 여보게, 예, 그래, 오냐, 글쎄

> • 감탄사를 사용하여 A의 발화를 듣고 어떤 것을 갑자기 깨달았음을 나타낸다. (16 6월 모평)

1. 어휘의 의미

(1) 중심적 의미와 주변적 의미

중심적 의미 　中 가운데중 心 마음심

단어의 가장 기본적이고 핵심적인 의미. 우리가 사용하는 말 중에는 두 가지 이상의 의미를 가진 말들이 많은데, 그와 같은 여러 의미 중에서 핵심이 되는 의미를 가리키는 말입니다. '기본적 의미'라고도 하죠.

주변적 의미 　周 두루주 邊 가장자리변

중심적 의미에서 문맥에 따라 확장되어 생긴 의미. '확장적(확장된) 의미'라고도 합니다. 중심적 의미에서 확장된 의미인 만큼 중심적 의미와 의미적 관련성을 지니게 됩니다. 의미의 확장으로 인해 단어는 '다의성(多많을다 義뜻의 性성품성 : 한 단어가 두 개 이상의 어휘적 의미를 가지는 현상)'을 지니게 되고 어휘 전체의 양은 풍부해지게 됩니다.

중심적   주변적
의미   의미

예 **먹다**
- 중심적 의미 : 음식 따위를 입을 통하여 배 속에 들여보내다. – 밥을 먹다.
- 주변적 의미 : 어떤 마음이나 감정을 품다. – 마음을 독하게 먹다.
　　　　　　　 일정한 나이에 이르거나 나이를 더하다. – 네 살 먹은 아이

• 중심 의미는 일반적으로 주변 의미보다 언어 습득의 시기가 빠르며 사용 빈도가 높다.(20 수능)

(2) 사전적 의미와 문맥적 의미

사전적 의미   辭 말사 典 법전

사전에 실려 있는 단어의 의미. 단어가 문장 속에 들어가 쓰이게 되면 그 의미는 문맥의 영향을 받게 됩니다. 사전적 의미는 그런 영향을 고려하지 않은, 단어 자체의 의미를 가리키는 말입니다.

- ㉠~㉤의 사전적 의미로 적절하지 않은 것은?(15 수능)
- ⓐ~ⓔ의 사전적 뜻풀이로 옳지 않은 것은?(16 6월 모평)

문맥적 의미   文 글월문 脈 줄기맥

단어가 실제 문장에서 사용된 의미. 글의 흐름, 즉 문맥에 의해 결정되는 의미이기 때문에 사전에 실리지 않은 의미일 때도 있습니다. 실제 독해에서는 문맥적 의미를 파악하는 능력이 매우 중요합니다.

> 📄 **인간의 본성은 선하다.**
> 생각을 하고 언어를 사용하며, 도구를 만들어 쓰고 사회를 이루어 사는 동물
>
> **언제 인간이 될지 걱정된다.**
> 일정한 자격이나 품격 등을 갖춘 이

- ㉠의 문맥적 의미와 가장 가까운 것은?(15 수능)
- 문맥상 ㉠~㉤과 바꿔 쓰기에 적절하지 않은 것은?(16 6월 모평)

(3) 지시적 의미와 함축적 의미

지시적 의미   指 가리킬지 示 보일시

사람들이 보편적으로 이해하는 의미. 사회적으로 인정받아 모든 사람에게 같은 뜻으로 파악되는 의미입니다. 언어와 표현 대상 사이에 1 : 1의 대응 관계가 성립하는 객관적인 의미죠.

함축적 의미   含 머금을함 蓄 쌓을축

지시적 의미에 덧붙여 느낌이나 연상을 불러일으키는 의미. 주로 문학 작품에서 쓰이는 개인적, 정서적 의미입니다.

예 나를 키운 건 8할이 바람이다.
  - 지시적 의미 : 공기의 움직임
  - 함축적 의미 : 시련이나 고난, 갈등

- (다)의 ㉠~㉤ 중 함축하는 의미가 동일한 것끼리 바르게 묶은 것은?(12 수능)

2. 어휘의 의미 관계

어휘들이 맺고 있는 의미 관계는 어떤 관점에서 바라보느냐에 따라 매우 다양할 수 있습니다. 그중 대표적인 몇 가지를 살펴보면 다음과 같습니다.

- 〈보기〉는 국어사전을 토대로 '맛'과 관련된 어휘 사이의 의미 관계를 그려 본 것이다. 다음 설명 중 적절하지 않은 것은?(11 6월 모평)
- 〈자료〉를 참고할 때, 문맥상 단어의 대응 관계가 적절하지 않은 것은?(10 고2 성취도)

동의 관계   同 한가지동 義 뜻의

뜻이 같은 단어를 '동의어'라 하고 그런 단어들의 관계를 '동의 관계'라고 합니다. 뜻이 같기 때문에 동의어끼리는 원칙적으로 바꿔 쓸 수 있습니다. 하지만 어감의 차이 등으로 인해 실제로 바꿔 쓸 수 있는 동의어는 그렇게 많지 않습니다.

예 나라 – 국가, 죽다 – 사망하다

유의 관계   類 무리유 義 뜻의

뜻이 서로 비슷한 단어를 '유의어'라 하고 그런 단어들의 관계를 '유의 관계'라고 합니다. 유의 관계에 있는 말끼리는 의미상 차이가 존재하므로 무리하게 바꿔 쓰면 의미가 달라지거나 비문(非아닐비 文글월문 : 문법에 맞지 않는 문장)이 될 수도 있습니다.

예 근본 – 기본

국어 문법의 기본을 익히다. ≠ 국어 문법의 근본을 익히다.

- "내가 어제 본 만화는 정말 재미가 있었어."의 '재미'가 ㉣과 유의 관계라면, ㉠과는 다의 관계가 된다.(10 6월 모평)

반의 관계 反 돌이킬 반 義 뜻 의

뜻이 서로 대립되는 단어를 '반의어'라 하고 그런 단어들의 관계를 '반의 관계'라고 합니다. 반의 관계는 두 단어가 의미상 여러 가지 공통 요소를 가지고 있으면서 동시에 단 하나의 의미 요소가 다를 때 성립합니다.

> **예** 여자 ↔ 남자
>
> 인간이라는 공통성을 가지면서 '성별'이라는 단 하나의 의미 요소가 다르기 때문에 두 단어는 반의 관계입니다.

- 반의 관계는 두 단어가 여러 공통 의미 요소를 가지고 있으면서 다만 하나의 의미 요소가 다를 때 성립한다.(12 6월 모평)
- 어떤 단어가 여러 의미를 지녔을 경우, 각각의 의미에 따라 반의어도 달라질 수 있다. 가령 '시계가 서다'에서 '서다'의 반의어는 '가다'인데, '공연을 서서 보다'에서 '서다'의 반의어는 '앉다'가 된다.(13 수능)
- '시멘트가 굳다'의 '굳다'와 '엿이 녹다'의 '녹다'는 반의 관계이다.(16 6월 모평)

참고 반의어의 종류

① **상보(모순) 반의어** : 한 영역 안에서 상호 배타적인 대립 관계에 있는 반의어. A의 부정이 B가 되고 B의 부정이 A가 되는 관계의 반의어로, 중간 개념이 없다. 이런 반의어들의 관계를 '모순 관계'라고 한다.

  예 삶↔죽음, 있다↔없다

② **등급(정도) 반의어** : 두 단어 사이에 등급성이 있어서 중간 단계가 있는 반의어. 사물의 분량이나 성질 따위를 나타내는 단어들의 쌍으로, 이런 말들의 관계를 '반대 관계'라고 한다.

  예 무겁다↔가볍다, 흰색↔검정색

③ **방향(대칭) 반의어** : 두 단어가 상대적 관계를 형성하면서 의미상 대칭을 이루고 있는 반의어. 두 단어가 상호 의존적이기 때문에 하나가 전제되지 않고는 다른 하나를 생각할 수 없다.

  예 스승↔제자, 얼다↔녹다, 위↔아래, 가로↔세로

- '장끼'와 '까투리'의 경우, '장끼'가 아닌 것은 곧 '까투리'이고 그 역도 성립한다는 점에서 ⓒ상보적 반의 관계에 있다.(18 6월 모평)

상하 관계 上 윗 상 下 아래 하

한 개념이 다른 개념을 포함하거나 다른 개념에 포함되는 관계. 포함하는 단어를 '상위어(상위 개념)' 또는 '상의어', 포함되는 단어를 '하위어(하위 개념)' 또는 '하의어'라고 합니다.

ⓔ 식물 > 꽃 > 장미

- 상의어일수록 일반적이고 포괄적인 의미를 지니며 하의어일수록 구체적이고 한정적인 의미를 지닌다.(18 6월 모평)
- '예전'의 '돝'은 '도야지'의 하의어로, 의미가 더 한정적이다.(20 6월 모평)

부분 – 전체 관계 部 떼부 分 나눌분, 全 온전할전 體 몸체

한 개념이 다른 개념의 부분, 즉 구성 요소가 되는 관계입니다.

ⓔ 몸 – 팔

동음이의 관계 同 한가지동 音 소리음 異 다를이 義 뜻의

소리는 같지만 의미가 다른 단어들의 관계. 이런 관계에 있는 단어들을 '동음이의어'라고 합니다.

ⓔ 과식을 했더니 배(腹)가 아프다.
이상 기후로 배(梨)의 작황이 좋지 않아 가격이 폭등했다.
그 섬에 가려면 배(船)를 타고 가야 한다.

- '치다¹'와 '치다²'는 별개의 표제어로 기술된 걸 보니 동음이의어겠군.(14 수능예비)
- 문맥을 고려할 때, 밑줄 친 말이 ⓐ~ⓔ의 동음이의어가 아닌 것은?(18 수능)

다의 관계 多 많을다 義 뜻의

한 단어에 여러 개의 의미가 결합되어 있는 관계. 중심적 의미가 여러 개의 주변적 의미로 확장된 결과입니다.

ⓔ 올바른 생각이 필요한 때이다. – 판단
어머니에 대한 생각에 잠겼다. – 기억
커피 생각이 간절하다. – 관심
챔피언에게 도전할 생각이다. – 결심
내가 1등을 하다니 생각도 못해 본 일이다. – 상상
쓸쓸한 생각을 지울 수 없었다. – 의견이나 느낌

- '바라다'과 '바래다'은 모두 다의어이다.(14 6월 모평)
- 단어는 다양한 맥락에서 사용되면서 중심적 의미가 주변적 의미로 확장되어 다의 관계를 이루기도 한다.(16 6월 모평)
- 표제어의 뜻풀이가 추가되어 다의어의 중심적 의미가 수정되었군.(18 수능)

3. 어휘의 의미 변화

의미의 확대　擴 넓힐확　大 클대

어떤 사물이나 관념을 가리키는 단어의 의미 영역이 넓어지는 현상입니다.

> 예) 영감 : '벼슬아치나 지체 높은 사람' → '남자 노인'

의미의 축소　縮 줄일축　小 작을소

어떤 사물이나 관념을 가리키는 단어의 의미 영역이 좁아지는 현상입니다.

> 예) 계집 : '여성을 가리키는 일반적인 말' → '여성의 낮춤말'

의미의 이동　移 옮길이　動 움직일동

어떤 대상에 대한 가치관의 변화 등으로 인해 한 단어의 의미가 달라지는 현상입니다.

> 예) 어리다 : '어리석다' → '나이가 적다'

4. 어휘의 종류

고유어　固 굳을고　有 있을유

우리말에 본디부터 있던 말이나 그에 기초하여 새로 만들어진 말을 가리킵니다.

> 예) 아버지, 어머니, 하늘, 땅, 아름답다, 구름, 무지개

한자어

한자를 바탕으로 만들어진 말. 우리말 어휘의 50% 이상을 차지합니다.

> 예) 학교學校, 가정家庭, 인간人間, 역사歷史

- ⓐ~ⓔ를 한자어로 바꾼 것으로 적절하지 않은 것은?(13 9월 모평)

외래어　外 바깥외 來 올래

다른 나라에서 들어와 우리말처럼 쓰이는 말입니다.

> 예) 뉴스, 아르바이트, 버스, 컴퓨터, 인터넷

외국어　外 바깥외 國 나라국

다른 나라의 말. 외래어와는 달리 우리말이라는 인식이 없는 말입니다.

> 예) 디펜스(defence), 선데이(Sunday), 라인(line)

표준어　標 표할표 準 준할준

한 나라에서 공용어로 쓰는 규범으로서의 언어. 의사소통의 불편을 덜기 위해서 전 국민이 공통적으로 쓸 공용어로 지정한 말이죠. 우리나라에서는 '교양 있는 사람들이 두루 쓰는 현대 서울말'로 정하는 것을 원칙으로 하고 있습니다.

- 방언이었던 단어가 표준어의 지위를 얻고 뜻풀이도 새롭게 제시되었군.(18 수능)

방언　方 방위방 言 말씀언

한 언어에서, 사용 지역 또는 사회 계층에 따라 분화된 말의 체계를 가리킵니다.

- **지역 방언**

  지역에 따라 다르게 쓰는 말. 흔히 생각하는 '사투리'의 개념입니다.

  > 예) 강원도 방언, 전라도 방언, 경상도 방언

- **사회 방언**

  직업, 연령, 성별 등에 따라 특징적으로 쓰는 말입니다.

  > 예) 채팅 용어

  - 지역 방언은 지역에 따라 분화된 언어를 가리키고 사회 방언은 연령, 성별, 직업, 종교 등 사회적 요인에 따라 분화된 언어를 가리킨다.(18 고2 성취도)

비속어 卑 낮을비 俗 속될속

품격이 낮고 속된 말입니다.

> 예 토끼다(도망가다)

은어 隱 숨을은

어떤 계층이나 부류의 사람들 사이에서 다른 사람들이 알아듣지 못하도록 자기네 구성원들끼리만 사용하는 말. 집단 구성원들 사이의 유대감과 소속감을 높여 주는 역할을 합니다. 상인, 학생, 군인 등 각 집단에 따라 다양한 은어가 존재합니다.

> 예 꼰대(늙은이, 선생님)

유행어 流 흐를유 行 다닐행

비교적 짧은 시기에 걸쳐 여러 사람의 입에 오르내리는 단어나 구절. 자체의 재미와 함께 발생 계기 등의 영향으로 폭발적으로 퍼집니다.

전문어 專 오로지전 門 문문

학술이나 기타 전문 분야에서 특별한 의미로 사용하는 말입니다.

금기어 禁 금할금 忌 꺼릴기

마음에 꺼려서 하지 않거나 피하는 말. 관습, 신앙, 질병, 배설 따위와 관련되는 경우가 많습니다.

> 예 홍역, 천연두, 변소

완곡어 婉 순할완 曲 굽을곡

금기어 중 불쾌한 대상을 지시하는 단어나, 성(性)과 관련된 단어를 불쾌감이 덜한 단어로 대체한 말입니다.

> 예 홍역 → 손님 / 천연두 → 마마 / 변소 → 뒷간, 화장실

관용어 慣 익숙할관 用 쓸용

습관적으로 쓰는 말. 속담이나 한자 성어, 관용 어구 등이 여기에 속합니다.

> **예** 속담 – 내 코가 석 자 : 내 사정이 급하고 어려워서 남을 돌볼 여유가 없음
>
> 관용 어구 – 코가 높다 : 잘난 체하고 뽐내는 기세가 있음
>
> 한자성어 – 오비이락烏飛梨落 : 아무 관계도 없이 한 일이 공교롭게도 때가 같아 억울하게 의심을 받거나 난처한 위치에 서게 됨

- 관용 표현이란 둘 이상의 단어가 나란히 쓰이면서, 그 말들이 지닌 의미의 단순한 합이 아닌 제3의 의미가 생겨난 구성을 가리킨다.(18 고2 성취도)
- ㉠은 문맥상 어색한 표현이므로 '불'이 들어간 적절한 관용구로 바꿔 쓰시오.(13 고2 성취도)

06 문장 성분

1. 어절 < 구 < 절 < 문장

어절 語 말씀어 節 마디절

문장을 구성하고 있는 각각의 마디. 단어와 조사, 어미 등이 결합하여 이루어지는 문장 성분의 최소 단위로, 띄어쓰기의 단위이기도 합니다.

예 예쁜 / 소녀가 / 웃는다. – 3어절

- 각 수 종장의 마지막 어절에는 동일한 시어를 배치하여 전체적 통일성을 확보해야겠군.(16 수능)

구 句 구절구

둘 이상의 단어가 모여 절이나 문장의 일부분을 이루는 토막. 기능에 따라 명사구, 동사구, 형용사구, 관형사구, 부사구 등으로 나눌 수 있습니다.

예 예쁜 소녀가 웃는다. – 명사구
소년이 바람보다 빠르게 달린다. – 부사구

절 節 마디절

주어와 서술어를 갖추었지만 독립해서 쓰이지 못하고 다른 문장의 한 성분으로 쓰이는 단위. 명사절, 서술절, 관형절, 부사절, 인용절 등이 있습니다.

예 이몽룡이 성춘향을 좋아하고 있음이 밝혀졌다. – 명사절
그 나라는 지하자원이 많다. – 서술절

- ㉠이 서술어인 문장에서 명사절이 주어 기능을 하고 있다.(21 6월 모평)

문장 文 글월문 章 글장

생각이나 감정을 완결된 내용의 말이나 글로 나타내는 최소 단위. 주어와 서술어를 기본으로 하여 여러 개의 문장 성분으로 이루어지는데, 크게 주어부와 서술부로 나누어집니다.

- **주어부**

주어의 역할을 하는 부분. 설명의 대상(행동의 주체)이 되는 부분으로, 주어 단독, 또는 주어와 그것을 수식하는 말로 이루어집니다.

- **서술부**

서술어의 역할을 하는 부분. 행동의 주체를 설명하는 부분으로, 서술어 단독, 또는 서술어와 그것을 수식하는 말로 이루어집니다. 목적어와 보어, 그리고 그것을 수식하는 말도 서술부에 포함됩니다.

> 📝 푸른 여름 바다가 젊은이의 가슴을 두근거리게 한다.
>   주어부   서술부

참고 국어 문장의 짜임

① **무엇이 어찌하다(동사).** : 주어 + 서술어
   예 꽃이 핀다.

② **무엇이 어떠하다(형용사).** : 주어 + 서술어
   예 꽃이 예쁘다.

③ **무엇이 무엇이다(체언 + 서술격 조사).** : 주어 + 서술어
   예 무궁화는 꽃이다.

④ **무엇이 무엇을 어찌하다.** : 주어 + 목적어 + 서술어
   예 벌이 꽃을 찾는다.

⑤ **무엇은 무엇이 아니다. / 무엇은 무엇이 되다.** : 주어 + 보어 + 서술어
   예 벌은 해충이 아니다. / 민주는 의사가 되었다.

---

2. 문장 성분 成 이룰성 分 나눌분

문장을 구성하는 기능적 단위. 개별 단어가 단독으로, 혹은 조사나 어미와 결합하여 문법적인 자격을 획득하면서 문장 속으로 들어가 기능하는 것을 의미합니다. 문장 속에서의 역할에 따라 주어, 서술어, 목적어, 보어, 관형어, 부사어, 독립어 등으로 나뉘는데, 이것들을 다시 몇 가지로 묶어 주성분, 부속 성분, 독립 성분으로 나누기도 합니다.

- ⊙의 '새로'는 부사어이고 ⓒ의 '새가'는 보어로서, 문장 성분은 서로 다르지만 서술어가 반드시 필요로 하는 성분이라는 점에서는 같군.(18 수능)

(1) 주성분 主 주인주

문장을 이루는 데 없어서는 안 될 필수 성분. 주어, 서술어, 목적어, 보어가 여기에 속합니다.

- ⊙의 주성분은 2개이다.(08 고1 성취도)

주어 主 주인주

문장에서 설명의 주체가 되는 문장 성분. '무엇이'나 '누가'에 해당하는 말로, 주격을 나타내는 주격 조사나 보조사가 붙어서 이루어집니다.

예 **사람이** 꽃보다 아름답다. – 체언(명사) + 주격 조사
결국 **나는** 그를 사랑하게 되었다. – 체언(대명사) + 주격을 나타내는 보조사

- "확실한 사실은 그가 지금까지 성실하게 살아왔다."는 주어인 '사실은'과 호응하는 서술어가 없어서 잘못된 문장이다.(14 수능)
- ⓑ의 '바다가'와 '눈이'는 각각 다른 서술어의 주어이군.(19 수능)

서술어 敍 펼서 述 펼술

문장의 주체가 되는 주어의 움직임, 작용, 성질, 상태 등을 설명하는 문장 성분. '어떠하다', '어찌하다', '무엇이다'에 해당하는 말로, 용언이나 '체언 + 서술격 조사'로 이루어집니다.

예 **지구가 돈다.** – 동사(어찌하다)
지구는 둥글다. – 형용사(어떠하다)
지구는 별이다. – 체언(명사) + 서술격 조사(무엇이다)

- '내가 주장하는 바는'과 호응하는 서술어가 있어야 한다.(15 9월 모평)

• **서술어의 자릿수**

문장의 기본 구조를 이루기 위해 서술어가 필수적으로 요구하는 문장 성분의 수. 서술어의 성격에 따라 필요로 하는 문장 성분의 수가 달라지고, 이는 결국 문장의 구조를 결정하는 요인으로 작용합니다. 문장의 주체를 설명하면서 실질적인 내용을 담을 뿐만 아니라, 문장의 구조까지 지배하는 막강한 서술어의 힘! 문장의 진정한 주인은 서술어가 아닐까 싶네요.

구분	필수적으로 요구하는 성분	예
한 자리 서술어	주어	하늘이 파랗다.
두 자리 서술어	주어, 목적어(보어)	나는 하늘을 보았다. 아이가 어른이 되었다.
세 자리 서술어	주어, 목적어, 부사어	아버지가 아들에게 용돈을 주었다. 나는 너를 아들로 여기겠다.

• 자릿수에 포함되는 문장 성분에는 주어, 목적어, 보어, 필수적 부사어가 있다.(14 고2 성취도)
• 밑줄 친 서술어가 요구하는 필수 성분의 개수와 종류가 〈보기〉의 문장과 같은 것은?(22 수능)
• '같이하다'의 문형 정보 및 용례를 보니, '같이하다'는 두 자리 서술어로도 쓰일 수 있고, 세 자리 서술어로도 쓰일 수 있군.(16 수능)
• ⓐ의 '삼았다'는 주어 이외에도 두 개의 문장 성분을 필수적으로 요구하는군.(19 수능)

<두 자리 서술어>

목적어 目 눈목 的 과녁적

타동사가 쓰인 문장에서 동작 대상이 되는 문장 성분으로, 문장에서 '무엇을', '누구를'에 해당하는 말. 목적격 조사나 보조사가 붙어서 이루어집니다.

> 예 심청은 심 봉사를 봉양했다.
> 언니는 들국화도 좋아한다.

- 명사가 격 조사와 결합해 목적어로 쓰였다.(21 9월 모평)
- 목적어의 하나인 '불편'과 호응하는 서술어가 있어야 한다.(15 9월 모평)

보어 補 도울보

주어와 서술어만으로는 뜻이 완전하지 못한 문장에서, 그 불완전한 곳을 보충하여 뜻을 완전하게 하는 문장 성분. '되다, 아니다' 앞에 오는 '무엇이', '누가'에 해당하는 말로, 보격 조사가 붙어서 이루어집니다.

> 예 심청은 왕비가 되었다.
> 뺑덕어미는 친엄마가 아니다.

(2) 부속 성분 附 붙을부 屬 무리속

주성분의 내용을 꾸미면서 뜻을 더하여 주는 문장 성분. 관형어, 부사어가 여기에 속합니다.

관형어 冠 갓관 形 모양형

마치 갓을 씌운 것처럼 체언 앞에서 체언의 뜻을 꾸며 주는 문장 성분. 관형사가 그대로 관형어가 되거나, 관형격 조사 '의'나 관형사형 어미 '-ㄴ, -는, -ㄹ'이 붙은 말 등이 관형어가 됩니다.

> 예 두껍아, 두껍아 헌 집 줄게, 새 집 다오. – 관형사
> 놀부는 회심의 일격을 날렸다. – 명사 + 관형격 조사
> 흥부는 슬픈 비명을 질렀다. – 형용사 + 관형사형 어미

- 중세 국어에서 체언에 조사 '의'가 붙은 말은 관형어나 부사어로 쓰였다.(22 수능)
- 목적어인 '밭을'을 수식하는 관형어가 있어야 한다.(15 9월 모평)

부사어   副 버금부   詞 말사

주로 용언을 꾸며 주는 문장 성분. 경우에 따라 다른 관형어, 부사어, 문장 전체 등을 꾸미기도 해요. 부사가 그대로 부사어가 되거나 부사격 조사가 붙은 말 등이 부사어의 역할을 합니다.

예   흥부는 **처음부터** 착했다. – 명사 + 부사격 조사

     놀부는 **아주** 인색했다. – 부사(성분 부사)

     과연 착한 사람이 복을 받는다. – 부사(문장 부사)

- 문장의 성립에 반드시 필요한 부사어를 '필수적 부사어'라 한다.(13 6월 모평)
- 부사격 조사가 결합한 '하늘에서'와 부사 '펑펑'이 부사어로 쓰였군.(18 수능)
- ㉠의 '엄마와', ㉡의 '취미로'는 둘 다 부사어인데, ㉠의 '엄마와'는 ㉡의 '취미로'와 달리 필수 성분이군.(18 수능)

(3) 독립 성분   獨 홀로독   立 설립

문장의 다른 성분과 직접적인 관계 없이 독립적으로 쓰이는 문장 성분. 독립어가 여기에 속합니다.

독립어   獨 홀로독   立 설립

문장에서 다른 성분과 직접적으로 관계를 맺지 않고 독립적으로 쓰이는 문장 성분. 감탄사나 제시어, '체언 + 호격 조사' 등이 독립어로 쓰입니다.

예   **아아**, 사랑하는 나의 임은 갔습니다. – 감탄사

     청춘, 그것은 찬란한 아픔이다. – 제시어

     상두야, 학교에 가자. – 명사 + 호격 조사

> 문장의 구조에 있어 가장 중심이
> 되는 것은 서술어라는 점을
> 꼭 기억합시다.

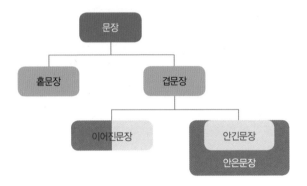

홑문장

주어와 서술어가 각각 하나씩만 있어서 둘 사이의 관계가 한 번만 이루어지는 문장입니다.

> 예 홍길동은 홍 판서의 아들로 태어났다.
>   주어   서술어

겹문장

한 문장에 주어와 서술어의 관계가 두 번 이상 나타나는 문장. 한 개의 홑문장이 다른 문장 속에 한 성분으로 들어가 있는 '안은문장'과, 홑문장들이 서로 이어져 있는 '이어진문장'이 있습니다.

> 예 홍길동은 서자로 태어났다. 홍길동은 차별을 당했다. – 두 개의 홑문장
>   홍길동은 서자로 태어나서 (홍길동은) 차별을 당했다. – 한 개의 겹문장(이어진문장)
>   주어   서술어   주어(생략)   서술어

- 겹문장은 홑문장보다 복잡한 생각을 효과적으로 표현할 수 있는 장점이 있다.(20 9월 모평)
- 주어와 서술어의 관계가 두 번 이상 나타나는 문장인가요?(12 고2 성취도)

이어진문장

둘 이상의 홑문장이 연결 어미에 의해 결합된 문장. 이때 이어진 두 절의 관계는 서로 대등한 것과 한 절이 다른 절에 대해 종속적인 것이 있습니다.

• 대등하게 이어진 문장

두 문장이 동등한 자격으로 이어진 문장. 연결 어미 '-고, (으)며, -(으)나, -지만, -든지' 등이 두 문장을 나열[-고, -(으)며], 대조[-(으)나, -지만], 선택[-든지]의 관계로 이어 줍니다.

> 예 홍길동은 어머니를 불쌍히 여겼고, 아버지를 그리워했다.

• 종속적으로 이어진 문장

앞 문장이 뒤 문장에 대해 종속적으로 이어진 문장. 연결 어미 '-아서/-어서, -니까, -(으)면, -(으)려고, -ㄹ수록, -을지언정' 등이 두 문장을 이어 주는데, 뒤 문장이 전

체 문장의 핵심이 되고 앞 문장이 뒤 문장에 대해 이유[-아서/-어서, -니까], 조건
[-(이)면], 의도[-(으)려고], 더함[-ㄹ수록], 양보[-을지언정]의 관계를 맺게 됩니
다.

> 예 홍길동은 아버지를 아버지라 부를 수 없어서 길을 나섰다.
>   이유(종속적)   핵심
>
> 홍길동은 백성들을 도우려고 의적이 되었다.
>   목적(종속적)   핵심

- 연결 어미 '–면'을 통해 앞 절의 내용이 '사전등록 정보'가 '자동 폐기'되는 조건임을 나타내고 있다.
(22 수능)

안은문장

한 문장이 그 속에 다른 문장을 하나의 문장 성분으로 안은 겹문장입니다.

- ⓒ의 '별을'은 안긴문장의 목적어이면서 안은문장의 목적어이군.(19 수능)

안긴문장

안은문장 속에 하나의 문장 성분으로 안겨 있는 문장. 안긴문장은 안은문장 안
에서의 역할에 따라 명사절, 서술절, 관형절, 부사절, 인용절 등으로 나타나게 됩
니다.

- ㉠의 안긴문장 속에는 관형어가 있지만 ㉡의 안긴문장 속에는 관형어가 없다.(15 수능)
- ㉠은 주어가 생략된 안긴문장이 있고, ㉣은 목적어가 생략된 안긴문장이 있다.(18 6월 모평)

• 명사절로 안긴 문장

안긴문장 전체가 안은문장 속에서 명사처럼 쓰여서 주어, 목적어, 부사어 등의 역
할을 합니다. 명사형 전성 어미인 '-(으)ㅁ'이나 '-기'와 결합하여 명사절이 되거나,
의존 명사 '(-는) 것'이 붙어 명사절이 되기도 합니다.

> 예 백성들은 홍길동이 자신들을 도와주려 함을 알았다. – 목적어 역할을 하는 명사절
> 홍길동이 탐관오리를 응징한 것이 큰 화제가 되었다. – 주어 역할을 하는 명사절

- ⓒ이 서술어인 문장에서 명사절이 목적어 기능을 하고 있다.(21 6월 모평)
- 명사절이 조사와 결합하여 주어로 쓰였다.(14 수능)

• **서술절로 안긴 문장**

안긴문장이 안은문장 속에서 서술어의 역할을 합니다.

> 📝 홍길동은 <u>의협심이 강했다.</u>

- • ㉠에는 서술절이 안겨 있지만 ㉡에는 관형절이 안겨 있다.(15 수능)
- • ㉢과 ㉣은 서술어의 기능을 하는 안긴문장이 있다.(18 6월 모평)

• **관형절로 안긴 문장**

안긴문장이 안은문장 속에서 체언을 꾸미는 관형어의 역할을 합니다.

구분	특징	예
짧은 관형절	종결 어미가 와야 할 자리에 관형사형 어미 '-ㄹ, -ㄴ, -은/-는, -을, -던'이 옴	홍길동은 탐관오리가 백성들에게서 빼앗은 재물을 다시 훔쳤다.
긴 관형절	종결형으로 끝난 문장에 '-고 하는' 또는 '-는'이 붙음	홍길동은 부하들에게 백성들은 괴롭히지 말라는 명령을 내렸다.
관계 관형절	관형절 안의 성분과 이 관형절의 수식을 받는 체언이 일치해서, 관형절 안의 성분이 생략됨	백성들은 홍길동의 따뜻한 마음에 감동했다. (← 백성들은 마음에 감동했다.+ 홍길동의 마음이 따뜻하다.)
동격 관형절	관형절의 내용과 이 관형절의 수식을 받는 체언이 동일한 의미를 가짐	나라에서는 홍길동이 사랑받는다는 사실에 당황했다.(홍길동이 사랑받는다.＝사실)

- • 하나의 문장이 관형절로 다른 문장에 안길 때, 원래 있었던 주어가 생략되는 경우가 있다.(15 9월 모평)
- • ㉠과 ㉡은 체언을 수식하는 안긴문장이 있다.(18 6월 모평)

• **부사절로 안긴 문장**

안긴문장이 안은문장 속에서 부사어의 역할을 합니다.

> 📝 고관대작들은 백성들과 달리 홍길동을 싫어했다.

- • ㉠에는 명사절이 안겨 있지만 ㉡에는 부사절이 안겨 있다.(15 수능)
- • ㉢은 부사어의 기능을 하는 안긴문장이 있고, ㉣은 관형어의 기능을 하는 안긴문장이 있다.(18 6월 모평)

• 인용절로 안긴 문장

홑문장이 인용의 형태로(문장 형태의 변화 없이 그대로) 안은문장 속에 안기는 것입니다. 인용된 문장 다음에는 조사 '-고'나 '-라고'가 이어집니다.

구분	특징	예
간접 인용절	'-고'와 결합됨	포도대장은 <u>홍길동을 잡아야 한다</u>고 말했다.
직접 인용절	'-라고'와 결합됨	포도대장은 "<u>홍길동을 잡아야 한다.</u>"라고 말했다.

- 관형절로 안긴 문장과 인용절로 안긴 문장이 있다.(10 고2 성취도)

안긴문장과 이어진문장이 어떻게 다른지 둘의 차이점을 기억해야 합니다.

08 문장 표현

1. 종결 표현 終 마칠종 結 맺을결

문장을 끝맺는 방식. 말하는 사람의 의도에 따라 다섯 가지로 나누어지는데, 각각 특정한 종결 어미가 사용됩니다.

평서문 平 평평할평 敍 펼서

어떤 일을 있는 그대로 설명하여 끝맺는 방식. 평서형 종결 어미 '-다, -네, -오' 등이 사용됩니다.

> 예 밥을 먹는다.

- 평서문에는 쓰이지 않는다.(14 6월 모평)

의문문 疑 의심할의 問 물을문

질문을 하거나 의문을 나타내어 끝맺는 방식. 의문형 종결 어미 '-느냐, -니, -ㄹ까' 등이 사용됩니다. 의문문은 답변의 유형에 따라 판정 의문문과 설명 의문문으로 나눌 수 있습니다.

판정 의문문	'예'나 '아니요'로 답변할 수 있는 의문문 예 밥을 먹었니?
설명 의문문	의문사(누구, 무엇, 왜, 언제, 어떻게, 어디)가 들어 있어서 그것에 대한 설명을 요구하는 의문문 예 누가 밥을 먹었니?

- 설명 의문문과 판정 의문문에서 쓰이는 종결 어미가 서로 달랐다.(18 9월 모평)
- 판정 의문문의 '-아' 계열 의문형 어미가 쓰였다.(17 9월 모평)

명령문 命 목숨명 슈 하여금령

상대방으로 하여금 어떤 일을 하거나 하지 않도록 요구하며 끝맺는 방식. 명령형 종결 어미 '-어라/-아라, -ㅂ시오' 등이 사용됩니다.

> 예 밥을 먹어라.

- 명령형의 문장을 사용하여 주제 의식을 부각하고 있다.(14 6월 모평)

청유문 請 청할청 誘 꾈유

화자가 청자에게 같이 행동할 것을 요청하며 끝맺는 방식. 청유형 종결 어미
'-자, -세, -ㅂ시다' 등이 사용됩니다.

> 예 밥을 먹자.

- 글의 목적을 고려하여 [A]에 들어갈 제목을 청유형 문장으로 쓰시오.(13 고2 성취도)
- 청유문은 화자가 청자에게 같이 행동할 것을 요청하는 문장이다.(10 수능)

감탄문 感 느낄감 歎 탄식할탄

말하는 사람의 느낌이나 놀람을 나타내어 끝맺는 방식. 감탄형 종결 어미 '-(는)
구나, -로구나' 등이 사용됩니다.

> 예 밥을 먹는구나.

2. 높임 표현

문장의 주체나 객체, 대화의 상대방을 높이거나 낮추는 방식. 높이는 대상에 따
라 주체 높임법, 객체 높임법, 상대 높임법 등으로 나눌 수 있습니다. 단어 자체가
높임이나 낮춤의 의미를 가지고 있는 특수한 단어(높임말이나 낮춤말)가 활용되기
도 합니다.

- 높임 표현이 홑문장에서 실현될 수도 있지만, 겹문장의 안긴문장 속에서도 실현될 수 있다.(22 9월 모평)
- 높임법은 화자가 높이려는 대상이 누구인지에 따라 주체 높임법, 상대 높임법, 객체 높임법으로 구
  분된다. 주체 높임법은 주어가 나타내는 대상인 주체를 높이는 것이며, 상대 높임법은 대화의 상대
  인 청자를 높이거나 낮추는 것이고, 객체 높임법은 문장의 목적어나 부사어가 나타내는 대상인 객체
  를 높이는 것이다.(14 6월 모평)

주체 높임법 主 주인주 體 몸체

문장의 주체(주어)를 높이는 방법. 문장의 주체가 말하는 이보다 높은 경우로, 주
로 용언의 어간에 높임의 선어말 어미 '-시-'를 붙여서 표현합니다. 그 외에도
'께서'라는 조사를 주체에 붙이거나 '-님'이라는 높임 접미사를 붙이기도 합니다.
물론 '진지, 드시다' 등과 같은 높임말을 사용하기도 하죠.

예) 선생님은 수업 중이시다.
할아버님께서 진지를 드신다.

- '할아버지께서'의 '께서'를 통해 화자가 문장의 주체인 '할아버지'를 높이고 있다. (21 6월 모평)
- 높임의 유정 명사인 '할머니'에 주격 조사 '께서'가 붙었군. (20 9월 모평)

- **간접 높임법** 間 사이간 接 이을접

주체 높임법의 일종으로, 주체를 직접 높이는 것이 아니라 간접적으로 높이는 방법. 주체와 관련된 대상(신체 일부분, 소유물, 생각 등)을 높임으로써 결국에는 주체를 높이게 되는 방식입니다. 역시 높임의 선어말 어미 '-시-'를 사용합니다.

예1) 할아버지께서는 귀가 밝으시다.

높임의 대상인 '할아버지'의 신체 일부분인 '귀'를 '밝으시다'고 높임으로써 할아버지를 높이고 있습니다.

예2) 선생님은 따님이 있으시다.

높임의 대상인 '선생님'의 '딸'을 '따님'이라고 표현하고, '있으시다'라는 높임 표현을 사용함으로써 선생님을 높이고 있습니다.

- 신체의 일부를 높임으로써 주체를 높인 간접 높임 표현이 사용되었다. (09 고1 성취도)

- **압존법** 壓 누를압 尊 높을존

문장의 주체가 말하는 이보다는 높지만 듣는 이보다는 낮을 경우, 주체에 대한 높임을 표현하지 않는 방법입니다.

예) 선생님, 선배가 왔습니다.

문장의 주체인 '선배'는 말하는 이인 '나'보다는 높지만 듣는 이인 '선생님' 보다는 낮습니다. 이 경우에는 주체와 듣는 이의 관계를 고려하여 원래는 마땅히 높여야 할 주체를 높이지 않습니다.

객체 높임법 客 손객 體 몸체

동작의 대상인 객체(목적어, 또는 격 조사가 붙은 부사어)를 높이는 방법. 높임의 뜻을 지닌 동사나 명사, 조사 등에 의해 실현되는데, 다른 높임법에 비해 쓰임이 제한적입니다.

예1 나는 책을 선생님께 드렸다.
나는 모르는 문제를 선생님께 여쭈었다.

부사어가 가리키는 대상인 '선생님'을 높이기 위해 '드리다, 여쭈다'라는 동사를 사용하였습니다.

예2 나는 선생님을 모시고 식사를 했다.
나는 집으로 오는 길에 선생님을 뵈었다.

목적어가 가리키는 대상인 '선생님'을 높이기 위해 '모시다, 뵈다'라는 동사를 사용하였습니다.

• ⓔ은 '모시다'를 사용하여 객체인 '할머니'를 높이고 있다. (14 6월 모평)

상대 높임법   相 서로상 對 대할대

말하는 이가 듣는 이와 자신의 위아래 관계에 따라 듣는 이를 높이거나 낮춰 표현하는 방법. 일정한 종결 어미와 높임의 조사 '요' 등에 의해 실현되는데, 의례적인가 아닌가에 따라 격식체와 비격식체로 나뉩니다.

• **격식체**   格 격식격 式 법식

의례적으로 격식을 차리는 표현으로, 공식적, 직접적, 단정적, 객관적입니다. 말하는 이와 듣는 이 사이의 거리가 멀 때 사용되기 때문에 딱딱한 느낌을 주죠. 높임이나 낮춤의 정도에 따라 다음과 같이 나뉩니다.

구분	종결 어미					예
	평서형	의문형	명령형	청유형	감탄형	
아주높임 (하십시오체)	-ㅂ니다	-ㅂ니까	-ㅂ시오 -십시오	-시지요		빨리 일어나십시오.
예사높임 (하오체)	-오	-오	-오 -구려	-ㅂ시다 -십시다	-구려	빨리 일어나시오.
예사낮춤 (하게체)	-네	-ㄴ가 -나	-게	-세	-구먼	빨리 일어나게.
아주낮춤 (해라체)	-다	-냐 -니 -지	-아라 / -어라 -렴	-자	-구나	빨리 일어나라.

- **비격식체** 非 아닐비 格 격식격 式 법식

부드럽고 친근하며, 격식을 덜 차리는 표현으로, 비공식적, 비의례적, 비단정적, 주관적입니다. 말하는 이와 듣는 이 사이가 가까울 때 사용하는 표현으로, 친밀한 느낌을 줍니다. 높임의 정도에 따라 다음과 같이 나뉩니다.

구분	종결 어미					예
	평서형	의문형	명령형	청유형	감탄형	
두루높임 (해요체)	-아요 / -어요	-아요 / -어요	-아요 / -어요 -지요 -시지요	-아요 / -어요 -시지요	-군요	빨리 일어나요.
두루낮춤 (해체)	-아 / -어	-아 / -어	-아 / -어 -지	-아 / -어	-군	빨리 일어나.

- 상대와의 친분에 따라 높임 표현이 선택될 수 있다.(12 6월 모평)
- 높임 표현은 화자가 대화 상대나 상황을 어떻게 인식하느냐에 따라 달라진다.(12 6월 모평)

- **공손법** 恭 공손할공 遜 겸손할손

상대 높임법의 일종으로, 말하는 이가 자신을 낮춤으로써 듣는 이를 높이는 방법. 공손한 뜻을 나타내는 공손 선어말 어미 '-(으)옵-/-(으)오-, -삽-/-사옵-/-사오-, -잡-/-자옵-/-자오-'를 사용하여 표현합니다. 현대에는 많이 사용하지 않는 표현법이죠.

> 예 변변치 못한 사람이오나 한 가지 재주는 있사오니 받아 주시옵소서.

높임말 / 낮춤말

우리말에서는 높임이나 낮춤의 뜻을 담고 있는 특수한 어휘를 사용하여 높임이나 낮춤을 표현하기도 합니다. 이때 상대방에 대한 높임의 의미를 담고 있는 말을 '높임말', 자신에 대한 낮춤의 의미를 담고 있는 말을 '낮춤말'이라고 합니다. 이 높임말과 낮춤말은 다시 대상이나 자신을 직접 높이거나 낮추는 말과, 대상이나 자신과 관련된 사물을 통해 간접적으로 높임이나 낮춤을 표현하는 말로 나눌 수 있습니다.

구분		개념	예
높임말	직접 높임말	대상을 직접 높이는 말	아버님, 선생님, 귀하, 들다, 돌아가시다, 모시다, 드리다, 주무시다, 계시다, 잡수다
	간접 높임말	대상과 관계 있는 인물이나 소유물 등을 간접적으로 높이는 말	진지, 연세, 말씀, 병환, 댁, 귀교, 옥고, 따님
낮춤말	직접 낮춤말	대상을 직접 낮추는 말	저, 저희, 소생
	간접 낮춤말	대상과 관계 있는 인물이나 소유물 등을 간접적으로 낮추는 말	말씀, 졸고, 폐사

- 우리말에서는 일반적으로 선어말 어미나 종결 어미, 조사 등을 통해 높임을 표현하지만, 어휘를 통해 높임을 표현하는 경우도 있다.(14 수능)
- '우리'의 낮춤말인 '저희'는 청자를 포함하여 가리킬 수 없다. 화자가 청자까지를 함께 낮출 수는 없기 때문이다.(11 고2 성취도)

3. 시간 표현

(1) 시제 時 때시 制 제도제

어떤 사건이나 사실이 일어난 시간적 위치를 표시하는 방식. 발화시와 사건시의 관계에 따라 과거 시제, 현재 시제, 미래 시제로 나눌 수 있습니다.

- **발화시** 發 필발 話 말씀화 時 때시

말하는 이가 말을 하는 시점입니다.

- **사건시** 事 일사 件 물건건 時 때시

문장이 나타내는 사건이 일어난 시점입니다.

  - 시제를 나타내는 형식은 발화시(發話時)와 사건시(事件時)가 어떤 관계에 있느냐에 따라 달라진다. (08 고1 성취도)

현재 시제 現 나타날현 在 있을재

사건시와 발화시가 같은 시제. 동작이나 상태가 지금 행해지고 있거나 지속됨을 나타내는 시제입니다. 또 보편적인 진리나 습관을 나타낼 때도 현재 시제를 쓰죠.

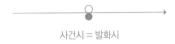

사건시 = 발화시

① 서술어에서의 표현

동사의 경우에는 기본형에 선어말 어미 '-ㄴ-/-는-'을 넣어서 나타내고, 형용사나 서술격 조사는 그냥 기본형으로 나타냅니다.

> 예 책을 읽는다. – 동사   학생은 바쁘다. – 형용사
> 그 소녀는 학생이다. – 체언 + 서술격 조사

- • ⓜ을 보니, 형용사에서 현재 시제를 나타낼 때 시제 선어말 어미가 나타나지 않고 있군.(18 9월 모평)

② 관형사형에서의 표현

관형사형일 때는 관형사형 어미 '-는(동사)'이나 '-은/-ㄴ(형용사, 서술격 조사)'으로 나타냅니다.

> 예 읽는 책, 바쁜 학생, 학생인 소녀

③ 부사적 표현

'지금, 현재, 요즈음' 등의 표현이 함께 사용되기도 합니다.

> 예 지금 책을 읽는다.   소녀는 현재 학생이다.
> 그 학생은 요즈음 바쁘다.

과거 시제 過 지날과 去 갈거

사건시가 발화시보다 앞서는 시제. 현재보다 앞선 시간 속의 사건임을 나타내는 시제입니다.

사건시   발화시

① 서술어에서의 표현

선어말 어미 '-었-/-았-, -(하)였-, -더-, -었었-/-았었-' 등을 활용하여 나타냅

니다. '-었었-/-았었-'은 '현재(금년이나 오늘 등)에는 그렇지 않다'는 강한 단절의 의미를 아울러 나타냅니다.

> 예 책을 읽었다.
>   책을 읽었었다.

② 관형사형에서의 표현

관형사형일 때는 관형사형 어미 '-은/-ㄴ(동사)'으로 나타냅니다.

> 예 그가 읽은 책

- ㉣에는 ⓐ는 없고 동사의 과거 시제를 나타내는 관형사형 전성 어미 '-은'이 ⓑ로 쓰였다.(17 9월 모평)

③ 부사적 표현

'어제, 작년' 등의 부사적 표현이 함께 사용되기도 합니다.

- **회상 시제** 回 돌아올회 想 생각상

지난 일을 돌이켜 생각하며 표현할 때 쓰는 시제. 일반적으로 직접 체험한 사실을 객관적으로 회상해서 표현할 때 사용합니다. 선어말 어미 '-더-'를 활용하는데, 관형사형일 때는 관형사형 어미 '-던'으로 나타냅니다. 이 '-던'이 '-었-'과 결합하면 동작의 완결을 나타내게 됩니다.

> 예 그는 책을 읽더라.   그가 읽던 책이다.
>   그가 읽었던 책이다.

미래 시제 未 아닐미 來 올래

발화시가 사건시보다 앞서는 시제. 말하는 순간보다 나중에 오는 행동이나 상태 등을 표현합니다.

발화시   사건시

① 서술어에서의 표현

선어말 어미 '-겠-'으로 나타내는데, 이 '-겠-'은 추측이나 의지를 나타내기도 합니다.

예 이 책을 읽겠다. – 의지
비가 오겠다. – 추측

② **관형사형에서의 표현**
관형사형일 때는 관형사형 어미 '-ㄹ'로 나타냅니다.

예 내가 읽을 책

③ **부사적 표현**
'내일, 내년' 등의 부사적 표현이 함께 사용되기도 합니다.

④ **기타 표현**
'-(으)리-', '-ㄹ 것'으로 미래 시제가 실현되기도 합니다.

예 내일은 꼭 책을 읽으리라.
내년에는 책을 읽을 것이다.

(2) 동작상 動 움직일동 作 지을작 相 모양상

발화시를 기준으로 동작이 일어나는 모습을 나타내는 방법. 보통 보조적 연결 어미와 보조 용언의 결합으로 이루어집니다.

- **진행상** 進 나아갈진 行 다닐행

발화시를 기준으로 동작이 진행 중임을 나타냅니다. '-고 있다', '-는 중이다', '-어 가다', '-곤 하다' 등의 표현이 활용됩니다.

예 나는 지금 책을 읽고 있다.

- **완료상** 完 완전할완 了 마칠료

발화시를 기준으로 동작이 완료된 모습을 나타냅니다. '-아/-어 있다' 등의 표현이 활용됩니다.

예 사람들이 모두 모여 있다.

- 동작이 완결되었음을 나타내는 시간 표현이 드러나 있다.(09 고1 성취도)

4. 사동 표현과 피동 표현

사동문 使 하여금 사 動 움직일 동

문장의 주체가 자기 스스로 행하지 않고 남에게 어떤 동작을 하게 함을 나타내는 문장 표현. 주동사(主動詞 : 문장의 주체가 스스로 행하는 동작을 나타내는 동사)의 어근에 사동 접미사(-이-, -히-, -리-, -기-, -우-, -구-, -추-)를 붙여서 만든 사동사(使動詞 : 문장의 주체가 남에게 행동이나 동작을 하게 함을 나타내는 동사)를 활용하여 나타냅니다. 주동사의 어간에 '-게 하다'를 결합시켜 나타내기도 합니다.

> 예 얼음을 <u>녹이다</u>.(← 녹다)   아이를 <u>울리다</u>.(← 울다)   밥을 <u>먹게 하다</u>.(← 먹다)

> **참고** 사동문의 중의성(重 거듭할 중 義 뜻 의 性 성품 성)
>
> 사동사에 의한 사동문은 두 가지 뜻으로 해석될 수도 있다.
>
> 예 어머니가 동생에게 옷을 입히셨다.
>
> → 어머니가 직접 동생에게 옷을 입혀 주었다.
> → 어머니가 동생이 <u>스스로</u> 옷을 입도록 시켰다.

- 사동문은 어근에 접미사가 결합한 사동사나 어간에 '-게 하다'가 결합한 구성에 의해 만들어진다.(14 6월 모평)
- 동사 '익다'와 '먹다'의 어근에 각각 접미사 '-히-'와 '-이-'가 붙어 형성된 '익히다'와 '먹이다'는 '고기를 익히다.'와 '아이에게 밥을 먹이다.'에서와 같이 사동의 의미를 가진다.(17 수능)

피동문 被 입을 피 動 움직일 동

남의 행동을 입어서 행해지는 동작을 나타내는 문장 표현. 능동사(能動詞 : 주어가 제 힘으로 행하는 동작을 나타내는 동사)의 어근에 피동 접미사(-이-, -히-, -리-, -기-)를 붙여서 만든 피동사(被動詞 : 남의 행동을 입어서 행해지는 동작을 나타내는 동사)를 활용하여 나타냅니다. 능동사의 어간에 '-아/-어지다'를 결합시켜 나타내기도 합니다.

> 예 동물이 <u>잡히다</u>.(← 잡다)   범인이 <u>쫓기다</u>.(← 쫓다)   모임이 <u>만들어지다</u>.(← 만들다)

- 주어가 남에 의해 동작을 당하게 되는 것을 나타내는 표현을 피동(被動)이라 하고, 피동이 실현된 문장을 피동문이라고 한다.(15 고2 성취도)
- '안다'의 어근 '안-'에 접미사 '-기-'가 붙어 형성된 '안기다'는 '아기가 엄마한테 안기다.'와 같이 피동의 의미를 가진다.(17 수능)
- 피동 표현이 중복되었으므로 '나뉜다'로 고친다.(15 수능)

5. 부정 표현

부정 표현은 부정의 내용에 따라 '안' 부정문과 '못' 부정문으로 나뉘는데, '안' 부정문과 '못' 부정문은 명령문과 청유문에서는 쓰이지 않습니다. 한편, 부정의 방식에 따라 '긴 부정문'과 '짧은 부정문'으로 나누기도 합니다.

'안' 부정문

주체(동작주)의 의지에 의한 부정을 나타냅니다(의지 부정).

서술어의 종류	짧은 부정문	긴 부정문
동사 · 형용사	안(아니) + 동사 · 형용사	동사 · 형용사의 어간 + −지 + 않다(아니하다)
체언 + 서술격 조사(이다)	~이/가 아니다	

예
나는 안 움직인다.(← 나는 움직인다.) – 짧은 부정문(동사)
나는 바쁘지 않다.(← 나는 바쁘다.) – 긴 부정문(형용사)
나는 학생이 아니다.(← 나는 학생이다.) – 체언 + 서술격 조사

• 주체가 자신의 의지로 어떤 동작을 하지 않았음을 나타내는 부정문이다.(09 고1 성취도)

'못' 부정문

능력이나 외부의 원인에 의한 불가능을 나타냅니다(능력 부정). 서술어가 형용사일 경우에는 쓰이지 않는 것이 원칙입니다. 하지만 형용사에 쓰게 되면 '그 상태에 미치지 아니함'이라는 의미를 나타내고, 긴 부정문으로 표현합니다.

'못'부정문

불가능하다고 못 박을 땐!

서술어의 종류	짧은 부정문	긴 부정문
동사	못 + 동사	동사의 어간 + −지 + 못하다

예
나는 그림을 못 그린다.(← 나는 그림을 그린다.) – 짧은 부정문(동사)
나는 글을 읽지 못한다.(← 나는 글을 읽는다.) – 긴 부정문(동사)

나는 머리가 좋지 못하다.(← 나는 머리가 좋다.) ─ 긴 부정문(형용사)

- 국어의 '안' 부정문은 의지의 부정에, '못' 부정문은 능력의 부정에 쓰인다.(11 고2 성취도)
- 부정 부사 '못'을 사용하여 B에게 일어난 상황이 불가피했음을 나타낸다.(16 6월 모평)

명령문과 청유문의 부정

동사 어간에 '–지 말다'를 붙여서 나타냅니다.

예 큰소리로 웃지 마라.(← 큰소리로 웃어라.)
큰소리로 웃지 말자.(← 큰소리로 웃자.)

- '말다' 부정문은, '안' 부정문과 '못' 부정문이 사용되지 못하는 명령형과 청유형에서 사용된다.(11 고2 성취도)

참고 부정문의 중의성(重거듭할중 義뜻의 性성품성)

① 부정되는 성분이 무엇이냐에 따라 두 가지 이상의 의미로 해석될 수 있으므로 주의해야 한다.

예 나는 영수를 안 만났다.

→ 영수를 만난 사람은 내가 아니다.(다른 사람이 영수를 만났다.) ─ '나'를 부정
→ 내가 만난 사람은 영수가 아니다.(나는 다른 사람을 만났다.) ─ '영수'를 부정
→ 내가 한 것은 만나는 것이 아니다.(나는 영수를 만나지 않고 통화만 했다.) ─ '만나다'를 부정

② '다, 모두, 조금, 많이'와 같이 수량을 나타내는 부사어가 부정문에 쓰이면 의미가 모호해지므로 주의해야 한다.

예 나는 숙제를 다 하지 못했다.

→ 숙제 전체를 하지 못했다.
→ 숙제 중 일부만 하고 일부는 하지 못했다.

---

6. 중의적 표현 重거듭할중 義뜻의

하나의 단어나 문장이 여러 가지 의미로 해석될 수 있는 표현. 일상생활에서는 의미 해석에 혼란을 가져올 수 있으므로 경계해야 하지만, 문학 작품에서는 예술성을 높이는 데 기여할 수도 있습니다. 중의성을 제거하려면 의미를 한정하거나, 필요한 정보를 첨가하거나, 어순을 조정해야 합니다. 중의성이 생기는 몇 가지 경우를 살펴보면 다음과 같습니다.

① 동음이의어나 다의어 등에 의한 어휘적 중의성

한 단어가 두 가지 이상의 의미로 해석되기 때문에 나타납니다.

예) 말을 조심해라.
  → 말(言)을 조심해라.
  → 말(馬)을 조심해라.

② 수식어에 의한 중의성

수식어의 수식 범위에 따라 의미가 달라집니다.

예) 멋진 청년의 부모를 만났다.
  → 청년이 멋지다. – '멋진'이 '청년'을 수식
  → 청년의 부모가 멋지다. – '멋진'이 '부모'를 수식

③ 접속어에 의한 중의성

접속어의 의미 기능에 따라 의미가 달라집니다.

예) 나는 배트맨과 슈퍼맨을 만났다.
  → 나와 배트맨 두 사람이 슈퍼맨을 만났다.
  → 내가 배트맨과 슈퍼맨 두 사람을 각각 만났다.

④ 비유적인 의미 표현으로 인한 중의성

예) 청산리 벽계수야 수이 감을 자랑 마라. – '시냇물'인 동시에 '사람'

- 다음 중 중의적으로 해석될 수 있는 문장이 아닌 것은?(09 고1 성취도)
- 다음 중 중의적 표현이 아닌 것은?(06 고1 성취도)

09 담화

문장보다 크면서 현실적인 의사소통 단위로 '담화'가 있습니다. 담화의 개념을
이해하려면 '발화'라는 개념부터 이해해야 합니다.

발화 發 필발 話 말씀화

일정한 상황 속에서 문장 단위로 실현된 말. '말하는 이', '듣는 이', '장면'에 따라
구체적인 의미가 결정되는 현실적인 언어 행위를 가리키는 말입니다. 현실적인
장면을 고려한, 이야기 차원의 용어라는 점에서 문장과 구별됩니다.

- ㉠은 영희 어머니의 발화를 그대로 옮긴 직접 인용이고, ㉡은 영희 어머니의 발화를 풀어 쓴 간접
  인용이다.(17 9월 모평)
- ㉠은 자신의 기본 입장을 드러내는 발화이고, ㉡은 상대방의 기본 입장을 확인하는 발화이다.(14 수능)
- 물음의 형식을 통해 자신의 주장이 옳음을 강조하는 발화이다.(16 6월 모평)

담화 談 말씀담 話 말씀화

발화들이 모여서 이루어진 통일체. 현실적인 의사소통 행위를 일컫는 말입니다.
담화가 성립하려면 다음과 같은 조건을 갖추어야 합니다.

- 담화 전개 과정에서 화자는 청자 및 맥락을 고려하면서 발화나 문장을 통해 자신의 의도를 효과적
  으로 구현한다.(21 6월 모평)
- 실제 담화를 분석하여, 화자와 청자가 누구인지에 따라 동일한 인물이 다르게 표현될 수 있음을 이
  해한다.(15 6월 모평)

• 통일성 統 거느릴통 — 하나일 性 성품성

제대로 된 담화가 이루어지기 위해서는 발화들이 하나의 통일된 주제 아래 유기적
으로 모여 있어야 한다는 성질

> 예 나는 영화를 좋아해. 어제는 책을 읽었지. 국어 선생님은 정말 패션 감각이 떨어지는 것 같아.
>
> 발화들이 하나의 주제로 통일되지 않고 있습니다. 이처럼 통일성이 떨어지는 발화는 제대로 된 담화
> 를 형성할 수 없습니다.

- **응집성** 凝 엉길응 **集** 모일집 **性** 성품성

담화를 이루는 발화들이 자연스럽게 연결되어야 한다는 성질. 실제 담화에서는 지시, 접속, 반복, 대응 표현 등으로 응집성이 구현됩니다.

예 나는 국어 문법에 약해. 그래서 그에 관한 책을 꾸준히 읽고 있어.

> 앞뒤 문장을 인과를 나타내는 접속 표현(그래서)으로 연결하고, 앞 문장의 내용을 지시 표현(그=국어 문법)으로 받음으로써 응집성을 확보하고 있습니다. 제대로 된 담화가 이루어질 수 있겠죠?

1. 담화의 기능

담화는 문장의 의미를 그대로 표현하는 기능 외에, 실제 상황에 따라 여러 가지 기능을 동시에 수행할 수 있습니다. 상황 의존적이기 때문이죠.

예 지금부터 발표를 시작하겠습니다.

> 이 담화는 발표의 시작을 알리는 선언 기능, 웅성거리는 청중에게 조용히 할 것을 요구하는 명령 기능, 발표자에게 앞으로 나올 것을 요구하는 요청 기능을 동시에 수행하고 있습니다.

이처럼 발화는 상황에 따라 선언, 명령, 요청, 질문, 제안, 약속, 경고, 축하, 위로, 협박, 비난 등의 다양한 기능을 수행하게 됩니다. 발화의 의미가 고정되지 않고 상황에 따라 변할 수도 있고, 다양하게 해석될 수도 있다는 뜻이죠. 발화가 이러한 기능을 표현하는 방법은 다음과 같습니다.

직접적인 발화 **直** 곧을직 **接** 이을접

문장 유형과 발화 의도가 일치하는 발화. 명령형 문장으로 명령의 의도를 전달한다거나, 청유형 문장으로 요청이나 제안의 의도를 전달하는 경우죠. 발화 의도를 그대로 표현하는 발화 형식으로, 상황보다는 의도가 우선적으로 고려됩니다.

예 문을 닫아라.

> 명령형 어미를 사용해서 명령의 의도를 직접적으로 표현하고 있습니다.

- 화자는 자신의 의도를 직접적으로 표현하기도 하고, 간접적으로 표현하기도 한다.(14 수능예비)

간접적인 발화 間 사이간 接 이을접

문장 유형과 발화 의도가 일치하지 않는 발화. 명령의 의도를 의문형 문장으로 표현해서 그 뜻을 부드럽게 전달하는 것 등을 의미합니다. 의도를 상황에 맞추어 간접적으로 표현하는 것이죠. 에둘러 말함으로써 듣는 이가 말하는 이의 의도를 알아차리도록 하는 방법입니다. 흔히 부드럽고 공손한 표현을 하고자 할 때 많이 사용됩니다.

> 예 **문 좀 닫아 줄래?**
>
> 의문형 어미를 사용하고 있지만 질문하고 있는 것은 아닙니다. 말하는 이의 의도는 문을 닫으라는 명령이죠. 명령의 의도를 의문형 문장으로 표현한 간접적인 발화입니다. 어떤가요? 문을 닫으라고 직접 명령하는 것보다 훨씬 부드럽지 않나요?

- 대답을 요구하지 않는 의문문은 구체적인 담화 상황에 따라 화자의 의도를 나타내는데, 서술을 나타내는 경우, 감탄을 나타내는 경우, 명령을 나타내는 경우 등이 있다.(14 9월 모평)

2. 담화의 유형

정보 제공 담화

정보를 제공하고자 하는 의도로 생산된 담화. 강의, 뉴스, 보고서 등이 여기에 속합니다.

호소 담화 呼 부를호 訴 호소할소

상대를 설득하고자 하는 의도로 생산된 담화. 광고, 설교, 연설, 논설문 등이 여기에 속합니다.

약속 담화 約 맺을약 束 묶을속

발화에 담긴 내용을 수행하겠다고 다짐하는 담화. 맹세, 선서, 계약서 등이 여기에 속합니다.

사교 담화 社 모일사 交 사귈교

인간관계 형성을 위한 사회적 상호 작용을 의도하는 담화. 잡담, 인사말, 문안 편지 등이 여기에 속합니다.

선언 담화 宣 베풀선 言 말씀언

자신의 의견이나 주장을 외부에 정식으로 표명하여 새로운 상황을 불러일으키는 담화. 개회 선언, 선전 포고, 임명장 등이 여기에 속합니다.

3. 발화의 의미

발화의 의미는 말하는 이, 듣는 이, 장면 등 담화를 구성하는 다양한 요소들을 고려해야만 제대로 이해할 수 있습니다. 특히 지시 표현, 높임 표현, 생략 표현 등이 나타내는 의미와 말하는 이의 심리적인 태도는 담화의 맥락이나 상황에 밀접히 연관됩니다.

지시 표현 指 가리킬지 示 보일시

이야기 장면을 전제로 하여 무언가를 가리키는 표현. 말하는 이와 듣는 이가 대화를 나누는 시간적·공간적 장면이 없으면 지시 표현이 사용된 발화의 의미를 정확히 이해하기 어렵습니다. 주로 지시 대명사(이것, 그것, 저것), 지시 관형사(이, 그, 저), 지시 부사(이리, 그리, 저리), 지시 형용사(이렇다, 그렇다, 저렇다) 등에 의해 실현되는데, 각 표현은 일반적으로 다음과 같은 상황에 사용됩니다.

이	말하는 이에게 좀 더 가까운 것
그	말하는 이에게서는 멀지만 듣는 이에게는 가까운 것
저	말하는 이와 듣는 이 모두에게서 먼 것

- 지시 표현은 담화 장면을 구성하는 화자, 청자, 사물, 시간, 장소 등의 요소를 직접 가리키는 표현이다. (21 6월 모평)
- ©은 말하는 이에게는 멀고, 듣는 이에게는 가까운 곳을 가리키는 표현이군.(17 고2 성취도)

높임 표현

말하는 이, 듣는 이는 물론 문장에 표현된 주체나 객체의 상하(上下) 관계, 친소(親친할친 疎멀소 : 친함과 친하지 아니함) 관계 등에 따라 높임 표현이 달라집니다. 윗사람이라도 매우 친한 사이일 경우에는 높임 표현을 쓰지 않기도 하죠. 또한 높임 표현은 구체적인 맥락에 따라 달라질 수도 있습니다. 사적으로는 높임 표현을 사용하지 않는 관계일지라도 공식적인 자리에서는 높임 표현을 사용해야 하죠. 높임 표현과 관련된 내용은 앞 단원(p.314 참고)에서 이미 자세히 다루었으므로 더 공부하고 싶은 사람은 앞 단원을 참고하시기 바랍니다.

생략 표현   省 덜생 略 간략할략

문장의 표면 구조에서 일정한 성분이 누락되는 것. 생략 표현이 가능한 것은 전달하고자 하는 정보가 장면이나 맥락의 도움을 받아 충분히 복원될 수 있을 것이라고 말하는 이가 판단했기 때문입니다.

> 예 민수 : 철수야, 점심에 뭐 먹었니?
> 철수 : 짜장면.
>
> > 철수가 민수의 질문에 성실히(?) 답한다면 "나는 점심에 짜장면을 먹었어."라고 해야 합니다. 하지만 '나(철수)'나 '점심', '먹었다' 등의 정보는 대화의 맥락에서 충분히 알 수 있는 것들입니다. 따라서 철수는 이것들을 생략하고 바로 '짜장면'이라고 대답한 것입니다. '짜장면'만이 새로운 정보이고, 이 정보만으로도 의사소통이 가능하기 때문이죠.

심리적 태도

말하는 이가 가지고 있는 심리적 태도는 발화 표현에 반영되어 전달되는데, 주로 용언의 어미가 그 역할을 수행합니다. 말하는 이에게 발생하는 상황은 동일하더라도 그에 대한 심리적 태도는 '단정, 확신, 감탄, 사실의 전달, 사실의 추정' 등 다양할 수 있는데, 이러한 태도가 용언의 어미를 통해 표현되는 것이죠. 따라서 용언의 어미를 보면 화자의 태도를 짐작할 수 있습니다.

> 예 철수가 지각을 했어. → 사실의 전달
> 철수가 지각을 했지. → 확신
> 철수가 지각을 했네. → 직접 관찰을 통해 처음으로 알게 된 사실의 표현
> 철수가 지각을 한 모양이야. → 불확실한 추측

10 | 국어사

1. 고대 국어 古 옛고 代 시대대

삼국 시대부터 통일 신라 시대까지의 국어를 일컫는 말입니다. 이 시기 국어의 모습은 사실 정확히 알 수는 없습니다. 자료가 너무 적기 때문이죠. 하지만 대략 다음과 같은 특징을 지녔다고 이야기됩니다.

① 우리말을 표기할 문자 체계가 없어서 한자를 이용하여 고유 명사나 지명 등을 국어식으로 표기하였습니다.

② 한자의 음과 뜻을 빌려 우리말을 기록하는 표기 체계인 향찰(鄕札)을 사용하였습니다.

③ 고유어와 한자어가 경쟁하였습니다.

④ 고구려, 백제, 신라 삼국의 언어는 방언적 차이만 있을 뿐 의사소통에 큰 불편은 없었을 것으로 추정됩니다.

⑤ 한자는 주로 지배 계층이 사용하였고, 일반 백성들은 한자를 몰라 문자를 통한 의사소통에 어려움을 겪었을 것으로 추정됩니다.

- 〈자료〉의 ㉠~㉤ 중 한자의 뜻을 빌려 표기한 것끼리 묶은 것은?(08 고1 성취도)

2. 중세 국어 中 가운데중 世 세상세

고려 건국 이후부터 임진왜란 이전(16세기 말)까지의 국어를 일컫는 말입니다. 신라어가 근간이 되고 고구려어의 영향을 받은 개성어가 중앙어로 등장하면서 성립되었으며 오늘날까지 계승되고 있습니다. 14세기를 경계로 전기 중세 국어와 후기 중세 국어로 나누기도 합니다. 훈민정음이 창제되어 한글로 표기된 문헌 자료가 많이 나온 시기가 후기에 해당하고, 그 이전 시기가 전기에 해당합니다. 중세 국어의 특징은 다음과 같습니다.

① 된소리가 등장하기 시작하였습니다.

② 모음 조화 현상이 잘 지켜졌지만, 후기에는 부분적으로 지켜지지 않았습니다.

③ 성조(聲調)가 있었고, 그것을 방점(傍點)으로 표시하였습니다.

④ 고유어와 한자어의 경쟁이 계속되었고, 앞 시기에 비해서 한자어의 쓰임이 증가하였습니다.

⑤ 이웃 나라와 접촉하는 과정에서 몽골어, 여진어 등의 외래어가 들어오기도 하였습니다.

⑥ 이어 적기로 표기하다 점차 끊어 적기와 이어 적기가 혼용되었습니다.

이어 적기 = 연철   連 잇닿을연 綴 엮을철

한 음절의 종성을 다음 자의 초성으로 내려서 표기하는 방식. 음을 중시하는 표기 방식입니다.

> **예** 말씀+이 → 말쓰미

- 중세 국어 시기에는 앞 음절의 받침을 모음으로 시작하는 뒤 음절의 첫소리로 이어서 적는 '이어 적기'가 일반적이었다. (17 고2 성취도)
- ⓜ을 보니, '·뿌·메'에는 연철 표기가 적용되었군. (14 수능)

끊어 적기 = 분철   分 나눌분 綴 엮을철

여러 형태소가 연결될 때 그 각각을 음절이나 성분 단위로 밝혀 표기하는 방식. 뜻을 중시하는 표기 방식입니다.

> **예** 말씀+이 → 말씀이

- '기픈'을 오늘날 '깊은'으로 적는 것을 보니, 표기법이 이어 적기에서 끊어 적기로 바뀌었군. (12 고2 성취도)

거듭 적기 = 중철   重 거듭할중 綴 엮을철

이어 적기와 끊어 적기가 함께 나타나는 것으로, 이어 적기에서 끊어 적기로 이행하는 과도기적 표기 형태입니다.

> **예** 말씀+이 → 말씀미

- (가)에서는 이어 적기만 적용되었으나, (나)에서는 끊어 적기와 거듭 적기도 적용되었음을 알 수 있다. (11 고2 성취도)

성조 聲 소리성 調 고를조

음절 안에서 나타나는 소리의 높낮이. 방점(傍點)을 활용하여 표시하였습니다.

구분	특징
평(平평평할평)성	낮은 소리. 방점 없음
상(上위상)성	낮다가 높아지는 소리. 방점 둘
거(去갈거)성	높은 소리. 방점 하나
입(入들입)성	소리의 높낮이와는 별도로, 종성이 'ㄱ, ㄷ, ㅂ'으로 끝나는 음절. 방점의 개수에 관계 없음

- ⓔ을 보니, '히·여'의 첫 음절과 둘째 음절은 성조가 달랐군.(14 수능)
- 성조 있었음 예) 나랏·말ᄊᆞ·미(10 고2 성취도)

- **방점** 傍 곁방 點 점점

  성조를 표시하기 위하여 음절의 왼쪽에 찍는 점. '가점(加더할가 點점점)', '좌가점(左왼쪽좌 加 點)', 또는 '사성점(四넉사 聲소리성 點)'이라고도 합니다.

  - 평성, 거성, 상성의 성조를 방점으로 구분하였다.(14 수능)
  - '·이·롤'과 '·새·로'에는 동일한 강약을 표시하는 방점이 쓰였군.(21 9월 모평)

3. 훈민정음 訓 가르칠훈 民 백성민 正 바를정 音 소리음

백성을 가르치는 바른 소리. 1443년에 세종이 창제한 우리나라 글자를 이르는 말입니다. 그전까지 우리말 표기에 활용되던 한자는 우리말과는 구조가 다른 중국어를 표기하기 위한 문자 체계였기 때문에 많은 백성들이 쉽게 배워 사용할 수 없었습니다. 세종은 우리말의 표기에 적합한 문자 체계를 완성하고 '훈민정음'이라고 명명하였습니다. 세종 28년(1446)에 정인지 등이 세종의 명을 받아 훈민정음에 대해 설명한 한문 해설서를 발간하였는데 이 책의 이름 역시 '훈민정음'입니다. 이 책에는 훈민정음을 창제한 목적과 새 문자 28자에 대한 설명, 음절을 표기하는 방법 등이 자세히 설명되어 있습니다. 그 내용을 간략히 살펴보면 다음과 같습니다.

제자 원리 製 지을제 字 글자자

글자를 만든 원리. 훈민정음의 문자들을 어떻게 만들었는지를 설명한 것이지요.

● 초성 初 처음초 聲 소리성

자음을 의미합니다. 자음은 먼저 혀나 입술 같은 발음 기관의 모양을 본떠서(상형) 기본자를 만든 다음, 여기에 획을 더해서(가획) 같은 계열의 다른 글자를 더만들었습니다. 이체자(異 다를이 體 몸체 字 글자자)는 조금 다른 모양의 글자라고 보면 됩니다.

구분	기본자	상형	기획자	이체자
아음(牙 어금니아 音 소리음)	ㄱ	혀뿌리가 목구멍을 막는 모양	ㅋ	ㆁ
설음(舌 혀설 音)	ㄴ	혀끝이 윗잇몸에 닿는 모양	ㄷ, ㅌ	ㄹ
순음(脣 입술순 音)	ㅁ	입의 모양	ㅂ, ㅍ	
치음(齒 이치 音)	ㅅ	이의 모양	ㅈ, ㅊ	ㅿ
후음(喉 목구멍후 音)	ㅇ	목구멍의 모양	ㆆ, ㅎ	

- 초성자와 중성자의 기본자는 상형의 원리로 만들었다.(15 수능)
- 기본자에 가획하여 새로운 초성자를 만들었다.(15 수능)

● 중성 中 가운데중

모음을 의미합니다. 기본자는 초성과 마찬가지로 상형하여 만들었습니다. 무엇을 본떴을까요? 바로 하늘, 땅, 사람입니다. 이런 기본자를 제외한 나머지 글자는 기본자를 한 번(초출자) 또는 두 번(재출자) 결합하여 만들었습니다.

기본자	상형	초출자	재출자
ㆍ	하늘의 둥근 모양		
ㅡ	땅의 평평한 모양	ㅏ, ㅗ, ㅓ, ㅜ	ㅑ, ㅛ, ㅕ, ㅠ
ㅣ	사람의 서 있는 모양		

- 기본자 외의 8개 중성자는 기본자를 합하여 만들었다.(15 수능)
- 훈민정음에서 모음의 기본 글자는 'ㆍ, ㅡ, ㅣ' 세 가지이다. 이 세 모음자는 하늘[天]과 땅[地]과 사람[人]의 모양을 본떠 만든 것이다. 기본 글자를 제외한 나머지 글자에는 'ㅡ'나 'ㅣ'에 'ㆍ'가 하나만

결합된 초출자와 각각의 초출자에 ' · '가 하나씩 더 붙어 만들어진 재출자가 있다.(15 고2 성취도)

종성 終 마칠종

음절의 끝에 오는 자음입니다. 별도로 만들지 않고 초성의 자음을 다시 사용한다고 설명하고 있습니다[종성부용초성(終聲復用初聲)].

- 초성과 종성에는 자음자를 쓰고, 중성에는 모음자를 쓰도록 만들었다.(16 고2 성취도)

문자 운용법 運 옮길운 用 쓸용

문자를 사용하는 방법. 새로 만든 글자이니만큼 이러이러하게 사용하라고 설명해 놓은 것입니다.

이어 쓰기 = 연서(連 잇닿을연 書 글서)

순경음(脣 입술순 輕 가벼울경 音 소리음)을 표기하기 위한 규정으로, 순음(ㅂ, ㅍ, ㅃ, ㅁ) 아래에 'ㅇ'을 이어서 쓰게 했습니다. 따라서 이론상으로 보면 'ㅸ, ㆄ, ㅹ, ㅱ' 등이 모두 가능하지만, 실제 발음을 가지고 우리말 표기에 쓰인 것은 'ㅸ'뿐입니다. 나머지는 동국정운식 한자음 표기에만 사용되었습니다.

> **참고** 동국정운식 한자음
>
> 국어의 한자음을 중국의 원음에 가깝도록 표기한 한자음. 세종 때 '동국정운'에서 훈민정음으로 표기하여 규정해 놓은 것입니다. 당시 조정에서는 이것을 사회적으로 장려하고 규범화하려고 했지만, 우리나라 한자음을 충분히 고려하지 않았기 때문에 널리 쓰이지 못했습니다.

나란히 쓰기 = 병서(竝 나란히병 書 글서)

초성이나 종성을 합하여 쓸 때, 세로로 쓰지 않고 옆으로 나란히 붙여 쓰는 규정입니다.

각자(各 각각각 自 스스로자) 병서	서로 같은 자음을 나란히 쓰는 방식	ㄲ, ㄸ, ㅃ, ㅆ, ㅉ 등
합용(合 합할합 用 쓸용) 병서	서로 다른 자음을 나란히 쓰는 방식	ㅂ계(ㅳ, ㅄ, ㅶ, ㅲ 등), ㅅ계(ㅺ, ㅼ, ㅽ, ㅾ 등), ㅄ계(ㅴ, ㅵ)

- 초성자를 나란히 써서 또 다른 초성자로 사용하였다.(15 수능)

- **붙여 쓰기 = 부서**(附 붙을부 書 글서)

중성인 모음을 초성의 아래나 오른쪽에 붙여 쓰는 규정. '、, ㅡ, ㅗ, ㅜ, ㅛ, ㅠ'와 같이 납작하게 생긴 중성은 초성 아래에 붙여 쓰고, 'ㅣ, ㅏ, ㅓ, ㅑ, ㅕ'와 같이 세로로 된 중성은 초성의 오른쪽에 붙여 씁니다.

- **음절 이루기[성음법**(聲音法)**]**

모든 글자는 초성 · 중성 · 종성을 갖추어야 음절을 이룰 수 있다는 규정입니다.

   - 자음자와 모음자를 음절 단위로 모아쓰도록 만들었다.(16 고2 성취도)

- **점 찍기[가점**(加點), **방점**(傍點)**]**

4. 근대 국어 近 가까울근 代 시대대

임진왜란 직후부터 갑오개혁 이전(19세기 말)까지의 국어를 일컫는 말입니다. 이 시기의 국어는 다음과 같은 특징을 보여 줍니다.

① 모음 조화가 문란해졌습니다.

② 방점이 완전히 소실(消사라질소 失잃을실 : 사라져 없어짐)되었습니다. 이후 상성(上聲)은 대체로 긴소리로 변화하였습니다.

③ 'ㆁ, ㆆ, ㅿ'이 사라지는 등 문자 체계에 변화가 생겼습니다.

ㅿ	반치음. 영어의 [z]에 해당하는 소리로, 'ㅿ>ㅇ'의 과정을 거쳐 15세기~16세기 전반에 걸쳐 사라졌다.
ㆁ	옛이응. [ŋ] 소리로, 16세기 중엽에 'ㅇ'으로 바뀌었다.
ㆆ	여린히읗. 된소리 부호로 사용되다가 15세기 중엽에 소멸되었다.

④ '、'가 완전히 소실되었습니다. 이미 후기 중세 국어 시기에 두 번째 음절에서부터 소실되기 시작한 '、'는 이 시기에 들어 첫 번째 음절에서도 소실되었습니다. 그러나 표기법상에는 계속 남아 있다가 한글 맞춤법 통일안(1933년)에 의해 폐지되었습니다.

	아래아. 'ㅏ'와 'ㅗ'의 중간음으로, 'ㅏ'나 'ㅡ' 등으로 바뀌어 가다 완전히 소멸되었다.

⑤ 한글 사용의 범위가 확대되었습니다.

⑥ 개화기에는 문장의 구성 방식이 현대의 그것과 비슷해졌습니다.

⑦ 끊어 적기가 확대되고, 거듭 적기가 사용되었습니다.

⑧ 서양 문물의 도입으로 외래어가 지속적으로 유입되었습니다.

⑨ 주격 조사 '가'가 받침이 없는 말에 사용되었습니다.

현재 우리의 국어 생활에서는 외래어나
통신어, 은어가 과다하게 사용되어
세종대왕이 훈민정음을 만든 뜻을
흐리고 있네요.

| 수 능 국 어 어 휘 력 사 전 |

IV

매체

의사소통은 얼굴과 얼굴을 마주 대한 상황에서만, 또 일대일의 관계에서만 이루어지는 것은 아닙니다. 물론 단순히 말이나 글로만 이루어지는 것도 아니죠. 간단한 그림말(이모티콘) 하나, 배경음악 하나만으로도 나의 생각과 감정을 전달할 수 있고, 상대방의 기분이나 생각을 알아챌 수도 있습니다. 정보통신 기술의 발달로 이러한 소통 방식은 더 다양하고 복합적으로 변하고 있습니다. 그러니 국어 과목이 단순히 말이나 글에만 매달려 있을 수는 없었겠죠? 안 그래도 국어 과목이 지루하고 고루하다고 생각하는(ㅠㅠ) 친구들이 많은 판국에, 이러한 시대적 흐름마저 놓친다면 정말 안타까운 일이겠죠. 수능 국어에서 매체와 관련된 내용을 별도로 다루는 한편, 작문이나 화법 상황에서도 다양한 매체 자료를 활용하고 있는 것은 바로 이러한 시대적 · 사회적 배경 때문입니다.

매체 媒 중매매 體 몸체

어떤 것을 한쪽에서 다른 쪽으로 전달하는 물체나 수단. 언어생활과 관련지어 이야기할 때는 사람들의 생각이나 정서, 정보나 지식 등을 다른 사람들에게 전파하여 공유할 수 있도록 하는 수단을 가리키는 말입니다. 말이나 글, 그림, 사진, 영화, 인터넷 등이 모두 매체가 될 수 있죠. 매체를 분류하는 방법은 기준을 무엇으로 잡느냐에 따라 다양합니다. 정보의 형식에 따라 나누면, 시각 매체, 청각 매체, 시청각 매체 등으로 나눌 수 있고, 전달 범위를 기준으로 나누면 개인 간 매체와 대중 매체로 나눌 수 있습니다. 소통 양상을 기준으로 하면 일방향 매체와 양방향(쌍방향) 매체로 나눌 수도 있습니다. 또 같은 매체라도 뉴미디어, 정보통신 매체, 디지털 매체와 같이 서로 다른 이름으로 부를 수도 있습니다. 그러므로 (하나로 정리할 수 없는) 매체의 유형을 굳이 별도로 공부하는 것은 큰 의미가 없습니다. 오히려 특정 매체가 언급되었을 때 그것이 어떤 기준에 따라 분류된, 어떤 특성을 지닌 매체인지를 파악하는 것이 더 중요합니다.

- 즉각적인 의사소통이 가능한 매체의 특성으로 인해 적극적으로 글의 의미를 파악하는 것이 가능하겠군.(15 고2 성취도)

최초의 매체는 당연히 말, 곧 음성 언어였습니다. 그리고 그 다음으로 오랫동안 강력한 매체의 지위를 누려온 것이 바로 글, 곧 문자 언어입니다. 하지만 시간이 흐르면서 매체도 발달하게 되었죠. 책이나 신문 같은 인쇄 매체가 등장하고, 라디오 같은 음성 매체, 텔레비전이나 영화 같은 영상 매체가 각광을 받다가 요즘에는 인터넷이나 인터넷을 기반으로 하는 디지털 형식의 매체가 대세입니다. 수능 국어에서 '매체'에 대해 이야기할 때는 보통 인쇄 매체와 디지털 매체, 그 중에서도 주로 디지털 매체에 대해 이야기하는 것이라고 보면 됩니다.

인쇄 매체   印 도장인   刷 인쇄할쇄

종이에 생각이나 정보를 인쇄하여 소통하는 매체. 문자 언어를 중심으로 하며 사진이나 그림 같은 시각 자료를 함께 활용합니다. 책과 신문이 대표적이죠. 정보를 다수의 사람들에게 동시에 전달하는, 다시 말하면 정보의 대량 생산과 유통을 가능하게 한 매체라는 점에서 의미가 있습니다. 하지만 정보의 생산이 특정한 지식을 갖춘 소수의 사람들에게만 국한되고 자본력을 필요로 한다는 점(책을 만들고 신문을 찍으려면 적잖은 자본이 필요합니다.)에서 폐쇄적인 매체로 볼 수 있죠. 소통 방식 역시 '생산자 → 수용자'와 같이 일방적입니다.

- (가)는 인쇄 매체의 기사이고, (나)는 (가)를 바탕으로 학생이 만든 카드 뉴스이다.(22 9월 모평)

음성 매체   音 소리음   聲 소리성

소리나 음성을 전달하는 매체. 라디오가 대표적입니다. 문자 해독 능력과 상관없이 지식과 정보를 수용할 수 있고 정보 전달 속도도 빠르다는 장점이 있지만, 시각적인 정보는 처리할 수 없습니다.

영상 매체   映 비출영   像 모양상

소리, 음성과 문자, 이미지, 영상을 함께 전송하는 매체. 텔레비전이나 영화가 대표적입니다. 정보를 현장감 있게 전달할 수 있지만 소통 방식은 일방적이라는 특징이 있습니다.

- 다음은 '지문 등 사전등록제'에 대한 신문 기사를 다루는 텔레비전 방송 프로그램의 일부이다.(22 수능)

뉴미디어 (new media)

인터넷 및 인터넷을 기반으로 하는 디지털 형식의 매체를 이르는 말. 문자, 음성, 소리, 이미지, 영상 등을 통합적으로 사용합니다. 인터넷 뉴스, 블로그, 누리 소통망(SNS) 등이 대표적이죠. 시간과 장소에 구애받지 않는다는 점, 정보의 생산 및 유통이 빠르고 범위가 넓다는 점, 소통 방식이 다양하다는 점(면대면 소통, 쌍방향 소통도 가능), 생산자와 수용자의 경계가 뚜렷하지 않고 개방적이라는 점 등이 특징입니다. 하지만 이전의 매체들과는 달리 누구나 쉽게 생산자가 될 수 있기 때문에 검증되지 않은 정보가 많습니다. 따라서 정보의 타당성과 정확성, 신뢰성을 꼼꼼히 따져 가며 정보를 수용해야 합니다.

- @에서, 글을 쓸 수도 있고 다른 사람의 글을 읽을 수도 있는 것으로 보아 매체 자료의 생산과 수용이 쌍방향적으로 이루어질 수 있음을 알 수 있다.(22 수능)

매체 언어

매체에서 사용되는 언어. '언어'라는 표현이 있기는 하지만 단순히 말이나 글만을 의미하는 것은 아닙니다. 매체에서 사용하는 소통 수단, 즉 소리, 음성, 그림, 문자, 영상 등 여러 양식을 아울러 이르는 말입니다. 하지만 보통 '매체 언어'라고 할 때는 기계나 전기, 전파 등의 기술적 · 공학적 수단을 이용하여 다른 사람에게 메시지를 전달하는 언어를 가리킵니다.

- 동영상을 활용하여 고산 지대의 생태 환경을 실감 나게 전달하고 있다.(19 9월 모평)

복합 양식성 複 겹칠복 合 합할합 樣 모양양 式 법식식 性 성품성

두 가지 이상이 합쳐져 모양이나 형식을 이루는 성질. 음성, 문자, 소리, 이미지, 동영상 등 여러 양식이 복합적으로 결합되어 있는 매체 언어의 특성을 이르는 말입니다. 문자 언어로만 표현된 자료는 문자에 담긴 의미만 이해하면 되지만, 여러 가지 매체 언어로 표현된 자료는 문자, 이미지, 사진, 소리 등이 결합하면서 만들어 낸 의미를 종합하여 읽고 판단해야 합니다. 최근에 등장한 매체일수록 이런 성격이 더욱 강합니다.

- 정보가 복합 양식적으로 전달될 수 있도록 (가)에서 제시한 재생 종이의 정의를 시각 자료와 문자 언어를 결합한 화면으로 표현하면서 내레이션으로 보완해야지.(22 수능)
- 기사가 문자, 사진 등 복합 양식으로 구성되어 있으니, 시각과 청각을 결합하여 기사 내용을 이해할 수 있겠군.(22 6월 모평)

02 여러 가지 매체 자료

엄밀히 말하면 아침마다 듣는 엄마의 잔소리(?), 점심시간 후 몽롱해지는 의식 속에서 아련히(!) 바라보는 교과서 속 글들... 모두 매체 자료입니다. 하지만 이런 전통적 매체 자료들은 이미 다른 국어 과목들에서 충실히 다루고 있습니다. 보통 '매체 자료'라고 말할 때는 정보통신 기술을 바탕으로 비교적 최근에 등장한 매체 자료들을 일컫는 것으로 볼 수 있습니다.

매체 자료 資 재물자 料 헤아릴료

매체 언어로 만들어진 자료. 매체를 통해 전달되는 정보의 구체적 형태, 즉 신문 기사나 텔레비전 프로그램, 영화, 유시시(UCC), 누리 소통망(SNS), 웹툰, 블로그, 인터넷 방송 등을 가리키는 말입니다. 우리는 일상적으로 이런 매체 자료들을 수용하는 한편 생산도 하고 있습니다. 따라서 매체 자료를 수용 및 생산하는 방식이나 태도 등을 이해하는 것은 매우 중요합니다.

- (가)는 웹툰 동아리 학생이 제작진 채팅방에서 나눈 대화이고, (나)는 (가)의 회의를 바탕으로 제작한 웹툰이 실린 누리집의 일부이다.(22 9월 모평)
- (가)는 학생의 개인 블로그이고, (나)는 발표를 위해 (가)를 참고하여 만든 스토리보드의 일부이다.(22 수능)

수용 受 받을수 容 담을용

매체 자료를 받아들이는 것. 신문 기사를 읽는 행위, 텔레비전 뉴스를 보는 행위, 인터넷 방송을 보는 행위 등이 모두 수용에 해당합니다. 최근에는 매체나 매체 자료의 수효가 워낙 많고, 자료가 구성되는 방식도 복합적이기 때문에, 주체적으로 매체를 수용하는 태도가 무엇보다 중요해졌습니다. 또한 같은 매체 자료라도 그것을 어떤 관점에서 바라보느냐에 따라 다양하게 해석될 수 있으므로, 매체의 다양한 관점과 가치를 고려하면서 이를 비판적으로 수용하는 자세도 필요합니다. 아울러 해당 매체 자료가 어떤 매체 언어를 어떻게 사용하고 있는지 그 전략이나 효과를 파악하며 읽는 태도 역시 필요합니다.

- 다음은 위 방송 프로그램 '시청자 게시판'의 내용이다. 시청자의 수용 태도에 대한 설명으로 가장 적절한 것은?(22 수능)

• 수용자 者 사람자

매체 자료를 받아들이는 사람. 책으로 말하면 독자, 텔레비전으로 말하면 시청자가 여기에 해당합니다. 책과 같은 전통적 매체에서는 수용자가 생산자로부터 일방적으로 정보나 지식을 전달받는 사람이었다면, 요즘의 정보통신 매체에서는 수용자가 언제든지 생산자로 변할 수도 있습니다. 인터넷 뉴스를 보던 사람(수용자)이 해당 뉴스 아래에 댓글을 남겼다면 그 사람은 댓글이라는 매체 자료의 생산자가 된 것입니다.

> • ⓔ에서, 서로 다른 앱을 연결하여 사용할 수 있는 것으로 보아 매체 자료의 수용자가 생산자도 될 수 있음을 알 수 있다.(22 수능)

• 생산 生 날생 産 낳을산

매체 자료를 만들어 내는 것. 신문 기사를 쓰는 행위, 텔레비전 프로그램을 만드는 행위, 인터넷 방송을 제작하는 행위 등이 모두 생산에 해당합니다. 그런데 매체 자료를 생산하는 근본적인 동기는 무엇일까요? 바로 '소통'입니다. 그러므로 매체 자료를 생산할 때는 효과적으로 소통할 수 있는 방식을 찾는 것이 무엇보다 중요합니다. 매체 자료를 생산할 때는 소통의 목적(정보 전달이냐, 설득이냐, 심미적 정서 표현이냐, 사회적 상호작용이냐), 수용자(나이, 성별, 관심사, 배경지식, 집단의 크기나 특성), 매체의 언어적 특성과 파급력 등을 충분히 고려해야 합니다. 그런 다음 적절한 매체 언어를 선택하여 조합해야 합니다.

• 생산자 者 사람자

매체 자료를 만들어 내는 사람. 신문 기사를 쓰는 기자, 텔레비전 프로그램을 만드는 프로듀서 등이 여기에 해당합니다. 친구에게 문자 메시지를 쓰거나 자신의 일상을 찍은 영상이나 사진을 인터넷에 올렸다면, 이 사람 역시 생산자에 해당하겠죠?

매체 자료는 소통의 목적이 무엇이냐에 따라 다음과 같이 나눌 수 있습니다.

친교적 매체 자료 親 친할친 交 사귈교

관계를 새롭게 형성하거나 기존의 관계를 친밀한 방향으로 변화시키기 위한 목적으로 생산되는 자료. 문자 메시지, 영상 편지, 인터넷 카페의 글, 누리 소통망 (SNS)의 자료 등이 대표적입니다. 사회적 상호작용이 목적인만큼 자료의 생산 과정에서 상대방에 대한 고려가 매우 중요한 위치를 차지하며 쌍방향적인 성격도 강합니다. 따라서 이런 성격을 충분히 고려하여 자료를 생산하고 수용해야 합니다.

정보 전달 매체 자료 傳 전할전 達 통할달

정보 전달을 목적으로 생산되는 자료. 신문 기사, 방송 뉴스, 인터넷 블로그의 글 등이 대표적입니다. 정보 전달이 목적인만큼 생산자는 정보를 전달할 대상과 목적을 고려하여 신뢰성, 공정성 있게 자료를 생산해야 합니다. 또 수용자는 정보가 전달되는 맥락과 매체의 특성을 고려하여 주체적으로 자료를 수용해야 합니다. 예를 들어 신문 기사는 보도의 정확성과 공정성을 파악하며 읽어야 하고, 인터넷 자료는 유용한 정보를 취사선택할 수 있어야 합니다. 그런데 정보를 전달하기 위한 목적이라 하더라도 정보의 선택이나 배열, 표현 등에는 생산자의 의도가 담기게 마련입니다. 따라서 이런 자료를 수용할 때는 정보 자체의 내용뿐 아니라 정보를 배치하는 방식, 시각 자료의 이미지 활용 방식 등 정보가 제시되는 양상도 함께 살펴봐야 합니다.

- 시청자 3과 5는 ○○ 신문 기사의 내용과 관련하여, 지문 등 사전등록제의 효과에 대한 정보가 사실인지 점검하였다.(22 수능)
- (나)는 의견이 대립하고 있는 상황을 다루고 있으므로 편파적으로 서술되지 않았는지 확인해야 한다.(22 9월 모평)
- 스마트폰 화면의 구현 방식을 그림으로 제시하여 독자의 이해를 돕고 있군.(19 고2 성취도)

설득 매체 자료 說 말씀설 得 얻을득

수용자를 설득하여 생각이나 태도, 행동을 변화시키는 것을 목적으로 생산되는 자료. 홍보 포스터, 광고, 신문 사설 등이 대표적입니다. 설득이 목적인만큼 그 효과를 높일 수 있는 설득 전략을 활용하여 생산됩니다. 그러므로 수용자는 그러한 설득 전략을 파악하고 정보를 주체적으로 수용할 필요가 있습니다. 매체의 특성과 파급력을 파악하고 내용의 타당성을 판단하며 비판적으로 수용해야 합니다.

• 다음은 위 연설자가 자신의 연설을 홍보하기 위해 작성한 포스터이다.(21 6월 모평)

심미적 매체 자료 審 살필심 美 아름다울미

수용자에게 공감과 감동을 주는 것을 목적으로 생산되는 자료. 애니메이션이나 영화, 대중가요 등이 여기에 해당합니다. 공감과 감동이 목적인만큼 이런 정서를 불러일으킬 수 있는 다양한 표현 양식이 활용됩니다. 따라서 이런 표현 양식을 이해하고 다양한 관점에서 감상하며 수용해야 합니다.

V

작문

작문의 원리

모든 '쓰기(작문)'는 '읽기'를 염두에 두고 이루어집니다. 읽을 사람이 있기 때문에 글을 쓰게 된다는 뜻이죠. 가장 사(私:사사로울사)적인 글이라는 일기조차도 자기 자신이라는 독자를 고려하여 쓰이지 않던가요? 어쨌든 읽히기 위해 쓰이는 것이 글의 운명인 이상, 글을 쓰는 사람은 읽을 사람, 즉 독자에게 자신의 생각을 효과적으로 전달하기 위해 노력하지 않을 수 없습니다.

그런데 글은 말과는 달리 몸짓이나 표정과 같은 보조적인 의사소통 수단을 가지고 있지 않습니다. 또 말처럼 순간적으로 사라져 주지도 않죠.(말실수를 했는데 그 말이 순간적으로 사라져 주어서 시치미를 뗄 수 있었던 '감사한(!)' 경험, 누구나 한 번쯤은 가지고 있지 않던가요?) 글은 사라지지 않고 계속 남아 있기 때문에 책임이 더 무겁습니다. 게다가 글을 읽는 사람은 오로지 글만으로 내용을 파악하게 되므로 잘못 쓰인 글은 내용 파악을 불가능하게 할 수도 있고 심지어는 오해를 낳을 수도 있습니다. 따라서 글은 말보다 훨씬 신중하게 '계획'되고 '표현'되고 '검토'되어야 합니다.

제대로 된 글은 일반적으로 다음의 다섯 단계를 거쳐 쓰입니다.

계획하기 → 내용 생성하기 → 내용 조직하기 → 내용 표현하기 → 고쳐쓰기

1. 계획하기

글쓰기(작문)의 최초 단계로, 글을 쓰는 목적, 예상 독자, 주제 등을 설정하게 됩니다. 글의 종류가 매우 다양한 만큼 글쓰기 계획도 그에 맞게 다양한 방향에서 수립될 수 있습니다. 투고나 보고, 발표 등과 같이 특정한 목적을 가지고 쓰는 글이라면, 주제나 목적이 이미 정해진 것이므로 그에 따라 글쓰기 계획을 세우게 됩니다. 하지만 미리 정해진 목적 없이 자유롭게 쓰는 글이라면, 일상의 소재나 생활에서 연상을 통해 주제를 설정하고 글쓰기 계획을 세우게 됩니다.

> 예 '어린이 교통안전'에 관한 내용으로 지역 신문에 투고하는 글의 글쓰기 계획

> 제목 : 등 · 하굣길 어린이의 교통안전
> 예상 독자 : 지역 주민
> 내용 및 의도 : – 등 · 하굣길 교통사고의 실태
> 　　　　　　　 – '어린이 보호 구역'에 대한 인식 제고
> 　　　　　　　 – 실천 가능한 예방책 제시

신문에 특정 주제로 투고하는 글이므로, 주제나 목적은 이미 정해져 있습니다. 따라서 그 주제와 목적에 맞게 독자 분석, 대략적인 내용 구상 등의 글쓰기 계획을 세운 것입니다.

- '학생 2'가 (가)를 바탕으로 세운 글쓰기 계획 중, (나)에 반영되지 않은 것은?(21 수능)
- 독자를 학교 친구들로 한정한 것에서, 작문은 예상 독자를 고려하는 행위임을 알 수 있다.(15 6월 모평)
- 예상 독자의 관심을 반영하기 위해, 학교 구성원이 관심을 가질 수 있는 주제를 선정하는 과정을 제시하였다.(18 수능)

연상 = 자유 연상　聯 연이을연 想 생각상

하나의 관념이나 생각이 그것과 연관된 또 다른 생각이나 관념을 불러일으키는 현상을 말합니다. 예컨대 '나무'에서 '그늘'을 떠올리고 '그늘'에서 다시 '휴식'을 떠올리는 것과 같은 사고 과정이죠. 일상생활에서 만나는 구체적인 사물이나 현상이 이러한 연상의 과정을 거치면서 일반화 · 추상화되면 글쓰기의 주제가 됩니다. 또한 추상적이거나 일반적인 내용이 연상의 과정을 통해 구체화 · 상세화되면 글의 세부 내용을 이루게 됩니다.

- '자동차 구성 요소의 기능'에 착안하여 '동아리 대표의 역할'에 대한 글을 쓰고자 할 때, 연상한 내용이 적절하지 않은 것은?(12 9월 모평)
- '좋은 글을 쓰는 방법'에 대한 글을 쓰려고 한다. 〈보기〉에 착안하여 연상한 내용으로 적절하지 않은 것은?(13 9월 모평)

발상　發 필발 想 생각상

어떤 생각을 해냄 또는 그 생각. 일상의 삶 속에서 특정한 생각을 떠올리는 것으로, 연상과 주제 설정의 출발점이 됩니다.

- '인간관계'에 대하여 글을 쓰기 위해 〈보기〉와 같은 발상을 하였다. 연상한 내용으로 적절하지 않은 것은?(07 수능)

착상　着 붙을착 想 생각상

어떤 일이나 창작의 실마리가 되는 생각이나 구상 따위를 잡음. 또는 그 생각이나 구상. '연상'과 거의 같은 의미로 볼 수 있습니다.

● **착안**　着 붙을착 眼 눈안

어떤 일을 주의하여 봄. 또는 어떤 문제를 해결하기 위한 실마리를 잡음. 역시 주제 설정과 관련하여 글쓰기의 출발점이 됩니다.

> ● 〈보기〉에 착안하여 '좋은 문학 작품의 창작'에 대한 글을 쓰기 위해 이끌어 낸 내용으로 적절하지 않은 것은?(11 수능)
> ● 〈보기〉에 착안하여 '조직의 화합'에 관한 글을 쓰려고 한다. 연상한 내용으로 적절하지 않은 것은? (13 수능)

● **착안점**　着 붙을착 眼 눈안 點 점점

어떤 문제를 해결하기 위한 실마리가 되는 점. 착안을 불러일으키는 대상이나 현상을 지칭하는 말입니다.

● **일반화**　― 하나일 般 가지반 化 될화

일부에 한정되던 것이 전체에 걸치는 것으로 보편화됨. 구체적 사물이나 대상에서 일반적·보편적 의미를 추출(抽 뽑을추 出 날출 : 전체 속에서 어떤 물건, 생각, 요소 따위를 뽑아냄)·연상하는 과정입니다.

> 예 고속도로 → 길

● **추상화**　抽 뽑을추 象 모양상 化 될화

구체적이고 감각적인 것이 비감각적이고 관념적인 것이 됨. 구체적 사물이나 대상에서 관념적·추상적 의미를 추출·연상하는 과정입니다.

> 예 길 → 도리(道理)

● **구체화**　具 갖출구 體 몸체 化 될화

구체적인 것으로 만듦. 내용은 물론 개요, 조직, 표현 등 글쓰기 각 단계의 계획을 구체화할 때 두루 쓸 수 있는 포괄적인 말입니다. 계획하기와 관련해서는, 일반적·추상적인 생각을 구체화하는 방향으로 연상하면 글의 세부 내용을 마련할 수 있습니다.

- 연상의 구체화 : 음악 → 한국 전통 음악 → 민속악 → 농악
- 내용 조직의 구체화 : 문제 제기 → 문제점 분석 → 개선 방안 마련 → 실행 촉구

- ⓐ를 활용하여, 행복을 위한 조건인 물질적 부의 수준은 사람마다 다를 수 있다는 내용으로 구체화한다.(18 수능)
- ㉠~㉢이 'Ⅱ. 본론'에 구체화된 내용으로 적절하지 않은 것은?(22 9월 모평)

상세화   詳 자세할상 細 가늘세 化 될화

자세한 것으로 만듦. '구체화'와 거의 같은 의미로 사용되는 말입니다.

- 다음은 '습지 보전'을 주제로 글을 쓰기 위해 작성한 메모이다. 〈보기〉의 자료를 활용하여 메모의 내용을 수정하거나 상세화한 내용으로 적절하지 않은 것은?(11 6월 모평)

구상   構 얽을구 想 생각상

글의 핵심이 될 내용이나 표현 형식 등에 대해서 미리 생각해 보는 작업을 말합니다. 어떤 내용으로 쓸 것인지, 그 내용을 전달하기 위해 어떤 자료를 활용할 것인지, 각 단락의 순서는 어떻게 할 것인지, 어떤 표현 기법을 구사할 것인지 등에 대해 개괄적으로 생각해 보는 것이죠.

시의회에 '자전거 전용 도로 설치'를 요청하는 건의문의 글쓰기 구상

독자 분석	• 시의회는 지역을 위한 예산을 심의·의결하며 시민들의 청원을 심사·처리한다. • 시의회는 지역 주민의 여론에 민감하게 반응한다.
전략 수립	• 설득 효과를 높이기 위해 여론과 관련 법률을 활용하고, 시의회의 역할을 환기한다.
자료 수집	• '통학 중 자전거 안전사고 발생 사례', '자전거 전용 도로 설치에 관한 지역 주민들의 설문 조사 결과', '자전거 이용 활성화에 관한 법률' 등을 자료로 활용한다.
내용 선정	• 자전거 전용 도로 설치가 시민 교통안전, 지역 환경 개선에 기여하는 바를 제시한다. • 자전거 전용 도로 설치를 위한 예산 확보를 요구한다.
조직	• '사례를 활용한 문제 제기-요구 사항-기대 효과-촉구'의 순서로 구성한다.
표현	• 공식적인 글에 걸맞게 언어 예절을 갖추어 정중하게 표현한다. • 요구 사항이 잘 드러나도록 분명한 어조로 표현한다.

'독자 분석', '전략 수립', '자료 수집', '내용 선정', '조직', '표현' 등에 대한 대략적인 계획을 구상한 것입니다. 이런 구상을 바탕으로 자료를 수집하고, 내용을 선정하여 조직, 표현하게 됩니다.

- 〈자료〉는 '학교 숲' 공모 사업에 신청하는 글을 쓰기 위해 수집한 것이다. 이를 활용하여 구상한 내용으로 적절하지 않은 것은?(14 고2 성취도)
- (가)는 '알림판'을 읽고 구상한 '내용 선정 계획'이고, (나)는 '글의 초고'이다. (가)의 계획 중 (나)에 반영된 것은?(16 고2 성취도)
- 예상 독자가 자신의 경험을 떠올릴 수 있도록 예상 독자들이 광고를 접하고 있는 매체들을 구체적으로 제시해야겠어.(17 수능)

2. 내용 생성하기 生 날생 成 이룰성

주제를 결정한 후, 주제에 맞게 내용을 구상하고, 이를 구체화하는 데 필요한 자료나 글감을 모아 내용을 생성하는 단계입니다.

- 〈보기 1〉을 자료로 활용하여 〈보기 2〉와 같이 내용을 생성하였다. 내용과 자료의 연결이 적절한 것은?(12 9월 모평)

글감(자료)

글의 내용이 되는 재료. '자료'라는 말을 쓰기도 하는데, 작문과 관련하여 언급되는 '자료'는 당연히 글쓰기의 바탕이 되는 재료, 즉 '글감'이므로, 두 말은 같은 의미라고 보면 됩니다.

- 잡상과 관련된 자료를 수집한 것에서, 작문은 글감과 관련된 내용을 생성하는 행위임을 알 수 있다. (15 6월 모평)
- 문화유산과 관련된 자신의 경험을 떠올려 글감을 구체화한다.(14 9월 모평)
- 글감에 대한 논의의 필요성을 드러내기 위해, 봉사의 날 운영 방식이 논의되고 있는 우리 학교 상황을 제시하였다.(18 수능)

자료 활용 방안

글의 목적이나 주제에 맞게 자료를 활용하는 방법. 자료를 적절히 배치하여 글의 주제나 내용을 뒷받침할 수 있도록 구상하는 것입니다. 먼저 자료의 의미를 정확히 해석한 다음, 이를 글의 내용과 연관 지어 보고 활용 방안을 결정해야 합니다. 자료를 수집, 해석하고 활용하는 과정에서 주의할 점은 다음과 같습니다.

① 자료는 주제와 밀접한 연관성을 지녀야 합니다.
② 자료의 해석은 정확하고 왜곡되지 말아야 합니다.
③ 자료 해석에는 일관성이 있어야 합니다.

비용 걱정

출산율 감소

외국 사례

〈원인 분석〉

〈문제 상황〉

〈해결 방안〉

'출산 장려'에 대한 글을 쓰려고 계획을 세웠습니다. 이제 자료나 글감을 모아야겠지요? 여기저기서 출산 장려에 관한 자료를 모아 보니 다음과 같았습니다. 이 자료들 중에서 주제와 연관되는 것을 고른 다음, 정확하게 해석해서 글에서 활용할 준비를 해야 합니다.

〈자료1〉 2009년 우리나라의 합계 출산율(여성 1명이 평생 낳을 것으로 예상되는 자녀 수)이 1.1명으로 감소함. 통계청 발표에 따르면 2009년 출생아 수는 44만5천 명으로 2008년에 비해 2만1천 명(4.4%)이 줄어듦

자료를 해석해 보니, 출산율이 줄어들고 있다고 하네요. 출산율이 줄어드니까 출산을 장려해야 한다(주제)고 말할 수 있을 것입니다. 자료가 주제와 논리적으로 연결되는 것이죠. 따라서 이 자료는 출산율 저하의 현황을 제시하는 자료로 활용하면 되겠습니다.

〈자료2〉 출산율 저하에 따라 노동 인구 감소, 1인당 노령 인구 부양 부담 증가, 사회 보장 예산 증가 등으로 국가 경쟁력이 약화됨

출산율 저하로 인해 발생하는 사회적 문제를 보여 주는 자료네요. 출산율이 저하되면 여러 가지 사회적 문제가 생기니 출산을 장려해야 한다고 말할 수 있겠네요. 역시 주제와 논리적으로 연결됩니다. 따라서 이 자료는 출산율 저하로 인해 발생하는 사회적 문제의 심각성을 강조하는 자료로 활용할 수 있습니다.

〈자료3〉 "취직이 되었지만 여전히 경제적으로 어렵고, 결혼을 했어도 맞벌이를 하기 때문에 아이를 키우기가 어려워요." – 박△△(28세)

인터뷰 자료네요. 왜 아이를 낳지 않는지 알 수 있게 해 줍니다. 경제적 어려움 때문이군요. 그런데 출산 장려에 관한 글을 쓰려면 '출산이 줄었다(문제 상황). → 왜 줄까? 이런 원인 때문이다(원인 분석). → 그 원인들을 해결하려면 이렇게 해야 한다(해결 방안 제시).'와 같은 흐름으로 전개하는 것이 논리적으로 설득력이 있지 않을까요? 무작정 아이를 많이 낳자고 하는 것보다는 원인을 분석하고 해결책을 제시하면서 출산 장려에 대해 이야기하는 것이 효과적일 것입니다. 따라서 이 자료는 출산율 저하의 원인을 분석하는 자료로 활용하면 적당할 것입니다.

〈자료 4〉 프랑스의 경우 자녀 수당 지급, 장기 출산 휴가, 실질적인 학자금 보조 등을 통해 출산율이 높아짐

프랑스의 출산 장려 정책에 관한 자료네요. 우리나라의 (미흡한) 출산 장려 정책과 비교하는 자료로 활용하면 보다 강력하고 실질적인 출산 장려 정책을 요구하는 데 유용할 것 같습니다.

- 다음은 초고를 보완하기 위해 추가로 수집한 자료이다. 자료 활용 방안으로 적절하지 않은 것은?(22 수능)
- 〈보기〉는 보고서의 초고를 쓴 학생이 초고의 [A]를 보완하기 위해 수집한 자료이다. 자료 활용 방안으로 적절하지 않은 것은?(22 9월 모평)
- 실내화 착용에 반대하는 학생들의 의견과 사례를 함께 제시하여 건의 내용의 공정성을 높인다.(15 6월 모평)

3. 내용 조직하기 組 짤조 織 짤직

수집한 글감을 글의 주제와 목적에 맞게 배치하는 단계로, 개요 작성을 통해 글의 설계도를 완성하게 됩니다.

개요 槪 대개개 要 요긴할요

글의 대체적인 윤곽 혹은 얼개로, 글을 쓰기 위한 설계도라고 할 수 있습니다. 글을 쓰는 방향을 잡는 기준이 되므로, 신중하게 작성되고 세밀한 검토와 수정을 거쳐 정확하게 다듬어져야 합니다. 이 개요의 작성 및 수정 단계에서 글의 논리성이 결정된다고 해도 과언이 아니죠. 개요는 다음과 같은 원칙에 따라 작성·수정되어야 합니다.

- 개요의 ㉠~㉤ 중, 〈본문〉에 반영되지 않은 것은?(17 6월 모평)
- 〈보기〉는 '거짓말'에 관한 기사를 학교 신문에 연재하기 위한 계획의 일부이다. 개요의 수정·보완 방안으로 적절하지 않은 것은?(12 수능)
- 예상 독자와 글의 목적이 달라져 개요 (가)를 (나)로 바꾸었다. (나)를 수정하거나 구체화하는 방안으로 적절하지 않은 것은?(13 수능)

① 단계성

개요는 글 전체의 구성 단계를 모두 포함해야 합니다. 만약 쓰고자 하는 글이 논설문이라면 '서론 - 본론 - 결론'을 모두 갖추고 있어야 합니다.

- 국외 문화재 환수가 어려운 이유를 대외적 원인과 대내적 원인으로 나누어 제시하여 '본론'을 구체화한다.(16 6월 모평)

② 일관성

개요 전체가 논리적 모순이 없이 자연스럽게 연결되어야 합니다.

- 'Ⅱ-3-나-1'은 내용의 일관성 확보를 위해 'Ⅱ-2'로 옮긴다.(05 수능)
- (나)-1을 참고할 때, ⓒ은 문제점이 아니므로 'Ⅱ-1-다'의 하위 항목으로 옮긴다.(14 9월 모평)

③ 완결성

상위 항목에서 언급한 내용이라면 하위 항목에서도 모두 제시되어야 합니다. 상위 항목에서 세 가지로 분류했다면 세 가지 모두가 하위 항목으로 언급되어야 하죠.

- 글의 완결성을 고려하여 '한국학 연구자 육성을 위한 장학 제도 마련'이라는 내용을 추가한다.(06 수능)
- ⓜ은 'Ⅱ-2-나'와의 관련성을 고려하여 '또래 집단 내의 바람직한 관계 맺기에 대한 인식 제고'로 내용을 보완한다.(14 6월 모평)

④ 통일성

개요 전체는 물론이고 각 항목들도 모두 하나의 주제 아래 긴밀하게 연결되어야 합니다.

- 논지 전개상 주제와 연관성이 없는 내용이므로 삭제한다.(13 6월 모평)
- ⓔ은 글의 주제에서 벗어나므로, '기업과 소비자의 의식 전환'으로 바꾼다.(09 수능)

⑤ 포괄성

상위 항목은 반드시 하위 항목을 포괄(包 쌀 포 括 묶을 괄 : 모두 감싸 안음)해야 합니다.

- 하위 항목과의 연관성을 고려하여 '응급 처치의 의의'로 수정한다.(13 9월 모평)
- 상위 항목과의 연관성을 고려하여 'Ⅳ-2'와 맞바꾼다.(13 9월 모평)
- ⓒ은 상위 항목에 부합하지 않는 내용이므로 삭제한다.(14 6월 모평)

⑥ 대응성

대응되는 항목은 대응의 짝을 모두 갖추어야 합니다. 예를 들어 원인 분석에서 사회적 측면의 원인과 개인적 측면의 원인으로 나누어 분석했다면 대안 제시도 사회적 측면의 대안과 개인적 측면의 대안이 모두 제시되어야 합니다.

- 'Ⅲ-2'를 고려하여 하위 항목에 '응급 처치 교육 자료 확보 및 활용'을 추가한다.(13 9월 모평)

예 다음과 같이 개요를 작성했다고 합시다. 우리가 접하는 대개의 시험에서는 직접 개요를 작성하라고 요구하기 어렵기 때문에, 다음과 같이 일차적으로 작성된 개요를 제시하고 수정 방안을 묻는 경우가 많습니다. 작성과 수정이 같은 원칙에 따라 이루어지니까 수정을 잘하면 작성도 잘할 것이라고 믿는 모양입니다. 어쨌든…… 다음 개요를 개요 작성 및 수정 원칙에 따라 검토해 봅시다. 일단 '서론 – 본론 – 결론'을 갖추고 있으니, 구성 단계를 모두 갖추어야 한다는 단계성의 원칙은 지켜지고 있음을 알 수 있습니다. 이제 통일성, 일관성, 완결성의 측면에서 검토해 봅시다.

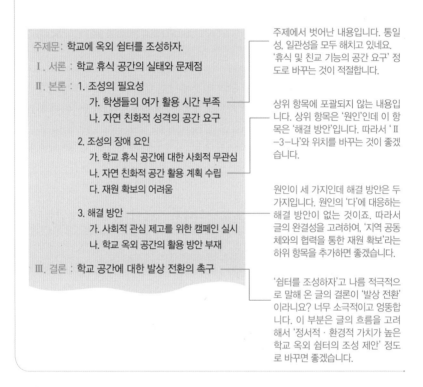

주제문: 학교에 옥외 쉼터를 조성하자.

Ⅰ. 서론 : 학교 휴식 공간의 실태와 문제점

Ⅱ. 본론 : 1. 조성의 필요성
　　　　　　가. 학생들의 여가 활용 시간 부족
　　　　　　나. 자연 친화적 성격의 공간 요구

　　　　　2. 조성의 장애 요인
　　　　　　가. 학교 휴식 공간에 대한 사회적 무관심
　　　　　　나. 자연 친화적 공간 활용 계획 수립
　　　　　　다. 재원 확보의 어려움

　　　　　3. 해결 방안
　　　　　　가. 사회적 관심 제고를 위한 캠페인 실시
　　　　　　나. 학교 옥외 공간의 활용 방안 부재

Ⅲ. 결론 : 학교 공간에 대한 발상 전환의 촉구

> 주제에서 벗어난 내용입니다. 통일성, 일관성을 모두 해치고 있네요. '휴식 및 친교 기능의 공간 요구' 정도로 바꾸는 것이 적절합니다.

> 상위 항목에 포괄되지 않는 내용입니다. 상위 항목은 '원인'인데 이 항목은 '해결 방안'입니다. 따라서 'Ⅱ-3-나'와 위치를 바꾸는 것이 좋겠습니다.

> 원인이 세 가지인데 해결 방안은 두 가지입니다. 원인의 '다'에 대응하는 해결 방안이 없는 것이죠. 따라서 글의 완결성을 고려하여, '지역 공동체와의 협력을 통한 재원 확보'라는 하위 항목을 추가하면 좋겠습니다.

> '쉼터를 조성하자'고 나름 적극적으로 말해 온 글의 결론이 '발상 전환'이라니요? 너무 소극적이고 엉뚱합니다. 이 부분은 글의 흐름을 고려해서 '정서적·환경적 가치가 높은 학교 옥외 쉼터의 조성 제안' 정도로 바꾸면 좋겠습니다.

4. 내용 표현하기(집필)

앞 단계에서 조직한 내용을 바탕으로 실제로 글을 쓰는 단계입니다. 글의 성격이나 목적, 구성 단계에 따라 다양한 내용 전개 방법, 진술·표현 방식 등이 활용됩니다. 일반적·추상적으로 설정되었던 주제가 구체화·상세화되어 표현되는 단계죠.

- 초고에서 ㉠~㉢을 작성할 때 활용한 글쓰기 방법으로 가장 적절한 것은?(22 수능)
- (나)에 활용된 글쓰기 전략으로 적절하지 않은 것은?(21 수능)
- 위의 '초고'에 반영된 내용 조직 방법으로 적절하지 않은 것은?(21 6월 모평)

• 내용 전개 방법

내용을 진전시켜 펼쳐 나가는 방법. 내용을 전개(展펼전 開열개)하는 방법은 다양할 수 있습니다. 하지만 사람들이 일반적으로 많이 사용하고, 독자들에게도 효과를 발휘하는 조직 방법은 몇 가지 유형으로 정리할 수 있습니다. 마치 공식처럼 글을 쓰는 사람이나 읽는 사람 모두에게 매우 익숙한 방법이죠. 따라서 이런 내용 전개 방법을 알고 글을 쓰거나 읽는다면, 내용 전개나 예측(독해)이 한결 쉬워집니다.

① 어떤 사태나 현상의 원인을 제시한 다음 그에 따른 결과를 제시하는 방식(원인과 결과가 드러나게 내용 전개하기)

② 문제점이나 문제 상황을 지적하고 그에 대한 해결 방안을 제시하는 방식(문제와 해결의 짜임으로 내용 전개하기)

예 출산율 저하 현상과 인구 정책에 관한 글을 '문제와 해결의 짜임'으로 전개해 보면 다음과 같습니다.

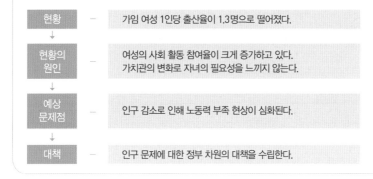

현황	—	가임 여성 1인당 출산율이 1.3명으로 떨어졌다.
현황의 원인	—	여성의 사회 활동 참여율이 크게 증가하고 있다. 가치관의 변화로 자녀의 필요성을 느끼지 않는다.
예상 문제점	—	인구 감소로 인해 노동력 부족 현상이 심화된다.
대책	—	인구 문제에 대한 정부 차원의 대책을 수립한다.

• (나)는 (가)와 달리 문제 상황에 관한 해결 방안을 제시함으로써 논의를 전개하고 있다.(15 9월 모평)

③ 여러 현상이나 사물의 공통점, 차이점을 열거하는 방식(공통점이나 차이점이 드러나게 내용 전개하기)

• (나)는 (가)와 달리 자신의 의견과 타인의 의견을 대비함으로써 자기 주장의 타당성을 부각하고 있다. (15 9월 모평)

④ 사건이나 행동의 변화를 시간 순으로 보여 주는 방식(사건이나 행동에 변화가 드러나게 내용 전개하기)

• 시간의 흐름에 따라 글을 구성한 것에서, 작문은 소재에 따라 내용 구성 방법을 달리하는 행위임을 알 수 있다.(15 6월 모평)

⑤ 어떤 대상을 분류하거나 분석하여 보여 주는 방식(분류나 분석의 방법으로 내용 전개하기)

- 공간 디자이너가 창조한 공간의 아름다움을 강조하기 위해 공간 디자인 작품의 미적 구성 원리를 분석하여 제시한다.(15 9월 모평)

5. 고쳐쓰기

'퇴고(推^{밀퇴}敲^{두드릴고})'라고도 합니다. 글쓰기 계획에 따라 일차적으로 완성된 글, 즉 초고(草^{풀초} 稿^{원고고} : 풀처럼 거친 원고)를 좀 더 완결된 글로 만들기 위하여 내용을 수정·보완하는 과정입니다. 고쳐쓰기 단계에서는 내용의 적절성(일관성, 통일성, 완결성)과 표현의 정확성을 꼼꼼히 따져서 글의 완성도를 높여야 합니다.

- 다음은 윗글을 읽고 쓴 발표문의 초고이다. 고쳐 쓰기 방안으로 적절하지 않은 것은?(13 고2 성취도)
- 다음은 학생이 [B]를 고쳐 쓰는 과정의 일부이다. ⓐ, ⓑ에 해당하는 내용을 바르게 짝지은 것은? (20 수능)
- '학생 3'이 (나)를 참고하여 (가)를 고쳐 쓰기 위해 세운 계획으로 적절하지 않은 것은?(19 수능)

고쳐쓰기의 원칙

고쳐쓰기의 원칙이라고 했지만 사실은 글쓰기의 원칙이 정확한 표현입니다. 글쓰기의 원칙이 지켜졌는가를 고쳐쓰기 단계에서 점검하는 것이기 때문이죠. 그런데 이 원칙은 또 글에 대한 평가(비판)의 원칙이기도 합니다. 어떤 글의 가치를 논하는 기준이 된다는 것이죠. 따라서 지금부터 이야기하려는 내용은 사실 '비문학 단원'이나 앞의 '내용 구성하기' 항목 등에서 이미 충분히 설명했던 내용의 반복에 지나지 않습니다. 하지만 확인 차원에서 다시 한번 정리해 보죠.

- **통일성** 統 ^{합칠통} — 하나일 性 ^{성품성}

글 전체가 하나의 주제로 집중되는 성질. 글의 주제와 관련이 없는 내용은 삭제, 또는 조정되어야 합니다.

> 예 우리 학교는 정문에서 교실까지 가는 데 한참이 걸릴 정도로 매우 큽니다. 웅장한 건물과 탁 트인 진입로, 넓은 운동장은 우리 학교의 규모를 말해 줍니다. 때문에 우리 학교는 낮에도 아름답지만, 밤이 되어 조명이 켜지면 더욱 아름답습니다.

학교의 규모가 크다는 내용을 전달하는 단락입니다. 그런데 마지막 문장은 학교의 아름다움을 말하고 있네요. 주제와 거리가 먼 엉뚱한 이야기여서 단락의 통일성을 해치고 있습니다. 그러므로 이 마지막 문장을 삭제하는 방향으로 글을 고쳐 써야 합니다.

- 글의 통일성을 저해하므로 삭제하는 것이 좋겠어.(16 6월 모평)
- 글의 통일성을 해치므로 문장을 삭제하는 것이 좋겠어.(19 고2 성취도)

• **완결성** 完 완전할완 結 맺을결 性 성품성

하나의 내용을 완전히 마무리하는 성질. 글쓴이가 말하고자 하는 내용이 분명히 드러나도록 주제문이 갖추어져 있고, 이에 대한 뒷받침 문장들이 충분히 제시되어야 합니다. 뒷받침 문장이 주제문을 적절히 뒷받침하지 못하면 삭제하거나 교체해야 합니다.

> 예 한옥의 지붕 모양에는 맞배 지붕, 우진각 지붕, 팔작 지붕 등의 기본형이 있다. 맞배 지붕은 지붕의 앞면과 뒷면을 서로 맞댄 모양이고, 이에 반해 팔작 지붕은 우진각 지붕의 형식에서 다시 팔자(八字) 모양을 부챗살이 퍼지는 듯한 형상을 하고 있다.

> 첫째 문장이 주제문인데, 한옥 지붕의 종류를 세 가지(맞배 지붕, 우진각 지붕, 팔작 지붕)로 말하고 있습니다. 그렇다면 뒷받침 문장에서는 이 세 가지 종류를 각각 동일한 비중으로 다루어야겠죠? 그런데 이어지는 뒷받침 문장에서는 우진각 지붕에 대해서는 설명하지 않고 있습니다. 뒷받침 문장이 불충분한 것이죠. 따라서 완결성을 갖추지 못한 이 단락은, 우진각 지붕에 대한 뒷받침 내용을 보충하여 고쳐 써야 합니다.

• **일관성** — 하나일 貫 꿸관 性 성품성

논리의 흐름이 처음부터 끝까지 한결같고 자연스러운 성질. 앞뒤의 내용이 서로 모순되지 않아야 하고, 문장과 문장 사이의 연결이 자연스러워야 합니다. 일관성이 결여되어 있으면 문장이나 문단의 순서를 바꾸거나 적절한 접속어를 사용해서 고쳐 써야 합니다.

> 예 감이 익어 가는 모양은 한국인의 모습과 비슷하다. 요염한 꽃을 피우지도 않으며, 사람이 관심을 두지 않는 사이에 조용히 열매를 맺는다. 또 다른 과일들이 모두 선보인 다음에야 감은 익는다. 다만 한 가지 안타까운 것은 오래도록 저장할 수 있는 방법이 없다는 것이다.

> 감이 익어 가는 모습을 한국인의 모습과 비교하여 설명한 글입니다. 그런데 마지막 문장은 완전히 엉뚱한 내용이네요. 일관성도 결여되고 통일성도 결여된 단락입니다. 이 마지막 문장을 삭제하거나 주제에 맞는 내용으로 교체하는 방향으로 고쳐 써야 합니다.

- 글의 흐름에서 벗어나는 문장이 있으니 이를 삭제(20 수능)

- 문장의 흐름상 뒤의 문장과 위치를 바꾸는 것이 좋겠어.(19 고2 성취도)
- 접속어의 사용이 부적절하므로 '그래서'로 고치는 것이 좋겠어.(16 6월 모평)

고쳐쓰기의 수준

일단 완성된 글(=초고)은 글 전체 수준, 단락 수준, 문장 수준, 단어 수준에서 검토되고, 문제가 있는 부분은 고쳐 쓰게 됩니다. 각 수준에서 검토해야 할 사항을 정리해 보면 다음과 같습니다.

글 수준의 고쳐쓰기

① 주제나 목적이 잘 드러나도록 체계적으로 구성되었는가?
각 구성 단계가 제 구실을 하는지, 부분 간의 연결이 자연스러운지 확인합니다.

② 글 전체가 하나의 주제로 통일되었는가?
주제와 거리가 먼 내용은 없는지, 더 보충할 내용은 없는지 확인합니다.

- 글쓴이는 글의 주제에 따른 통일성이 잘 실현되었는지 점검하며 고쳐 썼다.(14 6월 모평)

③ 문단의 연결 관계가 자연스러운가?

- 문단 구성을 자연스럽게 하기 위해 이 부분에서 문단을 나누는 것이 좋겠어.(16 6월 모평)

④ 제목이 적절한가?

- ㉠(제목)은 글의 전체 내용을 포괄할 수 있도록 '청산도의 돌담'으로 바꿔야겠어.(13 9월 모평)

단락 수준의 고쳐쓰기

① 한 단락에 하나의 중심 생각만 있는가?

- ㉣은 문단의 통일성을 해치므로 삭제한다.(13 수능)
- ㉢은 문단 전체의 통일성을 해치므로 삭제해야겠어.(13 9월 모평)

② 중심 생각이 주제문으로 잘 표현되었는가?
③ 전체의 주제를 뒷받침할 수 있는가?
④ 길이는 적당한가?

• **문장 수준의 고쳐쓰기**

① 문장의 뜻이 분명한가?

- 다음 중 중의적으로 해석될 수 있는 문장은?(08 고1 성취도)
- 의미가 분명하지 않으므로 앞에 '타인의'를 추가하는 것이 좋겠어.(19 고2 성취도)

② 어법에 맞는 문장인가?

- 의미가 중복되는 문장이 있으니 이를 삭제(20 수능)
- 피동 표현이 불필요하게 중복되었으므로 '강화된'으로 고쳐야 합니다.(14 수능)
- 사동 표현이 부적절하게 사용되었으므로 '들지'로 고친다.(16 수능)
- 조사의 사용이 부적절하므로 '어려움을'로 고쳐야겠어.(17 수능)

③ 문장의 호응 관계가 올바른가?

- 주어와의 호응이 어색하므로 '찾는다'로 고치는 것이 좋겠어.(19 고2 성취도)
- "확실한 사실은 그가 지금까지 성실하게 살아왔다."는 주어인 '사실은'과 호응하는 서술어가 없어서 잘못된 문장이다.(14 수능)
- 부사 '여간'은 부정의 의미를 나타내는 말과 호응해야 한다.(15 9월 모평)
- 주체가 '경준'이므로 '준비하라고'로 바꿔 말해야 한다.(15 9월 모평)

④ 지나치게 길거나 짧지는 않은가?

• **단어 수준의 고쳐쓰기**

① 불필요하거나 빠뜨린 단어는 없는가?

- ⓒ은 필요한 문장 성분이 빠져 있으므로 앞에 '우리가'를 추가한다.(12 9월 모평)
- 필요한 문장 성분이 빠져 있으므로 '꿈을'을 첨가해야겠어.(17 수능)

② 의미가 불분명하거나 적절하지 않은 단어는 없는가?

③ 어려운 한자어나 외국어는 없는가?

④ 맞춤법에 어긋나거나 띄어쓰기가 잘못된 곳은 없는가?

- 어미의 사용이 부적절하므로 '푸르지만'으로 고쳐야겠어.(17 수능)
- ⓒ은 맞춤법에 맞게 '떡메'로 수정해야겠어.(08 고1 성취도)
- ⓜ은 띄어쓰기에 맞게 '친구들끼리'로 고쳐야겠어.(09 고1 성취도)

예 다음은 어떤 글의 서론에 해당하는 초고입니다. 고쳐 써 봅시다.

환경 영향 평가 제도는 각종 개발 사업이 환경에 끼치는 영향을 예측하고 분석하여 부정

적인 환경 영향을 줄이는 방안을 마련한다(→ 마련하는 수단이다). 개발로 인해 환경오염이
<small>주어(환경 영향 평가 제도)와 호응하지 않으므로 '마련하는 수단이다'로 고쳐야 합니다.</small>

심각해지고 자연 생태계의 파괴(→ 자연 생태계가 파괴됨)에 따라 오염 물질의 처리 시설 설
<small>앞의 '환경오염이 심각해지고'와 대등한 구조로 연결되어야 하므로 '자연 생태계가 파괴됨'으로 고쳐야 합니다.</small>

치와 같은 사후 대책만으로는 환경 문제에 대한 해결이 궁색해졌다(→ 어려워졌다). 그리하
<small>문맥에 어울리지 않으므로 '어려워졌다'로 바꾸어야 합니다.</small>

여 각종 개발 계획의 추진 단계에서부터 환경을 고려하는 환경 영향 평가 제도가 도입되

었다. 그러므로(→ 그 결과) 환경 영향 평가 제도는 환경 훼손을 최소화하고 환경 보전에 대
<small>앞뒤 문장을 자연스럽게 연결하지 못하므로 '그 결과'로 고쳐야 합니다.</small>

한 사회적 인식을 제고하는 등 개발과 보전 사이의 균형추 역할을 수행해 왔다. <u>따라서 신

도시 개발 사업은 사전에 환경 영향 평가를 받아야 한다(→ 삭제).</u> 그러나 현재 시행되고 있
<small>주제와 거리가 멀어 글의 통일성을 해치므로 삭제해야 합니다.</small>

는 환경 영향 평가 제도는 제도나 운영상의 문제점을 안고 있어 본래의 취지를 충분히 살

리지 못하고 있다.

고쳐쓰기의 원리

검토를 마친 글을 고쳐 쓸 때는 내용을 빼거나 더하거나 조정을 해야 합니다. 고
쳐쓰기의 원리를 정리하면 다음과 같습니다.

- **삭제의 원리** 削 깎을삭 除 덜제

불필요하거나 불분명한 내용은 빼 버려야 합니다.

  - ⓒ은 글 전체의 내용과 관련이 없는 문장이므로 삭제한다.(12 9월 모평)
  - ⓜ은 글의 흐름과 어긋나는 문장이므로 삭제한다.(14 6월 모평)

- **부가의 원리** 附 붙을부 加 더할가

부족하거나 빠져 있는 내용은 보충하여 의미를 명확히 해야 합니다.

- ⓜ은 문장 성분의 호응 관계를 고려하여 맨 앞에 '청산도는'을 추가해야겠어.(13 9월 모평)

재구성의 원리 再 다시재 構 얽을구 成 이룰성

효과적인 전개를 위해서 필요하다면 글의 순서를 새롭게 구성해야 합니다.

- 논지 전개상 ⓔ과 ⓜ을 서로 바꾸는 게 좋겠어.(07 고1 성취도)

ⓔ 우리 ○○면에는 칠이 벗겨진 벽을 그대로 방치한 건물이 많습니다. 특히 면사무소나 보건소는 지저분한 벽 때문에 건물뿐 아니라 주변 공간까지 황폐해 보입니다. 저희는 이런 공공건물에 생동감을 불어넣고자 벽화 그리기를 제안합니다. 그래서 주민들이 자주 찾고 싶어 하는 공간이라는 생각이 들지 않습니다.

문장 간의 의미 관계를 고려해 볼 때 밑줄 친 문장은 바로 앞 문장과 순서를 바꾸어 재구성하는 것이 좋습니다.

02 여러 가지 글

1. 정보를 전달하는 글

설명문 說 **말씀**설 明 **밝힐**명

독자의 이해를 목적으로 어떤 사항에 대해 객관적·논리적으로 설명한 글. 보통 '머리말-본문-맺음말'의 3단 구성으로 이루어집니다. 정확한 지식이나 정보를 전달해야 하므로, 사실성, 객관성, 명료성, 체계성 등의 특징을 지니고 있습니다. 제품 설명서 등과 같이 일상생활에 직접 도움을 주기 위한 '실용적 설명문'과, 학술적 지식이나 교양을 주기 위한 '과학적 설명문'으로 나눌 수 있습니다.

- 설명문의 끝부분을 쓸 때에는 먼저 중심 내용이 잘 드러나도록 요약해야 합니다. 그리고 중심 내용이 지닌 의의를 덧붙이며 글을 마무리하면 좋습니다.(18 6월 모평)

기사문 記 **기록할**기 事 **일**사

실제 사건이나 상황을 알려 주는 글로, 신문이나 잡지, 방송 등에 보도할 목적으로 쓰입니다. 육하원칙(누가, 언제, 어디서, 무엇을, 어떻게, 왜)에 따라 작성되며, 신속성과 정확성, 공정성을 지녀야 합니다. 기사문의 구성은 다음과 같습니다.

- 〈자료〉는 윗글을 읽고 기사문을 작성하기 위해 계획한 메모이다. 계획의 실행 방안으로 적절하지 않은 것은?(17 고2 성취도)

- **표제** 標 **표할**표 題 **제목**제

본문의 내용을 압축해서 표현한 제목. 정확하고 간결해야 하며 독자의 호기심을 자극할 수 있어야 합니다.

- 청색광이 주는 부정적인 영향을 부제로 써서 표제의 내용을 구체화하고 있군.(19 고2 성취도)

- **전문** 前 **앞**전 文 **글월**문

기사문의 핵심적인 내용을 요약한 문장. 육하원칙에 따라 작성되며 명료하고 정확해야 합니다.

• **본문**   本 근본본 文 글월문

기사문의 주(主주인주)가 되는 글로, 세부적이고 흥미 있는 사실을 상세하게 기술합니다.

안내문   案 책상안 內 안내

행사, 모임, 사실 등의 정보를 독자에게 알리는 글. 공공 기관이나 기업, 단체에서 공적인 정보를 알리는 '공적(公的) 안내문'과 개인이 사적인 정보를 알리는 '사적(私的) 안내문'이 있습니다. 안내문은 정확하고 간결하며 정중한 표현으로 작성되어야 하며, 관련 정보가 일목요연하게 정리되어야 합니다. 예를 들어 행사 안내문이라면 행사의 취지나 목적, 내용, 시간과 장소 등이 정확하게 안내되어 있어야 합니다.

기행문   紀 벼리기 行 다닐행

여행하며 보고 듣고 느낀 것을 여정이나 시간적 순서에 따라 기록한 글. 기행문은 다음과 같은 요소들로 이루어집니다.

• **여정**   旅 나그네여 程 길정

여행 과정이나 일정

• **견문**   見 볼견 聞 들을문

여행하면서 보고 듣고 경험한 내용

• **감상**   感 느낄감 想 생각상

보고 듣고 경험한 것에 대한 글쓴이의 생각이나 느낌

전기문   傳 전할전 記 기록할기

특정한 인물의 생애, 업적, 일화 등을 사실적으로 기록한 글. 인물의 출생에서부터 사망에 이르기까지의 전 생애를 일대기적으로 구성하는 경우도 있고, 일정한 관점에서 중요한 시절의 사건만을 집중적으로 기록하는 경우도 있습니다. 사실성, 교훈성, 문학성 등의 특징을 지니며, 다시 다음과 같이 나눌 수 있습니다.

- **전기** 傳 전할전 記 기록할기

  특정한 인물의 일생을 다른 사람이 기록한 글

- **자서전** 自 스스로자 敍 펼서 傳 전할전

  자기 자신의 일생을 소재로 스스로 직접 쓰거나, 남에게 구술(口 입구 述 펼술 : 입으로 말함)하여 쓰게 한 글

- **회고록** 回 돌이킬회 顧 돌아볼고 錄 기록할록

  지나간 일을 돌이켜 생각하며 쓴 글. 글쓴이가 자신이 경험한 의미 있는 역사나 기록 등 외적인 사건에 초점을 맞추어 기술한 글입니다.

- **평전** 評 평할평 傳 전할전

  개인의 일생에 대하여 평론을 곁들여 적은 전기

- **열전** 列 벌일열 傳 전할전

  여러 사람의 전기를 한데 모아 차례로 기록한 글

  소개서 紹 이을소 介 낄개 書 글서

  자신이나 다른 사람을 남에게 소개하는 글. 시간적 순서에 따라 성장 과정을 서술하거나 취미, 특기, 능력 등을 논리적으로 서술합니다.

  - 다음은 자신에 관하여 자문자답한 내용을 적은 메모의 일부이다. 이를 바탕으로 자기 소개서를 쓴다고 할 때, 이끌어 낸 내용으로 적절하지 않은 것은?(12 수능)

2. 설득하는 글

  논설문 論 논할논 說 말씀설

  어떤 문제에 대한 주장을 논리적으로 증명하여 독자를 설득하는 글. 보통 '서론-본론-결론'으로 구성됩니다. 객관적인 증거를 제시하여 어떤 사건이나 현황의

옳고 그름을 분명하게 밝히는 '논증적 논설문'(예 논문, 평론)과, 자신의 의견을 논리적으로 전개하여 독자로 하여금 자신의 의견에 동조하게 하는 '설득적 논설문'(예 신문 사설, 연설문)으로 나눌 수 있습니다.

- 〈보기 1〉은 논설문을 쓰려는 학생의 생각이고, 〈보기 2〉는 활용하려는 자료의 일부이다.(14 수능예비)

● 논문 論 논할논

전문 분야에 종사하는 사람이나 학자가 자신의 연구 결과를 체계적 · 논리적으로 정리하고 그에 대한 견해나 주장을 나타낸 글. 전문적인 내용을 객관적으로 다루면서도, 엄격한 논거를 바탕으로 자신의 주장을 논증하는 글입니다.

● 평론 評 평할평

어떤 대상에 대해 평가하는 일. 또는 그런 내용을 담은 글. 예술 작품, 문화 현상, 상품 등 사회의 전 분야가 평론의 대상이 될 수 있습니다.

● 비평문 批 비평할비 評 평할평

문학, 음악, 미술, 연극, 영화, 드라마 등 다양한 대상의 내용과 구성 등을 분석하여 가치를 논하는 글. 대상 자체를 분석하고 그 타당성이나 의미를 논함으로써 다른 사람을 설득하는 글입니다. 따라서 비평문에는 반드시 비평의 근거가 제시되어야 합니다. 참고로, 평론과 비평문은 거의 같은 의미로 사용됩니다.

● 연설문 演 펼연 說 말씀설

청중 앞에서 연설할 목적으로 쓴 글. '연설'이 청중 설득을 목적으로 하는 행위인 만큼 그 원고에 해당하는 연설문에는 청중의 감정에 호소하는 다양한 설득적 기법들이 활용됩니다.

광고문 廣 넓을광 告 고할고

세상에 널리 알리는 글. '광고'는 주로 상업적인 목적에서 상품이나 서비스에 대한 정보를 여러 매체를 통해서 소비자에게 널리 알리는 활동을 의미하지만, 비상업적, 공익적 목적의 광고도 있습니다. 표면(表겉표 面낯면)적으로는 정보를 전달하는 것처럼 보이지만 이면(裏속이 面낯면)적으로는 독자를 설득하려는(그래서 상품을 구매하거나 공익적 행동을 하게 하려는) 의도가 담겨 있는 글이죠. 독자들의 주의와 시선을 끌 수 있도록 참신한 표제와 독특한 표현으로 구성되는 것이 특징입니다.

- 〈자료 1〉은 동일 제품에 대한 광고 문안들이다. (ㄱ)을 (ㄴ)으로 수정하는 과정에서 고려했을 표현 요소를 〈자료 2〉에서 고르고, 표현 요소를 수정함으로써 나타날 효과에 관해 한 문장으로 쓰시오.(07 고1 성취도)
- 〈보기〉를 모두 활용하여 '바람직한 우리 사회'에 관한 공익 광고를 만들고자 한다. 광고 문구로 가장 적절한 것은?(05 수능)
- 위 글을 고쳐 쓴 후, 독자들의 관심을 높이기 위해 홍보 문구를 작성하려고 한다. 〈보기〉의 조건을 모두 충족한 것은?(11 수능)

표어　標표할표 語말씀어

사회나 집단에 대하여 어떤 의견이나 주장을 호소하거나 알리는 짧은 말입니다. 간결하면서도 호소력 있게 표현하는 것이 중요하죠.

- 〈보기〉는 '표어 대회'의 조건이다. 이에 따라 작성한 표어로 가장 적절한 것은?(13 6월 모평)
- '우유 팩 재활용 활성화'를 주제로 표어를 작성하려고 한다. 〈보기〉의 조건을 모두 충족한 것은?(12 6월 모평)

건의문　建세울건 議의논할의

어떤 문제에 대하여 개인이나 기관에 문제 해결을 요구하거나 제안하는 글. 제안서, 탄원서, 정책 제안, 민원 건의, 독자 투고 등 다양한 형태가 존재합니다. 건의 내용을 받아들이도록 설득하는 것이 목적이므로 건의를 받는 대상, 즉 독자를 잘 분석한 후 작성해야 합니다. 또한 문제 상황이나 그에 대한 요구 사항, 즉 주장이 분명하게 드러나야 합니다. 공익성, 공정성, 합리성, 실현 가능성 등을 염두에 두고 작성해야 하는 글입니다.

- 개인의 경험을 이야기하는 (가)(자유 게시판의 글)보다 공식적인 성격이 강한 (다)(건의문)에서 격식을 갖춘 표현이 더 두드러지게 나타나는군.(21 6월 모평)
- (나)와 같이 건의하는 글을 작성했다고 할 때, (나)에서 고려한 사항으로 가장 적절한 것은?(15 6월 모평)
- 건의문의 끝부분에는 건의가 받아들여졌을 때 건의 주체에게 도움이 된다는 점을 밝히고 다른 사람들에게도 도움이 된다는 점을 제시하면 설득력을 높일 수 있어요.(18 9월 모평)

3. 친교/정서를 표현하는 글

일기문　日 날일 記 기록할기

매일매일 겪은 일이나 생각, 느낌 등을 적은 개인의 기록. 보통 날짜와 기상 상태를 기록하고, 시간 순으로 그날그날에 일어났던 사건과 그에 대한 생각을 자유롭게 쓰죠. 글쓴이의 주관적이고 개성적인 진술이 위주가 됩니다.

감상문　感 느낄감 想 생각상

어떤 사물이나 현상에 대해 느낀 것을 표현한 글. 대상에 대한 글쓴이의 정서적 반응을 자유롭게 표현하는 글이죠.

회고문　回 돌이킬회 顧 돌아볼고

지난 삶 가운데 의미 있는 사건이나 활동, 경험 등을 되돌아보고 기록한 글. 글쓴이가 자신의 인생을 성찰적으로 돌아보고 그중에서 유의미한 사건을 중심으로 작성하는 글이기 때문에 반성적이고 진솔한 성격이 강합니다. 앞서 설명한 '회고록'과 같은 의미로 사용되기도 하지만, '회고록'이 역사적 · 사회적 사건에 초점을 맞춘 기록인 반면, '회고문'은 개인적 사건의 성찰에 초점을 맞춘 것이라는 점에서 구분하여 쓰이기도 합니다.

서간문　書 글서 簡 편지간

편지글. 멀리 떨어져 있는 상대에게 소식이나 사연, 용무를 알리거나 전하기 위해 일정한 격식에 따라 쓴 글. 서두(받는 사람의 호칭, 첫인사, 계절과 관련된 인사, 문안 인사, 자기 안부), 사연(편지를 쓰게 된 이유, 용건), 결미(끝인사, 날짜, 서명), 부기(추신 ; ps)로 구성됩니다.

식사문　式 법식 辭 말씀사

행사에서 청중을 상대로 낭독하는 글. 기념식, 입학식, 결혼식, 취임식 등 각종 행사에서 낭독하게 되는데, 사적인 관계보다는 공적인 관계를 중심으로 하는 글입니다. 행사의 성격이나 상황에 맞는 내용을 담아야 하는데, 기념사, 축사, 환영사 등에서는 기쁨이나 즐거움의 감정이, 조사(弔 조상할조 辭 말씀사 : 죽은 사람을 슬퍼하는 뜻을 나타내는 글)나 송별사(送보낼송 別나눌별 辭말씀사 : 떠나는 사람을 이별하여 보내면서 하는 인사말)에서는 슬픔의 감정이 충분히 드러나도록 해야 합니다.

초청장 招 부를초 請 청할청 狀 문서장

행사에 초청하는 글. 행사 참여를 유도하는 글이므로 행사의 취지를 설명하여 그 취지에 공감할 수 있도록 해야 하며, 행사 기간과 행사장의 위치 등을 정확하게 알려 주어야 합니다.

4. 기타

요약문 要 요긴할요 約 맺을약

글의 핵심을 잡아 간추린 글. 어떤 글을 읽고 그 내용을 정확하게 파악·분석하여 압축한 글을 가리키는 말입니다. 요약문은 원문(原근원원 文글월문 : 본래의 글)의 중심 내용을 담으면서도 포괄적이어야 합니다. 또한 원문에 제시된 중요 정보들 간의 관계가 명확하게 드러나야 하며, 요약한 사람의 언어로 재구성되어야 합니다.

- 원문의 중심 문장을 잘 찾아서 선택해야 해.(14 수능예비)
- 원문의 문장을 그대로 가져오지 말고 자기 말로 바꿔 써야 해.(14 수능예비)
- 〈조건〉을 모두 반영하여 〈보기〉를 요약한 것으로 가장 적절한 것은?(14 9월 모평)

보고서(문) 報 알릴보 告 고할고

일에 관한 내용이나 결과를 알리는 글. 조사, 채집, 관찰, 연구, 실험 등 다양한 일을 보고하기 위하여 작성되는데, 일의 과정과 결과가 체계적으로 정리·기록됩니다. 대체로 '서론-본론-결론'의 구성을 따르는데, '서론'에서는 조사나 실험의 필요성이나 목적, 범위 등을 밝히게 됩니다. '본론'에서는 실제 조사나 실험의 내용이 객관적·체계적으로 기술되고, '결론'에서는 조사나 실험의 내용을 요약하고 결론을 제시하게 되는데, 경우에 따라서는 글쓴이의 의견이나 생각이 첨가되기도 합니다.

- 학생이 보고서의 초고에 사용한 글쓰기 방법으로 가장 적절한 것은?(22 9월 모평)
- 다음은 답사 보고서의 일부이다. 〈보기〉에서 계획한 내용 중 〈답사 보고서〉에 반영되지 않은 것은? (14 6월 모평)

VI

화법

01 화법의 원리 02 여러 가지 말

01 화법의 원리

1. 화법 話 말씀화 法 법법

말하기 방법. 말을 통한 의사소통 방법을 포괄적으로 일컫는 말입니다. 당연히 '말하기'와 '듣기'의 과정을 다루겠죠? 또한 문자 언어로 이루어지는 의사소통 행위, 그러니까 '작문'이나 '독서' 등과는 구별이 될 것입니다. 이런 특성을 한마디로 정리해서 '구두(口頭) 언어를 통해 자신의 생각과 느낌을 다른 사람과 주고받는 행위'라고 표현하기도 합니다.

• 구두 언어 口 입구 頭 머리두

말로 하는 의사소통. 말하기와 듣기를 포괄하는 언어 활동을 가리키는 말입니다. 말소리, 즉 음성에만 초점을 맞춘 '음성 언어'라는 말과는 달리, 말을 통한 의사소통, 즉 활동에 초점을 맞춘 개념입니다. 음성 언어가 문법적 용어라면, 구두 언어는 화법적 용어라고나 할까요?

(1) 화법의 성격

화법은 '듣기'와 '말하기'를 통한 의사소통 활동을 다룹니다. 그런데 이것은 말 그대로 '활동'입니다. 말을 통해, 사람들 사이에서, 시간과 공간을 배경으로 이루어지는 매우 실제적이고도 역동적인 행위인 것이죠. 그렇기 때문에 화법에는 말, 인간관계, 사회 · 문화와 같은 요소들이 영향을 미치게 되고, 다음과 같은 특성이 나타나게 됩니다.

구두 언어적 성격 口 입구 頭 머리두

화자와 청자는 얼굴을 맞대고 구두 언어로 의사소통을 합니다. 따라서 화법에는 다음과 같은 특성이 나타납니다. 모두 구두 언어로 의사소통을 하기 때문에 나타나는 특징입니다.

① 화자와 청자가 시간과 공간을 공유(共한가지공 有가질유)한다.

화자와 청자가 같은 시간, 같은 장소에 있으니까요. 하지만 문자 언어를 통한 의사소통은 그렇지 않죠. 백 년 전 사람이 쓴 글을 오늘의 내가 읽을 수도 있습니다. 이 경우 '그(백 년 전에 글을 쓴 사람)'와 '나'는 시간과 공간을 공유하는 것이 아니죠.

② 화자와 청자 상호 간에 쌍방향 소통이 이루어진다.

구두 언어의 화자와 청자는 말을 주고받을 수 있지만, 문자 언어의 글쓴이와 독자는 그렇지 않습니다.

③ 화자와 청자가 즉각적으로 상호 작용을 한다.

④ 준언어적, 비언어적 의사소통의 비중이 높다.

구두 언어에서는 언어 이외의 수단, 예컨대 어조나 표정 등으로도 화자와 청자 간에 의사소통이 이루어집니다. 하지만 문자 언어에서는 이런 것들이 보이지도, 들리지도 않습니다. 오로지 문자만으로 의사소통을 해야 합니다.

⑤ 정보 내용이 구체적이고 개방적이다.

- ㉠에서 직접적이고 즉각적인 상호 작용에 기여하는 구두 언어의 특성을 알 수 있다.(14 수능예비)

상호 교섭적 성격 相서로상 互 서로호 交 사귈교 涉 건널섭

화자와 청자가 의사소통을 위해 서로 협력하고 절충하는 성격. 화법에서는 화자와 청자가 얼굴을 맞대고 즉각적으로 상호 작용하기 때문에 서로 협력하면서 지속적으로 의미를 창조할 수 있다는 뜻입니다. 예를 들어 대화를 하면서 처음에는 없던 새로운 생각이 떠올랐다거나 대화의 화제가 바뀌는 등 참여자 상호 간의 협력과 작용에 의해 의미가 재구성되었다면 상호 교섭적 성격이 나타난 것입니다. 이런 교섭은 문자 언어를 통한 의사소통에서는 찾아볼 수 없는 특징이죠. 참고로, 화법을 보는 관점은 다음과 같습니다. 우리가 배우는 화법은 이 중 의미 교섭 관점을 취하고 있습니다.

- **의미 전달 관점** 傳 전할전 達 이를달

화자가 청자에게 일방적으로 의미를 전달한다고 보는 관점. 화자 중심적 관점이죠.

- **의미 교환 관점** 交 바꿀교 換 바꿀환

화법을 통해 화자와 청자가 의미를 교환한다고 보는 관점. 단순한 의미 교환만을 이야기하므로 실제 현상과는 부합하지 않습니다.

- **의미 교섭(협상) 관점** 交 사귈교 涉 건널섭

  화자와 청자가 의미의 교섭(交涉 : 어떤 일을 이루기 위하여 서로 의논하고 절충함)과 협상(協商)을 한다고 보는 관점. 의사소통 과정에서 나타나는 변화와 창조, 재구성을 수용한 관점으로, 실제 화법 현상과 부합합니다.

  - 학생은 연구원과 원활한 의사소통을 위해 대화의 목적을 밝히고 있다.(14 9월 모평)

대인 관계적 성격

화법이 대인 관계를 형성 · 유지 · 발전시키는 성격. 우리는 말을 할 때 듣는 사람과 '나'의 관계, 혹은 '내'가 듣는 사람과 맺고 싶은 관계에 따라 말의 내용이나 방식을 조절합니다. 이를 통해 친교가 이루어지고 신뢰가 쌓이기도 하고 그 반대가 되기도 하죠. 이처럼 우리가 선택하는 화법에는 단순히 내용 정보만 담기는 것이 아니라 화자와 청자의 관계에 대한 관계 정보도 담기게 됩니다. 그러니까 화법은 화자와 청자가 서로 교감하고 소통하면서 관계를 형성하고 그 관계를 유지 · 발전시켜 나가는 기능을 하는 것이죠.

사회 · 문화적 성격

화법에 언어 공동체의 사회 · 문화적 특성이 반영되는 성격. 집단이나 세대, 나라에 따라 의사소통의 방식이 다릅니다. 따라서 화법을 익히는 것은 자신이 속한 언어 공동체의 의사소통 문화를 이해하고 이에 따라 적절하게 의사소통할 수 있게 되는 것을 의미합니다. 즉, 개인의 화법에는 그가 속한 사회 · 문화의 의사소통 양식이 투영된다는 뜻입니다.

  - ㉣에서 사회 · 문화적 배경의 차이가 들은 내용을 이해하는 데 영향을 주는 요소임을 알 수 있다. (14 수능예비)

(2) 화법의 요소

화자 話 말씀화 者 놈자

말할 내용을 생산하는 사람. 화자는 청자를 분석하여 말할 내용을 선정, 표현해

야 하며, 말하는 중에도 청자의 반응에 따라 말할 내용과 표현 방법을 바꾸어 대응하는, 이른바 '청자 지향적인 화법'을 구사할 수 있어야 합니다.

청자 聽 들을청 者 놈자

말의 내용을 수용하는 사람. 청자는 수동적으로 정보를 수용하기만 하는 것이 아니라 자신의 경험과 지식을 바탕으로 의미를 재구성해서 수용할 수 있어야 합니다.

- 청자 2와 청자 3 모두 발표 내용과 관련된 자신의 배경지식을 활용하고 있군.(18 수능)

메시지(전언) 傳 전할전 言 말씀언

화자와 청자가 주고받는 말의 내용. 이 메시지에는 내용 정보만 담기는 것이 아니라 관계 정보도 담기게 됩니다.

• 언어적 메시지

언어를 통해 전달되는 내용 정보를 담은 메시지

• 관계적 메시지

화법 참여자들이 자신과 상대를 어떻게 인식하고 있는지에 대한 정보, 자아 정체성에 대한 정보, 대인 관계에 영향을 미치는 정보

맥락(장면) 脈 줄기맥 絡 이을락

화법이 이루어지는 배경 장면. 메시지의 생산과 수용에 영향을 미치게 됩니다. 실제로는 언어 표현 자체보다는 화자의 의도나 맥락을 통해 말의 진정한 의미가 결정됩니다. 어휘의 의미가 문맥에 따라 결정되는 것과 마찬가지죠.

- 위 토의의 맥락을 고려할 때, ㉠과 ㉡에 대한 이해로 적절하지 않은 것은?(17 6월 모평)

• 상황 맥락

화법이 이루어지는 상황. 친한 친구와 사적으로 대화하는 상황인지, 강당에서 여러 사람을 대상으로 연설하는 상황인지에 따라 화법의 내용과 표현이 달라집니다.

• 사회 · 문화적 맥락

화법이 이루어지는 사회 · 문화적 배경. 성별, 세대, 지역, 민족, 인종에 따라 화법의 내용과 표현이 달라집니다.

- ⓔ : 대화 참여자 간의 문화적 배경 차이가 화제 선택에 제약을 줄 수 있다.(14 수능)

• 초두 효과　初 처음초　頭 머리두

어떤 주장과 그 주장에 대한 판단의 간격이 길어지면 가장 먼저 한 말이 마지막에 한 말보다 더 많은 효과를 나타낸다는 이론. 맥락이 메시지의 수용에 미치는 영향을 알 수 있는 이론입니다.

• 근시성 효과　近 가까울근　視 보일시

어떤 주장과 그 주장에 대한 판단의 간격이 짧으면 마지막에 한 말의 효과가 더 크게 나타난다는 이론. '초두 효과'와 마찬가지로 맥락의 영향력을 보여 주는 이론입니다.

2. 화법의 과정

화법은 화자와 청자 간에 의미 교섭이 이루어지는 역동적인 과정이고, 이 과정에서 청자는 자신의 배경지식 등을 활용하여 내용을 재구성합니다. 따라서 이처럼 상호적이고 순환적인 과정을 도식화하여 나타내는 것은 무리가 따를 수 있습니다. 하지만 이해를 돕는 차원에서 시도해 보면 다음과 같습니다.

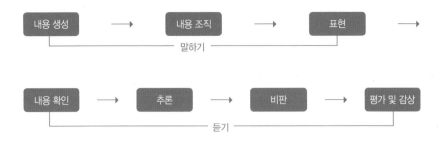

내용 생성 生 날생 成 이룰성

말할 내용을 마련함. 말하기 위한 계획을 세우고 관련 자료를 수집하며 실제 말하기에서 활용할 내용을 뽑아내는 과정으로서, 말하기를 위한 기초 공사에 해당합니다. 말할 내용을 선정할 때는 의사소통의 목적이 무엇이냐(정보 전달이냐, 설득이냐 등), 참여자가 어떤 특성을 가지고 있느냐(화자의 입장이나 여건, 청자의 형편과 처지, 다양한 참여자의 상호 관계) 등을 충분히 고려해야 합니다. 예를 들어 어머니에게 용돈을 타기 위한 말하기라면, 의사소통의 목적이 '설득'이라는 점, 화자인 내가 몹시 궁핍하다는(?) 점, 청자인 어머니가 어제 월급을 받으셨다는(!) 점 등을 충분히 고려하여 말할 내용을 생성해야 한다는 것이죠.

내용 조직 組 짤조 織 짤직

말할 내용을 짬. 말할 내용을 조직할 때는 화법의 유형, 화제의 특성, 상황 등을 충분히 고려해야 합니다. 예를 들어, 정보를 전달하는 화법이라면 대상의 특성을 나열하거나, 사건의 원인과 결과에 따르거나, 일의 순서에 따르는 방식 등으로 내용을 조직할 수 있습니다. 반면 설득하는 화법에서는 일반적으로 다음과 같은 조직 방법이 많이 활용됩니다.

- **'문제 – 해결' 조직**

  먼저 문제의 심각성을 밝히고 그에 대한 효과적인 해결책을 제시하여 주장의 타당성을 입증해 나가는 방법

- **'문제 – 원인 – 해결' 조직**

  문제의 심각성을 밝히고 그 문제의 배경과 원인을 규명한 다음 그 원인에 따라 해결책을 제시하는 방법

- **'동기화 단계' 조직**

  '주의 끌기(청자의 주의 환기) → 요구(문제를 청자와 관련시켜 청자의 요구 자극) → 만족(해결 방안 제시로 청자를 만족시킴) → 시각화(해결 방안이 청자에게 주는 이점을 묘사하여 청자의 욕망을 강화) → 행동(구체적인 행동 내용과 방법을 제시하여 행동 요구)'의 순서로 내용을 조직하는 방법

- 1단계 : 청자의 관심을 끌 질문을 던진다.
  2단계 : 문제 상황과 청자를 연관시킨다.
  3단계 : 청자에게 해결 방안을 제시한다.
  4단계 : 해결 방안의 효과를 보여 줄 수 있는 사례를 제시한다.
  5단계 : 청자가 해결 방안을 실행하기 위한 방법을 안내한다.(15 9월 모평)

표현

구두 언어를 통한 의사소통에는 언어적 표현은 물론 비언어적, 준언어적 표현도 활용됩니다. 준언어적, 비언어적 표현의 활용은 문자 언어를 통한 의사소통과는 다른 화법만의 특징이죠. 이런 표현들을 잘 활용해야만 의사소통의 효과를 높일 수 있습니다.

• 언어적 표현

언어(말)를 사용하여 표현하는 것. 내용이나 상황에 맞는 어휘를 선택하여 어법에 맞게 표현해야 합니다. 또한 표준 발음으로 말해야 하며, 공식적인 화법이라면 반드시 표준어를 사용해야 합니다.

- • 상대방의 말에 수긍함을 언어적, 비언어적 표현으로 나타내고 있다.(15 9월 모평)

• 준언어적 표현   準 법도준

언어적 특성을 가진 표현. 언어 그 자체는 아니지만 언어적 특성을 어느 정도 가진 것을 의미합니다. 다시 말하면 언어에 수반되는 음성적 요소, 즉 억양이나 어조, 성량, 속도 등으로 생각이나 느낌을 나타내는 것을 말합니다. 몹시 작은 목소리로 더듬더듬 말한다면 그 말의 내용과 상관없이 화자가 겁을 내거나 자신 없어한다는 메시지가 전달됩니다. 어조나 성량 같은 준언어적 표현이 의사소통에 작용하는 것이죠.

• 비언어적 표현   非 아닐비

언어적 특성을 가지지 않았지만 의사소통에 영향을 미치는 표현. 언어가 아닌 몸짓, 표정, 시선 등으로 생각이나 느낌을 나타내는 것을 말합니다. 이런 것들은 언어적 특성인 음성과는 전혀 관계가 없는 시각적 표현들입니다. 하지만 두 눈에 그렁그렁 눈물이 고인 사람의 표정은 상대방에게 슬픔이라는 메시지를 전달합니다. 표정이라는 비언어적 표현이 의사소통에 작용하는 것이죠.

- 비언어적 표현과 언어적 표현을 통해 부정의 의미를 드러내고 있다.(16 6월 모평)
- (가), (나)는 (다)와 달리 의사소통 참여자들이 시간과 공간을 모두 공유하는 상황이므로 (가), (나)에는 언어적 표현 외에 비언어적 표현도 함께 나타나는군.(21 6월 모평)

듣기 전략

• 공감적 듣기

상대에게 감정을 이입하여 상대의 말을 들어 주는 것. 자신의 견해를 개입시키지 않고 상대의 처지에 공감하며 듣는 것으로, 관심, 공감, 동정, 기쁨, 놀라움 등을 표현함으로써 상대로 하여금 자신의 마음을 드러내게 하고 화자와 청자의 친밀감을 높이는 방법입니다.

소극적인 들어 주기	말을 계속할 수 있도록 격려하기 예 "그래? 그래서?", "계속 말해 봐."
적극적인 들어 주기	객관적인 입장에서 화자의 말을 요약·정리하고 반영하기 예 "그러니까 ~란 말이지?"

- 학생은 박사의 답변에 긍정적으로 반응함으로써 공감하며 듣는 태도를 드러내고 있다.(15 수능)
- 상대방의 말을 재진술하여 상대방의 말을 제대로 알아들었음을 드러내고 있다.(16 6월 모평)
- 상대의 발언 내용 중 일부를 반복하여 동조의 뜻을 표현하고 있다.(14 6월 모평)

• 추론적 듣기

의사소통 참여자의 소통 방식과 의도, 상황 등을 추리하며 듣는 방법입니다.

- 대화 맥락을 바탕으로 추론한 내용에 대해 확인하고 있다.(14 6월 모평)
- 청자 3은 발표 내용을 바탕으로 발표에서 직접적으로 언급되지 않은 내용을 추론하고 있군.(18 수능)

• 평가적 듣기

의사소통 과정에서 참여자들 간에 서로 주고받는 말을 비판적으로 듣는 방법입니다. 신뢰성(정보나 자료의 출처가 믿을 만한가?), 타당성(말의 내용이 이치에 맞는가?), 공정성(말의 내용이나 주장이 공평하고 정의로운가?) 등을 평가하게 되죠.

- 학생 1은 학생 2와 달리 발표에서 음식 재료를 설명한 내용이 정확한지 평가하며 들었다.(22 수능)

말하기 전략

말하기의 일반적인 전략으로는 '의사소통 규칙 따르기(명시적인 규칙이 존재하는 토론 등에서는 그 명시적인 규칙을 따르는 것, 명시적인 규칙이 존재하지 않는 경우에는 상대방의 말을 중간에 자르지 않는 것과 같은 암묵적인 규칙을 지키는 것), 공감 이끌어 내기, 우리말의 문화적 전통 활용하기(적절한 높임 표현을 사용한다든가, 필요한 말만 한다든가, 말과 행동을 일치시킨다든가 하는 우리말의 문화적 전통을 활용하는 것)' 등을 들수 있습니다. 이런 말하기 전략은 어떤 말하기 상황에서도 공히 큰 효과를 발휘할 수 있는 기본적인 것이죠.

3. 화법을 통한 사회적 상호 작용

화법을 통한 의사소통 상황에서는 단순히 말만 교환되는 것이 아니라 사회적 상호 작용도 함께 일어납니다. 이런 사회적 상호 작용은 의사소통 참여자들의 관계를 발전시키고 의사소통의 효과를 높이죠. 이런 상호 작용과 관련된 개념들을 정리해 봅시다.

참여자 인식 參 참여할참 與 더불어

의사소통 참여자들의 역할이나 특성, 관계를 인식하는 것. 이러한 참여자 인식은 의사소통을 원활하게 하여 화법의 목표를 달성하는 데 기여합니다. 대화 상황이나 상대에 따른 화자의 역할이나 기여를 분석하는 것, 청자의 수준이나 요구·태도 등을 분석하는 것, 참여자들의 관계를 이해하는 것 등이 여기에 포함됩니다.

- 자료의 수준이 청중이 이해하기에 적절한지 고려하여 자료 활용 여부를 결정하였다.(15 수능)
- 청중의 응답을 이끌어 내고 반응을 확인하여 청중과의 상호 작용을 강화하였다.(14 수능)

대인 관계 對 대할대 人 사람인

화법을 통한 의사소통은 결국 대인 관계를 맺는 행위입니다. 이런 대인 관계에 영향을 미치는 개념으로는 다음과 같은 것이 있습니다.

• 자아 개념

다른 사람이 나를 어떻게 생각하는지에 대한 나의 생각. 자신이 만든 것이라기보다는 자신에 대한 다른 사람의 말을 반영하여 만들어진 것이죠. 그런데 이런 자아 개념은 의사소통에 많은 영향을 미칩니다. 긍정적 자아 개념을 가진 사람은 의사소통 상황에서 적극적이고 능동적인 자세를 보이는 것이 일반적입니다. 반면 부정적 자아 개념을 가진 사람은 소극적인 태도를 보이기 쉽습니다.

• 자아 노출　露 이슬로 出 날출

상대방에게 자신에 대해 이야기하는 것. 대인 관계를 형성하려면 의사소통 참여자는 어느 정도 자아를 노출하는 것이 필요합니다. 초기에는 주로 사회적 자아를 노출하고 관계가 발전할수록 점진적으로 개인적 자아를 노출하는 것이 일반적이죠.

사회적 자아	출신 학교, 사는 곳, 지위, 직장 등 다른 사람들의 견해 속에서 나타나는 자신의 존재
개인적 자아	성격, 심리 등 자기 스스로 생각하는 자신의 존재

공손성의 원리　恭 공손할공 遜 겸손할손 性 성품성

상대방에게 공손하게 말하는 원리. 상대방과의 관계를 좋게 하기 위한 방법입니다. 구체적으로는 상대방에게 정중하지 않은 표현은 최소화하고 정중한 표현은 최대화하는 원리입니다.

• 요령의 격률　要 요긴할요 領 거느릴령

상대방에게 부담이 되는 표현은 최소화하고, 이익은 극대화하는 표현을 사용하는 방법입니다.

> 예　미안하지만 손 좀 빌려 줄 수 있겠니? 이 자료만 정리하면 되는데 힘이 드네.

> 상대방에게 자료 정리를 시키고 싶은 거겠죠? 하지만 바로 자료를 정리하라고 말하지 않고 상대방의 의향을 묻는 형식을 취함으로써 상대방의 부담을 최소화하고 있습니다. 결국 약간의 요령을 발휘하여 표현을 공손하게 했기 때문에 상대방에게 부담을 주지 않으면서도 자신의 의사를 전달할 수 있는 것이죠.

- 상대방이 가질 부담을 완화하기 위한 표현을 사용하고 있다.(15 9월 모평)
- 상대방이 부담을 덜 느끼도록 표현하면서 부탁의 의도를 드러내고 있다.(16 6월 모평)
- 상대방에게 일방적으로 부탁하기보다는 간접적인 표현으로 완곡하게 말했어야 해.(15 고2 성취도)

- **관용의 격률** 寬 너그러울관 容 얼굴용

화자 자신에게 혜택을 주는 표현을 최소화하고, 부담을 주는 표현을 최대화하는
방법입니다.

> 예 제가 이해력이 떨어져서요. 귀찮으시겠지만 한 번만 더 차근차근 설명해 주시겠어요?
>
> > 상대방이 말을 어렵게 해서 이해가 안 된 것일 수도 있습니다. 하지만 "말 좀 쉽게 해 주세요."라고
> > 말하지 않았습니다. 그렇게 말하면 상대방이 기분 나빠할 수도 있으니까요. 오히려 못 알아들은 것
> > 을 자신의 탓으로 돌려 자신의 부담을 최대화하는 방식으로 의사를 표현하고 있습니다. 당연히 상
> > 대방과의 관계는 좋게 유지되겠죠?

- **찬동(칭찬)의 격률** 贊 도울찬 同 한가지동

다른 사람에 대한 비방은 최소화하고, 칭찬을 극대화하는 방법입니다.

> 예 영희 어머님, 안녕하세요. 영희가 너무나 예쁘고 깔끔해서 누굴 닮았나 했는데, 오늘 어머
> 님을 뵙고 보니 어머님을 닮아 그런 것이었군요.
>
> > 상대방에 대한 칭찬을 극대화하여 관계를 좋게 하고 있습니다.

- 상대방을 칭찬하며 대화의 분위기를 좋게 만든다.(15 고2 성취도)

- **겸양의 격률** 謙 겸손할겸 讓 사양할양

자신에 대한 칭찬은 최소화하고, 비방을 극대화하는 방법입니다.

> 예 선생님 : 영수야, 쉬는 시간에도 공부하니? 정말 대단하구나.
> 영수 : 아니에요, 선생님. 제가 머리가 나빠서 수업 시간에 다 이해하지 못했어요. 그래서
> 할 수 없이 다시 보고 있는 거예요.
>
> > 자신을 칭찬하는 선생님의 말을 부정하고 자신을 낮춤으로써 겸양을 표현하고 있습니다.

- 상대방에게 자신을 낮추어 표현하는 것을 통해 겸손의 의도를 드러내고 있다.(16 6월 모평)

- **동의의 격률** 同 한가지동 意 뜻의

자신의 의견과 다른 사람의 의견 사이의 다른 점을 최소화하고, 일치점을 극대화
하는 방법입니다.

예 **중기** : 우리 피자 먹을까?

수지 : 피자? 좋지. 맛있겠다. 근데 저기 새로 생긴 분식집에서 떡볶이를 할인 판매한대. 양도 많고 값도 싸서 용돈 절약에 좋을 것 같은데……

중기 : 그래? 그러면 떡볶이 먹자. 피자는 다음에 용돈이 넉넉할 때 먹지 뭐.

> 서로 다른 의견을 가지고 있지만 상대방의 의견을 존중하고 있습니다. 먼저 상대방과의 일치를 강조한 다음 자신의 견해를 제시하는 방식으로 말하고 있네요. 이렇게 말하면 둘 사이는 계속 좋은 관계를 유지할 수 있겠죠?

- 질문하는 방식을 통해 상대방의 뜻에 동조하고 있음을 드러내고 있다.(16 6월 모평)
- 상대방의 말에 동의하면서 추가적인 정보를 구하고 있다.(15 9월 모평)

주도와 협력

실제 의사소통 과정에서는 청자와 화자가 수시로 바뀝니다. 그러다 보니 의사소통에 참여하는 사람을 단순히 화자와 청자로 나누는 것은 문제가 있을 수 있습니다. 그래서 의사소통 과정을 주도하느냐, 그렇지 않느냐에 따라 참여자의 역할을 '주도'와 '협력'으로 나누기도 합니다. 토의나 토론, 면접, 발표, 연설 등에서는 주도자와 협력자가 뚜렷이 구분되지만, 대화나 협상 등에서는 그렇지 않습니다.

● **주도자** 主 주인주 導 이끌도

의사소통을 주로 이끄는 사람. 토의나 토론의 사회자, 면접의 면접관, 발표의 발표자, 연설의 연사 등이 그 예입니다. 주도자는 의사 결정의 단계에 적합하게 논의가 진행될 수 있도록 해야 합니다. 또 참여자들이 말하기의 순서나 규칙을 준수하고 공동의 합리적인 사고를 통해 대안을 도출할 수 있도록 이끌어야 합니다. 참여자 간의 관계를 고려하여 서로 존중하고 조화로운 의사소통 과정이 될 수 있도록 이끌어야 하는 것은 물론이죠.

- 진행자는 전문가의 말에 나온 용어의 개념을 물음으로써 청취자의 이해를 돕고 있다.(14 수능)
- 사회자는 논의의 배경을 언급하며 논제를 명확하게 제시하고 있다.(15 고2 성취도)
- (사회자는) 토론의 진행 절차에 맞게 발언 순서를 지정하고 있다.(14 9월 모평)
- '면접자'는 '면접 대상자'의 답변 내용을 요약하며 재진술하고 있다.(18 9월 모평)

● **협력자** 協 화합할협 力 힘력

의사소통에 협력하는 사람. 토의나 토론의 참여자, 발표나 연설의 청중이 이에 해당합니다. 협력자라고 해서 수동적인 위치에만 머물러서는 안 됩니다. 적극적으로 자신의 의견을 제시하여 공동의 의사 결정이 합리적으로 이루어지는 데 기여해야 합니다. 또한 의사소통 규칙을 준수하고 사회자의 논의 진행에 적극적으로 협조해야 합니다. 이때 다른 사람의 의견을 존중하고 협력하는 태도를 취하는 것은 기본이죠.

- 대화 참여자의 협력적 반응이 대화를 원활하게 진행하는 데 도움이 될 수 있다.(14 수능)
- 협상 참여자 양측은 서로 경쟁하면서도 협상 타결을 위해 서로 협력하는 관계이다.(14 수능)

말하기 불안

여러 사람 앞에서 말을 하기에 앞서, 또는 말을 하는 과정에서 개인이 경험하는 불안 증상. 말하기 불안은 준비 부족이나 경험 부족, 부정적 자아 개념, 소극적 성격 등이 원인이 되어 나타납니다. 이런 말하기 불안은 연습이나 긍정적 자기 암시, 심리 치료 등으로 극복할 수 있는데, 청자의 긍정적 반응도 불안 극복에 결정적 도움을 줍니다.

- 청중 앞에서 발표해 본 경험이 부족하여 부담감을 느끼고 있으므로 미리 친구들 앞에서 연습을 하며 자신감을 얻는다.(15. 9월 모평)
- 발표 준비가 부족하다고 생각하여 불안감을 느끼고 있으므로 발표 내용에 관한 다양한 자료를 사전에 충분히 준비한다.(15. 9월 모평)

화법의 원리에 따라 대화하면 싸울 일은 없겠죠?

02 여러 가지 말

1. 참여자의 관계에 따른 분류

(1) 대화 對대할대 話말씀화

둘 이상의 사람이 마주 대하여 이야기를 주고받는 말하기. 일대일(一對一)의 관계
가 성립하는 화법입니다. 둘 이상의 참여자가 서로의 생각과 느낌을 표현 · 이해
하는 상호 교섭적 활동이죠. 크게 '사적(私的)인 대화'와 '공적(公的)인 대화'로 나
눌 수 있는데, 보통 '대화'라고 하면 일상적인 주제로 이루어지는 사적인 대화를
가리키는 경우가 많습니다. 대화를 할 때는 공감적 듣기(p. 379 참고), 상황 맥락이
나 사회 · 문화적 맥락을 고려한 말하기(p. 375~376 참고) 자세가 필요하고, 유머
와 재담 등을 활용하면 더욱 좋습니다. 대화에서는 공손성의 원리(p. 381 참고)와
함께 다음과 같은 협력의 원리를 지키는 것이 중요합니다.

- 대화의 흐름을 고려할 때, ㉠~㉤에 대한 이해로 적절하지 않은 것은?(21 수능)
- [A]에서는 대화 참여자 간의 공동의 문제를, [B]에서는 공동이 아닌 '학생1' 개인과 관련된 문제를
  중심 화제로 대화하였다.(16 6월 모평)

협력의 원리 協화합할협 力 힘력
대화 참여자가 대화의 목적에 성공적으로 도달하기 위해서 지켜야 하는 원리

• 양의 격률 量 헤아릴양
대화의 목적에 필요한 양만큼의 정보를 제공해야 한다는 원칙

> 예 철수 : 영수야, 어디 가니?
> 영수 : 대한민국 ○○시 △△구 □□동 ◎◎고등학교 본관 3층 1학년 2반 교실 교탁 앞자리
>
> 영수는 철수가 원하는 정보보다 훨씬 많은 양의 정보를 제공하고 있습니다. 따라서 영수의 대답은
> 필요한 양만큼의 정보를 제공해야 한다는 양의 격률에 위배됩니다.

- **질의 격률** 質 바탕질

타당한 근거를 들어 진실을 말해야 한다는 원칙

> 예 엄마 : 아들아, 숙제 다했니?
> 아들 : (이제 시작하면서) 네, 거의 다했어요.
>
> 숙제를 재촉하는 엄마의 말을 듣고 그제야 숙제를 하기 시작한 아들은 차마(?) 그 진실을 말하지 못했습니다. 질의 격률을 위배한 것이죠.

- **관련성의 격률** 關 관계할관 聯 연이을련 性 성품성

대화의 목적이나 주제와 관련된 것을 말해야 한다는 원칙

> 예 엄마 : 아들아, 영어 시험 잘 봤니?
> 아들 : 엄마, 이 만화 정말 재미있어요.
>
> 엄마의 질문은 영어 시험 성적에 관한 것인데, 아들은 그런 대화의 주제와는 관련이 없는 내용을 말하고 있으므로 관련성의 격률을 위배한 것입니다. 이렇게 관련성의 격률을 위배하면 대화가 원활하게 진행되기 어렵습니다.

- **태도의 격률** 態 모습태 度 법도도

모호하거나 중의적인 표현을 피하고, 간결하고 조리 있게 말하되, 언어 예절에 맞게 말해야 한다는 원칙

> 예 수진 : 민희야, 떡볶이 먹을래?
> 민희 : 맵지 않을까? 맛있을 것 같긴 해. 그런데 김밥을 먹어도 좋을 것 같아.
>
> 민희는 도대체 어쩌자는 걸까요? 민희의 모호한 태도는 대화가 원활하게 진행되는 것을 방해합니다.

대담 對 대할대 談 말씀담

마주 대하여 말하는 것으로, 대화의 일종입니다. 흔히 사적인 대화와 구별하여 전문적인 주제에 대해 공식적으로, 격식을 차려 나누는 이야기를 가리킵니다.

- 다음은 청취자가 대담을 들으면서 작성한 메모이다. 대담에서 언급되지 않은 것은?(13 수능)
- 다음은 라디오 대담의 일부이다. 대담 참여자의 말하기 방식에 대한 설명으로 적절하지 않은 것은? (14 수능)
- 대담은 〈보기〉에 비해 경어적 언어 표현을 주로 사용하는 의사소통 활동이다.(15 6월 모평)

좌담 座자리좌 談말씀담

여러 사람이 한자리에 모여 앉아서 어떤 문제에 대해 의견을 나누는 일을 가리킵니다. '자리[座]에 앉아서' 나누는 대담이라는 의미 그대로 대담과 거의 같은 의미로 사용됩니다.

- 이 좌담을 통해 알 수 없는 내용은?(06 수능)

의논 議의논할의 論논할논

어떤 일에 대하여 서로 의견을 주고받는 행동을 포괄적으로 이르는 말입니다.

협상 協화합할협 商 장사상

이익과 관련된 갈등을 인식한 둘 이상의 주체들이 이 갈등을 해결할 의사를 가지고 모여서 합의에 이르고자 대안을 조정·구성하는 공동 의사 결정 과정. 이익을 추구·조정하는 대화라고 볼 수 있습니다. 참여자 집단이 둘인 경우를 '양자(兩둘양 者) 협상', 참여자 집단이 셋 이상인 경우를 '다자(多많을다 者) 협상'이라고 합니다. 또한 주제가 하나이면 '단일 협상', 여럿이면 '복합 협상'이라고도 합니다. 참여자들 모두가 만족하는 대안을 찾는 것이 목적이기 때문에 양보와 타협의 자세가 필요합니다.

- 협상 진행 과정을 고려할 때, ㉠, ㉡에 대한 설명으로 가장 적절한 것은?(22 9월 모평)
- 다음은 솔빛마을 주민 측에서 협상을 준비하는 과정에서 작성한 협상 계획서의 일부이다. 다음을 참고하여 [A]~[E]를 이해한 내용으로 적절하지 않은 것은?(20 6월 모평)
- 협상에서는 참여자 양측의 의견 차이를 좁히는 과정을 통해 구체적인 타협안을 찾아간다.(14 수능)

(2) 대중 화법 大클대 衆무리중

한 사람이 여러 사람에게 이야기하는 대중적인 말하기. 일대다(一對多)의 관계가 성립하는 화법입니다.

발표 發필발 表겉표

여러 사람 앞에서 자신의 생각이나 의견 또는 사실을 펼쳐 말하는 것. 정보 전달이나 설득을 목적으로 하기 때문에 쉽고 정확하게 표현해야 합니다. 발표 자료의 성격에 따라서는 시청각(視볼시 聽들을청 覺깨달을각) 자료 등을 활용하기도 합니다.

- 발표 중에 질문을 하여 발표 내용에 대한 청중의 이해를 확인해야겠어.(18 수능)
- 다음은 발표자가 위 발표를 준비하면서 작성한 메모이다. ㉠~㉤을 바탕으로 하여 발표에서 사용한 발표 전략으로 적절하지 않은 것은?(22 수능)
- 다음은 위 발표에 활용된 매체 자료이다. 발표를 참고할 때, 발표 내용과 자료를 활용한 이유를 바르게 짝지은 것은?(20 수능)

프레젠테이션(Presentation)

컴퓨터나 기타 멀티미디어를 이용하여 그 안에 담겨 있는 각종 정보를 사용자 또는 대상자에게 전달하는 행위. 투영기(OHP : overhead projector)를 이용한 학술 발표나 컴퓨터로 작성된 화면을 영사기와 연결하여 보여 주는 행위들이 그 예입니다. '발표'와 거의 같은 의미로 사용되고, 시청각 자료를 활용한 발표를 특별히 이르는 경우가 대부분입니다.

- 〈보기〉는 '화가 김홍도'에 대한 프레젠테이션을 하기 위한 계획이다. 이를 반영하여 구상한 내용으로 적절하지 않은 것은?(12 6월 모평)
- 이 프레젠테이션을 수정, 보완할 내용으로 적절하지 않은 것은?(10 6월 모평)

강의　講외울강 義뜻의

학문이나 기술의 내용을 체계적으로 설명하여 가르치는 것을 말합니다. 강사나 교사 1인이 여러 사람을 대상으로 지식을 가르치는 말하기입니다.

- 강의에서 들은 내용을 〈보기〉에 따라 정리할 때 ㉠에 들어갈 것은?(12 수능)

강연　講외울강 演펼연

특정한 주제에 대하여 청중 앞에서 강의 형식으로 말하는 것입니다. 말하는 사람과 듣는 사람의 관계가 일회적인 경우가 대부분이고, 특정 주제에 대한 강연자의 식견이나 경험의 전달이 주목적인 말하기입니다.

- 강연자의 강연 의도로 가장 적절한 것은?(17 고2 성취도)
- 위 강연자의 말하기 방식으로 가장 적절한 것은?(17 6월 모평)
- 강연 중간 중간에 자신이 말한 내용을 요약하여 청중의 이해를 돕고 있다.(17 9월 모평)
- 강연 내용에 대한 이해를 바탕으로 추가 설명을 요청하는 학생의 질문으로 적절하지 않은 것은? (18 9월 모평)

연설 演펼연 說말씀설

다수의 청중을 대상으로 정보를 전달하거나 설득하거나, 또는 청중을 즐겁게 하는 것을 목적으로 하는 공식적인 말하기입니다.

- 연설자가 연설에 사용한 전략과 구체적 내용이 바르게 연결된 것은?(16 수능)
- 사회자가 ⓒ에 따라 연설 계획을 세운다고 할 때 적절하지 않은 것은?(17 9월 모평)

(3) 집단 화법 集모을집 團모을단

여러 사람이 함께 모여 말하는 집단적인 말하기. 토의와 토론이 대표적입니다.

토의 討칠토 議의논할의

집단의 모든 사람이 공동의 관심사가 되는 문제에 대하여 가장 바람직한 해결 방안을 찾기 위해 협동적으로 논의하는 과정입니다. 그러므로 참여자들은 정중하고 분명하게 자신의 생각을 말하고, 다른 사람의 이야기를 존중 · 경청하면서 공동의 의견을 모아야 합니다. 토의의 일반적인 절차는 다음과 같습니다.

절차	하는 일
문제 확정	무엇에 대하여 토의할 것인가, 즉 토의의 주제를 확정한다.
문제 이해	문제의 원인과 실태, 앞으로의 전망 등에 대해 정보나 의견을 교환한다.
해결안 모색	해결 방안을 여러 측면에서 찾아본다.
해결안 결정	여러 해결안을 검토, 평가해 보고, 가장 합리적인 해결안을 결정한다.

- (가)는 모둠 과제를 수행하기 위한 학생들의 토의이고 (나)는 이를 바탕으로 작성한 글의 초고이다. (19 6월 모평)
- 위 토의에 참여한 이들의 말하기 방식에 대한 설명으로 적절한 것은?(14 6월 모평)
- 토의 참여자들이 논의해야 할 사안을 안내한다.(15 9월 모평)

• 심포지엄(Symposium)

각기 다른 방면의 전문가나 권위자 3~6명이 동일 또는 관련된 주제에 대해 서로 다른 관점에서 의견이나 견해를 발표한 다음 청중으로부터 질문을 받아 응답하는 말하기 형식입니다. 학술적인 주제를 깊이 있게 다룰 수 있으며, '전문성'이 핵심인 토의입니다.

• **패널 토의**(Panel Discussion)

'배심(陪모실배 審살필심) 토의'라고도 합니다. 서로 다른 입장을 가진 집단의 대표(배심원)들이 자기 집단을 대표해서 토의를 진행합니다. 3~6명의 배심원들이 청중 앞에서 각자의 지식, 견문, 정보, 의견 등을 제시하며 협력적으로 논의를 전개해 나갑니다. 집단 간의 이견(異見) 조정이나 시사 문제를 다루기에 적합한 토의 형태인데, 청중들은 두 집단의 대표들이 주장하는 바를 듣고 어떤 주장이 더 옳은지를 스스로 판단하게 됩니다. '대표성'이 핵심인 토의입니다.

• **포럼**(Forum)

특정한 주제에 대해 상반된 견해를 가진 동일 분야의 전문가들이 사회자의 주도 하에 청중 앞에서 벌이는 공개 토의로서, 청중이 자유롭게 질의에 참여할 수 있고, 사회자가 의견을 종합합니다. 여론 수렴 등이 필요한 공공의 문제를 공개된 장소에서 토의하는 형식으로, '공개성'이 핵심인 토의입니다.

• **원탁 토의**(Round Table Discussion)

토의 참가자가 상하(上下)의 구별 없이 평등하게, 자유로운 분위기 속에서 테이블에 둘러앉아 토의하는 형식입니다. 10명 내외의 소규모 집단이 공동의 관심사와 관련된 문제를 의논하는 비공식적인 토의입니다. 자유로운 장점은 있지만, 사회자가 없기 때문에 참가자들이 토의에 익숙하지 않으면 산만하게 진행되거나 시간을 낭비하기 쉽습니다. '비공식성, 다양성, 평등성'이 핵심인 토의입니다.

• **회의** 會 모일회 議 의논할의

어떤 조직이나 공동체의 문제를 해결하고 의사를 결정하기 위한 토의 형태입니다. 비교적 엄격한 절차에 따라 진행되며, 참여자는 의장, 서기, 회원으로 구성됩니다.

> • 다음은 학급 회의의 내용을 기록한 것이다. 각 발언자의 발언 내용과 일치하지 않는 것은?(12 6월 모평)

• **세미나**(Seminar)

연구자가 특정한 주제에 대하여 학술 논문을 발표한 후 참석자와 질의응답으로 자유롭게 의견을 나누는 토의 형태입니다. 의문점을 깊이 있게 추구함으로써 연구자의 능력을 향상시키는 데 목적이 있습니다.

• **컬로퀴엄**

세미나와 비슷한 형태로 진행되는 토의 유형으로, 권위 있는 전문가를 초빙하여 다른 사람의 그릇된 의견을 바로잡는 것을 목적으로 한다는 점에서 세미나와 구별됩니다.

• **브레인스토밍(Brainstorming)**

두뇌 폭풍. 창의적인 아이디어를 생산하기 위한 학습 도구이자 토의 기법입니다. 하나의 주제에 대해서 찬반에 구애받지 않고 자유롭게 논의를 전개하면서 생각을 모으고, 그것들에 대해 평가하거나 토의하면서 주제에 가장 적합한 형태로 생각을 다듬어 나가게 됩니다.

토론　討칠토 論논할론

어떤 문제에 대하여 찬성이나 반대의 의견을 가진 사람들이 자기의 주장이 상대방의 주장보다 더 합리적임을 입증함으로써 상대방을 설득하는 말하기입니다. 일차적으로는 상대방의 주장을 공략하여 자기의 주장이나 의견을 관철하는 것이 목적이지만, 궁극적으로는 각기 다른 의견의 장단점을 분석·판단하여 최선의 해결안을 찾아내는 것이 목적입니다. 그러므로 토론 참가자들은 자신의 주장을 공손한 말과 태도로 분명하게 제시하는 동시에, 다른 사람의 의견을 존중하고, 경우에 따라서는 수용할 줄도 알아야 합니다. 원활한 토론을 위해서는 다음과 같은 요건들이 지켜져야 합니다.

토론 주제	긍정이나 부정의 형식을 갖춘 명제여야 한다. 주장을 담고 있어야 한다. 찬성파와 반대파로 나누어질 수 있는 주제여야 한다.
사회자	객관적인 입장에서 토론을 공정하고 원활하게 이끌 수 있는 사람이어야 한다.
토론자	주제에 대해 찬성과 반대의 뚜렷한 의견 대립을 가진 사람들이어야 한다.
토론 규칙	발언 시간이나 순서, 토론의 판정 방법 등에 대한 규칙을 정하고 이에 따라 진행해야 한다.
청중	토론 내용을 듣고 객관적인 태도로 양측의 주장을 공평하게 판정할 수 있어야 한다.

- (가)는 토론의 일부이고 (나)는 청중으로 참여한 학생이 '토론 후 과제'에 따라 쓴 초고이다.(20 수능)
- (가)의 토론자들의 말하기 방식에 대한 설명으로 적절하지 않은 것은?(19 9월 모평)
- 사회자는 논의의 배경을 언급하며 논제를 명확하게 제시하고 있다.(15 고2 성취도)
- (사회자는) 토론자들의 발언을 요약하여 쟁점을 정리하고 있다.(14 9월 모평)

고전적 토론

고전적인 토론 형식. 찬성 측과 반대 측이 각각 2명으로 구성되는데, 각 참여자들이 번갈아 가면서 '입론(立설립 論논할론 : 의견을 내세움)'과 '반론(反돌이킬반 論논할론 : 다른 사람의 의견에 대해 반박함)'을 하게 됩니다. 이렇게 입론과 반론이 반복된 후 평결이 내려지는 순서로 토론이 진행됩니다.

- 반대 측은 문제의 원인을 찬성 측과 다르게 파악하여 반대 주장의 근거로 사용하고 있다.(15 고2 성취도)
- (가)의 입론을 쟁점별로 정리한 내용으로 적절하지 않은 것은?(20 수능)
- 대체로 입론에서는 문제 상황을 제시하고, 문제의 원인을 분석하며, 문제를 해결할 수 있는 방안을 제시한다.(19 9월 모평)
- 반론에서 '반대자 1'은 음악 감상이 학습을 방해할 수도 있다는 전문가의 견해를 인용하며 입론의 '찬성자 2'가 제기한 주장을 반박하고 있다.(14 9월 모평)

반대 신문식 토론(교차 심문 토론) 訊물을신 問물을문 / 審살필심 問물을문

고전적 토론 형식에, 바로 앞 상대 토론자에 대한 반대 신문을 추가한 형태입니다. 토론의 논제에 대해 찬성 측과 반대 측이 각각 상대측의 주장에 대해 질문을 할 수 있습니다. 이 질문을 통해 상대측의 주장이 불합리하다는 것을 밝히게 되는 것이죠.

- 다음은 수업 중 학생들이 실시한 반대 신문식 토론의 일부이다.(14 수능예비)

칼 포퍼 토론

찬성 측과 반대 측을 각각 3명으로 구성하여 1번의 입론과 2번의 반론을 하는 토론 형식입니다. 마지막 반론을 제외하고는 발언마다 질문을 하는 방식으로 진행됩니다.

(4) 기타 말하기

컨벤션 (Convention)

두 명 이상의 개인 또는 여러 기관의 대표들이 모여 공통 관심사에 대해 의견을 교환하는 모임. 주로 산업 분야의 정기 회의를 일컫는 말입니다.

콘퍼런스 (Conference)

컨벤션과 거의 같은 의미를 가진 용어인데, 주로 과학, 기술, 학문 분야의 새로운 지식 습득 및 연구를 위한 회의를 가리킵니다.

공청회 公 공평할공 聽 들을청 會 모일회

국회나 행정 기관에서 일의 관련자에게 의견을 들어 보는 공개적인 모임. 국민적인 관심의 대상이 되거나 사회 일반에 영향력이 큰 안건을 심의하기 전에, 국회나 행정 기관이 학자, 경험자 또는 이해관계자를 참석시켜 의견을 말하게 하는 공개 회의입니다.

청문회 聽 들을청 聞 들을문 會 모일회

어떤 문제에 대하여 내용을 듣고 그에 대하여 물어보는 모임. 주로 국가 기관에서 입법 및 행정상의 결정을 내리기에 앞서 이해관계자나 제삼자의 의견을 듣기 위해 열게 됩니다.

인터뷰 (interview)

특정한 목적을 가지고 개인이나 집단을 만나 정보를 수집하고 이야기를 나누는 일. 주로 기자가 취재를 위하여 특정한 사람과 가지는 만남을 이르는 말입니다.

- 인터뷰의 내용을 통해 볼 때, 전시회 포스터의 ㉠에 들어갈 내용으로 가장 적절한 것은?(12 9월 모평)
- 인터뷰를 들으며 메모한 내용이다. 적절하지 않은 것은?(13 6월 모평)
- (가)는 학생들이 발명가를 대상으로 한 인터뷰이고, (나)는 이를 참고하여, '학생 1'이 '학습 활동' 과정에서 작성한 설명문의 초고이다.(18 6월 모평)

면접 面 낯면 接 이을접

어떤 단체나 조직에 들어가고자 하는 사람(피면접자)을 그 조직 내부의 사람(면접자)이 직접 만나 그의 자격 따위를 평가하는 것. 면접자가 피면접자를 평가하기 위해 질문을 하면 피면접자가 여기에 답변하는 방식으로 진행됩니다. 따라서 피면접자는 면접자의 질문 내용을 정확하게 이해하여 질문에서 요구하는 답변이 사실에 관한 것인지, 의견에 관한 것인지 파악해야 합니다. 사실에 관한 것일 경우에는 구체적이고 객관적인 정보를 바탕으로 답해야 하고, 의견에 관한 것일 경우에는 자신의 견해를 논리적으로 전개하며 답해야 합니다. 입학 면접이나 입시 면접 등이 대표적인 경우입니다.

- 면접은 질문을 통해 면접 대상자의 지식, 성품, 능력 등을 평가하기 위한 공적 대화이다. 질문에 효과적으로 답변하기 위해 면접 대상자에게는 질문의 의도를 정확하게 분석하고, 그에 따라 적절한 답변 전략을 수립하기 위한 사고의 과정이 요구된다.(18 9월 모평)
- (나)에 나타난 면접 참여자들의 의사소통 방식에 대한 설명으로 적절하지 않은 것은?(18 9월 모평)
- '모의 면접'에서 '면접자'의 질문과 '피면접자'의 답변에 대한 설명으로 적절하지 않은 것은?(15 6월 모평)
- '면접자'는 '피면접자'의 심리적 부담을 완화하려는 표현을 사용하며 질문하였다.(15 6월 모평)

2. 화법의 목적에 따른 분류

관계 유지 및 친교적 화법

타인과 상호 작용하며 친밀한 관계를 맺고 그 관계를 발전시키려는 목적으로 하는 말하기

정보 전달적 화법

정보, 지식, 기술, 경험, 문화 등을 청중에게 알려 주는 말하기

오락적 화법

따분하고 반복적인 일상생활에서 오는 정신적 긴장감을 이완(弛 늦출이 緩 느릴완)하고 감정을 정화(淨 깨끗할정 化 될화)하는 말하기

설득적 화법

말하는 이가 말을 사용하여 듣는 이의 반응을 유발하는 의도적인 말하기

- 재은 : 음, 대중 앞에서 설득적 말하기를 할 때는, 훌륭한 성품을 청중이 알 수 있도록 자신의 의미 있는 경험을 제시하면 설득력을 높일 수 있대.(14 수능)

| 수능국어 어휘력 사전 |

VII

어휘

사람/인재

- 갑남을녀(甲男乙女)/우부우부(愚夫愚婦)/초동급부(樵童汲婦)/장삼이사(張三李四)/필부필부(匹夫匹婦) : 보통(평범한) 사람

- 팔방미인(八方美人) : 여러 방면에 능통한 사람

- 능소능대(能小能大) : 모든 일에 두루 능함.

- 군계일학(群鷄一鶴) : 여러 평범한 사람들 가운데 있는 뛰어난 한 사람

- 낭중지추(囊中之錐) : 재능이 뛰어난 사람은 숨어 있어도 저절로 남의 눈에 드러남.

- 청출어람(靑出於藍) : 제자가 스승보다 나음.

- 대기만성(大器晩成) : 큰 그릇을 만드는 데는 시간이 오래 걸린다는 뜻으로, 크게 될 사람은 늦게 이루어짐을 이르는 말

- 후생가외(後生可畏) : 후진들이 선배들보다 젊고 기력이 좋아, 학문을 닦음에 따라 큰 인물이 될 수 있으므로 가히 두렵다는 말

- 가인박명(佳人薄命)/미인박명(美人薄命) : 미인은 불행하거나 병약하여 요절하는 일이 많음.

- 지기지우(知己之友) : 자기의 속마음을 참되게 알아주는 친구

- 사고무친(四顧無親) : 의지할 만한 사람이 아무도 없음.

인간관계

- 근묵자흑(近墨者黑) : 나쁜 사람과 가까이 지내면 나쁜 버릇에 물들기 쉬움.

- 유유상종(類類相從) : 같은 무리끼리 서로 사귐.

- 초록동색(草綠同色) : 풀색과 녹색은 같은 색이라는 뜻으로, 처지가 같은 사람들끼리 어울림을 이르는 말

- 간담상조(肝膽相照) : 서로 속마음을 털어놓고 친하게 사귐.

- 관포지교(管鮑之交) : 우정이 아주 돈독한 친구 관계를 이름.

- 동고동락(同苦同樂) : 괴로움도 즐거움도 함께함.

- 순망치한(脣亡齒寒) : 입술이 없으면 이가 시리다는 뜻으로, 서로 이해관계가 밀접한 사이에 어느 한쪽이 망하면 다른 한쪽도 그 영향을 받아 온전하기 어려움을 이르는 말

- 동병상련(同病相憐) : 어려운 처지에 있는 사람끼리 서로 가엾게 여김.

- 이심전심(以心傳心) : 마음과 마음으로 서로 뜻이 통함.
- 견원지간(犬猿之間) : 사이가 매우 나쁜 관계
- 오월동주(吳越同舟) : 서로 적의를 품은 사람들이 한자리에 있게 된 경우나 서로 협력하여 야 하는 상황을 비유적으로 이르는 말
- 고장난명(孤掌難鳴) : 외손뼉만으로는 소리가 울리지 아니한다는 뜻으로, 혼자의 힘만으로 어떤 일을 이루기 어려움을 이르는 말
- 결초보은(結草報恩) : 죽은 뒤에라도 은혜를 잊지 않고 갚음.
- 백골난망(白骨難忘)/각골난망(刻骨難忘) : 죽어서 백골이 되어도 잊을 수 없다는 뜻으로, 남에게 큰 은덕을 입었을 때 고마움의 뜻으로 이르는 말
- 십시일반(十匙一飯) : 밥 열 술이 한 그릇이 된다는 뜻으로, 여러 사람이 조금씩 힘을 합하면 한 사람을 돕기 쉬움을 이르는 말

상황

- 전인미답(前人未踏) : 지금까지 아무도 손을 대거나 발을 디딘 일이 없음.
- 기호지세(騎虎之勢) : 이미 시작한 일을 중도에서 그만둘 수 없는 경우
- 백년하청(百年河淸) : 아무리 오랜 시일이 지나도 어떤 일이 이루어지기 어려움.
- 누란지위(累卵之危)/백척간두(百尺竿頭)/풍전등화(風前燈火) : 몹시 위태로운 형세
- 명재경각(命在頃刻) : 거의 죽게 되어 곧 숨이 끊어질 지경에 이름.
- 진퇴양난(進退兩難)/진퇴유곡(進退維谷) : 이러지도 저러지도 못하는 어려운 처지
- 일진일퇴(一進一退) : 한 번 앞으로 나아갔다 한 번 뒤로 물러섰다 함.
- 오리무중(五里霧中) : 무슨 일에 대하여 방향이나 갈피를 잡을 수 없음.
- 사면초가(四面楚歌)/고립무원(孤立無援) : 아무에게도 도움을 받지 못하는, 외롭고 곤란한 지경에 빠진 형편
- 오비삼척(吾鼻三尺) : 내 코가 석 자라는 뜻으로, 자기 사정이 급하여 남을 돌볼 겨를이 없음을 이르는 말
- 내우외환(內憂外患) : 나라 안팎의 여러 가지 어려움
- 건곤일척(乾坤一擲) : 운명을 걸고 단판걸이로 승부를 겨룸.
- 천재일우(千載一遇) : 좀처럼 만나기 어려운 기회
- 천우신조(天佑神助) : 하늘이 돕고 신령이 도움. 또는 그런 일
- 구사일생(九死一生) : 아홉 번 죽을 뻔하다 한 번 살아난다는 뜻으로, 죽을 고비를 여러 차례 넘기고 겨우 살아남을 이르는 말

- 남부여대(男負女戴) : 가난한 사람이나 재난을 당한 사람들이 살 곳을 찾아 이리저리 떠돌아다님.
- 삼순구식(三旬九食)/적수공권(赤手空拳) : 매우 가난함.
- 간난신고(艱難辛苦) : 몹시 힘들고 어려우며 고생스러움.
- 계란유골(鷄卵有骨) : 운수가 나쁜 사람은 모처럼 좋은 기회를 만나도 역시 일이 잘 안됨.
- 용두사미(龍頭蛇尾) : 처음은 왕성하나 끝이 부진함.
- 오비이락(烏飛梨落) : 아무 관계도 없이 한 일이 공교롭게도 때가 같아 억울하게 의심을 받거나 난처한 위치에 서게 됨.
- 명약관화(明若觀火) : 불을 보듯 분명하고 뻔함.
- 자승자박(自繩自縛) : 자기가 한 말과 행동에 자기 자신이 옭혀 곤란하게 됨.
- 자중지란(自中之亂) : 같은 편끼리 하는 싸움.
- 유명무실(有名無實) : 이름만 그럴듯하고 실속은 없음.
- 사상누각(沙上樓閣) : 기초가 튼튼하지 못하여 오래 견디지 못할 일이나 물건
- 본말전도(本末顚倒)/주객전도(主客顚倒) : 사물의 경중 · 선후 · 완급 따위가 서로 뒤바뀜.
- 적반하장(賊反荷杖) : 잘못한 사람이 아무 잘못도 없는 사람을 나무람을 이르는 말
- 일거양득(一擧兩得)/일석이조(一石二鳥) : 한 가지 일을 하여 두 가지 이익을 얻음.
- 유유자적(悠悠自適) : 속세를 떠나 아무 속박 없이 조용하고 편안하게 삶.
- 패가망신(敗家亡身) : 집안의 재산을 다 써 없애고 몸을 망침.
- 두문불출(杜門不出) : ① 집에만 있고 바깥출입을 아니함. ② 집에서 은거하면서 관직에 나가지 아니하거나 사회의 일을 하지 아니함을 비유적으로 이르는 말

노력과 의지

- 권토중래(捲土重來) : 한 번 실패하였으나 힘을 회복하여 다시 쳐들어옴.
- 와신상담(臥薪嘗膽) : 원수를 갚거나 마음먹은 일을 이루기 위하여 온갖 어려움과 괴로움을 참고 견딤.
- 분골쇄신(粉骨碎身) : 뼈를 가루로 만들고 몸을 부순다는 뜻으로, 정성으로 노력함을 이르는 말
- 백절불굴(百折不屈) : 어떠한 난관에도 결코 굽히지 않음.
- 우공이산(愚公移山) : 어떤 일이든 끊임없이 노력하면 반드시 이루어짐.
- 삼고초려(三顧草廬) : 인재를 맞아들이기 위하여 참을성 있게 노력함.
- 주마가편(走馬加鞭) : 달리는 말에 채찍질한다는 뜻으로, 잘하는 사람을 더욱 장려함을 이르는 말

대책

- **고식지계(姑息之計)** : 우선 당장 편한 것만을 택하는 꾀나 방법. 일시적인 계책
- **고육지책(苦肉之策)** : 자기 몸을 상해 가면서까지 꾸며 내는 계책이라는 뜻으로, 어려운 상태를 벗어나기 위해 어쩔 수 없이 꾸며 내는 계책을 이르는 말
- **성동격서(聲東擊西)** : 적을 유인하여 이쪽을 공격하는 체하다가 그 반대쪽을 치는 전술
- **발본색원(拔本塞源)** : 좋지 않은 일의 근본 원인이 되는 요소를 완전히 없애 버려서 다시는 그러한 일이 생길 수 없도록 함.
- **암중모색(暗中摸索)** : 은밀한 가운데 일의 실마리나 해결책을 찾아내려 함.
- **임기응변(臨機應變)** : 그때그때 처한 사태에 맞추어 즉각 그 자리에서 결정하거나 처리함.
- **양자택일(兩者擇一)** : 둘 중에서 하나를 고름.

행동

- **동분서주(東奔西走)** : 사방으로 이리저리 몹시 바쁘게 돌아다님.
- **주마간산(走馬看山)** : 자세히 살피지 아니하고 대충대충 보고 지나감.
- **반신반의(半信半疑)** : 얼마쯤 믿으면서도 한편으로는 의심함.
- **무위도식(無爲徒食)** : 하는 일 없이 놀고먹음.
- **동상이몽(同床異夢)** : 겉으로는 같이 행동하면서도 속으로는 각각 딴생각을 하고 있음.
- **과유불급(過猶不及)** : 정도를 지나침은 미치지 못함과 같다는 뜻으로, 중용이 중요함을 이르는 말
- **이열치열(以熱治熱)** : 열은 열로써 다스림. 곧 열이 날 때에 땀을 낸다든지, 더위를 뜨거운 차를 마셔서 이긴다든지, 힘은 힘으로 물리친다는 따위를 이를 때에 흔히 쓰는 말
- **자화자찬(自畫自讚)** : 자기가 그린 그림을 스스로 칭찬한다는 뜻으로, 자기가 한 일을 스스로 자랑함을 이르는 말

부정적 태도

- **구상유취(口尙乳臭)** : 말이나 행동이 유치함.
- **경거망동(輕擧妄動)** : 경솔하여 생각 없이 망령되게 행동함.
- **방약무인(傍若無人)/안하무인(眼下無人)/오만무도(傲慢無道)** : 아무 거리낌 없이 함부로 말하고 행동함.
- **기고만장(氣高萬丈)** : ① 펄펄 뛸 만큼 성이 대단히 남. ② 일이 뜻대로 잘될 때, 우쭐하여 뽐내는 기세가 대단함.

- 후안무치(厚顔無恥) : 뻔뻔스러워 부끄러움이 없음.
- 허장성세(虛張聲勢) : 실속은 없으면서 큰소리치거나 허세를 부림.
- 침소봉대(針小棒大) : 작은 일을 크게 불리어 떠벌림.
- 감언이설(甘言利說) : 귀가 솔깃하도록 남의 비위를 맞추거나 이로운 조건을 내세워 꾀는 말
- 교언영색(巧言令色) : 아첨하는 말과 알랑거리는 태도
- 조삼모사(朝三暮四) : 간사한 꾀로 남을 속여 희롱함.
- 면종복배(面從腹背) : 겉으로는 복종하는 체하면서 내심으로는 배반함.
- 구밀복검(口蜜腹劍) : 말로는 친한 듯하나 속으로는 해칠 생각이 있음.
- 표리부동(表裏不同) : 마음이 음흉하고 불량하여 겉과 속이 다름.
- 견강부회(牽强附會) : 이치에 맞지 않는 말을 억지로 끌어 붙여 자기에게 유리하게 함.
- 아전인수(我田引水) : 자기 논에 물 대기라는 뜻으로, 자기에게만 이롭게 되도록 생각하거나 행동함을 이르는 말
- 자가당착(自家撞着) : 같은 사람의 말이나 행동이 앞뒤가 서로 맞지 아니하고 모순됨.
- 동문서답(東問西答) : 물음과는 전혀 상관없는 엉뚱한 대답
- 자포자기(自暴自棄) : 절망에 빠져 자신을 스스로 포기하고 돌아보지 아니함.

바람직한 태도

- 역지사지(易地思之) : 처지를 바꾸어서 생각하여 봄.
- 파사현정(破邪顯正) : 그릇된 생각을 버리고 올바른 도리를 행함.
- 공평무사(公平無私) : 공평하여 사사로움이 없음.
- 읍참마속(泣斬馬謖) : 큰 목적을 위하여 자기가 아끼는 사람을 버림.
- 타산지석(他山之石)/반면교사(反面敎師) : 본이 되지 않는 남의 말이나 행동도 자신의 지식과 인격을 수양하는 데에 도움이 될 수 있음.
- 개과천선(改過遷善) : 지난날의 잘못이나 허물을 고쳐 올바르고 착하게 됨.
- 견마지로(犬馬之勞) : 윗사람에게 충성을 다하는 자신의 노력을 낮추어 이르는 말
- 안빈낙도(安貧樂道) : 가난한 생활을 하면서도 편안한 마음으로 도를 즐겨 지킴.
- 안분지족(安分知足) : 편안한 마음으로 제 분수를 지키며 만족할 줄을 앎.
- 호연지기(浩然之氣) : ① 하늘과 땅 사이에 가득 찬 넓고 큰 원기 ② 거침없이 넓고 큰 기개
- 독야청청(獨也靑靑) : 남들이 모두 절개를 꺾는 상황 속에서도 홀로 절개를 굳세게 지키고 있음을 비유적으로 이르는 말

- 일편단심(一片丹心) : 한 조각의 붉은 마음이라는 뜻으로, 진심에서 우러나오는 변치 아니하는 마음을 이르는 말

무모함/어리석음

- 연목구어(緣木求魚) : 도저히 불가능한 일을 굳이 하려 함.
- 각주구검(刻舟求劍)/수주대토(守株待兔) : 융통성 없이 현실에 맞지 않는 낡은 생각을 고집하는 어리석음
- 마이동풍(馬耳東風) : 남의 말을 귀담아듣지 아니하고 지나쳐 흘려버림.
- 우이독경(牛耳讀經) : 아무리 가르치고 일러 주어도 알아듣지 못함.
- 정저지와(井底之蛙)/좌정관천(坐井觀天) : 소견이나 견문이 몹시 좁음.
- 당랑거철(螳螂拒轍) : 자기의 힘은 헤아리지 않고 강자에게 함부로 덤빔.
- 과대망상(誇大妄想) : 사실보다 과장하여 터무니없는 헛된 생각을 하는 증상
- 막무가내(莫無可奈) : 달리 어찌할 수 없음.
- 부화뇌동(附和雷同) : 줏대 없이 남의 의견에 따라 움직임.
- 견문발검(見蚊拔劍) : 사소한 일에 크게 성내어 덤빔.
- 교각살우(矯角殺牛) : 잘못된 점을 고치려다가 그 방법이나 정도가 지나쳐 오히려 일을 그르침.

정서

- 수구초심(首丘初心) : 고향을 그리워하는 마음
- 맥수지탄(麥秀之歎) : 고국의 멸망을 한탄함.
- 망양지탄(亡羊之歎)/다기망양(多岐亡羊) : 학문의 길이 여러 갈래여서 한 갈래의 진리도 얻기 어려움.
- 풍수지탄(風樹之歎) : 효도를 다하지 못한 채 어버이를 여읜 자식의 슬픔
- 만시지탄(晚時之歎) : 시기에 늦어 기회를 놓쳤음을 안타까워하는 탄식
- 각골통한(刻骨痛恨) : 뼈에 사무칠 만큼 원통하고 한스러움.
- 노심초사(勞心焦思) : 몹시 마음을 쓰며 애를 태움.
- 전전긍긍(戰戰兢兢) : 몹시 두려워서 벌벌 떨며 조심함.
- 좌불안석(坐不安席) : 마음이 불안하거나 걱정스러워서 한군데에 가만히 앉아 있지 못하고 안절부절못함.
- 전전반측(輾轉反側) : 누워서 몸을 이리저리 뒤척이며 잠을 이루지 못함.

- 학수고대(鶴首苦待) : 학의 목처럼 목을 길게 빼고 간절히 기다림.
- 절치부심(切齒腐心) : 몹시 분하여 이를 갈며 속을 썩임.
- 자격지심(自激之心) : 자기가 한 일에 대하여 스스로 미흡하게 여기는 마음
- 대경실색(大驚失色) : 몹시 놀라 얼굴빛이 하얗게 질림.
- 다다익선(多多益善) : 많으면 많을수록 더욱 좋음.

인생에 대한 깨달음

- 일장춘몽(一場春夢) : 한바탕의 봄꿈이라는 뜻으로, 헛된 영화나 덧없는 일을 비유적으로 이르는 말
- 새옹지마(塞翁之馬) : 인생의 길흉화복은 변화가 많아서 예측하기가 어려움.
- 전화위복(轉禍爲福) : 재앙과 근심, 걱정이 바뀌어 오히려 복이 됨.
- 호사다마(好事多魔) : 좋은 일에는 흔히 방해되는 일이 많음. 또는 그런 일이 많이 생김.
- 고진감래(苦盡甘來) : 고생 끝에 즐거움이 옴.
- 흥진비래(興盡悲來) : 즐거운 일이 다하면 슬픈 일이 닥쳐온다는 뜻으로, 세상일은 순환되는 것임을 이르는 말
- 인과응보(因果應報) : 전생에 지은 선악에 따라 현재의 행과 불행이 있고, 현세에서의 선악의 결과에 따라 내세에서 행과 불행이 있는 일
- 자업자득(自業自得) : 자기가 저지른 일의 결과를 자기가 받음.
- 사필귀정(事必歸正) : 모든 일은 반드시 바른길로 돌아감.
- 결자해지(結者解之) : 맺은 사람이 풀어야 한다는 뜻으로, 자기가 저지른 일은 자기가 해결하여야 함을 이름.
- 회자정리(會者定離) : 만난 자는 반드시 헤어짐. 모든 것이 무상함을 나타내는 말

부정적 현실/세태

- 감탄고토(甘呑苦吐) : 자신의 비위에 따라서 사리의 옳고 그름을 판단함.
- 염량세태(炎涼世態) : 세력이 있을 때는 아첨하여 따르고 세력이 없어지면 푸대접하는 세상인심을 비유적으로 이르는 말
- 토사구팽(兔死狗烹) : 필요할 때는 쓰고 필요 없을 때는 야박하게 버림.
- 이전투구(泥田鬪狗) : 이익을 위하여 비열하게 다툼.
- 어부지리(漁夫之利) : 두 사람이 이해관계로 서로 싸우는 사이에 엉뚱한 사람이 애쓰지 않고 이익을 가로챔.

- 가렴주구(苛斂誅求) : 세금을 가혹하게 거두어들이고, 무리하게 재물을 빼앗음.
- 지록위마(指鹿爲馬) : ① 윗사람을 농락하여 권세를 부림. ② 모순된 것을 끝까지 우겨서 남을 속임.
- 호가호위(狐假虎威) : 남의 권세를 빌려 위세를 부림.
- 무소불위(無所不爲) : 하지 못하는 일이 없음.
- 혹세무민(惑世誣民) : 세상을 어지럽히고 백성을 미혹하게 하여 속임.

말
- 갑론을박(甲論乙駁) : 여러 사람이 서로 자신의 주장을 내세우며 상대편의 주장을 반박함.
- 설왕설래(說往說來) : 서로 변론을 주고받으며 옥신각신함. 또는 말이 오고 감.
- 언중유골(言中有骨) : 예사로운 말 속에 단단한 속뜻이 들어 있음.
- 촌철살인(寸鐵殺人) : 한 치의 쇠붙이로도 사람을 죽일 수 있다는 뜻으로, 간단한 말로도 남을 감동하게 하거나 남의 약점을 찌를 수 있음을 이름.
- 정문일침(頂門一鍼) : 정수리에 침을 놓는다는 뜻으로, 따끔한 충고나 교훈을 이름.
- 거두절미(去頭截尾) : 어떤 일의 요점만 간단히 말함.
- 중언부언(重言復言) : 이미 한 말을 자꾸 되풀이함. 또는 그런 말
- 중구난방(衆口難防) : 뭇사람의 말을 막기가 어렵다는 뜻으로, 막기 어려울 정도로 여럿이 마구 지껄임을 이르는 말
- 유구무언(有口無言) : 입은 있어도 말은 없다는 뜻으로, 변명할 말이 없거나 변명을 못함을 이르는 말
- 함구무언(緘口無言) : 입을 다물고 아무 말도 하지 아니함.
- 일구이언(一口二言) : 한 입으로 두 말을 한다는 뜻으로, 한 가지 일에 대하여 말을 이랬다 저랬다 함을 이르는 말
- 횡설수설(橫說竪說) : 조리가 없이 말을 이러쿵저러쿵 지껄임.

학문과 독서
- 일취월장(日就月將) : 나날이 다달이 자라거나 발전함.
- 괄목상대(刮目相對) : 남의 학식이나 재주가 놀랄 만큼 부쩍 진보함.
- 교학상장(敎學相長) : 가르침과 배움이 서로 진보시켜 줌.
- 불치하문(不恥下問) : 손아랫사람이나 지위나 학식이 자기만 못한 사람에게 모르는 것을 묻는 일을 부끄러워하지 아니함.

- 수불석권(手不釋卷) : 손에서 책을 놓지 아니하고 늘 글을 읽음.
- 형설지공(螢雪之功) : 고생을 하면서 부지런하고 꾸준하게 공부함.
- 온고지신(溫故知新) : 옛것을 익히고 그것을 미루어서 새것을 앎.
- 절차탁마(切磋琢磨) : 옥이나 돌 따위를 갈고 닦아서 빛을 낸다는 뜻으로, 부지런히 학문과 덕행을 닦음을 이르는 말
- 환골탈태(換骨奪胎) : ① 고인의 시문의 형식을 바꾸어 짜임새와 수법이 먼저 것보다 잘되게 함. ② 사람이 보다 나은 방향으로 변하여 전혀 딴사람처럼 됨.
- 입신양명(立身揚名) : 출세하여 이름을 세상에 떨침.
- 금의환향(錦衣還鄕) : 비단옷을 입고 고향에 돌아온다는 뜻으로, 출세를 하여 고향에 돌아가거나 돌아옴을 비유적으로 이름.
- 곡학아세(曲學阿世) : 바른 길에서 벗어난 학문으로 세상 사람에게 아첨함.
- 식자우환(識字憂患) : 학식이 있는 것이 오히려 근심을 사게 됨.

변화

- 격세지감(隔世之感) : 오래지 않은 동안에 몰라보게 변하여 아주 다른 세상이 된 것 같은 느낌
- 상전벽해(桑田碧海) : 세상일의 변천이 심함.
- 조령모개(朝令暮改)/조변석개(朝變夕改) : 법령을 자꾸 고쳐서 갈피를 잡기가 어려움.
- 점입가경(漸入佳境) : ① 들어갈수록 점점 재미가 있음. ② 시간이 지날수록 하는 짓이나 몰골이 더욱 꼴불견임.
- 금상첨화(錦上添花) : 비단 위에 꽃을 더한다는 뜻으로, 좋은 일 위에 또 좋은 일이 더하여짐을 비유적으로 이르는 말
- 설상가상(雪上加霜) : 눈 위에 서리가 덮인다는 뜻으로, 난처한 일이나 불행한 일이 잇따라 일어남을 이르는 말

기타

- 구우일모(九牛一毛) : 아홉 마리의 소 가운데 박힌 하나의 털이라는 뜻으로, 매우 많은 것 가운데 극히 적은 수를 이르는 말
- 천양지차(天壤之差) : 하늘과 땅 사이와 같이 엄청난 차이
- 이왕지사(已往之事) : 이미 지나간 일

환경의 중요성

- 삼밭에 쑥대 : 쑥이 삼밭에 섞여 자라면 삼대처럼 곧아진다는 뜻으로, 좋은 환경에서 자라면 좋은 영향을 받게 됨을 비유적으로 이르는 말
- 서당 개 삼 년에 풍월을 읊는다 : 어떤 분야에 대하여 지식과 경험이 전혀 없는 사람이라도 그 부문에 오래 있으면 얼마간의 지식과 경험을 갖게 됨.
- 윗물이 맑아야 아랫물이 맑다 : 윗사람이 잘하면 아랫사람도 따라서 잘하게 됨.

가난

- 가난 구제는 나라도 못한다 : 남의 가난한 살림을 도와주기란 끝이 없는 일이어서, 개인은 물론 나라의 힘으로도 구제하지 못한다는 말
- 가난한 집 제삿날 돌아오듯 : 힘든 일이 자주 닥쳐옴.
- 굶어 죽기는 정승 하기보다 어렵다 : 가난하여 먹고 살기가 매우 어렵게 보이지마는, 그래도 애를 써서 이럭저럭 살아감.
- 대추나무에 연 걸리듯 : 여기저기에 빚을 많이 짐.

궁지에 몰린 형세

- 고래 싸움에 새우 등 터진다 : 강한 자들끼리 싸우는 통에 아무 상관도 없는 약한 자가 중간에 끼어 피해를 입게 됨.
- 독 안에 든 쥐 : 아무리 애써도 궁지에서 벗어나지 못하고 꼼짝할 수 없게 된 처지
- 내 코가 석 자다 : 자신이 궁지에 몰렸기 때문에 남을 도와줄 여유를 가지고 있지 않음.
- 물에 빠지면 지푸라기라도 잡는다 : 위급한 때를 당하면 무엇이나 닥치는 대로 잡고 늘어지게 됨.

외로운 처지

- 개밥에 도토리 : 따돌림을 받아서 여럿의 축에 끼지 못하는 사람
- 끈 떨어진 뒤웅박(갓/망석중이) : 의지할 데가 없어진 처지

노력과 성공

- 감나무 밑에 누워도 삿갓 미사리를 대어라 : 아무리 좋은 기회라도 그것을 놓치지 않으려면 노력해야 함.
- 구슬이 서 말이라도 꿰어야 보배다 : 아무리 훌륭하고 좋은 것이라도 다듬고 정리하여 쓸모 있게 만들어 놓아야만 가치가 있음. ≒ 부뚜막의 소금도 집어넣어야 짜다
- 옥도 갈아야 빛이 난다 : ① 아무리 소질이 좋아도 이것을 잘 닦고 기르지 아니하면 훌륭한 것이 되지 못함. ② 고생을 겪으며 노력을 기울여야 뜻한 바를 이룰 수 있음.
- 천 리 길도 한 걸음부터 : 무슨 일이나 그 일의 시작이 중요함.
- 첫술에 배부르랴 : 어떤 일이든지 단번에 만족할 수는 없음.
- 공든 탑이 무너지랴 : 힘을 다하고 정성을 다하여 한 일은 그 결과가 반드시 헛되지 아니함.
- 모로 가도 서울만 가면 된다 : 수단이나 방법은 어찌 되었든 간에 목적만 이루면 됨.
- 개같이 벌어서 정승같이 쓴다 : 돈을 벌 때는 천한 일이라도 하면서 벌고 쓸 때는 떳떳하고 보람 있게 씀.
- 구더기 무서워 장 못 담글까 : 다소 방해되는 것이 있더라도 마땅히 할 일은 해야 함.
- 철나자 망령 난다 : ① 지각없이 굴던 사람이 정신을 차려 일을 잘할 만하니까 이번에는 망령이 들어 일을 그르치게 됨. ② 무슨 일이든지 때를 놓치지 말고 제때에 힘써야 함.

방해와 실패

- 다 된 밥에 재 뿌린다 : 다 된 일을 그만 망쳐 버림. ≒ 다 된 죽에 코 풀기
- 닭 쫓던 개 지붕만 쳐다본다 : 애써 하던 일이 실패로 돌아가거나 남보다 뒤떨어져 어찌할 도리가 없이 됨.
- 혹 떼러 갔다 혹 붙여 온다 : 자기의 부담을 덜려고 하다가 다른 일까지도 맡게 됨.

실속 없음

- 그림의 떡 : 아무 실속이 없음.
- 빛 좋은 개살구 : 겉모양은 그럴 듯하나 실속이 없음. ≒ 속 빈 강정
- 비단 옷 입고 밤길 다닌다 : 생색이 나지 않는 공연한 일에 애쓰고도 보람이 없음. ≒ 금의야행(錦衣夜行)
- 재주는 곰이 넘고 돈은 왕 서방이 번다 : 정작 수고한 사람은 응당 보수를 받지 못하고 엉뚱한 사람이 그 이익을 차지함.
- 밑 빠진 독에 물 붓기 : 아무리 힘이나 밑천을 들여도 보람 없이 헛된 일이 됨.

급한 행동

- 우물에 가서 숭늉 찾는다 : 성미가 매우 급함.
- 바늘 허리에 실 매어 쓰랴 : 급하다고 해서 밟아야 할 순서를 건너뛸 수는 없음.
- 마파람에 게 눈 감추듯 : 음식을 매우 빨리 먹어 버림.
- 번갯불에 콩 볶아 먹겠다 : ① 행동이 매우 민첩함. ② 성질이 조급함.

무모한/지나친 행동

- 모기 보고 칼 빼기 : ① 시시한 일로 소란을 피움. ② 보잘것없는 작은 일에 어울리지 않게 엄청나게 큰 대책을 씀. ≒ 견문발검(見蚊拔劍)
- 섶을 지고 불구덩이에 뛰어드는 격 : 앞뒤 가리지 못하고 미련하게 행동함.
- 자는 범 코침 주기 : 그대로 가만히 두었으면 아무 탈이 없을 것을 공연히 건드려 문제를 일으킴.
- 하룻강아지 범 무서운 줄 모른다 : 철없이 함부로 덤빔.
- 쥐 잡으려다가 장독 깬다 : 적은 이익이나마 얻으려다가 도리어 큰 손실을 입게 됨.
- 빈대 잡으려고 초가삼간 태운다 : 손해를 크게 볼 것을 생각지 아니하고 자기에게 마땅치 아니한 것을 없애려고 그저 덤빔. ≒ 교각살우(矯角殺牛)
- 되로 주고 말로 받는다 : 조금 주고 그 대가로 몇 곱절이나 많이 받는 경우를 비유적으로 이르는 말
- 송충이가 갈잎을 먹으면 죽는다 : 자기 분수에 맞지 않는 짓을 하면 낭패를 봄.
- 망건 쓰고 세수한다 : 세수를 하고 머리를 빗고 그 다음에 망건을 쓰는 법인데 망건을 먼저 쓰고 세수를 한다는 뜻으로, 일의 순서를 바꾸어 함을 놀림조로 이르는 말
- 뱁새가 황새를 따라가면 다리가 찢어진다 : 분수에 넘치는 짓을 하면 도리어 해만 입음.

건성으로 하는 행동

- 처삼촌 뫼에 벌초하듯 : 일에 정성을 들이지 아니하고 마지못하여 건성으로 함.
- 개 머루 먹듯 : 내용을 모르고 건성으로 아는 체함.
- 수박 겉 핥기 : 사물의 속 내용은 모르고 겉만 건드림. ≒ 주마간산(走馬看山)

무례한/옳지 못한 행동

- 못된 송아지 엉덩이에 뿔이 난다 : 되지못한 자가 건방지고 좋지 못한 짓을 함.
- 아닌 밤중에 홍두깨 : 별안간 엉뚱한 말이나 행동을 함.
- 남의 잔치에 감 놓아라 배 놓아라 한다 : 쓸데없이 남의 일에 간섭하고 나섬.
- 못 먹는 감 찔러나 본다 : 제 것으로 만들지 못할 바에야 남도 갖지 못하게 못쓰게 만들자는 뒤틀린 마음을 이르는 말
- 물에 빠진 놈 건져 놓으니까 내 봇짐 내라 한다 : 남에게 은혜를 입고서도 그 고마움을 모르고 생트집을 잡음.
- 길러 준 개 주인 문다 : 은혜를 베푼 사람으로부터 큰 화를 입음.
- 똥 싼 놈이 성낸다 : 잘못을 저지른 쪽에서 오히려 남에게 화를 냄.
- 서투른 무당이 장구만 탓한다 : 자기 기술이나 능력이 부족한 것은 생각하지 않고 애매한 도구나 조건만 가지고 나쁘다고 탓함. ≒ 봉사가 개천 나무란다
- 불난 데 부채질한다 : 불운한 사람을 더 불운하게 만들거나 성난 사람을 더 성나게 함.
- 핑계 없는 무덤 없다 : 어떤 일이라도 반드시 핑곗거리가 있음.
- 제 꾀에 제가 넘어간다 : 제가 놓은 올가미에 제가 먼저 걸려 해를 입게 됨.

늦은/안이한 대처

- 가랑비에 옷 젖는 줄 모른다 : 가늘게 내리는 비는 조금씩 젖어 들기 때문에 여간해서도 옷이 젖는 줄을 깨닫지 못한다는 뜻으로, 아무리 사소한 것이라도 그것이 거듭되면 무시하지 못할 정도로 크게 됨을 비유적으로 이르는 말
- 소 잃고 외양간 고친다 : 이미 일을 그르친 뒤에 뉘우쳐도 소용없음.
- 호미로 막을 것을 가래로 막는다 : 적은 힘으로 될 일을 기회를 놓쳐 큰 힘을 들이게 됨.
- 등잔 밑이 어둡다 : 대상에서 가까이 있는 사람이 도리어 대상에 대하여 잘 알기 어려움.

근본적이지 않은 대처

- 아랫돌 빼서 윗돌 괴기 : 임시변통으로 이리저리 둘러맞추어 일함. ≒ 언 발에 오줌 누기 ≒ 미봉책(彌縫策)
- 우선 먹기는 곶감이 달다 : 앞일은 생각해 보지도 아니하고 당장 좋은 것만 취함.

신중한 처세

- 누울 자리 봐 가며 다리를 뻗는다 : ① 어떤 일을 할 때 그 결과가 어떻게 되리라는 것을 생각하여 미리 살피고 일을 시작함. ② 시간과 장소 따위를 가려 행동을 함.

- 돌다리도 두들겨 보고 건너라 : 잘 아는 일이라도 세심하게 주의를 함. ≒ 얕은 내도 깊게 건너라

- 범에게 물려 가도 정신만 차리면 산다 : 아무리 위험한 경우에 이르러도 정신만 똑똑히 차리면 살 수 있음.

- 모난 돌이 정 맞는다 : ① 두각을 나타내는 사람이 남에게 미움을 받음. ② 강직한 사람이 남의 공박을 받음.

- 아는 것이 병이다 : 정확하지 못하거나 분명하지 않은 지식은 오히려 걱정거리가 될 수 있음.

이중적 태도

- 똥 묻은 개가 겨 묻은 개 나무란다 : 제게는 큰 흉이 있는 사람이 도리어 작은 흉 가진 이를 조롱함.

- 가랑잎이 솔잎더러 바스락거린다고 한다 : 더 바스락거리는 가랑잎이 솔잎더러 바스락거린다고 나무란다는 뜻으로, 자기의 허물은 생각하지 않고 도리어 남의 허물만 나무람.

- 나는 바담 풍(風) 해도 너는 바람 풍 해라 : 자신은 잘못된 행동을 하면서 남보고는 잘하라고 요구함.

- 귀에 걸면 귀걸이 코에 걸면 코걸이 : 어떤 원칙이나 관점이 정해져 있는 것이 아니라 둘러대기에 따라 이렇게도 되고 저렇게도 될 수 있음.

- 고양이가 쥐 생각해 준다 : 속으로는 해칠 마음을 품고 있으면서, 겉으로는 생각해 주는 척함.

- 병 주고 약 준다 : 해를 입힌 자가 돌보아 주는 체하고 나섬.

- 눈 가리고 아웅 한다 : 얕은수로 남을 속이려 함.

- 얌전한 고양이 부뚜막에 먼저 오른다 : 겉으로는 얌전하고 아무것도 못 할 것처럼 보이는 사람이 딴짓을 하거나 자기 실속을 다 차리는 경우를 비유적으로 이르는 말

오해/무지

- 떡 줄 사람은 꿈도 안 꾸는데 김칫국부터 마신다 : 해 줄 사람은 생각지도 않는데 미리부터 다 된 일로 알고 행동함.

- 열 길 물속은 알아도 한 길 사람의 속은 모른다 : 사람의 속마음을 알기란 매우 힘듦.

- 바늘구멍으로 하늘 보기 : 조그만 바늘구멍으로 넓디넓은 하늘을 본다는 뜻으로, 전체를 포괄적으로 보지 못하는 매우 좁은 소견이나 관찰을 비꼬는 말
- 우물 안 개구리 : ① 넓은 세상의 형편을 알지 못하는 사람 ② 견식이 좁아 저만 잘난 줄로 아는 사람
- 장님 코끼리 말하듯 한다 : 사물의 일부분만을 알면서도 그것을 사물 전체의 것으로 여김.
- 서울 가서 김서방 집 찾기 : 주소도 이름도 모르고 무턱대고 막연하게 사람을 찾아다님.
- 낫 놓고 기역 자도 모른다 : 기역 자 모양으로 생긴 낫을 보면서도 기역 자를 모른다는 뜻으로, 아주 무식함을 비유적으로 이르는 말 ≒ 목불식정(目不識丁)
- 쇠귀에 경 읽기 : 아무리 가르치고 일러 주어도 알아듣지 못하거나 효과가 없음.

허세

- 양반은 얼어 죽어도 겻불은 안 쬔다 : 아무리 궁하거나 다급한 경우라도 체면에 어울리지 않는 일은 하지 않음.
- 가게 기둥에 입춘 : 추하고 보잘것없는 가겟집 기둥에 '입춘대길(立春大吉)'이라 써 붙인다는 뜻으로, 제격에 맞지 않음을 비유적으로 이르는 말 ≒ 개발에 주석 편자
- 냉수 마시고 이 쑤신다 : 실속은 없으면서도 겉으로는 무엇이 있는 체함.≒ 허장성세(虛張聲勢)
- 빈 수레가 더 요란하다 : 지식이 없고 교양이 부족한 사람이 더 아는 체하고 떠듦.

주견 없음

- 남이 장 간다고 하니 거름 지고 나선다 : 멋도 모르고 주견 없이 남이 한다고 덩달아 따라 함. ≒ 망둥이가 뛰니까 꼴뚜기도 뛴다
- 친구 따라 강남 간다 : 하고 싶지도 않은 일을 남에게 끌려서 덩달아 같이 함. ≒ 부화뇌동(附和雷同)
- 간에 붙었다 쓸개에 붙었다 한다 : 자기에게 조금이라도 이익이 되면 지조 없이 이편에 붙었다 저편에 붙었다 함.

욕심/이기적 태도

- 말 죽은 데 체 장수 모이듯 한다 : 남의 불행(사정)은 아랑곳하지 않고 제 이익만 채우려고 많은 사람이 모여듦.
- 말 타면 경마 잡히고 싶어진다 : 사람의 욕심은 한이 없음.

- 염불에는 마음 없고 잿밥에만 마음이 있다 : 해야 할 일에는 정성을 들이지 않으면서 잇속에만 마음을 둠.
- 강 건너 불구경이다 : 자신과는 상관없는 일이라고 하여 무관심하게 방관함.
- 닭 소 보듯 한다 : 서로 아무런 관심도 두지 않고 있는 사이임.
- 벼룩의 간을 내어 먹는다 : 극히 적은 이익을 당찮은 곳에서 얻으려 함.

협동

- 백지장도 맞들면 낫다 : 쉬운 일이라도 협력하여 하면 훨씬 쉬움. ≒ 열의 한 술 밥이 한 그릇 푼푼하다. ≒ 십시일반(十匙一飯)
- 울력걸음에 봉충다리 가듯 : 여러 사람이 함께 걷는 경우에 절름발이도 덩달아 걸을 수 있다는 뜻으로, 여럿이 공동으로 하는 바람에 평소에 못하던 사람도 할 수 있게 됨.

선택/선호

- 같은 값이면 다홍치마 : 값이 같거나 같은 노력을 한다면 품질이 좋은 것을 택함. ≒ 동가홍상(同價紅裳)
- 보기 좋은 떡이 먹기도 좋다 : ① 내용이 좋으면 겉모양도 반반함. ② 겉모양새를 잘 꾸미는 것도 필요함.
- 썩어도 준치 : 값어치가 있는 물건은 썩거나 헐어도 어느 정도 본디의 값어치를 지니고 있음.
- 평안 감사도 저 싫으면 그만이다 : 아무리 좋은 일이라도 제 마음에 들지 않으면 억지로 그것을 하라고 강요해서는 안 됨.
- 울며 겨자 먹기 : 맵다고 울면서도 겨자를 먹는다는 뜻으로, 싫은 일을 억지로 마지못하여 함.

인간의 심리

- 도둑이 제 발 저리다 : 나쁜 짓을 하여 그것을 숨기려고 하지마는, 자기도 모르는 사이에 그것이 드러남.
- 때리는 시어머니보다 말리는 시누이가 더 밉다 : 겉으로는 위해 주는 체하면서 속으로는 해하고 헐뜯는 사람이 더 미움.
- 목마른 놈이 우물 판다 : 제일 급하고 일이 필요한 사람이 그 일을 서둘러 하게 되어 있음.
- 사촌이 땅을 사면 배가 아프다 : 남이 잘되는 것을 기뻐해 주지는 않고 오히려 질투하고 시기함.

인간관계

- **가재는 게 편이요, 초록은 동색이라** : 모양이나 형편이 서로 비슷하고 인연이 있는 것끼리 서로 잘 어울리고, 사정을 보아주며 감싸 주기 쉬움. ≒ 유유상종(類類相從), 초록동색(草綠同色)

- **과부 설움은 과부가 안다** : 남의 곤란한 처지는 직접 그 일을 당해 보았거나 그와 비슷한 처지에 놓여 있는 사람이 잘 알 수 있음. ≒ 과부 설움은 홀아비가 안다 ≒ 동병상련(同病相憐)

- **그 나물에 그 밥** : 서로 격이 어울리는 것끼리 짝이 됨.

- **먼 사촌보다 가까운 이웃이 낫다** : 이웃끼리 서로 친하게 지내다 보면 먼 곳에 있는 친척보다 더 친하게 되어 서로 도우며 살게 됨.

- **바늘 가는 데 실 간다** : 바늘이 가는 데 실이 항상 뒤따른다는 뜻으로, 사람의 긴밀한 관계를 비유적으로 이르는 말

- **미꾸라지 한 마리가 온 웅덩이를 흐려 놓는다** : 한 사람의 좋지 않은 행동이 그 집단 전체나 여러 사람에게 나쁜 영향을 미침.

- **미운 놈 떡 하나 더 준다** : 미운 사람일수록 잘해 주고 감정을 쌓지 않아야 한다는 말

- **믿는 도끼에 발등 찍힌다** : 잘 되리라고 믿고 있던 일이 어긋나거나 믿고 있던 사람이 배반하여 오히려 해를 입음.

- **소도 언덕이 있어야 비빈다** : 누구나 의지할 곳이 있어야 무슨 일이든 시작하거나 이룰 수가 있음.

- **외손뼉이 못 울고, 한 다리로 가지 못한다** : ① 일은 상대가 같이 응하여야지 혼자서만 해서는 잘되는 것이 아님. ② 상대 없는 분쟁이 없음.

- **열 길 물속은 알아도 한 길 사람의 속은 모른다** : 사람의 속마음을 알기란 매우 힘듦.

자식 사랑

- **가지 많은 나무에 바람 잘 날이 없다** : 자식이 많은 부모에게는 근심 걱정이 떠날 날이 없음.

- **고슴도치도 제 새끼는 함함하다고 한다** : ① 자기 자식의 나쁜 점은 모르고 도리어 자랑함. ② 어버이의 눈에는 제 자식이 다 잘나고 귀여워 보임.

- **지네 발에 신 신긴다** : 발 많은 지네 발에 신을 신기려면 힘이 드는 것처럼, 자식을 많이 둔 사람이 애를 쓴다는 말

- **예쁜 자식 매로 키운다** : 사랑하는 자식일수록 매를 대어 엄하게 키워야 한다는 말

행운과 불운

- 떡 본 김에 제사 지낸다 : 우연히 운 좋은 기회에, 하려던 일을 해치움. ≒ 엎어진 김에 쉬어 간다
- 호박이 넝쿨째로 굴러떨어졌다 : 뜻밖에 좋은 물건을 얻거나 행운을 만남.
- 꿩 먹고 알 먹는다 : 한 가지 일을 하여 두 가지 이상의 이익을 봄. ≒ 일거양득(一擧兩得)
- 황소 뒷걸음치다 쥐 잡는다 : 어쩌다 우연히 이루거나 알아맞힘을 비유적으로 이르는 말
- 장마다 꼴뚜기 날까 : ① 자기에게 좋은 기회만 늘 있는 것은 아님. ② 자주 바뀌는 세상 물정을 모르는 어리석음을 비웃는 말
- 안 되는 사람은 뒤로 넘어져도 코가 깨진다 : 운수가 나쁜 사람은 보통 사람에게는 생기지도 않는 나쁜 일까지 생김.
- 쪽박을 쓰고 벼락을 피하랴 : 봉변을 당하였을 때 당황하여 저도 모르는 사이에 어리석은 방법으로 변을 벗어나려 하는 경우를 비유적으로 이르는 말

공교로운/우연한 일

- 가는 날이 장날 : 어떤 일을 하려고 하는데 뜻하지 않은 일을 공교롭게 당하게 됨.
- 까마귀 날자 배 떨어진다 : 아무 관계없이 한 일이 공교롭게도 때가 같아 어떤 관계가 있는 것처럼 의심을 받게 됨. ≒ 오비이락(烏飛梨落)

말

- 가는 말이 고와야 오는 말이 곱다 : 자기가 남에게 말이나 행동을 좋게 하여야 남도 자기에게 좋게 함.
- 고기는 씹어야 맛이고 말은 해야 맛이다 : 하고 싶은 말이나 해야 할 말은 시원히 다 해 버려야 좋다는 말
- 귀신 씻나락 까먹는 소리를 한다 : ① 분명하지 아니하게 우물우물 말하는 소리 ② 조용하게 몇 사람이 수군거리는 소리 ③ 이치에 닿지 않는 엉뚱하고 쓸데없는 말
- 꿀 먹은 벙어리 : 속에 있는 생각을 나타내지 못하는 사람
- 말 많은 집은 장맛도 쓰다 : ① 집안에 잔말이 많으면 살림이 잘 안된다는 말 ② 입으로는 그럴듯하게 말하지만 실상은 좋지 못하다는 말
- 말이란 아 해 다르고 어 해 다르다 : 말이란 같은 내용이라도 표현하는 데 따라서 아주 다르게 들리므로 말을 가려 하라는 말
- 사공이 많으면 배가 산으로 올라간다 : 주관하는 사람 없이 여러 사람이 자기주장만 내세우면 일이 제대로 되기 어려움.

- 혀 아래 도끼 들었다 : 말을 잘못하면 화를 입게 되니 말조심을 하라는 말
- 낮말은 새가 듣고 밤말은 쥐가 듣는다 : ① 아무도 안 듣는 데서라도 말조심해야 한다는 말 ② 아무리 비밀히 한 말이라도 반드시 남의 귀에 들어가게 됨.
- 발 없는 말이 천 리 간다 : 말은 비록 발이 없지만 천 리 밖까지도 순식간에 퍼진다는 뜻으로, 말을 삼가야 함을 비유적으로 이르는 말

인물/인물에 대한 평가

- 개천에서 용 난다 : 미천한 집안이나 변변하지 못한 부모에게서 훌륭한 인물이 나옴.
- 나중 난 뿔이 우뚝하다 : ① 나중에 생긴 것이 먼저 것보다 훨씬 나음. ② 후배가 선배보다 훌륭하게 됨. ≒ 청출어람(靑出於藍)
- 하나를 보고 열을 안다 : 일부만 보고 전체를 미루어 안다는 말
- 될성부른 나무는 떡잎부터 알아본다 : 잘될 사람은 어려서부터 남달리 장래성이 엿보임.
- 주머니에 들어간 송곳이라 : 선하거나 악한 일은 숨겨지지 아니하고 자연히 드러남. ≒ 낭중지추(囊中之錐)
- 굽은 나무가 선산을 지킨다 : 쓸모없어 보이는 것이 도리어 제구실을 하게 됨.
- 제비는 작아도 강남 간다 : 모양은 비록 작아도 제 할 일을 다 한다는 말 ≒ 작은 고추가 더 맵다
- 굼벵이도 구르는 재주가 있다 : ① 아무런 능력이 없는 사람이 남의 관심을 끌 만한 행동을 함을 놀림조로 이르는 말 ② 무능한 사람도 한 가지 재주는 있음을 비유적으로 이르는 말
- 뚝배기보다 장맛 : 겉모양은 보잘것없으나 내용은 훨씬 훌륭함.
- 구관이 명관이다 : ① 무슨 일이든 경험이 많거나 익숙한 이가 더 잘하는 법임. ② 나중 사람을 겪어 봄으로써 먼저 사람이 좋은 줄을 알게 됨.
- 벼 이삭은 익을수록 고개를 숙인다 : 교양이 있고 수양을 쌓은 사람일수록 교만하지 않고 겸손함.

인생의 진리/지혜

- 하늘이 무너져도 솟아날 구멍이 있다 : 아무리 어려운 경우에 처하더라도 살아 나갈 방도가 생긴다는 말
- 고생 끝에 낙이 온다 : 어려운 일이나 고된 일을 겪은 뒤에는 반드시 즐겁고 좋은 일이 생김. ≒ 고진감래(苦盡甘來)
- 비 온 뒤에 땅이 굳어진다 : 어떤 시련을 겪은 뒤에 더 강해짐.
- 달도 차면 기운다 : ① 세상의 온갖 것은 한번 번성하면 반드시 다시 쇠하기 마련임. ② 행

운이 언제까지나 계속되는 것은 아님.

- 양지가 음지 되고, 음지가 양지 된다 : 세상사는 늘 돌고 돌며 변함.

- 굳은 땅에 물이 괸다 : ① 헤프지 않고 검소한 사람이 아껴서 재산을 모음. ② 무슨 일이든 마음을 굳게 먹고 해야 좋은 결과를 얻게 됨.

- 콩 심은 데 콩 나고 팥 심은 데 팥 난다 : 모든 일은 원인에 따라 결과가 생김.

- 고기도 먹어 본 사람이 많이 먹는다 : 무슨 일이든 늘 하던 사람이 더 잘함.

- 광에서 인심 난다 : 자기의 살림이 넉넉하고 유복해야 다른 사람을 도울 수 있음.

- 꼬리가 길면 밟힌다 : 나쁜 일을 아무리 남모르게 한다고 해도 오래 두고 여러 번 계속하면 결국에는 들키고 만다는 것

- 방귀가 잦으면 똥 싸기 쉽다 : 어떤 현상과 연관이 있는 징조가 자주 나타나게 되면 필경 그 현상이 생기기 마련이라는 뜻으로, 무슨 일이나 소문이 잦으면 실현되기 쉬움.

- 개 꼬리 삼 년 묻어도 황모(黃毛) 되지 않는다 : 본바탕이 좋지 아니한 것은 어떻게 하여도 그 본질이 좋아지지 아니함.

- 제 버릇 개 줄까 : 한번 젖어 버린 나쁜 버릇은 쉽게 고치기가 어려움.

- 세 살 적 버릇이 여든까지 간다 : 어릴 때 몸에 밴 버릇은 늙어 죽을 때까지 고치기 힘들다 는 뜻으로, 어릴 때부터 나쁜 버릇이 들지 않도록 잘 가르쳐야 함.

- 대문 밖이 저승이다 : ① 사람의 목숨이 덧없음을 비유적으로 이르는 말 ② 머지않아 곧 죽 게 될 것임을 비유적으로 이르는 말

- 개똥밭에 굴러도 이승이 좋다 : 천하고 고생스럽게 살더라도 죽는 것보다는 사는 것이 나 음. ≒ 죽은 정승이 산 개만 못하다

구별해서 써야 할 말

어휘	예
가름	둘로 가름.
갈음	새 책상으로 갈음하였다.
거름	풀을 썩힌 거름
걸음	빠른 걸음
거치다	영월을 거쳐 왔다.
걷히다	외상값이 잘 걷힌다.
걷잡다	걷잡을 수 없는 상태
겉잡다	겉잡아서 이틀 걸릴 일
그러므로(그러니까)	그는 부지런하다. 그러므로 잘 산다.
그럼으로(써)(그렇게 하는 것으로)	그는 열심히 공부한다. 그럼으로(써) 은혜에 보답한다.
노름	노름판이 벌어졌다.
놀음(놀이)	즐거운 놀음
느리다	진도가 너무 느리다.
늘이다	고무줄을 늘인다.
늘리다	수출량을 더 늘린다.
다리다	옷을 다린다.
달이다	약을 달인다.
다치다	부주의로 손을 다쳤다.
닫히다	문이 저절로 닫혔다.
닫치다	문을 힘껏 닫쳤다.
마치다	벌써 일을 마쳤다.
맞히다	몇 문제를 더 맞혔다.
목거리	목거리가 덧났다.
목걸이	금목걸이, 은목걸이
바치다	나라를 위해 목숨을 바쳤다.
받치다	우산을 받치고 간다. 책받침을 받친다.
받히다	쇠뿔에 받혔다.
밭치다	술을 체에 밭친다.

반드시	약속은 반드시 지켜라.
반듯이	고개를 반듯이 들어라.
부딪치다	차와 차가 마주 부딪쳤다.
부딪히다	벽에 머리를 부딪혔다.
부치다	힘이 부치는 일이다. 편지를 부친다. 논밭을 부친다. 빈대떡을 부친다. 식목일에 부치는 글. 회의에 부치는 안건. 인쇄에 부치는 원고. 삼촌 집에 숙식을 부친다.
붙이다	우표를 붙인다. 책상을 벽에 붙였다. 흥정을 붙인다. 불을 붙인다. 감시원을 붙인다. 조건을 붙인다. 취미를 붙인다. 별명을 붙인다.
시키다	일을 시킨다.
식히다	끓인 물을 식힌다.
아름	세 아름 되는 둘레
알음	전부터 알음이 있는 사이
앎	앎이 힘이다.
안치다	밥을 안친다.
앉히다	윗자리에 앉힌다.
어름	두 물건의 어름에서 일어난 현상
얼음	얼음이 얼었다.
이따가	이따가 오너라.
있다가	돈은 있다가도 없다.
저리다	다친 다리가 저린다.
절이다	김장 배추를 절인다.
조리다	생선을 조린다. 통조림, 병조림
졸이다	마음을 졸인다.
주리다	여러 날을 주렸다.
줄이다	비용을 줄인다.
하노라고	하노라고 한 것이 이 모양이다.
하느라고	공부하느라고 밤을 새웠다.
−느니보다(어미)	나를 찾아오느니보다 집에 있거라.
− 는 이보다(의존 명사)	오는 이가 가는 이보다 많다.
−(으)리만큼(어미)	나를 미워하리만큼 그에게 잘못한 일이 없다.
−(으)ㄹ 이만큼(의존 명사)	찬성할 이도 반대할 이만큼이나 많을 것이다.

–(으)러(목적)	공부하러 간다.
–(으)려(의도)	서울 가려 한다.
(으)로서(자격)	사람으로서 그럴 수는 없다.
(으)로써(수단)	닭으로써 꿩을 대신했다.
–(으)므로(어미)	그가 나를 믿으므로 나도 그를 믿는다.
(–ㅁ, –음)으로써(조사)	그는 믿음으로(써) 산 보람을 느꼈다.